理查德·波斯纳文集　　篆刻：宋临正

How Judges Think

Richard A. Posner

HARVARD UNIVERSITY PRESS
Cambridge, Massachusetts
London, England
2008

法官如何思考

理查德·波斯纳 著　　苏 力 译

经验地理解法官的思维和行为
——代译序

一

当中文读者看到本书之际,不知是否还可以说,这是波斯纳法官的最新著作[1];他的《法律与文学》第三版已预告"即出"。尽管讨论的主要是美国的法官和司法,本书对于当下的中国法官、法学人乃至法律人却都有重要的实践和学术启示、参考甚或是指导意义。我先简单概括阅读后感受最强烈尽管未必是波斯纳着重传达的一些要点。

普通人、法学教科书以及法官自己对审判的通常看法或声称大致是法条主义的。依据明确的法律(大前提),事实(小前提),法官得出一个确定不移的法律决定(结论、判决)。这一理论基本是18—19世纪欧洲理性主义的产物。典型代表是刑法的罪刑法定原则[2]。就刑法而言,这一理论的实践追求尽管有后面分析的不现实,却很有意义。它在一定程度限制了国家权力的可能滥用和无理扩张,维护了公民权利,具有重要的社会功能。但这被法学家扩展成了普遍化的法治和司法的理论原型。根据这一理论及其隐含的逻辑,法官只适用法律,不创造法律——那是立法机关的工作和责任;因此有了严格的三权分立理论。这个源于刑法的理论原型控制了法学家的司法想象,乃至伟大的韦伯也悲观地预测,未来将出

---

[1] Richard A. Posner, *How Judges Think*, Harvard University Press, 2008.

[2] 贝卡里亚:《论犯罪与刑罚》,黄风译,北京大学出版社,2008年,页10(只有法律才能为犯罪规定刑罚)。

现自动售货机型的司法和法官。[3]

　　但从一开始,即使在贝卡里亚那里,这一观点也不像我们今天通常认为的那么坚定不移。[4] 从理论上看,除了有关小前提的假定——事实总是清楚——不现实外(补救的实践制度是"疑罪从无");有关大前提的假定也不现实:立法机关有能力预先制定法律,涵盖一切应受惩罚的行为并确定相应的刑罚;法律语言明确不变,并在真实世界中指涉稳定。

　　更大的挑战来自司法实践。欧洲国家的刑事司法还可以大致归在宽松的法定主义之下;欧洲的民商事立法、司法的理论和实践却都背离了这个理性主义期待。[5] 韦伯的悲观预言来自他对"形式理性"的历史主义迷信和价值怀疑,更来自他对司法实践的陌生。在英美法系,特别在普通法领域,法官造法是常例,即使在美国的宪法和制定法领域,司法也从来不是三段论的。[6] 喜好理论圆融和整体性的法学家不自在了;但更不自在的是法官。如果承认这一点,那么自己裁决的政治合法性何在:在什么意义上这个决定是法律的,而不是他个人的?各种复杂的理论、教义和术语出来了,试图调和"法官恪守法律"的形象与"法官客观造法"的现实,支持法官的权力行使,强化法学家和民众对法治原则的信仰。在欧洲,最典型的是法教义学,在美国则是法律推理(普通法)和解释(宪法和其他制定法)。

---

　　[3] Max Weber, *On Law in Economy and Society*, ed. by Max Rheinstein, trans. by Edward Shils and Max Rheinstein, Harvard University Press, 1954, p. 354.

　　[4] 注意,贝卡里亚只是认为"刑事法官根本没有解释刑事法律的权利,因为他们不是立法者"(着重号为引者添加);认为若允许解释,"法律的精神可能会取决于一个法官的逻辑推理是否良好,对法律的领会如何;取决于他感情的冲动;取决于被告人的软弱程度;取决于法官与被侵害者的关系;取决于一切足以使事物的面目在人们波动的心中改变的、细微的因素。"同前注2,页12-13。但这不意味着他认为立法可以做到让法官在司法中不解释法律或让法律无需解释。事实上,他承认法律的含混性使人们不得不进行这种解释,尽管他认定这是一个弊端。

　　[5] 例如,《法国民法典》第4条规定:"法官不得以法律没有规定或法律不明确不完备而拒绝审理";特别是《瑞士民法典》第1条第2款规定:"如果不能从法律条文引出规则,法官应按照如果自己是立法者可能颁布的规则来决定案件"。

　　[6] 请看,Oliver Wendell Holmes, Jr., *The Common Law*, Little, Brown, and Company, 1948, pp. 1-2("……道德或政治理论……直觉甚至……偏见……所起的作用远远大于三段论")。

这种在法学话语中占据主导地位一个多世纪的司法理论忽略了两点：人和制度。法官首先不是自动售货机，是而且必须是有利益追求、兴趣爱好、性格特点和能动性的人，他们在司法中不可能仅消极适用法律，即使他们声称如此。其次，尽管法官独立，法官仍然受制于具体的司法制度；由于各国的制度约束不同，法官的司法行为也一定不同。

这些法学和司法的理论不足或遮蔽是启蒙理性主义时代的产物，在一个主要诉诸于概念、逻辑，很难进行跨国经验性研究的时代在所难免。但随着人们从概念分析日益转向经验材料，更多观察司法行为，积累了大量的数据资料，还迷信这些观点，理由就不充分了。看似为了守护法治理念，实则拒绝现实地理解司法和法官，拒绝有助于深入理解司法和法官的新信息和新知识。也正因此，我概括地称其为法条主义或形式主义司法观。

波斯纳这一著作的贡献就在于，在一种比较视野中，主要针对美国法官和司法，吸纳现有的相关研究成果，基于他本人长达 27 年担任美国联邦上诉法官（不仅是上诉审，还包括了初审〔7〕）的司法经验和参与性观察，在这两个方面弥补了主流司法理论的缺失，重塑了法官研究的基本模型，大大推进了司法决策研究。尽管一如既往吸纳了诸多学科的洞见，波斯纳却将此书界定为法律心理学著作，因其集中关注的是法官如何思考（包括不思考），这种思考会受哪些个人性因素（认知和情感）的影响。但波斯纳的"心理学"不是传统的普通心理学或生理心理学或社会心理学，而是相对晚近的认知心理学，关注的是与法官行为紧密联系的认知和情感的社会和制度塑造。在这个意义上，这也是一本法律社会学或法律交叉学科的研究著作。是他的又一次"超越法律"的努力。

二

基于其他学科的诸多研究以及个人的观察分析，波斯纳发现，法官并

---

〔7〕 自 1981 年担任第七巡回区上诉法院法官以来，在完成本职工作和额外的教学、研究和社会服务工作外，波斯纳每年还主动"深入基层"，到联邦地区法院担任初审法官，审理一定数量的案件，以积累初审法官的经验。请看，Stephen J. Choi and Mitu Gulati, "Mr. Justice Posner? Unpacking the Statistics," 61 *N. Y. U. Annual Survey of American Law* 1, (2005), p. 26 n. 23.

非圣人、超人,而是非常人性的,行为受欲望驱动,追求诸如收入、权力、名誉、尊重、自尊以及闲暇等他人同样追求的善品,因此受工作条件和劳动力市场的影响。只是法官职位的激励和约束(制度)以及更大的司法行动语境与他人或其他职业不同,才使法官追求的表现形式与常人不同。尽管常规(大多数)司法决定看上去都是法条主义驱动的,但法官绝非仅适用已有规则或有什么独特的法律推理模式,他们不是法条主义者。法官的政治偏好或法律以外的其他因素,例如法官个人特点以及生平阅历和职业经验,会塑造他的司法前见(preconception),进而直接塑造他对案件的回应。

特别是非常规案件,在美国,在上诉审,在联邦最高法院,法条主义决策材料常常得不出可接受的答案,因此会出现开放领域。但司法的职责要求法官作出决定,法官不得不相当多地依赖其他非法律的材料和信息,包括个人的政治看法、政策判断乃至个人特性。结果是,法官的决策不仅不符合法条主义模式,而且司法判决中还充满了政治以及其他,乃至是"政治的"(political)。

所谓"政治的",很容易被误解。波斯纳界定,它首先指法官在开放领域的被迫的"偶尔立法"。它可以指法官的决定反映了(因此并不一定是刻意追求)对政党或政党纲领的忠诚,或对与政党或党纲都无关的某种政治意识形态的认同("自由派"或"保守派")。它还也可以指一些看似纯技术性判断,例如,为大家一致赞同的目标寻找最佳手段的判断。在美国制度语境下,政治甚至可能指法官为了获得法院多数票,用个人魅力、狡猾、交换票以及恭维来诱使其他法官赞同自己,尽管他想要的也许只是恪守现行法律,而不是造法。

影响法官司法决定的还有个人要素,包括先天的个人性格或气质,后天的个人背景特点(如与种族和性别相关的经验),以及个人阅历和职业阅历。法官甚至会有与其政治观点和个人特点都不一定相关的个人策略考量。例如,在美国合议庭审判中,一位法官接受并加入多数法官的意见,也许并不因为他认同该决定,只是若公开反对反而会引发人们的关注,从而增加了该意见的影响力。此外,司法制度的许多细节,薪水、工作量、年龄以及法官的晋升可能,都会有意无意进入法官的思考,影响法官的司法行为。

波斯纳分析表明,法学界通常认为会内在约束法官的"司法方法"、

"法律推理"、"解释"等,以及学术界和舆论的评论对美国法官也不大起作用。法条主义工具,包括那些最神圣化的工具既空泛,其中还总有大量的裁量,不构成有效约束。学界批评往往太不理解法官的工作,对法官完全无用,也不产生影响。舆论很少关心除联邦最高法院的决定,因此仅仅对大法官略有约束。由此导致在开放的法律问题上,恰恰因为没有其他约束,情感、人格、政策直觉、意识形态、政治、背景以及阅历这些在其他职业中(例如医生或商业)本不重要的因素会决定法官的司法裁决。哪怕法官自认为没有任何政治考量,旁观者也会有不同的发现,乃至指责法官虚伪或口是心非。美国联邦最高法院,除舆论之外,其他约束更少,更是一个政治的法院。

　　波斯纳并不因此认为司法是随机的、任性的或党派政治的;司法的政治性不等于党派政治或意识形态。他指出大多数法官都希望、也都在努力"干好"。这就好比下棋,理论上讲棋手自己想怎么下就怎么下,但他想赢,会努力下好,因此不会随心所欲,不会任性,会遵守游戏规则。法官想成为好法官,也会遵守司法的游戏规则。但这个游戏规则不是法条,司法上的"好",标准也不确定,会随情势变化,往往不可能获得全社会一致认可。这就使任何决定都变得有政治意味了。

　　因此,波斯纳认为,重复他之前的分析和倡导,[8]美国法官其实都是实用主义者;但不是"怎么都行",而是受约束的实用主义者。游戏规则要求法官无偏私,理解法律可预测并足以指导人们行为的意义,整体上关注和理解制定法的文字。实用主义法官会高度关注并评估一个司法决定的系统、长远后果。但即使如此,法官还是有很大的活动空间;他可能成为,尽管无需成为一位政治性的法官。

　　读者若只是由此了解到司法并非仅仅适用明确的法律规则,那就太遗憾了。该书的贡献在于展示了活生生的人如何与司法的和社会的制度互动,造就了我们称之为"法官"的这些行动者,他们为什么如此行为和思考,从而为"在非常规案件中,法官实际上如何得出其司法决定[提出]令人信服的、统一的、现实的且适度折衷的解说……一种实证的审判决策

---

[8] Richard A. Posner, *Problems of Jurisprudence*, Harvard University Press, 1990; and *Law, Pragmatism, and Democracy*, Harvard University Press, 2003.

理论"[9] 它不是当代中国法学研究中通常采取的那种模式:提出并赞美一个概念上完美的法官,然后激励和要求担任法官的人去实践这个概念;这是一种"压抑人性"的道德规范模式,不可能得以实践,或者说是一种关于法官和司法的意识形态。而波斯纳展示的这种理论才有可能推动有所改善的改革,才能增加我们的知识和能力,包括分析处理司法问题的能力。

三

波斯纳的分析不仅把法官回归为人,更重要的是回归为制度中的人。他主要关注的是美国/联邦/上诉审(包括上诉审和联邦最高法院)/的法官。这一系列定语都是在波斯纳分析中逐渐凸显并丰满起来的、影响具体法官思考和行为的制度环境差别,由此迫使读者具体考察和理解不同国家、法系、司法层级中为"法官"这个范畴涵盖的行动者,他们的思考和行为,以及为何如此。

众所周知,虽同为司法,英美与欧洲大陆的司法制度有很多不同。但太多的比较法著作只列举了差别,却意义不大,至少对理解法官的行为、思维方式乃至司法制度没什么智识启示,留下的只是概念上的法系差别,或文化差别,或哲学上经验主义和理性主义的差别。波斯纳的长处是,把制度的基本特点同不同法系的法官的思维和行为方式一环环联系起来了。因果律的解说是更有说服力的解说。

举一个例子。尽管同为法官,波斯纳辨析了,英美国家法官是职业化的(professional),但不是欧洲大陆的职业制(career)的法官;英美法官是侧面进入的(lateral-entrance,我译为"旁门制")的法官。起点差别微小,却造成了同样相信和追求抽象法治的两个法系的法官在行为和思维上,在法学理论上,乃至具体法治形态上,都有一系列重大区别。

职业制法官就整体而言属于国家官僚体系(公务员体系),是在司法领域的公务员;走的大致是高中、大学本科,经司法考试进入司法,基本上是一辈子在法院官僚体系中一级级晋升,社会地位(相对于美国法官)较低;缺乏社会经验和政治经验;专业学法律,缺乏对自然和社会科学知识

---

[9] 前注1,p.19.

的了解；专业从事审判，并有专业庭，缺乏对其他行当甚至其他法律部门的了解；这种经历和制度迫使他们只是也只能是专业地严格适用法律，裁量权（相对于美国法官）小得多；也解释法律，但很少大胆"造法"，不仅缺乏能力，而且也不必要；制定法律的主要责任由更活跃、更受政党纪律约束因此回应法律需求也更有效的议会来承担；主要法律思维方式也因此必定是法条主义的，基本工具是法律教义学；从细致的既定规则中演绎结论，这个过程看起来是脱政治的；也因此，擅长教义的法学教授对法官和司法实践有较大影响，出现的是一种以法学教授为中心的法学学术体制。

英美法官，特别是美国联邦法官，不属于公务员体系；大多在十多年甚至更长时间的法律从业（包括执教）后，经由政治任命（因此必须有一定的甚至很强的党派政治关系），旁门进入司法系统；经历和任命过程都会强化政治和意识形态；法官数量少，物以稀为贵，因此社会地位高，权力大；法官数量少，无需复杂的法院内部组织结构，也少受其约束；较多社会经验和政治经验，有自己的政治观点和意识形态，终身任职导致任职期远远长于政治任命者的任期，这都使他们（相对于欧洲法官）更独立，包括独立于政治任命者；长期从业（大多在广义的商事领域）法律使他们拥有更多其他行当的知识，司法不分庭，迫使他们成为多面手；原则上也只是适用法律，但由于先例制度、普通法传统（普通法是法官创造的），由于刚性宪法要求法官在法律用尽之际不得不"解释"法律——把各种东西先塞进简单的宪法文辞再取出来，由于只有先例或制定法文字不能完全涵盖其法律问题的案件才会进入审判，由于初审法院（trial court）与上诉法院（appellate court）的严格功能分工，以及由于美国国会常常无法有效回应社会的立法需求，美国法官，特别是上诉法院法官必须"造法"，必须成为波斯纳所谓的"偶尔的立法者"；经各审级的筛选，进入联邦最高法院的司法纠纷不仅往往没有明确法律指导，而且往往涉及重大社会利益，处理这类案件难免、甚至必须有政治性考量，即使纯技术性处理也会被社会赋予政治性寓意，联邦最高法院因此是一个政治性的法院；为掩饰自己的政治性，维系司法的权威，恰恰是联邦最高法院大法官在修辞和理论层面更强调法条主义和形式主义，强调立法原意（originalism），强调恪守法律文本（textualism）；但美国法官，无论左派右派，无论激进保守，无论忠于民主党共和党，都想办成事，思维方式因此基本都是实用主义的，尽管他们不自觉,出于策略公开否认甚至真心厌恶;但即使自觉的实用主义者也会实用主义地运用法条主义修辞,因为这会使判决更少争议;因此,当代疏离司法、注重修辞论证和全盘性理论的法学教授以及他们提出的法学理论对司法实践和法律发展影响不大,法官不关心;美国出现的是一种以司法实践为中心的法律学术体制。

尽管高度简略,但这种分析勾连了法官和各自所嵌的司法、法律、政治和社会制度,更为有力地说明了,为什么英美法官和欧陆法官的行为方式和思维方式以及司法判决的争议程度和政治性有重大差别。这是一种社会科学的解说。

四

波斯纳的这一研究因此也就与中国过去30年来,特别是过去10年来的司法改革、有关司法改革的论著联系起来了,使我们可以更强有力地反思中国司法问题,凸显思考、讨论和改革中国司法时无法回避的中国因素,有助于中国司法的有效改革,推动中国法学研究的深入和务实。

例如,中国的法官和司法体制应靠近欧陆的职业制法官,还是美国的旁门制法官?现在的讨论和实践似乎要"博采众长",但逻辑上和实践上都无法兼顾。如果是——事实上也就是——前者,法官数量就一定会很多,考试进入,是公务员,社会地位不可能特别高,也不可能特别精英(社会中聪明人数量大致稳定,并且有其他职业的人才竞争);法官数量一多,为保证法律的统一,一定需要比较强有力的法院组织结构,其权力必定会受制于法院内部组织(行政管理)和晋升体制;这样的从校门到法院的法官往往没有必要的政治社会经验、知识和能力处理棘手的重大问题。

而如果选择美国的旁门制,法官数量就必须大大减少;否则仅挑选和任命最高人民法院的法官就会很成问题。可以想象中央政府或全国人大能挑选9甚至50位大法官,但如何可能挑选总数已超过500位甚至更多的最高人民法院的大法官,并且还要保证质量?而法官少了,又如何能以目前的模式有效处理中国目前正大量涌向各级法院的各类常规社会纠纷?法官若权力大,可以"造法",会不会与人民代表大会制发生冲突(想想李慧娟法官审理的种子法案[10])?在目前条件下,会不会加剧目前已经引发社会不满的、尽管是部分法官的滥权和腐败问题?在社会价值观日益多元的情况下,位高权重的单个法官(而不是法院)一定会受到更多的各种压力,不仅来自党政领导和机关,而且常常甚至更多来自强大但未必正确的民粹压力,中国的法官或法院会不会变得更孱弱?

  波斯纳关于法官和法院的政治性分析凸显的另一问题是,中国法学界至今关注不够,但英美司法中很明显的,初审与上诉审的必要功能(职能)分工。大致说来就是,初审集中关注事实问题和纠纷解决,上诉则集中关注法律、政策和隐含其背后的政治性问题,即规则治理的问题。受传统司法模式影响,当代中国至今没有严格意义上的上诉审,只有二审。二审在很大程度上是监督和指导初审,关注的仍然是纠纷解决,基本放弃了或至少没有自觉追求协调统一二审法院法域内的法律实施,在必要时解释"造法",推进规则的完善和发展。这在2008年的许霆案[11]中就非常突出,广东高院的二审判决以"事实不清证据不足"八个字将此案发回重审,放弃了本应由其承担的"法律审";而重审后广东高院的二审裁决书不过是更精细地重复了重审的判决。[12]

  这种审级制度,主要借鉴的是欧陆司法模式,但在中国语境下更强化了,各级法院功能基本相似,关注重复,没有职能分工导致缺乏效率。我不是说在中国当代语境下它完全没有道理,目前中国一审法院总体而言法官专业技能确实较弱,不时有地方保护主义,还有法官腐败的因素,也许都需要强化二审的业务指导甚至监督。但当代中国语境也有很强的审级职能分工的要求:不仅是司法的效率要求,还有改变司法体制日益行政

---

  [10] 李慧娟是河南省洛阳中级人民法院法官。她在2003年一宗代繁种子纠纷案件审理的判决书称"《河南省农作物种子管理条例》作为法律阶位较低的地方性法规,其与《种子法》相冲突的条款自然无效……。"判决一出,首先在河南、继而在全国引发轩然大波。

  [11] 因自动柜员机系统升级出现异常,许霆以自己余额为176.97元的银行卡连续取款170余次,金额达174000余元。广州中院一审认定许霆犯有盗窃金融机构罪,量刑时,虽选择最低法定刑,仍然为无期徒刑。一审判决引发了社会公众、媒体以及法律界和法学界的广泛激烈争议。后重审并经广东高院和最高院核准判许霆有期徒刑5年。

  [12] 参看,苏力:"法条主义、民意与难办案件——从许霆案切入",《中外法学》,2009年1期。

化的要求,防止利用行政关系串联更大腐败的要求,[13] 以及平衡纠纷解决与规则治理的要求。

放眼看来,在中国这个各地政治经济文化发展不平衡的大国,审级职能分工甚至有更重要的制度意义。由于各地法律需求不同,更需要各上诉法院来有效兼顾法治统一和灵活适用的准立法者功能,需要上诉法院在社会争议大的案件中来凝聚社会的道德和法律共识,促使各地的司法和司法制度竞争。而这些都要求对审级制度从功能的角度深入分析、讨论、评估和改革。

五

这就触及波斯纳集中讨论的另一个问题,一个在当下中国法律主流意识形态中很是"政治不正确"的问题:在处理"难办案件"之际,[14] 上诉法官和法院是否必须有一种政治判断,有一些政治考量,而不能仅仅是法条主义的。

至少有三种情况迫使当代中国法院和法官必须政治上敏锐、犀利,并无论如何要做出一些政治性判断。我甚至预测这种需求会日益增加,而不像一些学人乐观预测的,"五年之后,规范法学[即教义学——引者注]问题就会明朗了"。[15] 首先是,法官没有直接可适用的法律,但必须且只能通过"解释法律"——其实是"偶尔立法"——来解决某些新问题;例如侵权案的"侵权精神损害赔偿责任"问题。[16] 二是法律看似可适用,适用的结果却直接冲撞了广大民众在历史传统中形成的公平正义底线,这

---

〔13〕 最近被撤职的最高人民法院原副院长黄松有所涉及的案件就是一个典型例证。据媒体透露,黄松有怀疑涉及其潮汕同乡、广东省高级法院原执行局局长杨贤才的贪污舞弊案,涉案金额高达 4 亿元人民币。http://politics.people.com.cn/GB/41223/8247606.html。

〔14〕 关于难办案件的界定,请看,前注 12。

〔15〕 黄卉:"一切意外都源于各就各位——从立法主义到法律适用主义,"《读书》,2008 年 11 期,页 35。

〔16〕 请看,《最高人民法院关于确定民事侵权精神损害赔偿责任若干问题的解释》,特别是第 4 条:"具有人格象征意义的特定纪念物品,因侵权行为而永久性灭失或者毁损,物品所有人以侵权为由,向人民法院起诉请求赔偿精神损害的,人民法院应当依法予以受理。"

也需要运用政治判断才能有效解决;例如"许霆案"。[17] 以及三,由于社会价值日益多元,并且民众对相关信息了解有限,法院无论怎样判决,都可能引发争议,但法院只能基于社会的核心价值(即罗尔斯的"重叠共识"[18])做出一种显然有政治意味的选择;例如所谓的"二奶继承案"。[19] 需要政治判断和考量并不是"后现代"的。

政治敏锐、政治判断和政治考量不等于套用和搬用执政党方针、纲领或政策。对这类做法应当反对;它可能会破坏改革开放以来法学界有效区分政治和法律、政策的真诚努力,结果会既不利于政治,也不利于法治。但至少在上面提及的三种情况下,法院和法官则必须以规则治理的方式承担起无法推卸的政治责任。否则,法院的司法合法性和权威性就会受侵蚀;短期的民粹一定会转换成为媒体的舆论压力,导致党、政、人大等机关的强大、直接的压力,而这对司法的发展可能非常不利。刘涌案就是一个典型的例子。[20] 换言之,政治性判断不是应当不应当的问题,而是不可避免的。

必须认真面对,不能鸵鸟政策。这要求法官和法院在处理这类难办案件之际,除了考虑法律之外,必须考虑系统的后果,对社会,对整个政治制度,以及对司法体制。法官当然首先必须依法,但他还必须考虑"治国"和"办事"。这就是政治的考量。法条主义说这种考量不对,只应当考虑法律。但问题是,如果司法结果直接与社会的基本道德和法律共识

---

[17] 我曾对此案的诸多广义的法条主义处理方案有细致的分析,指出其背后实用主义的、具有立法性因此也具有政治性的判断。参看,前注12。

[18] John Rawls, *Political Liberalism*, Columbia University Press, 1993.

[19] 四川省黄某和蒋某结婚后多年未有生育。1994年黄某认识了张姓女子并同居。2001年2—4月在黄患肝癌期间,张一直以妻子的身份守候。黄死前立下遗嘱并公证,将相关部分钱财和住房售价的一半遗赠张某。张根据遗嘱向蒋索要遭拒绝,遂向人民法院起诉。此案经媒体报道后引发全国广泛争论。法院于2001年宣判认为:尽管继承法中有明确法律条文,本案遗赠也真实,但黄将遗产赠送给"第三者"的行为违反了《民法通则》第7条"民事活动应当尊重社会公德,不得损害社会公共利益,破坏国家经济计划,扰乱社会经济秩序",驳回了原告的诉讼请求。

[20] 刘涌是辽宁一位民营企业集团老总。他以集团为依托,采取暴力、威胁等手段聚敛钱财,称霸一方,先后致死致伤的达42人。2002年,铁岭中级法院以组织、领导黑社会性质组织等罪一审判处刘涌、宋健飞死刑。辽宁省高院在三次非正式请示最高人民法院后,改判死缓。舆论哗然。2003年最高法院以原二审判决对刘涌的判决不当为由,依照审判监督程序提审本案,再审判处刘涌死刑。

或与当代中国人的公平正义观相抵触,这样的法条主义判决在社会中还是会被视为并最终会变成是政治的。有政治考量或政治判断并不必定是追求司法政治化,而恰恰可能是为了避免司法政治化。

注意,我说的主要是上诉法院法官,不是每个法官,也并非各层级法院。因为,即使要求,也不大可能做得到。如同上一节所分析的,不同层级的法院和法官的制度功能必须不同,司法所需的政治考量、敏锐和判断应当随着审级不同和法院层级不同而不同。

波斯纳在书中对此有过细致的分析,也正因此,他才专章讨论了为什么美国联邦"最高法院是一个政治性法院",而不是每个层级的法院,甚至不是每个州的最高法院,尽管这些上诉法院的判决也需要一些政治性判断和考量。他也才不遗余力地揭示了法条主义/原旨主义/文本主义以及其他种种司法理论(中立原则、过程学派、"生动宪法"等)在美国社会中的政治寓意,以及这些主义或理论倡导者不愿摆上桌面的政治日程。波斯纳原来甚至打算为本书题名"法官思考吗?"或"哪些法官思考?"[21] 暂不考虑可能有的对法官和司法的反讽,也可以看出,波斯纳认为至少有些层级的法官必须思考。而思考在波斯纳那里,从来不是发现立法原意或教义分析,而是对后果的系统的实用主义考量。

六

波斯纳此书对我以及对中国司法、法律和法学界的启发应远不止这些。

此书第一章概括介绍了9种研究司法的理论。这足以大大丰富当代中国法学界讨论司法和法官问题的理论资源和视角,从不同层面摆脱那种我戏称为"动物吃植物"[22]的、基于高度抽象因此不着边际的学术研究模式和话语方式。不仅如此,与这些理论视角相伴随,它也提醒我们可

---

[21] Paul Wachter, "How Judges Think, U. S. Appellate Judge and Prolific Author Richard Posner Explains the View from the Bench," http://www.law.columbia.edu/media_inquiries/news_events/2008/march2008/Posner_talk.

[22] 这来自一则有哲学意味的笑话。某人下乡,见牲口吃庄稼,想赶走,未果;想呼吁他人参与,但不知是何牲口、何庄稼;于是高呼:"快来人呀,动物吃植物了!"这是对中国学界人士的一个极好告诫。

能用来分析中国司法制度和法官行为的潜在的中国资料,以及可能参与或邀请参与司法和法官研究的其他学科。

波斯纳对司法和法官的外在和内在制约的细致经验分析,也丰富了我们对司法独立的经验理解。司法独立不是一个理念,而是一系列具体的、体贴入微的制度,甚至不仅仅是政治制度。波纳纳对法官职任(tenure)和薪水的分析(第六章)指出了制度改革的复杂利弊。尽管数据显示美国联邦法官薪水一直因通胀等因素下降了,但他指出,但如果大幅提高法官的薪水,并不一定会引来更多能干并喜欢司法的法律人进入法院,而可能引来贪图高薪却未必喜欢司法的法律人进入法院。有人抱怨法官工作负荷太重,因此要减负;波斯纳指出,闲暇较多,就会引来更多看重闲暇的法律人加入法院。这些分析都是一两句话就令人恍然大悟,启动了我们沉睡的经验。难道不是吗,在深圳和广州这些城市,许多法院大部分法官都是女性,男性法官辞职当律师的数量大大高于女性法官,为什么?一个也许有待经验材料验证但大致可以成立的假说是:一般说来,女性更"风险厌恶",更珍惜法官职位,尽管收入(相对于律师)较低、工作繁重,但职业风险较小,收入稳定;而那些"风险偏好"更强或"风险中性"但在法院晋升中希望不大的男性法官则更可能选择离开法院。这甚至可以解说为什么近年来评选出来的"全国优秀法官"大多是女性;这还不包括之前的尚秀云法官、宋鱼水法官。这给人启发,让人警醒,让人慎重改革。这种基于经验、缜密思考并负责任的学术精神恰恰是近年来中国司法改革中非常缺乏的。

这也就再一次提醒了学术研究联系司法实际的重要性。在第八章"法官不是法律教授"以及第十一章"全面的宪法理论"以及第十二章"司法世界主义",波斯纳以不同方式触及了这个问题。他指出当法官独立之际,出色的法学批评本应最能影响法官。但由于精英法学院的教授们往往过分关注话语,不关心能否做成事,站着说话不腰疼,这就让做事的人只能不管说嘴的人了。在美国以法官为中心的体制中,"势利"的法学人都盯着最高法院(但最高法院大法官因其地位特殊又最无所谓学术批评),不关心下层级法院和法官,或爱用联邦最高法院和大法官为典型教训下层级法院和法官,不了解这些法院和法官的具体问题,因此法官也就不大理睬这些学术著作了。

中国目前不是这样,法学人在不少法官心目中还有点地位。但这也许是假象。也许法院和法官遇到麻烦案件之际还想从法学人那里获得某种学理的支持,或法学人可以协助抵抗一下或至少不参与民粹主义大合唱,或需要法学人为其改革措施摇旗呐喊,甚或希望能在法学院里兼职教授甚或"博导"因此有一件"学者型法官"的行头。注意,这都不是法学人以学术获得的法官的关注和尊重。美国法学界的问题在中国同样存在,并有可能愈演愈烈:太多的法学研究脱离了或正在脱离司法实践,只讲正确的原则甚至是法学常识,完全不理解法院和法官的问题,或司法上无法操作。但这样的法学还是法学吗?

在第十二章中,波斯纳批评了那种简单的"司法世界主义":直接诉诸外国法和判例作为本国判决的权威根据,而不是吸纳其智识和信息。这种状况在中国司法界中还没有,但在法学界比比皆是;讨论的是中国事件和案件,却常常冒出一句"正如某某外国案例所言"之类的话。波斯纳其实不反对吸纳外国的信息资源和智识启发。本书对英美和欧陆司法制度的深度解析,以及波斯纳的其他比较法和比较法学的研究,[23]都表明他学术视野的开阔和开放。他的批评是,一国的法律反映了一国的政治共识或妥协,是回应特定社会具体问题的,因此司法是政治性的,也因此法学是地方性的;以枚举替代论证,以枚举作为根据,并不是一种智识开放,而恰恰是一种思想的封闭——以外国的权威替代对问题的分析和对后果的考察。而这种思维习惯在中国法学界实在太普遍了。

还有一点启发是波斯纳对自身职业的研究,甚至是犀利的批判。他充分利用了他联邦法官的经验,通过他并未事先计划的参与性观察,撰写了这本对法官和法院的研究,力求把它提高到理论高度(这就是他的"本土资源")。身在这个行当,他不是简单地为美国司法或法官辩护,相反,犀利解析了法官的思维和行为,提出了许多外人不可能发现的问题、理论命题和论点。尽管进入法律这个行当已 50 年了,波斯纳之前说过:"我还是没有完全被法律职业同化……大多数人进了法学院两周后就适应了的,而我就是不能理解,律师滔滔不绝一些他们并不相信的东西。如果某

---

[23] 例如,Richard A. Posner, *Law and Legal theory in England and America*, Clarendon Press, 1996; and *Law, Pragmatism, and Democracy*, Harvard University Press, 2003.

人显然有罪,你哪来那么多鬼话呢?"[24] "成功者罕有挑战令其成功的那个架构",一位美国学者评论说,而波斯纳是这罕有之一。[25] 除了对自身职业作为利益集团以及对自身的警醒外,这与波斯纳始终如一的学术追求、基于社会责任感的广泛社会参与有关:除了全职担任法官,在上诉和初审法院审判,撰写了所有联邦上诉法官中最多的并被其他法官引证最多的判决书,[26] 他还在芝加哥法学院每年开一门新课,指导博士生(其中一位是北大法学院的本科毕业生),调解案件(微软案件),担任过 7 年第七巡回区法院"院长",大量学术写作(每年一到两本学术著作,近 10 篇学术论文),以及更大量的报刊时评、书评文章,甚至每周一篇博客[27]。这种求知和批判精神在当代中国法学人中,其实在各行各业中,都非常缺乏。时下,中国法学界太多仅仅围绕法律、法学、法学教育、法官、律师甚至部门法的利益的"研究",很少有人能从整个社会的利益出发,立足于法学之外,运用法学和多学科的知识和手段反思自己投身的事业和行当,予以体贴入微且有理有节的分析。小家子气注定不可能成就或不断开拓真正坚实的法学。"敢嘲笑哲学者,方为真哲学家"。[28]

七

本文部分是概括,部分是随想。概括就是省略,随想更可能漫无边际;结果必然是某种程度的篡改。读者还是阅读全书吧。一如波斯纳的其他著作,除了因为学术传统和社会背景可能令读者有陌生甚至生涩感外,该书给人启发、出人意料之处比比皆是,读者会获得智识的愉悦,思想的开阔和坦诚,以及我无法有效传递的那种明快、犀利的文风。

曾经说过不翻译了,为的是集中有限的时间和精力研究和写些有关中国的东西。但看到这本四月才出版的波斯纳新作后,读了几页,就架不

---

[24] Larissa MacFarquhar, "The Bench Burner, An Interview with Richard Posner," *The New Yorker*, Dec. 10, 2001, at 78.

[25] Robert A. Ferguson, "Tribute to Judge Richard A. Posner," 61 *N. Y. U. Annual Survey of American Law* 1,2 (2005).

[26] Choi and Gulati, 同前注 7。

[27] http://www.becker-posner-blog.com.

[28] Blaise Pascal, *Pensees*, trans. by W. F. Trotter, E. P. Dutton & Co., 1931, sec. 1, §4.

住北大出版社的蒋浩、杨剑虹编辑的劝说,接下了这本书的翻译。之后就是蒋浩先生和杨剑虹女士联系版权和其他方面的准备工作。六月,去康奈尔开会,我顺访了芝加哥法学院;在院长勒夫摩(Paul Levmore)和在该院任教的陈若英老师的安排下,同波斯纳法官见面午餐,谈到了本书的翻译。所有这些,促使我暑假一开始就投入了夜以继日的翻译。和波斯纳笔下的法官一样,人架不住诱惑。智识的诱惑也是诱惑!

也还有其他庸俗和卑微的考虑。这就是,鉴于中国目前法学界的学术状况,任何问题,中国人出来讨论,可能都不如找个外国人或引本外国书更好;有名最好,无名也行,管他有无真才实学。这实在是中国法学人的悲剧,也是我的悲剧,甚至是波斯纳在中国的悲剧。

由于种种原因,包括翻译上的追求,也包括奥运期间专业看电视、业余翻译,最后拉出的这个大旗,因我的种种差错,可能不像一张虎皮,也许更像一张猫皮。那么我只能首先请波斯纳法官,然后请中国读者原谅。在此也欢迎读者和朋友的指正,以便在适当时修订。此外还要谢谢本书编辑杨剑虹女士。

但希望不仅仅是拉大旗,它也是对我自身的激励。

苏 力
2008 年 11 月 4 日于北大法学院科研楼

HOW
JUDGES
THINK

目　录

代译序　I

引　论　1

第一编　基本模型
- 第一章　司法行为的九种理论　17
- 第二章　作为劳动力市场参与者的法官　53
- 第三章　作为偶尔立法者的法官　73
- 第四章　立法性法官的思维　87

第二编　模型的展开
- 第五章　司法环境：法官的外部约束　117
- 第六章　改变环境：职任与薪水问题　147
- 第七章　司法方法：审判的内在约束　161
- 第八章　法官并非法律教授　187
- 第九章　实用主义审判不可避免？　210

第三编　最高法院大法官
- 第十章　最高法院是政治性法院　245
- 第十一章　全盘性宪法理论　296
- 第十二章　司法世界主义　317

结　语　337
致　谢　345
索　引　347

引　论

> 以幼稚、轻蔑的方式,我承认有四种判断:第一种是认知的,属于并通过反思和词义争执;第二种是运气的,属于并通过抓阄;第三种是直觉的,属于并通过感觉或"预感"(hunching);以及第四种是愚蠢的,属于并通过一个傻瓜;以同样幼稚、轻蔑的方式,我还认为,后三种判断不过是改头换面,这些过程的结果与好法官全然无关。[1]

伊凡·卡拉马佐夫*说,如果没了上帝,那就什么事都能干了;传统法律思想家则可能说,如果没了法条主义(法律形式主义、正统法律推理、"法治而非人治的政府"、"法治"以及在崇高的法律节大加赞美的其他辞藻),法官就什么事都允许干了——因此,一定要小心。今天法条主义还在,因此还不是什么事(anything)都能干。但法条主义的王国已经衰落、苍老了,今天,它主要限于常规案件,如今允许法官做的事很多。而本书主要关注的是,法官的这个许可究竟多大,以及法官如何使用其自由。这些关注也很及时,因为最近一个年度(结束于 2007 年 7 月)最高法院**令人(天真者)震惊地向右转了。[2] 这一转向缘于一位极端保守的大法官

---

[1] Joseph C. Hutcheson, Jr., "The Judgment Intuitive: The Function of the 'Hunch' in Judicial Decision," 14 *Cornell Law Quarterly* 274, 275-276 (1929).
* 俄国作家陀思妥耶夫斯基长篇小说《卡拉马佐夫兄弟》中的人物。——译者
** 美国司法制度中有两类最高法院,州和联邦的;在本书中除特别注明外,最高法院均为联邦最高法院。——译者
[2] Linda Greenhouse, "In Steps Big and Small, Supreme Court Moved Right: A 5-4 Dynamic, with Kennedy as Linchpin," *New York Times*, July 1, 2007, §1, p.1.

（艾利托［Alito］）取代了一位温和保守的大法官（奥康娜［O'Connor］），这就凸显了审判中的个人和政治因素，因此也就凸显了一个问题，在什么意义上，这个国家是由法官统治而不是由法律统治。如果法官一变，法律就变了，甚至法律是什么也不清楚了。

讨论法官，特别是上诉审法官，我感到有点尴尬，因为我就是其中一员。传记总是比自传更可靠；也不会向猫咨询有关猫科动物的心理学原则。但与此同时，令我震惊的是，大多数人，包括从未担任法官的从业律师和出色的法律教授[3]，甚至有些法官，对法官的理解都很不现实。不现实有各种因素，不同法律的职业部门会视角不同——也包括某种程度的缺乏想象力。也还因为大多数法官在谈论自己的作为时吞吞吐吐，甚至羞羞答答。他们趋于复述并常常相信司法过程的官方言辞（司法如何受规则的约束），尽管这些言辞并没有描绘他们的实际作为。[4] 此外，还有这样一种感觉，审判这一行与法律实务或法律教学完全不同，不干这一行，你就不可能理解审判。记得当年我受任法官时，就收到某巡回区一位熟识的上诉法院法官的一个便笺，欢迎我加入"本俱乐部"。本书会略略拉开这一帘幕。

外人很难理解司法行为，部分因为法官慎思（deliberate）是隐秘的，尽管更准确地说，真正的秘密在于法官慎思并不多（我指的是，集体慎思）。[5] 司法慎思被夸大了。英国法官传统上就完全不慎思，因为这会

---

[3] 一个突出的例子就是我将在第 10 章讨论的哈佛法学教授亨利·哈特对最高法院大法官的工作程序研究；Henry M. Hart, Jr., "The Supreme Court, 1958 Term: Foreword: The Time Chart of the Justices," 73 *Harvard Law Review* 84 (1959).

[4] 联邦地区法官罗伯特·基腾——之前是哈佛法学院教授——在有关审判的专著中承认，法官会制定"为价值支撑的"判决。Robert E. Keeton, *Keeton on Judging in the American Legal System* 15 (1999). 但他没有探讨这些价值的渊源。他的专著也没有"政治"或"意识形态"的索引项。

[5] 尽管这是比较公开的。"当我第一次来到这个法院［美国哥伦比亚特区巡回区上诉法院］时，我想象，案件会商会是反思的、精细的、分析的和生动活泼的。但通常并非如此。围桌而坐，各位法官，从最资深到最新来的，依次表明他或她的底线，也许会有一个简单解说。即使意见完全不同，讨论也是简明扼要的。这种会商很少会改变人的观点。分派了意见撰写之后，一切照常。" Patricia M. Wald, "Some Real-Life Observations about Judging," 26 *Indiana Law Review* 173, 177 (1992). 最高法院首席大法官冉奎斯特描述的最高法院会商也非常相似。请看本书第 10 章。

违反"口头"判决原则,法官的一切都必须公开进行,这才可以监督其行为;[6]因此才有了那些令美国甚或英国的法律研究者也感困惑的、当年依次发表的司法意见。而如今,几乎所有案件,在决定之前,法官之间都会简单讨论一下,使之能整合成一个单一的多数司法意见,而不是每位法官分别发表意见。

如果很容易就能确定司法行为(behavior)的后果,那么司法过程的隐秘性对理解和评价法律制度就没多大关系。如果捏捏、嗅嗅,就可以确定香瓜熟了没有,你就不必操心卖瓜人心里想些什么。但司法行为的后果常常比其他职业服务——例如,医疗服务——的后果更难确定和评价。你无法展示,法院的产品,即它的诸多决定,究竟是"好"是"坏",无论是从后果上看,还是从其他标准来看;因此,很自然,人们会问,凭什么相信这个制度设计,相信操作这个制度的法官称职又正派呢?

司法慎思的隐秘性是职业神秘化的一个例子。外人很难理解和评估像法律和医学这些职业提供的关键服务。职业人也喜欢这样,因为这有助于维系他们的特权地位。但他们知道,这必须让外行人相信。因此,他们开发了一种神秘,不仅夸大职业技能,而且夸大该职业的非私利性。[7]法官一直都这么做,上千年了,也很擅长;太擅长了,乃至他们的法律同行,包括法律教授和从业律师,理解他们也有一定难度。法官已经让很多人——包括他们自身——信服了:他们用深奥的材料和技巧无私地建造了一座不为任性、政治或无知玷污的法律教义大厦。

然而,对我们的法律体制还是有相当多的不满,就像对我们的医疗保健体制一样。[8] 和对医疗保健一样,说法律太昂贵了(确实,人均费用比我们通常用来同美国比较的那些国家的法律体制都高),太多侵入私人和商业的生活,太容易出错,太不确定,或就是规模太大(这个国家有 100 万

---

[6] Robert J. Martineau, *Appellate Justice in England and the United States: A Comparative Analysis* 101-103 (1990).

[7] Richard A. Posner, *The Problematics of Moral and Legal Theory*, ch. 3 (1999).

[8] 例如,请看,Philip K. Howard, *The Collapse of the Common Good: How America's Lawsuit Culture Undermines Our Freedom* (2001); Walter K. Olson, *The Litigation Explosion: What Happened When America Unleashed the Lawsuit* (1991).

法律人)。因为这些理由,法律被认为是除诉讼各方费用外的巨大间接成本的来源之一。这些指责也许都不错,尽管本书不打算测度其真假,测度起来也会特别令人沮丧,因为测度我们法律体制的收益比测度其费用更难。法定权利,即使从未使用,也许仍是有价值的选项;但如何评估这些选项的价值?并且,法律义务会震慑有害行为,但其有效性如何也非常难以确定。

假定这些批评都有些道理,问题就是该责备谁。如果法官的所作所为就是适用立法机构或宪法创制者制定的规则(或是遵循当下或先前法官制定的——如果证明不适应现行条件——并及时改变了的先例),那么这种混乱(如果真是混乱的话)的责任就一定在立法者或是宪法创制者,或是在更一般的政治过程。但让我们假定,立法机关确定的大多数规则还不错,问题是出在任性的法官身上,他们没有根据个案"公平"来分配目光短浅的正义,而是自己制定规则,甚或完全无视规则,并因此造成了巨大的法律不确定性。有关的政策寓意,以及由此而来的改革之路,就取决于哪种说法对(也许两者都对)。而如果根本问题是,美国的政府结构以及更宽泛的美国政治文化迫使法官制定而不只是适用法律规则,那又该怎么办?也许在批评司法者看来像是司法任性的行为,其实是法官在真诚扮演司法的重要角色;如果法官拒绝扮演这一角色,而是像某些法律思想家(更简短的说法是,法律形式主义者)敦促的那样坚持自我限制,消极适用其他机构制定的规则,也许这个法律体制比现在更糟。

这些答案都与司法行为的诸多问题密切相关。举个例子:每个人都同意,合同对于市场运作至关重要,几乎每个人也都同意,合同的法律执行对合同是否起作用也很重要。合同法由法官施行(有时是私人裁判者——仲裁者,但仲裁有效与否取决于仲裁结果的可执行程度)。作为普通法的一部分,合同法也是法官创造的。法官创造的这个法律与法官的执行方式都是慎思的行动,与商业决定以及立法机关决定一样。司法制作的教义和决定的好坏,因此可能取决于法官的激励因素;转而,这又取决于法官的认知和心理,取决于如何选任(包括自我选择)法官,以及取决于法官工作的任期和条件。与此相似,美国的反托拉斯法也更多是司法决定的而不是反托拉斯立法的创造;那些最重要的反托拉斯法,和《权利法案》的大多数规定一样,都太简单、太含混了。因此我们应当感兴趣的是,影响法官的那些动机、约束以及其他因素如何塑造了反托拉斯法现状。事实上,最高法院就称《谢尔曼法案》是"一个普通法的制定法"[9],而普通法当然是由法官而不是由立法者制定的。

如果法官们只是对法官和陪审团不带偏见或前见确认的事实适用立法者、行政机构、宪法创制者以及其他非司法渊源(包括商事习惯)创制的明确法律规则,就没必要关心法官是怎么想的(mentality)。也就完全可能用人工智力数字化编程逐步替代法官。[10] 但即使有些法律思想家热烈相信法官应当仅仅是规则适用者和无偏见的事实发现者,他们也不相信所有甚或大多数美国法官从来都是这样行为的。我们的法官有并且行使了裁量权。特别是,如果是上诉法官,哪怕只是中间层级的法官,他们也是"偶尔的立法者"。要理解他们的立法性活动,你就必须理解他们的动机、能力、选任模式、职业规范以及心理。

因此,对司法行为有坚实的理解不仅有学术意义;它也是司法改革的一个关键。但它的学术意义也不小,因为,这些塑造司法行为的非同寻常的激励和约束与大多数工作不一样,特别是在美国联邦法院系统;也因为分析这些行为可能提供一些关于处理不确定性这个一般性课题的洞见。[11] 就像我们医疗体制中的开支,不确定性是我们法律体制的一个显著特点,而在不确定性条件下决策,无论是在经济学、组织理论还是在其他领域中,都是一个很值得研究的重要课题。

和其他法官撰写的关于审判的著述一样,本书受我个人司法经验——担任联邦上诉法院法官超过1/4世纪(有七年还是我所在法院的首席法官),偶尔还跑到地区法院主持主要是民事案件审理——太多的影响。但本书的写作方式是学术的,而非忏悔的。就此而言,它类似我的有关性规制的著作;那本来也是一个远离法官行为研究的题目。撰写那本书的动力是,我"迟迟才发现,除了自身的有限经验外,法官对性几乎一无

---

[9] Leegin Creative Leather Products, Inc. v. PSKS, Inc., 127 S. Ct. 2705, 2720 (2007).

[10] 我不知道原旨主义者和其他法条主义者为什么不热情支持人工智能。

[11] 对此,我有不少写作,都与大灾难风险以及与美国情报系统的改革有关。请看我的著作,*Catastrophe: Risk and Response* (2004); *Preventing Surprise Attacks: Intelligence Reform in the Wake of 9/11* (2005); *Uncertain Shield: The U. S. Intelligence System in the Throes of Reform* (2006); *Countering Terrorism: Blurred Focus, Halting Steps* (2007).

所知",而我的目的之一就是"让法律职业界注意到[在这个问题上]有丰富的多学科文献".[12] 与我们社会的其他"高雅"群体一样,法官不大愿意谈论性,也不大愿意谈论审判,特别是公开谈论,无论是对同事还是对更广大的法律职业受众。这种沉默使司法行为的学术研究既有挑战性也不可或缺。

本书强调实证的而不是规范的分析,即法官做了什么,而不是法官应当做什么,但我还是会讨论一些规范性问题,提出一些温和的改革措施,偶尔还会提出一些建议供深入研究。在处理人们的慎思行动时,不大容易区分实证分析和规范分析,因为只要他们不是邪恶或玩世不恭,对其行为的最好解说就不可能是他们故意冒犯社会规范。如果法官靠抛硬币做出司法决定是错误的,那么司法行为的运气理论就不大可能正当。法官决策的根据也许会错,但他们不大可能站在该社会流行的规范和价值之外。

本书主要聚焦于联邦上诉法院法官,包括最高法院大法官(本书第三编,尽管其他各编也会讨论)。但也会讨论一下初审法官、州法院法官、与美国类似的外国法官[13]以及仲裁者(私人裁判者)。

我先讨论现有的一些司法行为理论(态度理论、战略理论、组织理论、经济学理论、心理学理论、社会学理论、实用主义理论、现象学理论以及法条主义理论),讨论支持和反对各个理论的证据。阐述这些理论的文献很多,但被多数学术法律人(尽管这种状况正在改变[14])以及几乎所有的法官忽略了。[15] 这些理论为我的大量汲取了劳动力经济学和认知情感

---

[12] Richard A. Posner, *Sex and Reason* 1, 4 (1992).

[13] 即有独立司法部门的国家,因为许多国家都没有。例如,请看,Gretchen Helmke, *Courts under Constraints: Judges, Generals, and Presidents in Argentina* (2005); *Law and Economic Development* (Hans-Bernd Schäfer and Angara V. Raja eds. 2006).

[14] 请看,例如,Gregory C. Sisk and Michael Heise, "Judges and Ideology: Public and Academic Debates about Statistical Measures," 99 *Northwestern University Law Review* 743 (2005).

[15] 其丰富性,可以看,James L. Gibson, "From Simplicity to Complexity: The Development of Theory in the Study of Judicial Behavior," 5 *Political Behavior* 7 (1983). 正如这篇文章的发表时间显示的,这类文献已出现很多年了。法学教授之所以没注意,也许部分因为它们缺乏有助于理解或改革法律教义的寓意,另一部分则因为它们挑战了司法非政治性的神话,而律师和法律教授在这个神话中有太多既得利益。

心理学的分析提供了背景知识和支持。正因为我的重点在心理学,导致我冠名此书《法官如何思考》而不是《司法行为》。

我的分析以及所依据的诸多研究都发现,法官并非道德或智识巨人(唉!)、先知、圣人、代言人或计算机。他们都非常人性,与其他工人一样,对工作的劳动力市场条件做出反应。至少美国法官不是形式主义者或法条主义者(这是我更喜欢的术语,因为它更少歧义)。法条主义者决定案件时适用先有的规则,或在某些版本的法条主义看来,运用所谓的独特法律推理模式,例如"法律类推"。除了在一些琐细问题上(比方说,日程安排),他们不立法,不行使裁量权,不关心政策,也不超出常规法律文本——主要是制定法、宪法规定和先例(权威性司法决定)——寻求决定新案件的指南。在法条主义者看来,法律是一个知识与技巧都自给自足的领地。[16] 有些法条主义者甚至怀疑先例是否是法律渊源,因为先例也被司法创造传染了。

但如果不是法条主义者,那法官又是什么呢?他们只是穿着法袍的政客?经验研究的学者已发现,许多司法决定,不仅限于最高法院的,都受法官的政治偏好或法律以外其他因素的强烈影响,例如法官个人特点以及个人的和职业的经验,这些会塑造他的政治偏好或直接影响他对某案的回应。负责任的司法研究者都不认为大多数司法决定是为"政治"(具体含义后面解说)或个人偏好驱动的;最高法院除外,当决定宪法性案件之际,它确实主要是一个政治性法院。驱动大多数司法决定的是法条主义,但这些决定对于法律教义之发展或是对于影响社会一般说来不很重要。

但人们一定要小心,别把司法决定(或法官)分为法条主义的和政治性的两大类,或与之紧密联系,对法律和政治主张非黑即白的二元观。只

---

[16] "法律形式主义者特别强调法律有明晰、确定和融贯的优点,并试图严格区分立法与审判。大致说来,他们可以划分为规则形式主义者和概念形式主义者两类。前者更看重确定性,强调明确规则和从严解释的意义,而后者则强调贯穿整个法律的系统和原则融贯性的意义。" Thomas C. Grey, "Judicial Review and Legal Pragmatism," 38 *Wake Forest Law Review* 473, 478 (2003). 由所谓的斯格利亚派人士组成的现代美国形式主义者,主要都是规则形式主义者。同上,页479。"[对于斯格利亚来说],最重要的事情是,只要可能,法律就应表现为规则的形式。"同上,页499。

有把"法律"等同法条主义,这种二元论才能成立;但这样界定法律太窄了。在理查德森诉马希案(*Richardson v. Marsh*)中,斯格利亚(Scalia)大法官说:"推定陪审团遵循了法庭指示,这是个实用主义的规则,根据不在于这一推定绝对为真,更多在于相信,在刑事司法过程中,这个推定合乎情理地实际兼顾了州和被告的利益"[17];作为法官,斯格利亚并没有超出他的恰当角色。这个司法断言,与斯格利亚(宣称"法律的规则"就是"规则的法律"的斯格利亚[18])那些更著名的法条主义断言,同样恰当。哪怕这一断言有政治寓意,也仍然恰当。如果法官以覆水难收为由告知陪审团别管某法官或检察官的差错,原谅他们,这就对刑事被告不利;因为陪审员在考虑被告是否有罪时,不可能把他们不应但已经听到的信息消除干净。

在司法场景下,"法律"只是法官借以形成自己决定的一些最广义的材料。由于法条主义决策材料未能得出可接受的答案,回答要求美国法官决定的全部法律问题,法官就被迫偶尔——实际上相当频繁——依赖其他判决渊源,包括他们自己的政治观点或政策判断,甚至他们的个人特性。结果是,除了不符合法条主义决策模式外,法律还充满了政治和其他许多东西。

法官的这种决策自由是一种非自愿的自由。它是法条主义的后果,因为在许多案件中没法决定结果(或无法得出可忍受的结果,这个区别我后面展开)。与之相关的,也因为很难、常常不可能验证结果是否正确——无论根据后果还是根据逻辑。这种无法,这种很难或不可能,创造了一个开放地带,在那里,法官拥有决策裁量(一块白板记录其决定),而不是"法律"迫使得出的某个具体决定。他们如何填补这一开放地带?这就是本书处理的根本问题,但在这个背景中浮现且偶尔会走到前台的问题是,法官应当如何填补。

尽管法官在开放地带常常行使某种政治判断;但"政治的"(political)是个多义词,要想对司法行为有用,必须事先精心解析。它可以指一位法官的决定反映了他忠于某政党。它也可以指某法官的决定忠实反映

---

[17] 481 U. S. 200, 211 (1987).

[18] Antonin Scalia, "The Rule of Law as a Law of Rules," 56 *University of Chicago Law Review* 1175 (1989).

出某政党的纲领,但是出于信念而不是出于对党的忠诚。它还可以指某法官的决定反映了某种始终如一的政治意识形态,或许"自由派的"或许"保守派的",因此同民主党或共和党的纲领关联(尽管不完美),但这两大党也许都不拥抱这种意识形态,比方说自由至上主义(libertarianism)或社会主义。那些证明法条主义没有完整甚或近似地描述实际司法行为的经验研究,没有对不同层次的"政治"作区分。甚至可以说那些纯基于技术政策判断,即就一致赞同的目标寻找最佳手段的判断,是"政治的"决定;在这个意义上,政府的任何政策问题都是"政治的"。在相反的另一端,在没有政策考量的意义上,一个法官也仍然是"政治的":因为他也许像立法者那样,用个人魅力、狡猾、交换票以及恭维来诱使其他法官同他站在一起,哪怕他的目标也许只是想得出更多的法条主义决定(因此他也许是各种非政治场合中所谓的"出色政客")。本书第一章讨论的司法行为战略理论就强调这种"手段"而非"目的"意义上的政治性审判。许多立法者都没有自己的政策偏好,而只是其选民的政治掮客。但法官,除非是选举产生,并没有选民。

对"政治的"这种来回说明,也许看似已穷尽了审判中可能的非法条主义因素,其实还没开始。其他可能的要素(统称为"个人的")包括了个人特点,或气质(一个极端是情绪化而另一极端是感情超脱),这或多或少都是天生的个人性格。这包括个人的背景特点,例如种族和性别,还有个人和职业的经历。影响审判的政治或意识形态要素本身也许就是个人因素的副产品,而不是对公共问题的知情、无私且冷静分析研究的产物。司法决策中还有前面提到的战略考量,这与某位法官的无论是政治观点还是个人特点都不一定有关。在某个案件中,一位法官加入多数法官的意见,也许不是因为他认同,而是因为他认为公开表示异议反而会吸引人们的关注,增大多数派意见的效果(我们在第一章会看到,"异议厌恶"有助于解说合议庭组成对上诉审决定会有令人不解的效果)。制度性要素,例如法律是否明确、薪水和工作量以及法官的晋升结构,都会影响司法行为。

这些政治的和个人的要素创造了一些前见(preconceptions),常常是无意识的,法官会把它们带进某个案件。这可以解说法官何以会认为自己的决定未感染政治考量,而中立的观察者会有不同的发现。这一解说可以让法官免受"太虚伪"的指控,却又不否认政治性审判的经验文献的力量。

我们会看到,理解司法前见,最好是借助贝叶斯决策理论*。这当然不是法官对自己思想过程的描述。而且我使用的、可能令这本关于法官的著作的某些读者不安的术语还不止"贝叶斯定理";类似的还有"偶尔立法者"以及"异议厌恶"(dissent aversion)。读者还必须准备迎接"撤销[司法决定]厌恶"、"意识形态漂移"(ideology drift)、"可容忍窗口"(tolerable windows)、"效用函数"、"萨特式自欺"(Sartrean bad faith)**、"选项价值"、"风险厌恶"、"合乎情理的区域"、"买方独家垄断"(monopsony)、"世界主义"(cosmopolitanism)、"威权人格"、"异化"、"代理费用"、"规则实用主义"以及"受约束的实用主义"等。我并不抱歉,为这些术语,或更一般地,为用一套多数法官和律师都不懂的术语讨论司法思维。用法官自己使用的、有时有害的一套术语,不可能理解司法的行为。

因为行为受欲望驱动,我们就一定要考虑法官想要什么。我认为,和其他人一样,他们想要的同样是基本的善品,诸如收入、权力、名誉、尊重、自尊以及闲暇。如果法官对这些不同善品的权衡通常很独特,那也是因为法官职务创造的激励和约束,或因为更宽泛的司法行动的语境。这个语境的一个重要组成部分就是法律的不确定性,它创造了一个开放地带,在那里正统(法条主义)分析方法得不出令人满意的结论,有时还得不出结论,这就允许甚或规定了情感、人格、政策直觉、意识形态、政治、背景以及经历将决定一位法官的决定。

在这个开放地带,影响司法行为的制度性要素之一是司法生涯的结构;它影响谁和谁自我选择进入司法部门,影响一旦加入该行当就会启动的那些激励和约束。我会比较不同类型的法官职业和不同类型的法院体系,还会考察关于职业结构修改的一些建议,例如大幅增加司法薪水或限制司法任职期限。我对联邦上诉法官(包括最高法院大法官)职业结构

---

* 贝叶斯决策理论是基于英国数学家贝叶斯(Bayes,1702-1763)创立的关于随机事件的条件概率和边缘概率定理发展起来的一种决策理论,是主观贝叶斯派归纳理论的重要组成部分。——译者

** 法国著名哲学家萨特(Jean Paul Sartre,1905-1980)的存在主义哲学的核心伦理概念之一,也译作"不诚实",大意指人在可以做出伦理选择之际,以种种社会或他人原因为理由否定并逃避自己的自由选择,以便达到自我安慰和解脱。——译者

的分析确认了，对他们个人的司法行为没有重大外部约束（诸如薪水、晋升或卸职），并因此确认了法官的自由——即不受其"主人"（无论究竟是谁，而究竟是谁也不太确定）为控制这些代理人所作努力的影响——的范围。

但我一定不能忽略这种可能性，即这一自由受到一系列内部约束的严格限制，包括我所谓的"司法方法"。这是一些处理不确定性和生产法条主义者认为客观决定的分析工具。我们会看到，这些法条主义工具，包括那些最神圣化的工具，类推和对制定法和宪法的从严解释，都很不够：首先空泛，而其次，尽管表面严谨，其实有大量裁量因素。

我还一定不能忽略，学术批评对法官的司法行为会构成一个潜在约束，因为没有强有力的约束，这就留下了空间，使一些通常微弱的约束产生了重要影响。但近年来法官一般听不进学界的批评，因为法律学术的变化使法官与法律教授在智识上渐行渐远，精英法学院的教员与司法部门日益疏远。并不像人们可能认为的那样，我抱怨学界对法官太挑剔了；他们在许多方面挑剔得还不够。我的抱怨是，时下学界的司法批评对法官太不现实，无所助益，事实上他们对法官没兴趣，除非批评的恰好是最高法院大法官。

我强调美国法官有广泛的（尽管并非完全的）自由，不受外部和内部约束，并不是说司法行为是随机的、任性的或在党派意义上是政治的。同大多数严肃艺术家一样，大多数法官都在努力"干好工作"，但何为"好"，则由该"艺术"行当的诸多标准来界定。司法艺术显然包括了法条主义要素，因此在司法决定中也应当能看到这些要素。但是，创新型法官会挑战已接受的司法艺术的标准，就像创新型艺术家会挑战他们的已接受的艺术标准一样。因为不存在固定的、毫无争议的艺术杰出标准，因此也没有固定的、毫无争议的司法杰出标准。在法律中，同在艺术中一样，创新者对该领域之演化有更大影响力。

因此，在开放领域审判时，法官究竟做了些什么？如果他们不是仅适用已有规则，没以一种逻辑的、或在其他方面很机械的方式，他们是不是就没始终如一贯彻一个司法哲学呢？并非如此。我们会看到，诸多司法哲学（诸如"形式主义"、"原旨主义"、"文本主义"、"强化代表性理论"、"市民共和主义"，或最新近的竞争者，"生动自由"以及"司法世界主义"）都是对基于其他根据所作决定的理性化，或是一些修辞性武器。全都不是指导法官司法决定的政治中性的北极星。

那么,何种术语才能最好描述多数美国法官的作为?读过我先前有关司法行为著述的读者会预期我说"法律实用主义"先把法官分为法条主义的和实用主义的,再把法条主义分类为一种实用主义战略,就把所有法官都转换成实用主义者了。这太容易了。但实用主义确是美国司法行为的重要组成部分,在本书中也相当显著。实用主义被广泛误解为在审判上"怎么都行",和极端法律现实主义一样。非也。实用主义法官是受约束的实用主义者。与其他法官一样,他被规范重重围着,规范要求他无偏私,要求他理解法律可预测且足以指导受制于法律者(包括法官!)行为的意义,要求他正当尊重合同和制定法文字的整体性。他受约束,但活动空间并不很小,还不能排除了他至少在非党派意义上成为一位政治的法官。但他无需成为政治的法官,除非"政治"像我之前回顾的那样是一种最宽泛的可能含义;在这种意义上,任何最细微的政策关切都是"政治的"。实用主义法官会评估司法决定的后果,因为这与他理解的坚实公共政策有关。但这无需是根据人们通常理解的政治理由选择的政策。

一位法官可以是政治的,但不实用主义;意识形态者就不实用主义。大多数反对人工流产权的法官之所以反对,是因为宗教信仰,而不是因为对权利的实用主义评估(许多支持这类权利的法官同样是为意识形态驱动)。他们也许会提出实用主义的理由,来反驳人工流产,以便获得不信教或本人宗教信仰中不拒绝人工流产的法官的支持。但那只是一种外观装点。你若对一位反堕胎者(pro-lifer)——无论法官还是其他人——说,人工流产的好处之一是会减少未来的犯罪率,因为长大后,那些父母"想流掉"的孩子要比父母想要的孩子更可能成为罪犯[19],他会惊愕地看着你,不会认为你提出了很有意思的实用主义观点,增加了他对人工流产权后果好坏的权衡,有助于做出决定。

当涉及美国联邦最高法院时,哪些因素影响司法行为的问题会变得最为尖锐。大法官工作所受的约束比其他联邦法官更少,只有舆论的政治约束除外。舆论对大法官约束更大是因为其司法决定的能见度更高,对社会的冲击也更大(这也是能见度更高的主要理由)。因此,在最高法

---

[19] John J. Donohue Ⅲ and Steven D. Levitt, "The Impact of Legalized Abortion on Crime," 116 *Quarterly Journal of Economics* 379 (2001).

院,特别是决定宪法案件时,我们预期并发现,最难例证法官是或可能是法条主义者,也最不成功。因为这里通常利害关系最大,不仅因为宪法性法律处理的问题性质不同,而且因为最高法院除推翻先前决定外,很难改变宪法性法律。在这里,正统法律材料提供决策指南也最弱。因此,我们发现有无数关于限制司法裁量权的全盘性理论建议在此相互较劲,我会在第三编考察其中几种。其中,最无望的就是追求全球的司法共识,一种世俗的自然法。司法世界主义(请不要将之同很有影响的哲学世界主义教义混为一谈)体现为,最高法院在诸多宪法性案件中日益倾向于引证外国司法决定作为权威。这样做,最高法院忽视了在司法结构和司法观上,美国与外国有深刻差别。

如果本书的全部论点只是,美国法官(与多数外国法官相比)有大量裁量权:他们并非仅仅适用政府立法和行政部门、前辈法官、更高层级法院制定的规则,许多读者会回答说:"这有什么新奇?"但本书大部分讨论的是,当并非只适用规则时,法官还做了些什么。这是一个努力,要为我所谓的开放地带——即法官成为立法者的地带——的法官行为提出一种实证的决策理论解说。我论辩说,美国审判有立法特性的理由都深深根植于我们的政治法律体制和我们的文化中,没有什么可行的改革可能改变它,我还更进一步论辩说,我们法律体制的这一特性并不很糟。最错误的开始就是这样一种信念,只要法官信奉法条主义——司法的角色就是尽一切可能适用制定法和宪法规定的规则或运用那些让法官只注意正统法律材料而不搭理政策的分析方法——我们的制度就可以踏上改革之路。

我希望我的这些论辩有说服力,或至少有助于更精确更全面的理解:法官是如何行为的,为什么如此行为,行为的后果可能为何,以及哪些智识工具最适合分析这些问题。

第一编

基本模型

第一章
司法行为的九种理论

　　有许多关于司法行为的实证(即描述的,有别于规范的)理论。[1] 它们的主要关注,就像人们可能期望的,在于解说法官的司法决定。有态度理论(attitudinal theory)、战略理论、社会学理论、心理学理论、经济学理论、组织理论、实用主义理论、现象学理论,当然了,还有我所谓的法条主义理论。这些理论各有优点,都汇入了我在本书中提出的决策理论。但是,这些理论也都有所夸大或不完整。而在这些眼花缭乱的理论中缺失的——即本书努力填补的空白,尽管有些只是对这些现存理论的重述和微调——是一个令人信服的、统一的、现实且适度折衷的解说,在非常规案件中,法官实际上是如何得出其司法决定的:简而言之,一种实证的审判决策理论。

---

〔1〕 这类文献的综述,请看,Lawrence Baum, *Judges and Their Audiences: A Perspective on Judicial Behavior*, ch. 1 (2006); Barry Friedman, "The Politics of Judicial Review," 84 *Texas Law Review* 257 (2005). 一个编年文献研究表明了这些文献的多样性,请看,*Supreme Court Decision-Making: New Institutionalist Approaches* (Cornell W. Clayton and Howard Gillman eds. 1999).

我从态度理论开始。[2] 态度理论主张,最好用法官带进案件的政治偏好解说法官的决定。为努力验证这一理论,多数研究都从任命这些法官的总统所属政党来推断他们的政治偏好,尽管承认这个代表很粗略。研究重点是联邦法官,特别是最高法院大法官。州法院法官当然不由美国总统任命,他们的任命方法——例如,通过非党派的选举——有时很难在政治上将其分类。[3]

预测是,民主党总统任命的大法官和法官会极大部分投票支持"自由派"结果,例如偏袒雇员、消费者、小企业主、刑事被告(白领被告除外)、工会,以及环境保护、侵权、民权和公民自由诉讼的原告。共和党总统任命的法官和大法官,则可预测,极大部分投票会支持相反的结果。

有时也用其他关于法官政治倾向的证据代替总统任命的党派,例如在参议院确认前,一些社论会讨论法官提名人的政治或意识形态。[4] 被忽视的可能是一种四重分类,在这个分类中,居间范畴是当总统和参议院

---

[2] 请看,例如,Jeffrey A. Segal and Harold J. Spaeth, *The Supreme Court and the Attitudinal Model Revisited* (2002); Robert A. Carp and Ronald Stidham, *Judicial Process in America* 294 (2001) (tab. 10-1); William N. Eskridge, Jr., and Lauren E. Baer, "The Supreme Court's Deference Continuum: An Empirical Analysis (From *Chevron* to *Hamdan*)" (Yale Law School, May 11, 2007); Andrew D. Martin, Kevin M. Quinn, and Lee Epstein, "The Median Justice on the United States Supreme Court," 83 *North Carolina Law Review* 1275 (2005); Michael W. Giles, Virginia A. Hettinger, and Todd Peppers, "Picking Federal Judges: A Note on Policy and Partisan Selection Agendas," 54 *Political Research Quarterly* 623 (2001); Tracey E. George, "Developing a Positive Theory of Decision Making on U. S. Courts of Appeals," 58 *Ohio State Law Journal* 1635, 1678 (1998). 有关的批评,请看,Frank B. Cross, "Political Science and the New Legal Realism: A Case of Unfortunate Interdisciplinary Ignorance," 92 *Northwestern Law Review* 251 (1997); Barry Friedman, "Taking Law Seriously," 4 *Perspectives on Politics* 261 (2006).

[3] Paul Brace, Laura Langer, and Melinda Gann Hall, "Measuring the Preferences of State Supreme Court Judges," 62 *Journal of Politics* 387 (2000); Carp and Stidham, 前注2,页296-297。

[4] Jeffrey A. Segal and Albert D. Cover, "Ideological Values and the Votes of U. S. Supreme Court Justices," 83 *American Political Science Review* 557 (1989); Segal et al., "Ideological Values and the Votes of U. S. Supreme Court Justices Revisited," 57 *Journal of Politics* 812 (1995). 又请看,Martin, Quinn, and Epstein, 前注2,页1285-1300。

多数分属不同政党("政府分裂")时受任的法官。然而,南希·斯科尔(Nancy Scherer)未发现政府"分裂"与"统一"时受任的联邦地区法官的裁决有什么区别[5],而我发现,就共和党总统任命的联邦上诉法院法官而言,只有很小差别(请看表1[6])。但当总统是民主党人之际,是民主党还是共和党控制参议院,则有重大差别,这可能是因为共和党要比民主党更讲纪律,因此更有能力组织反对某提名人。

表1 作为总统和参议院统一或分裂之函数的上诉法院法官投票,1925—2002(%)

投票	共和党总统		民主党总统	
	共和党参议院	民主党参议院	民主党参议院	共和党参议院
保守票	55.8	55.9	49.6	55.3
自由票	37.1	35.9	43.5	37.9
混合票	7.1	8.2	6.8	6.8

资料来源:*Appeals Court Attribute Data*, www. as. uky. edu/polisci/ulmer-project/auburndata. htm (visited July 17, 2007); *U. S. Court of Appeals Database*, www. as. uky. edu/polisci/ulmerproject/appctdata. htm, www. wmich. edu/~nsf-coa/ (visited July 17, 2007)。对投票的权衡反映了不同巡回区的工作量不同。"混合票"指的是有多个争点的案件,法官对一个以上的争点投了自由票,同时在其他争点上投了保守票。

表2 作为总统和参议院统一或分裂之函数的上诉法院在任法官的投票(%)

投票	共和党总统		民主党总统	
	共和党参议院	民主党参议院	民主党参议院	共和党参议院
保守票	66.9	63.2	49.7	57.0
自由票	25.6	27.0	39.5	35.6
混合票	7.5	9.8	10.9	7.5

资料来源:*Appeals Court Attribute Data*, www. as. uky. edu/polisci/ulmer-project/auburndata. htm (visited July 17, 2007); *U. S. Court of Appeals Database*, www. as. uky. edu/polisci/ulmerproject/appctdata. htm, www. wmich. edu/~nsf-coa/ (visited July 17, 2007)。对投票的权衡反映了不同巡回区的工作量不同。"混合票"指的是有多个争点的案件,法官对一个以上的争点投了自由票,同时在其他争点上投了保守票。

---

[5] Nancy Scherer, "Who Drives the Ideological Makeup of the Lower Federal Courts in a Divided Government?" 35 *Law and Society Review* 191 (2001).

[6] 尽管表1和表2的统计数字都来自这套数据,但该数据用的某些分类有差错,例如它把知识产权案件所有支持原告的投票都分类为"自由票"。我已纠正了这类差错;有关这些纠正的细节以及对该数据的更完全分析,请看,William M. Landes and Richard A. Posner, "Judicial Behavior: A Statisitical Analysis" (University of Chicago Law School, Oct. 2007).

表2同表1相似,但只限于目前在任的法官。请注意,政府分裂对司法投票的影响比表1更显著,这与自里根总统以来共和党的强烈冲击,使各法院的意识形态天平右偏是一致的。还请注意,联邦法院的决定整体看来偏向保守,而且这一偏向在在任法官中更为显著。

　　总统的意识形态强度有不同,把这一差别纳入考量,可以完善这个态度理论模型(model)的精度。目前最高法院九位大法官中有七位是共和党总统任命的,但更有说明意义的是要注意,其中四位保守派大法官由保守共和党总统任命(里根任命了斯格利亚和肯尼迪,小布什任命了罗伯茨和艾利托),两位自由派大法官由民主党总统任命(克林顿任命了金斯伯格和布雷尔),以及一位自由派和两位保守派大法官由温和共和党总统任命(福特任命了斯蒂文斯,老布什任命了苏特和汤姆斯)。请看表3。

表3　在任大法官以及任命他们的总统的意识形态

大法官的意识形态	总统的意识形态		
	保守共和党人	温和共和党人	民主党人
保守派	4	1	0
自由派	0	2	2

　　表4则显示了政府分裂对最高法院任命的另一种效果。

表4　作为总统与参议院统一或分裂之函数的最高法院保守派和自由派大法官(在任)

大法官	共和党总统		民主党总统	
	共和党参议院	民主党参议院	民主党参议院	共和党参议院
保守派	3	2	0	0
自由派	0	2	2	0

　　无论以什么方法确认法官的政治倾向,也无论在哪一司法层级(最高

法院、联邦上诉法院——对此如今有广泛的研究文献[7]——还是联邦地区法院[8]),都发现这种推定的政治倾向总是很能解说,在有政治意味的争议上,法官的投票变化。争议越激烈(例如人工流产,如今要比诸如量刑问题争议更激烈),这一政治变量的解说力就越大。进一步支持态度理论的还有:在任命和确认联邦法官中,政治具有毫无疑问的重要性;[9]在确

---

[7] Christina L. Boyd, Lee Epstein, and Andrew D. Martin, "Untangling the Causal Effects of Sex on Judging" (Northwestern University School of Law and Washington University School of Law and Department of Political Science, July 28, 2007); Cass R. Sunstein et al., *Are Judges Political? An Empirical Analysis of the Federal Judiciary* (2006); Thomas J. Miles and Cass R. Sunstein, "Do Judges Make Regulatory Policy? An Empirical Investigation of Chevron," 73 *University of Chicago Law Review* 823 (2006); Ward Farnsworth, "The Role of Law in Close Cases: Some Evidence from the Federal Courts of Appeals," 86 *Boston University Law Review* 1083 (2006); Jeffrey A. Segal, Harold J. Spaeth, and Sara C. Benesh, *The Supreme Court in the American Legal System* 236-242 (2005); Daniel R. Pinello, *Gay Rights and American Law* (2003); Frank B. Cross, "Decision Making in the U.S. Circuit Courts of Appeals," 91 *California Law Review* 1457, 1504-1509 (2003); David E. Klein, *Making Law in the United States Court of Appeals* (2002); Emerson H. Tiller and Frank B. Cross, "A Modest Proposal of Improving American Justice," 99 *Columbia Law Review* 215, 218-226 (1999); George, 前注2; Richard L. Revesz, "Environmental Regulation, Ideology, and the D.C. Circuit," 83 *Virginia Law Review* 1717 (1997); Sheldon Goldman, "Voting Behavior on the United States Courts of Appeals Revisited," 69 *American Political Science Review* 491 (1975)。上诉法院法官的政治偏好如何影响判决,一个有意思的个案研究,请看,Paul J. Wahlbeck, "The Development of a Legal Rule: The Federal Common Law of Public Nuisance," 32 *Law and Society Review* 613 (1998).

[8] C. K. Rowland and Robert A. Carp, *Politics and Judgment in Federal District Courts* (1996); Gregory C. Sisk, Michael Heise, and Andrew P. Morriss, "Charting the Influences on the Judicial Mind: An Empirical Study of Judicial Reasoning," 73 *New York University Law Review* 1377 (1998); Ahmed E. Taha, "Judges' Political Orientations and the Selection of Disputes for Litigation" (Wake Forest University School of Law, Jan. 2007), http://ssrn.com/abstract=963468 (visited Sept. 2, 2007).

[9] 有关这一点,请看,例如,Lee Epstein and Jeffrey A. Segal, *Advice and Consent: The Politics of Judicial Appointments* (2005); John R. Lott, Jr., "The Judicial Confirmation Process: the Difficulty with Being Smart," 2 *Journal of Empirical Legal Studies* 407 (2005).

认联邦法官特别是最高法院大法官时,国会冲突激烈,在政治上几乎势不两立(polarized);以及律师和法官的经历。每个律师都知道,如果一个案件很有争议,那么在上诉法院,随机抽出哪些法官组成合议庭听审此案,这也许就决定了此案的结果。每位法官都知道,可以相当精确地预测自己的自由派和保守派同事对那些充满政治意味的案件会如何反应,尽管这位给同事贴标签的法官自己不喜欢被贴政治标签。

进一步的证据是这样一种倾向,即无论是最高法院大法官还是上诉法院法官都会安排自己的退休时间,最大化这种可能,即由当年任命这位将退法官的总统所属政党的某位总统来任命继任法官。[10] 还有一些证据或许可以称为"意识形态漂移",即法官服务时间越长,就会有背离任命他的总统所属党派的政治立场(自由派或保守派)之倾向。[11] 与任命他的总统所属政党意识形态紧密结盟的法官,随着当年未预见的新争议发生,也许会与这一联盟破裂。当经济争议是燃眉之急时,这位法官可能是保守派,而当燃眉之急变成国家安全或诸如人工流产或同性恋权利这样的社会政策问题时,他也许就成了自由派。

还有更多证据。无需一帮宪法专家,只用不涉及法律教义的少许变

---

[10] Ross M. Stolzenberg and James Lindgren, "Politicized Departure from the United States Supreme Court" (University of Chicago and Northwestern University, Mar. 18, 2007); James F. Spriggs and Paul J. Wahlbeck, "Calling It Quits: Strategic Retirement on the Federal Courts of Appeals, 1893-1991," 48 *Political Research Quarterly* 573 (1995); Deborah J. Barrow and Gary Zuk, "An Institutional Analysis of Turnover in the Lower Federal Courts, 1900-1987", 52 *Journal of Politics* 457, 467-468 (1990). 另一个迹象是近来的惊人研究发现,最高法院法官助理自我描述的政治认同(民主党人或共和党人)影响了他们的大法官投票的政治性。Todd C. Peppers and Christopher Zorn, "Law Clerk Influence on Supreme Court Decision Making" (Roanoke College, Department of Public Affairs, and University of South Carolina, Department of Political Science, June 14, 2007).

[11] 请看,Andrew D. Martin and Kevin M. Quinn, "Assessing Preference Change on the US Supreme Court," 23 *Journal of Law, Economics and Organization* 365 (2007); Susan Haire, "Beyond the Gold Watch: Evaluating the Decision Making of Senior Judges on the U. S. Courts of Appeals" (University of Georgia, Department of Political Science, 2006).

量，就可以更精确预测最高法院的案件结果。[12] 尽管特定联邦上诉法官（包括上诉法院法官和最高法院大法官），在非一致同意（因此是"高下难分"）的宪法性罪案与非一致同意的制定法罪案间，投票支持政府的关联度很高，但不同法官在罪案中支持或反对政府的投票关联度很低。[13] 某些法官倾向政府，另一些则倾向被告，似乎就是这些倾向驱动法官在高下难分案件中投票，而无论此案是因宪法还是因制定法发生——尽管从法条主义立场来看，适用该法律文本就应得出这个结果，也尽管宪法和制定法之间有巨大的文本差异。不可能期望，在这两类案件中非政治的法官投票方式会一样。

所有这些都不是说，法官的一切投票都最好解说为受政治驱动[14]，更不能说，人们当法官就是想让政策更贴近他们的政治目标。我们在后面各章中会看到，解说司法决定的政治特性并不要求假定法官都有自觉的政治目标。态度研究并无此类发现，没有发现也不是因为数据有限。即使在美国最高法院这一层级，许多案件也不涉及重大政治利害，但这还是不足以作为全部的解释。想想奥利弗·温德尔·霍姆斯。他去世后公布的来往信函就显示了，他是坚定不移的共和党人，但他还是曾一再投票

---

[12] Andrew D. Martin et al., "Competing Approaches to Predicting Supreme Court Decision Making," 2 *Perspectives on Politics* 761 (2004); Theodore W. Ruger et al., "The Supreme Court Forecasting Project: Legal and Political Science Approaches to Predicting Supreme Court Decisionmaking," 104 *Columbia Law Review* 1150 (2004). 这些变量有"(1) 源自哪个巡回区；(2) 案件争议领域；(3) 上诉者类别（例如，美国政府、雇主等）；(4) 被上诉者类别；(5) 下级法院判决的意识形态倾向（自由的还是保守的）；以及 (6) 上诉者是否论辩了某法律或惯例违宪。"同上，页 1163。

[13] Ward Farnsworth, "Signatures of Ideology: The Case of the Supreme Court's Criminal Docket," 104 *Michigan Law Review* 67 (2005); Farnsworth, 前注 7。

[14] 请看，例如，Cross, 前注 7；Cross, 前注 2，页 285-311；Sunstein et al., 前注 7；Daniel R. Pinello, "Linking Party to Judicial Ideology in American Courts: A Meta-Analysis," 20 *Justice System Journal* 219 (1999); C. Neal Tate and Roger Handberg, "Time Binding and Theory Building in Personal Attribute Models of Supreme Court Voting Behavior, 1916-1988," 35 *American Journal of Political Science* 460 (1991); Sheldon Goldman, "Voting Behavior on the United States Courts of Appeals Revisited," 69 *American Political Science Review* 491 (1975).

支持自由派的社会立法（例如，洛克纳案件中争议很大的最长工作时间法，他在此案提出了著名的异议），哪怕他认为这些立法都是社会主义的胡说八道。当然，在这方面，就像在其他许多方面一样，霍姆斯也许是最高法院大法官中的另类。在今天更为政治化的法律文化中，就政治超然而言，他也许少有后继者。

从表5和表6中，我们感到态度理论的预测力有限。凡没有任何政治色彩的司法投票在表中都编码为"其他票"，而自由票、保守票、混合票以及其他投票都与任命投票法官的总统所属政党关联。注意，除了有相当比例的混合票或其他票外，有很大比例的保守票是一些被推断为自由派的（民主党任命的）法官投的，也有很大比例的自由票是一些被推断为保守派的法官投的。还请注意，像前面的表一样，共和党的司法任命导致了上诉法院投票明显趋向日益政治化。但也要注意，两表的头两列显现出，这两类法官之间的差别，尽管重要，却只有部分意义。仅仅比较中数会模糊这种分布重叠；共和党总统任命的某些法官还不如民主党总统任命的某些法官保守。这没有否证态度理论，但它确实凸显了一个事实，总统所属党派不能完美代表他任命的法官的司法意识形态。原因之一是，一些对法官很重要的意识形态争议无需在政治竞选中暴露出来；死刑问题就是眼下的一个例子。另一个原因是，令法官自豪的是自己的政治独立而不是自己是政治动物。

表5 作为任命法官的总统所属政党之函数的上诉法院法官投票，1925—2002（%）

投票	共和党总统	民主党总统
保守票	42.2	37.6
自由票	28.1	33.3
混合票	5.9	5.1
其他票	23.9	23.9

资料来源：*Appeals Court Attribute Data*, www. as. uky. edu/polisci/ulmer-project/auburndata. htm （visited July 17, 2007）; *U. S. Court of Appeals Database*, www. as. uky. edu/polisci/ulmerproject/appctdata. htm, www. wmich. edu/~nsf-coa/ （visited July 17, 2007）。对投票的权衡反映了不同巡回区的工作量不同。"混合票"指的是有多个争点的案件，法官对一个以上的争点投了自由票，同时在其他争点上投了保守票。

表6 作为任命法官的总统所属政党之函数的在任上诉法院法官的投票(%)

投票	共和党总统	民主党总统
保守票	51.2	42.5
自由票	22.9	33.1
混合票	7.3	7.6
其他票	18.7	16.9

资料来源:*Appeals Court Attribute Data*, www. as. uky. edu/polisci/ulmerproject/auburndata. htm (visited July 17, 2007); *U. S. Court of Appeals Database*, www. as. uky. edu/polisci/ulmerproject/appctdata. htm, www. wmich. edu/~nsf-coa/ (visited July 17, 2007). 对投票的权衡反映了不同巡回区的工作量不同。"混合票"指的是有多个争点的案件,法官对一个以上的争点投了自由票,同时在其他争点上投了保守票。

为什么即使一切决定都涉及重大政治利害,态度理论的预测力仍然有限?一个解说是,一个案件也许会提出两种政治价值间的冲突,而两者对某法官都很重要,例如,有人提出了一个(自由派的)民权诉讼挑战(保守派最厌恶的)积极补偿行动。人们也许会认为,在这个案件中政治考量相互抵消,决定可能归结为常规法律推理。但并非如此;这些政治考量在法官心中不大可能分量相同,而如果不相同,分量更重的考量也许就确定了他的裁决。一个显著的例子就是布坎南诉瓦利案(*Buchanan v. Warley*)[15],此案决定于最高法院强烈不倾向废除种族歧视法的年代,但最高法院还是废除了一个禁止黑人在白人占多数地区居住或相反的南方法令。该法令使一个白人原告无法把住宅卖给一个黑人。最高法院区分了"社会权利"和"财产基本权利",前者是黑人同白人交往的权利(以及白人不同黑人交往的权利,这让白人没法待在黑人街区),是最高法院在普莱西诉弗格森案(*Plessy v. Ferguson*)中拒绝承认的权利,而后者是美国宪法第十四修正案意图保护的黑人与白人平等的权利。[16] 同等保护条款中看不到这种区分。迈克尔·克拉曼(Michael Klarman)很有说服力地论辩说,最高法院只是认为,政府干预财产权,比学校和其他公共设施实行种族隔离,更严重侵犯了个人的自由,特别是因为抱怨自己财产权

---

[15] 245 U.S. 60 (1917).
[16] 同上,页79.

受侵犯的人是一位白人出售者。[17] 结果,最高法院做出了一个自由派司法判决,拒绝了私人住宅上的种族隔离。

传统上,态度派人士集中关注最高法院决定的、有浓烈政治意味的案件,这造成了一种夸张的印象,似乎美国审判中弥漫着政治。[18] 美国法院裁决的大多数案件既不政治意味浓烈,也并非都由最高法院裁决。用任命法官的总统所属政党来代表某位大法官的政治倾向,这误导性地暗示了,最高法院的决策弥漫着党派政治。总统总是从自己政党中任命大多数法官(通常超过90%),而一旦任职,法官都更可能希望成为好法官而不是坚守任何人的政治路线。你找不到哪个法官会问,即使是自问,"任命我的比尔·克林顿(或乔治·布什等)会如何决定这个案件?"尽管如此,还是常常有案件要求一个政治性判断来"完事",因为法条主义分析得不出案件结论,在此情况下,法官就会倾向自己所属党派可能支持的立场,因为他属于(或曾属于)这个而不是那个党派通常并非偶然。但倾向不等于"认同"。最高法院大法官都是政治的,但又是政治上独立的。说实话(无论是更自由还是更保守),他们大多都不在总统以及确认他们的参议院的政治偏好构成的圈子内。[19]

然而,不管数量多少,政治性审判都挑战了对司法过程的正统理解;并且态度派人士也已展示,在美国司法各个层级,这种审判都不少(尽管是层级越高,数量越多)。他们的发现尽管与这一法律体制相悖,但对法院不民主——因其废除了立法和行政法规——的生硬批评却有一种吊诡的抵制效果。就像马克·格拉伯(Mark Graber)解说的,

> 司法审查由选举产生的官员创设和维系。当政客和政治运动想让自己的宪法愿景成为该国法律之际,审判是其手段之一。通过创建宪法法院,让这些法院有权管辖宪法性问题,让喜欢行使司法权的法官进入这些法院,帮助或启动目的在于让这些法院宣布某些

---

[17] Michael J. Klarman, *Unfinished Business: Racial Equality in American Law* 83-84 (2007).

[18] Brian Leiter, *Naturalizing Jurisprudence: Essays on American Legal Realism and Naturalism in Legal Philosophy* 187, 188 n. 22, 192 (2007).

[19] Michael Bailey and Kelly H. Chang, "Comparing Presidents, Senators, and Justices: Interinstitutional Preference Estimation," 17 *Journal of Law, Economics and Organization* 477, 508 (2001).

法律违宪的诉讼,以及立法鼓励大法官以制定法或宪法解释的幌子来制定公共政策,这些选举产生的官员为司法权提供了最关键的政治基础。司法审查的作用不是阻扰或合法化民众多数;毋宁说,这一做法改变了多元民主制中无数争夺权力的政治运动间的权力平衡。[20]

以任命自己的总统(或选举总统的选民)的意识形态指导其司法哲学的法官也许会被认为是民主的法官,他扩大了而不是削弱了人民的选择。认为总统职位是民主原则最完美体现的人们应当为这样的法官喝彩。

我现在转向讨论司法行为的战略理论(也称为法律的实证政治理论)。这个理论假定,如果不担心其他法官(无论是同事,还是更高或更低层级法院的法官)、立法者以及公众对自己投票的反应,法官就不会总是像他们现在这样投票。[21] 有些战略理论家是经济学家或政治科学家,他们把政治模型化为不同利益群体间的斗争,用博弈论来犀利其分析。

---

[20] Mark A. Graber, "Constructing Judicial Review," 8 *Annual Review of Political Science* 425, 427-428 (2005).

[21] 请看,例如,Daniel B. Rodriguez and Mathew D. McCubbins, "The Judiciary and the Role of Law: A Positive Political Theory Perspective" (forthing coming in *Handbook on Political Economy*); Symposium, "Positive Political Theory and the Law," 15 *Journal of Contemporary Legal Issues* 1 (2006); Stephen J. Choi and G. Mitu Gulati, "Trading Votes for Reasoning: Covering in Judicial Opinions" (New York University School of Law and Duke University School of Law, Sept. 2007); Thomas H. Hammond, Chris W. Bonneau, and Reginald S. Sheenan, *Strategic Behavior and Policy Choice on the U. S. Supreme Court* (2005); Lee Epstein and Jack Knight, *The Choices Justices Make* (1998); Andrew F. Daughety and Jennifer F. Reinganum, "Speaking Up: A Model of Judicial Dissent and Discretionary Review," 14 *Supreme Courts Economic Review* 1 (2006); Forest Maltzman, James F. Spriggs Ⅱ, and Paul J. Wahlbeck, *Crafting Law on the Supreme Courts: The Collegial Game* (2000); McNollgast [Matthew D. McCubbins, Roger G. Noll, and Barry R. Weingast], "Politics and the Courts: A Positive Theory of Judicial Doctrine and the Rule of Law," 68 *Southern California Law Review* 1631 (1995); William N. Eskridge, Jr., "Overriding Supreme Court Statutory Interpretation Cases," 101 *Yale Law Journal* 331 (1991).

另一些人则研究司法与政府其他部门间的历史斗争。[22] 该理论的核心只是一种常识:不论法官想成就什么,在很大程度上都取决于广义理解的命令链上的其他人。然而,这个理论走远了就变成了幻想,比方说,预测大法官在制定法解释问题上的投票取决于控制国会的是否还是当年颁布该制定法时控制国会的那个政党。这里的观点是,如果通过该法时控制国会的那个政党不在台上了,大法官会感到更自由地背离该法的原初含义。[23]

这种战略理论与态度理论兼容[24],因为战略理论关乎手段,而态度理论关乎目的。希望本法院的决定符合自己政治偏好的法官可能会选择某种投票战略来推动这一目标,尽管他本可以只关心表达自己的政治观点,不关心法院是否采纳。布兰代兹是后一种法官,而霍姆斯是前一种,偶尔也会偏离——例如"巴克诉贝尔案"[25],"三代低能就足够了"的案子。很明显,霍姆斯错误地相信自己投票支持的优生法对于这个国家的未来很重要。

但战略理论与任何其他目标导向的司法动机理论也兼容。即使法条主义法官也可能采用某种投票战略,以此来最大化自己观点被采纳的可能性,这有别于另一种战略——总是投票符合某些不论来自何方的观点。这是对"布什诉戈尔案"(*Bush v. Gore*)的一种可能的、尽管争议很大的解释。五位保守派大法官投票支持了自由派结果(维护宪法性投票权),四位自由派大法官则投票支持保守派结果。两个阵营都一定知道,如果

---

〔22〕 Charles Gardner Geyh, *When Courts and Congress Collide: The Struggle for Control of America's Judicial System* (2006).

〔23〕 请看,例如,Lee Epstein, Jack Knight, and Andrew A. Martin, "The Supreme Court as a *Strategic* National Policymaker," 50 *Emory Law Journal* 583 (2001); John A. Ferejohn and Barry r. Wiengast, "A Positive Theory of Statutory Interpretation," 11 *International Review of Law and Economics* 263 (1992); Robert A. Dahl, "Decision-making in a Democracy: The Supreme Court as a National Policy-Maker," 6 *Journal of Public Law* 279 (1957).

〔24〕 请看,George, 前注 2,页 1665-1696; Max M. Scharnzenbach and Emerson H. Tiller, "Strategic Judging under the U. S. Sentencing Guidelines: Positive Political Theory and Evidence," 23 *Journal of Law, Economics and Organization* 24 (2007).

〔25〕 274 U.S. 200 (1927).

当时最高法院有空位，那么无论总统是共和党人还是民主党人，结果就会不同。一个更清白的例子是，一位法官在某案中放弃公开表达异议，因为他担心异议会使多数派的观点更为吸引眼球，或担心自己如果太经常持异议，同事们会愤怒并报复（也许是无意识地），在其他案件中更少留意他的观点。很少有法官完全不理睬战略考量（尽管斯格利亚大法官，我们最杰出的法条主义法官，接近于此）。事实上，他们都会用原则同有效性做交换。

我所谓的司法行为的社会学理论关注小群体动态，因此关注上诉审；它运用或扩展了战略理论，还结合了态度理论。司法行为的社会学理论同时汲取了社会心理学和理性选择理论，它假定，合议庭的构成（联邦上诉法院通常从该院全体法官中随机选择三位组成合议庭，而一个上诉法院的法官最多高达28位，若加上资深法官，数量更多）会影响结果。具体说来就是，共和党人或民主党人占多数的合议庭，与全为共和党人或民主党人的合议庭断案有可能不同（请记住其特别含义，在研究司法行为的政治因素时，通常以任命法官的总统所属之党派为准，把法官分类为"共和党人"或"民主党人"）。[26] 与之类似的是，在性别歧视案中，均为男性法官的合议庭与其中有女法官的合议庭断案有可能不同。[27]

为什么合议庭构成会有这种奇怪的效果，为什么多数派会迁就少数派的意愿，对此已提出了多个解说。其中之一是走单的法官会成为告发者，威胁在异议意见中揭露多数法官的立场丧失了原则。一个争议较少的假说是，他也许只是给合议庭慎思带来了其他法官——因他们的政治

---

[26] 请看，例如，Sunstein et al., 前注7；Thomas J. Miles and Cass R. Sunstein, "The Real World of Arbitrariness Review" (forthcoming in *University of Chicago Law Review*); Joshua B. Fischman, "Decision-Making under a Norm of Consensus: A Structural Analysis of Three-Judge Panels" (Tufts University, Department of Economics, May 2, 2007); Sean Farhang and Gregory Wawro, "Institutional Dynamics on the U.S. Court of Appeals: Minority Representation under Panel Decision Making," 20 *Journal of Law, Economics and Organization* 299 (2004); Frank B. Cross and Emerson H. Tiller, "Judicial Partisanship and Obedience to Legal Doctrine: Whistleblowing on the Federal Courts of Appeals," 107 *Yale Law Journal* 2155, 2175-2176 (1998).

[27] Boyd, Epstein, and Martin, 前注7。

倾向不同——忽略的某些洞见。无论何种方式,他的在场都是一种矫正,减弱了——有关群体走极端的文献发现的——集体决策时想法类似者容易走极端的趋向。[28]

32   但更重要的要素也许是,合议庭成员对某个具体结果的偏好强度有不同[29],与之相伴的则有"异议厌恶"的现象。假定,由于意识形态或与之关联的原因,或由于个人背景或经验、情感或任何其他要素,可能激发了一个难以用论理辩论解决的分歧,合议庭成员之一强烈感到此案应如此决定,另两位法官倾向于另一方式投票,但感受不强烈。这两人之一,无论是他把第三者的强烈视为其信念正确的强有力证据,还是为避免冲突,或是他有意无意地希望未来在自己感受强烈但其他法官感受不强烈的案件中得到回报,他也许会决定顺着第三者,即这位持异议的法官(特别是如果此案作为先例不可能有很大影响的话)。一旦一位法官的观点摆向这位异议法官,出于类似的缘由或是因为异议厌恶,余下的那位法官也可能这样做。

多数法官都不喜欢发表异议意见(最高法院大法官例外,理由我会在本章后面解说)。不仅这伤害了同僚[30],并通常对法律不起作用,而且还

---

〔28〕 请看,Alice H. Eagly and Shelly Chaiken, *The Psychology of Attitudes* 655-659 (1993);参考文献见于,Sunstein et al.,前注7,页75-77注26-30。有关合议庭组成的研究集中关注的是三法官合议庭,这有道理;碰巧的是,合议庭越大(例如,美国联邦最高法院的九法官合议庭),异议法官拥有的砍价力量就越弱。

〔29〕 标识是异议法官与其多数同事在某具体案件上的意识形态"距离"。距离越大,异议越有可能。Virginia A. Hettinger, Stefanie A. Lindquist, and Wendy L. Martinek, "Separate Opinion Writing on the United States Courts of Appeals," 31 *American Politics Research* 215 (2003).

〔30〕 请看,例如,Collins J. Seitz, "Collegiality and the Court of Appeals: What Is Important to the Court as an Institution Is the Quality of the Working Relationship among Its Members," 75 *Judicature* 26, 27 (1991). 有关证据,请看,Stefanie A. Lindquist, "Bureaucratization and Balkanization: The Origins and Effects of Decision-Making Norms in the Federal Appellate Courts," 41 *University of Richmond Law Review* 659, 695-696 以及表5 (2007). 她发现,在联邦上诉法院,一个法院的法官越多,异议就越频繁。这正是人们预期的,如果存在异议厌恶,那么,法院越大,任何两位法官出席同一合议庭的频率就越低,因此各自也就更少有动力照顾一下同事关系。

趋于增强多数派意见的重要性。法官也不喜欢别的法官对自己的司法意见持异议,而这就是为什么异议会伤害同僚关系的道理。法官不愿挨批,不愿一次次修改意见初稿以躲过异议中的任何有道理的批评,或更糟的是,把第三位法官输给了异议者。

异议厌恶反映了同僚关系既很有难度也很重要。上诉审是一种合作事业。当法官相互间变得带点敌意时,工作就不好干了,并且这种危险一直存在,就因为这种选任合作成员的方式。法官不能选择自己的同事也不能选择后继者——不像律所成员和学术同事那样,也不是由上面某个稳定、统一的管理层选定(以及保留或替换)。随着两党间总统轮替,同一联邦法院的法官都由相互敌视的主子任命。更进一步的是,由于选择法官没有统一标准,同一法院的法官趋于背景不同,能力也不同,这既导致同僚关系紧张,也导致有更为丰富多样的经验和洞见。在这样的条件下,要保持好同僚关系,就要求持续努力,尽可能减少摩擦的可能——比方说异议。

合议庭构成效果中最受关注的是意识形态的效果——自由派缓和了保守派多数,保守派缓和了自由派多数。意识形态分歧与有关何为实现某个一致认同之目的的最佳手段这样的分歧不同,因为意识形态争论者很少从共同前提开始辩论。在一个有两位保守派的合议庭中,那位自由派就不大可能提出一些事实或论点,改变两位同僚的意识形态,反之也一样。但如果他比其他法官更强烈感到此案应如何决定,这就隐含着以他的方式决定此案,他比其他法官的获益更大,因此他愿意以更高的费用来实现自己的方式,例如撰写异议。他发表异议的威胁,因此是一个很真实(credible)的威胁,如果同僚拒绝对他的偏好让步,他就会给同僚强加一些费用(这种费用来自同僚的异议厌恶)。如果强加的费用超过了同僚按自己偏好的方式决定此案所得的收益——因为同事对这一后果感受不强烈,同僚就会让步。

如果不存在异议厌恶,这种合议庭构成的效果可能就很小。确实,想法相似的人一起想问题有可能大家都走极端(group polarization),得出的看法比此前该群体成员的一般看法更极端;因为群体中无论谁持极端意见,只要他努力说服他人,就是在推开一扇敞开的门。在法官想法类似的法院中,这完全可能发生。但在一个多样性的法院,即使——因为不时会有这种情况——某些合议庭的法官恰好想法相似,这种情况也不大可能出现。记住,法官对案件并没多少集体审议(事实上,比大多数陪审团更少)。无论两位法官是否知道会同与自己有分歧的某法官组成一个合议庭,他们都知道,如果这个案件争议很大,法院的其他某些法官会投票不同。因此,合议庭中有一位持其他意见的法官,对这两位法官来说,不大可能增加多少信息,因为他们已经知道整个法院对此案诸多争议有多种观点。在合议庭审议中,那些观点不同的法官就可能是真实的在场,尽管他们不像合议庭成员的在场那么生动和有影响。

陪审团中的不合作是与受异议厌恶影响的合议庭构成效果并列的一种现象。某陪审员如果对此案的事实认定感觉非常强烈,他就愿意增加费用拖延陪审团审议。由于这增加了多数人的费用,他也就是诱使多数陪审员服从他,向他妥协,或者向法官报告陪审团僵持不下。陪审团的事实认定必须一致同意(民事案件不再坚持这一要求了),这就强化了这位不合作者的力量——相对于三法官合议庭中异议法官的力量而言。这很重要,因为在大多数社会场景下,服从主流观点的压力都很大[31],包括陪审团审议的场景;在法官的场景下,这种压力弱一些,因为一直有光荣的异议传统。但是,尽管要求一致同意增强了不合作陪审员的影响力,陪审团多数人还是可以轻易摆脱此案——法官宣布陪审僵局;这就削弱了不合作陪审员的影响力。如果陪审团真的陷入僵局,就会重审,而在重审中,这位不合作陪审员偏向的当事人可能败诉。新陪审团的多数人还是可能偏向另一方当事人,就像老陪审团中的多数人那样,而且这次不可能又出现一个不合作者,因为不合作者总是罕见的。

我所谓的这种司法行为的社会学理论,整合了其固有的战略算计、情感(对这个或那个结果的强烈偏好常常反映或创造出一种情感承诺)和群体走极端等;它横跨了司法行为的经济学和心理学理论,两个有所重叠的理论,尽管要明白这一点需要细心界定"经济学理论"和"心理学理论"。狭隘的人类行为经济学理论把人类行为模型化为高度理性选择的结果,而狭隘的心理学理论把人类行为模型化为完全非理性的冲动和认

---

[31] 关于这类"观点统一的压力",请看,例如,Rod Bond, "Group Size and Conformity," 8 *Group Processes and Intergroup Relations* 331 (2005); Lee Ross and Richard E. Nisbett, *The Person and the Situation: Perspectives on Social Psychology* 27-46 (1991); Bibb Latané, "The Psychology of Social Impact," 36 *American Psychologist* 343 (1981).

知幻觉之产物;这两种理论不重合,并且它们也没有公道反映人类行为的无论是经济学的还是心理学的视角。在经济学上,理性指的是前后基本一致和工具理性(手段符合目的),因此可能包容很多情绪行为和认知局限,而心理学包含了一般的认知研究,包括正常人的认知、替代形式推理的认知捷径以及对群体走极端和异议厌恶起作用的社会影响。

一种大有希望的心理学进路集中关注的是应对不确定性的战略,而不确定性是美国司法体制的一个基本特点。这一进路强调,在塑造对不确定性之回应中,前见(preconception)的重要性和渊源[32];这得到了法官研究的支持,在本书展开的司法行为理论中也扮演了主角。在许多最有意思的重要案件中,困扰法官的巨大不确定性使常规决策理论几乎无法适用于司法决策,必须有折衷的理论思考。

司法行为的经济学理论视法官为理性的、自利的效用最大化者。[33]他有一个"效用函数",像经济学家那样称呼指导理性行动的复合目标。

---

[32] 请看,例如,Rowland and Carp, 前注 8, ch. 7.

[33] 请看,例如, Richard A. Posner, "What Do Judges and Justices Maximize? (The Same Thing Everybody Else Does)," 3 *Supreme Court Economic Review* 1 (1993); Posner, *Overcoming Law*, ch. 3 (1995); Richard S. Higgins and Paul H. Rubin, "Judicial Discretion," 9 *Journal of Legal Studies* 129 (1980); Thomas J. Miceli and Metin M. Cosgel, "Reputation and Judicial Decision-Making," 23 *Journal of Economic Behavior and Organization* 31 (1994); Christopher R. Drahozal, "Judicial Incentives and the Appeals Process," 51 *SMU Law Review* 469 (1998); Andrew F. Daughety and Jennifer E. Reinganum, "Stampede to Judgment: Persuasive Influence and Herding Behavior by Courts," 1 *American Law and Economics Review* 158, 165-167 (1999); Susan B. Haire, Stefanie A. Lindquist, and Donald R. Songer, "Appellate Court Supervision in the Federal Judiciary: A Hierarchical Perspective," 37 *Law and Society Review* 143 (2003); Gordon Foxall, "What Judges Maximize: Toward an Economic Psychology of the Judicial Utility Function," 25 *Liverpool Law Review* 177 (2005); Gilat Levy, "Careerist Judges and the Appeals Process," 36 *RAND Journal of Economics* 275 (2005); Gillian K. Hadfield, "The Quality of Law: Judicial Incentives, Legal Human Capital and the Evolution of Law" (USC Center in Law, Economics and Organization Research Paper No. C07-3 Feb. 21, 2007), 以及该文的参考文献。一位与"法律经济学"运动没关联的法律哲学家做的一流研究,请看, Friderick Schauer, "Incentives, Reputation, and the Inglorious Determinants of Judicial Behavior," 68 *University of Cincinnati Law Review* 615 (2000).

司法效用函数的"自变数"(arguments)(要素)包括了货币收入、休闲、权力、特权、名誉、自尊、工作自身的快乐(挑战性、激励性)以及人们从工作中寻求的其他满足。雇主可以操纵效用函数的这些自变数来改变在岗者的行为,并影响寻求或愿意接受这一工作的其他人。司法判决的大多数战略理论甚或社会学理论都可以归到经济学理论的门下。

在司法效用函数中,休闲偏好也许有助于解说法官为何看重"司法俭省"(judicial economy);并因此解说他们为何喜好诸如无害之错、自动放弃(waiver)以及没收(forfeiture)这类教义;解说某些法官为什么会在审前对诉讼人施加压力令案件和解;以及解说法官为什么让法官助理以及其他工作人员过度代理司法工作。说明法官有收入偏好的是这样的证据:如果法官的收入取决于诉讼量,像当年英国那样,法官就会倾向支持原告有广泛的权利,但不会过分宽泛,因为那会驱使潜在的被告远离任何可能引发诉讼的活动从而导致诉讼枯竭。[34] 法官对退休选项的回应也与理性自利行为的标准假说相一致。[35] 对经济学模型的另一经验验证则发现,"当其他因素相等时,更偏好发表司法意见、工作量更轻或有能力更有效率地撰写可发表的司法意见的[地区]法官,更可能发表他们的司法决定。"[36]

司法行为的经济学理论必须克服两个难题。一是忽视心理要素,即忽视认知局限和情感力量;它会同理性算计,一起塑造行为。但认知局限可以模型化为信息处理的费用,并且,在讨论异议厌恶时,我们也看到,情

---

[34] Daniel Klerman, "Jurisdictional Competition and the Evolution of the Common Law" (forthcoming in *University of Chicago Law Review*). 又请看,Drahozal,前注 33,页 472 注 16;Todd J. Zywicki, "The Rise and Fall of Efficiency in the Common Law: A Supply-Side Analysis," 97 *Northwestern University Law Review* 1551 (2003).

[35] David R. Stras, "The Incentives Approach to Judicial Retirement," 90 *Minnesota Law Review* 1417 (2006); Albert Yoon, "Pensions, Politics, and Judicial Tenure: An Empirical Study of Federal Judges, 1869-2002," 8 *American Law and Economics Review* 143 (2006); Christopher J. W. Zorn and Steven R. Van Winkle, "A Competing Risks Model of Supreme Court Vacancies, 1789-1992," 22 *Political Behavior* 145, 155 (2000); Barrow and Zuk,前注 10。又请看,Stolzenberg and Lindgren,前注 10,页 14。

[36] Ahmed E. Taha, "Publish or Paris? Evidence of How Judges Allocate Their Time," 6 *American Law and Economics Review* 1, 25 (2004).

感（在此被视为做出真实威胁的前提条件）何以可能成为效用最大化的一种有效率的工具。在本书第四章，我们会看到，信息处理费用何以常常非常巨大乃至直觉——一种压缩的思想形式——变成一种比逻辑的、逐步的推理更为理性的决策方法。

经济学理论面临的另一难题是，对于工作结构已消除了工作场所的通常激励和制约的工作者，如何辨识塑造其意志行为的激励因素和约束条件。除非行为有重大不当，联邦法院法官不能去职，不能减薪，不能把他赶到他不想去的司法审判地或是给他发奖金。他们相互间的权力（例如，主持审判、分配司法意见的撰写，晋升首席法官）都由资历[37]而不由任命决定。并且他们晋升到更高层级法院的机会——就联邦上诉法院法官而言，这意味着晋升美国联邦最高法院——非常有限，因此他们多数人（或是最高法院大法官，除非他认为自己是首席大法官的候选人）不大会想到晋升。还有，禁止法官审理也许有他个人利害的案件，例如，其亲戚是一方当事人或是一方当事人的律师，或者一方当事人是公司而该法官拥有该公司的股票。

因此，联邦法院系统的设计者似乎早就决定要消除会引发法官反应的每一根可能的大棒或胡萝卜；或许他们当年就是这么做的。由于通常意义上的自利消失了，看起来也许从一开始就没法对司法行为作经济学分析。但是自利并没真的消失；其实是，用标准的自利变量，诸如价格，不能解说法官的投票；但还有其他一些自利变量。此外，司法行为的经济学分析可以获益于弗里德里希·哈耶克的最大经济学遗产——即承认，即使假定行为被分析者不追求自利，有限知识还是提出了一个经济学问题。哈耶克对中央计划的批评，基础不是中央计划者的动机，而是计划者很难以非价格机制手段汇集综合信息。

在司法领域就有自利与有限知识相互作用的例证，即那些评估司法表现的努力。客观评价也许会得出尖锐的批评，让法官知耻而守规矩，因为羞耻和罪孽感一样，也是一种成本（批评当然可能诱发罪孽感和羞

---

[37] 美国联邦最高法院首席大法官是单独任命的。但上诉法院的首席法官由首席法官职位空缺之际不满65岁、处于常态服务的该法院最资深法官（因此这里的"资深法官"不是指接受资深地位并有权不全职工作的法官）担任，而无论他是谁。

耻)。但这种评估,很难甚或不可能获得必要的信息。[38] 这部分因为上诉法院法官可以躲在法官助理身后,把自己的很多工作都委托给这些助理,包括撰写司法意见(初审法官则无法这样藏身,他们必须在公开的法庭上主持初审)。更大的障碍是,什么是好法官,标准有争议。即使意见一致了,在疑难个案上的适用也可能充满了主观性。我们在第十一章中就会看到,即使现代最大名鼎鼎的司法判决,布朗诉教育委员会案(*Brown v. Board of Education*)判决,也只因广泛默认了(时间标准)其后果,才能确信地认定其"正确"(correct)。通过观察采用某科学理论是否导致了该理论预见的后果可以支持或削弱这个理论,但司法教义或决定的后果常常无法确定。甚至后果好坏是否应当是检验司法决定或教义的标准,看法也不一致。某些法律思想家就认为,后果导向的法律是不合法的(illegitimate)。

由于评估司法活动的标准定不下来,评估者的政治就可能玷污司法表现评估。这使法官可以简单打发学界对自己工作的批评,认为那都是政治产品(还有对法官工作条件的嫉妒和无知),也打发记者的批评,认为同样是政治和无知的产物。这些打发都对法官自己有利,有时也不公正,但还是弱化了这些批评的影响力。此外,大多数法官基本都不注意媒体对其工作有批评,特别是学界有批评。

司法行为的经济学理论不仅与战略理论、社会学理论和心理学理论有重合,也与组织理论和实用主义理论有重合。组织理论基于察知代理人与被代理人(an agent and his principal)——例如,法官与雇佣他们的政府——之间有利益分歧,看到了被代理人会努力创造一个组织结构来最小化这种利益分歧,而代理人会抵制这种努力。[39] 从这一立场看,这

---

[38] 请看,一般性介绍,Symposium, "Empirical Measure of Judicial Performance," 32 *Florida State University Law Review* 1001 (2005),本书第五和第六章会进一步讨论这一争议。

[39] 请看,Haire, Lindquist, and Songer,同前注 33;Donald R. Songer, Jeffrey A. Segal, and Charles M. Cameron, "The Hierarchy of Justice: Testing a Principal-Agent Model of Supreme Court-Circuit Court Interactions," 38 *American Journal of Political Science* 673 (1994);以及本书第五章,集中关注了司法行为的组织理论。Jonathan Matthew Cohen, *Inside Appellate Courts: The Impact of Court Organization on Judicial Decision Making in the United States Courts of Appeals* (2002),分析了法院体制如何解决法庭内部和法庭之间的通讯、协调以及控制问题。

个被高度赞赏的"独立"司法制度提出了一个悖论,在什么意义上,这个制度可以使一个代理人独立于被代理人?还有,一些非司法的代理人,从收佣金的推销员到外科医生,被代理人(在后一种情况下,即他们的病人)都授权他们以相当程度的独立行动,而这都可以与代理关系经济学的基本原理保持一致。

如何结构司法过程来诱导法官/代理人,例子之一就是先例原则。尽管可以区分甚至推翻先例,先例还是有某些权威的,这意味着要绕过或排除一个先例都会有成本。由于上诉法院发表的任何司法判决都是先例,先例原则就增加了法官出错的成本,因此可以期望法官决定案件会更为小心,并会在将创造恰当先例的司法意见中解说该决定。上诉审法官始终如一坚持先例还使下层法院更可能成为上诉法官的忠实代理人,因为他们会收到更明确的指示。[40]

就在实用主义司法行为理论中使用的含义而言,"实用主义"要求仔细的界定。但眼下,只要注意这个词指的是依据后果做出决定(法律的或是其他的),而不是以三段论方式根据前提展开演绎,就足够了。实用主义与功利主义有家族相似,并且,在像我们这样的商业社会中,与福利经济学也有家族相似,但实用主义并不信奉这些哲学的评价后果的具体方式。在法律上,实用主义指的是依据司法判决可能产生的效果作决定,而不是依据法条或判例的语言,或依据更一般的先前存在的规则。因此,实用主义与法条主义对立——或看起来如此;实际情况有些不同,后面各章中我们会看到。

司法行为的现象学理论[41]是沟通实用主义理论和我用以结束本章

---

[40] Ethan Bueno de Mesquita and Matthew Stephenson, "Informative Precedent and Intrajudicial Communication," 96 *American Political Science Review* 755 (2002).

[41] 请看,Edward Rubin and Malcolm Feeley, "Creating Legal Doctrine," 69 *Southern California Law Review* 1989 (1996); Duncan Kennedy, "Strategizing Strategic Behavior in Legal Interpretation," 1996 *Utah Law Review* 785 (1996); Kennedy, "Freedom and Constraint in Adjudication: A Critical Phenomenology," 36 *Journal of Legal Education* 518 (1986). 参看,Edward L. Rubin, "Putting Rational Actors in Their Place: Economics and Phenomenology," 51 *Vanderbilt Law Review* 1705 (1998). 我会在第八章讨论肯尼迪的论文"司法审判中的自由和约束"。

的法条主义理论的桥梁。心理学主要研究人类心智的无意识过程,而现象学研究第一人称的意识,即在清醒心智中经验的自我表达。因此我们也许会问,作司法决定感到像是什么。[42] 某些法官(决不是全部)对这个问题感兴趣,而某些自觉的法官,其中最著名的是《司法过程的性质》的作者卡多佐法官,已发表了他们的印象。我在本书第九章会讨论这些文献。大多数司法自我描述的对象都是实用主义法官,尽管很少出现这个词。这并不意味着大多数法官都是实用主义者。这些法官都内化了"官方"路线,即法条主义,认为自己的所作所为理所当然,不感到迫切需要解说或为之辩解。当然了,从声明来推断行为是很危险的。但这些自我宣称的实用主义者比那些自我宣称的法条主义还是更可信。他们是弄潮儿,主张了这种不那么令人尊敬的立场,并因此自寻争议。他们至少展示了有确信之勇气。

这最后把我带到了审判的法条主义理论。尽管饱受法律现实主义者和实用主义者、"批派"(即各种批判法学)、政治科学家、法律经济学家以及其他怀疑论者的摧残,法条主义仍然是法院关于司法行为的"官方"司法理论。它受到最高法院大法官最断然的公开赞扬,因为这个法院其实是一个政治性法院,特别就宪法性法律而言,因此特别需要保护色。

法条主义被认为是一种司法行为的实证理论,它假定,司法决定都由"法律"(the law)确定,而这个法律被理解为正宗法律材料——诸如宪法和制定法文本以及同一或某高层级法院先前的判决——表达的,或是可以通过逻辑操作从这些材料中衍生出来的一整套已有规则。[43] 外科医生(至少其中大多数)对物理世界结构的理解确定了他们的治疗决定,而法条主义追求的是,由构成"法律"的一套规则,而不是法官的个人因素,确定司法决定;所谓个人因素,指不同法官的这些因素是不同的,例如意识形态、人格以及个人背景。理想的法条主义决定是三段论的产品,法律规则提供大前提,案件事实提供小前提,而司法决定就是结论。这条规则也许必须从某个制定法或宪法规定中抽象出来,但与这个法条主义模型完全相伴的是一套解释规则("解释法则"),因此解释也就成了一种受规

---

[42] 有关判断(并不必然是法律判断——作者的主要例子是古希腊神话中帕里斯的判断)的现象学,一个明晰的介绍,请看 Wayne M. Martin, *Theories of Judgment: Psychology, Logic, Phenomenology*, ch. 5 (2006)。

[43] Frederick Schauer, "Formalism," 97 *Yale Law Journal* 509 (1988).

则约束的活动,清除了司法裁量。

法条主义的口号是"法治"。[44] 但就像我们在本书第三章会看到的,这是一个含混的术语。更好的说法(尽管如同我们在第三章中看到的,仍然含混)是"法律的统治而不是人的统治"(government of laws not men)。客观性与中性或无偏私不同,前者隐含了观察者的独立。如果你问某人 2 + 2 等于多少,会得到同样的回答,无论他是民主党人还是共和党人、神智学者、自由至上论者、大屠杀否认者还是食人者。如果法律问题都与此类似,很容易以精确追问的方法给出答案,那么无论实施法律的"人"何等不同都没关系,那就确实是"法律"在统治。[45]

法条主义认为法律是一门自给自足的学科,一个"有限的领域"。[46] 由于规则已给定,只需适用,只要求(事实发现除外)阅读法律材料以及执行逻辑操作,因此法条主义法官对社会科学、哲学或任何其他可能用以指导政策判断的渊源就没有职业兴趣,因为他不从事,或至少认为自己不从事这样的判断。因此,说美国法官有更大可能获得(例如,在万维网上)实用主义者或许认为与司法决定有关的诸多超法律材料,导致他们在司法意见中更多提及这些材料,这样描述美国法官的行为就不大像法条主义。[47] 期望法官"善断"、智慧、有经验并成熟,这也不大像对法条主义的充分描述;所有这些都不是一位逻辑人(logician)的必备品质。

法条主义理论把自己与实用主义理论做了小小隔离(bookend),但更戏剧性的是,与态度理论也做了小小隔离。法官总喜欢说"法律"要求

---

[44] 如同见于,Brian Z. Tamanaha, *Law as a Means to an End: Threat to the Rule of Law* 227-231 (2006); Tamanaha, "How an Instrumental View of Law Corrodes the Rule of Law," 56 *DePaul Law Review* 469 (2007).

[45] 这一司法客观性模型隐含于,Friedrich A. Hayek, *The Constitution of Liberty* 153-154 (1960). 又请看,*Federalist No.* 78 (1788) (Hamilton), in *The Federalist Papers* 226, 233 (Roy P. Fairfield ed., 2nd ed. 1966),在这里我们读到"[法官]应受到严格规则和先例的约束,这不可或缺;对来到他们面前的每个具体案件,这些规则和先例都起到限定并指出法官义务的作用"(着重号为引者所加)。

[46] Frederick Schauer, "The Limited Domain of the Law," 90 *Virginia Law Review* 1909, 1914-1918, 1945 (2004).

[47] Frederick Schauer and Virginia J. Wise, "Legal Positivism as Legal Information," 82 *Cornell Law Review* 1080, 1080-1082, 1093-1109 (1997).

如此，以此来正当化其决定，难道态度派人士不会认为这些法官在说谎或自欺吗？其实不，除非态度派人士认为司法决定从来都不受"法律"影响。即使在充满政治意味的领域，例如人工流产、同性恋婚姻、积极优待行动、劳动法、国家安全、选举法、教会与国家以及投票权，都可以预期法条主义至少有时会影响某些法官。法条主义者也不否认法官的政治倾向常常影响司法决定，尽管他痛惜于此。因此，在实证分析层面，在法条主义与态度理论之间的中间地带很宽，就如同下面这个有关法官信守先例的经验研究结果所概括的：

> 先例看来对司法自由有温和的约束效果。意识形态与案件结果的联系适度支持了现实主义法学的假说，但个案研究的第一印象否弃了现实主义法学的最极端主张。先例会影响司法决定，但意识形态和其他因素也影响司法决定。在某个领域中，先例的增长并不表现为限制司法裁量；如果有任何情况，那就是法律的发展也许增加了这类裁量。[48]

有一中间地带却也不是说，审判就是部分"法律"加部分"意识形态"。一个有关联邦上诉法官政治性投票的研究发现，在法律领域，法官的所谓政治倾向看来并不影响其投票，作者得出结论认为，"也许[在这些领域内]，法律的支配是有效的"[49]，但他们界定的"法律"过于狭窄。法律中充满了意识形态。真正的中间地带，就像罗斯科·庞德很久前解说的，是对法律的三重理解，法律教义（规则和标准）、教义衍生和适用技巧（诸如遵循先例——即依据先例作决定——这常常意味着区分或推翻某个先例），以及社会观和伦理观（换言之，政策）。[50]

应增加的是，某些情况下，还有纯粹的裁量权行使。一位法官安排早晨九点开始审判，而不是九点半，这在任何有意思的意义上，都不是受法

---

[48] Stefanie A. Lindquist and Frank B. Cross, "Empirically Testing Dworkin's Chain Novel Theory: Studying the Path of Precedent," 80 *New York University Law Review* 1156, 1205-1206 (2005). 对法条主义与态度主义模型之间的中间地带有个特别有说服力的阐述，请看，Klein，同前注7，ch. 2.

[49] Sunstein et al., 同前注7，页62。

[50] Roscoe Pound, "The Theory of Judicial Decision," 36 *Harvard Law Review* 940, 945-946 (1923). 又请看，Leon R. Yankwich, "The Art of Being a Judge," 105 *University of Pennsylvania Law Review* 374, 378 (1957).

律指导。他做出的是一个裁量性决定。然而,这也不是"无法无天"。我由此接受一种与司法行为有关的、对"法律"的形容词的而不是实质性的理解。与之类比的是对"幸运"的恰当理解。"幸运"是一个名词,但没有财产含义。幸运就是获益于某随机事件,或更通常是获益于一系列这类事件("蜂拥而至"),而不是拥有了"幸运"这个改变机遇对他有利的什么东西。在"他造就了自己的幸运"这种说法中,"幸运"这个词实际指相反的情况;指的是降低了随机性。类似地,当我们说某法官的决定符合"法律"之际,我们并不是说可以把他的决定同被称为"法律"的什么东西放在一起,看看它们是否相同。我们指的是,导致该决定的诸多因素都是法官合法地有意无意纳入考量的东西。只要不是正式说他不得拒绝,那么,法官拒绝了某诉讼人敦促该法官接受的主张,也不是无法无天。

但是,法官通常遵循却并非总是遵循先例,这一事实并不像人们可能预想的那样支持了法条主义理论。在一系列先例中,最初那个先例就不可能基于先例。在这一系列判例的始点,必定有其他什么东西。完全可能是一个政策判断或,这常常是同一个东西,对某个模糊的制定法或宪法规定的解释;而这个政策判断或这个有政策支撑的解释完全是由意识形态确定的。[51] 说一个案子"很容易",是因为有先例"支配"它[52],这种说法忽略了这样的情况,即该先例(或其最后那个先例)很可能是对某个疑难或不确定案件的一个非法条主义决定,决定恪守该先例也很可能是一个明确或隐含的政策判断——权衡了恪守的费用和收益,因为法官可以推翻本院先前判例并从书本上清除这些先例。这就是令某些法条主义者怀疑先例原则的地方。

当一位法官遵循的并非本院而是上诉法院的某先例之际,它就不是做政治性判断;他实际上是屈服于更高的力量。即使当一个先例不具约束力之际(因为它也许不是一个更高层级法院的先例),但该先例也许已深深织入了法律,乃至推翻它已不可思议(霍姆斯就给过一个例子,合同法中的对价原则)。大多数案件甚至不上诉,因为上诉得到的结果是不被理睬,通常因为此案真的受先例或明确的制定法语言"支配"。由于同样

---

[51] 有关证据,请看,Lindquist and Cross,同前注48,页1184(表1)。
[52] Cross,同前注2,页286-287。

的理由,许多潜在案件甚至从未提出诉讼。因此法条主义有相当程度的影响,解决法律争议的层级越低,这种影响就越大。相反,层级越高,法条主义的影响力就越弱,这些决定对法律权利义务的冲击力却更大。更高层级的司法部门,最高法院是最高点,就是大量制定、由低层级法院以最法条主义的方式实施(尽管忠诚度不完美)法律的地方。

实际上,"遵循"先例常常指在相互竞争的先例中做一个有政策根据的选择,或对一个先例的范围做一个受政策影响的解释。因为法官不愿推翻先例——他们更偏爱"区分",让先例死亡,而不是明确推翻,以便维护法律连续且稳定的表象。判例法景观上散落着前后不一致的先例,当下的法官可以从中挑拣和选择,如果需要,曾经死亡但没举行过像样葬礼的先例会重生(这也许可以解说,为什么某个法律领域先例越多,司法决策中意识形态扮演的角色就越重要[53])。这个问题在最高法院格外严重,因为最高法院历史漫长,又有明显的意识形态摇摆,这里有大量先例没有明确推翻,可以机会主义地恢复其名誉。只有当法院处理对自己有上诉管辖之法院的某个先例之际,才实际执行了法条主义方法,而当没有执行时,该先例常常是被忽略了或被蔑视了。但并非总是如此。如今上诉法院的判决被最高法院撤销的风险太小了,上诉法院(还有各州最高法院)本可以比它们实际所为更大量地忽略最高法院的先例。下层级法院遵循最高法院的先例较少因为怕不遵循先例而被撤销判决,而更多是因为(我的说法是)坚守高层级法院创立的先例是法官内在化的司法"游戏"规则之一。[54]

弗兰克·克罗斯(Frank Cross)论辩说,上诉法院对联邦地区法院判决的确认率很高,当上诉审采取更为尊崇[初审法院决定]的标准时,确认率更高,这个事实显示了上诉法院法官是服从"法律"命令的。[55] 但

---

[53] Lindquist and Cross,同前注48,页1187-1200。

[54] Frank Cross, "Appellate Court Adherence to Precedent," 2 *Journal of Empirical Legal Studies* 369 (2005). 大致相同的,请看,David E. Klein and Robert J. Hume, "Fear of Reversal as an Explanation of Lower Court Compliance," 37 *Law and Society Review* 579 (2003); James L. Gibson, "Judges' Role Orientations, Attitudes, and Decisions: An Interactive Model," 72 *American Political Science Review* 911 (1978).

[55] Frank B. Cross, *Decision Making in the U. S. Courts of Appeals* 48-53 (2007).

所有这些显示的只是,大多数案件都是常规案件(如果事前律师能更好预见司法结果的话,根本就不会进入诉讼),而不是属于法官尚未决定的、令人难受的开放地带的案件。用法条主义方法会最不含混地处理这些常规案件。正是在这些案件中,法条主义方法的优点光芒闪耀;你感受不到需要超出这些方法来令人满意地决定案件,法官可以夸耀自己的克制,无需臣服于起作用的裁量权。在判定下级法院的决定有权获得尊崇性复审后,也比较容易撰写令人信服的确认该决定的司法意见,因为要显示某决定不是明显错误比显示它正确更为容易。

克罗斯发现,个人特点(包括个人背景特点,例如种族和性别)和意识形态,都影响司法决定[56],但这些特点,特别是个人经验,比方说某法官出任法官前担任过检察官,要比以任命他的总统所属党派来代表的他的意识形态,影响力小得多。这是因为,克罗斯论辩说,总统关注意识形态。[57] 如果大多数女性法律人都是自由派,保守派总统还是得选择女性出任法官。但他会从少数保守派妇女中挑选,而这趋于冲淡性别对法官决定的影响。这一战略与女性法官平均说来比男性法官更自由派一些是一致的,无论因为该法律领域对于任命法官的权威机构也许不太重要,[58] 还是因为自由派总统比保守派总统更容易找到分享自己意识形态但又达标的女性法官候选人。

意识形态与个人特点关联,这一事实提出了本书第四章考察的一种可能,即这些特点,会同心理特点,可能影响一个法官意识形态的形成,并随着其变动,会影响法官在开放性法律地带的决定。

态度派人士和法条主义者的分歧不在有没有政治性司法判断,而在于程度如何。分歧的来源之一是,态度派人士大多是政治科学家,而不是法律人,他们是实证理论家;而大多数法条主义者是法律人,他们——因为大多数法律人都是根深蒂固的规范主义者——非常希望,并因其训练,因职业氛围和理解而很容易期待法官都符合法条主义概念。如果大多数法官,而不仅仅是少数迷路的法官,都转而受政治因素或其他未进入法条主义"法律"概念的因素的指导,就从根底上削弱了法条主义的规范性设

---

〔56〕 同上注,ch. 3。
〔57〕 同上注,页 92-93。
〔58〕 例如性别歧视,两个政党都强烈反对,在这个问题上发现性别对司法决定有重要影响;请看,Boyd, Epstein, and Martin,前注 7。

计方案。相比之下,既然政治科学的对象是政治,政治科学家就预期审判充满政治——甚至希望它如此,因为这证明了用政治科学阐明司法行为的力量。

但在法律是什么问题上,态度派人士和法条主义者会不会都错了?会不会,在司法场景下,法律在深层和本质上都是政治的,即它呼应了法官的政治偏好,但在深层且本质上也是法条主义的,即它受常规"法律"材料和决策技巧的重大影响?这样的话,严格的法条主义,作为一种实证的也作为一种规范的理论,也许都与实际不符;而政治科学家的实证理论也许同样与实际不符,因为他们夸大了司法决定为政治驱动的程度。我认为这两点都为真,即法条主义者对法律(或从事法律)是什么的理解太窄了,而态度派人士夸大了政治,不仅是党派政治而且是意识形态政治,对司法行为的影响,至少在最高法院之下的各层级。我不是批评态度派人士的经验著作,只是试图精确概括他们的发现。

法条主义者承认,他们的方法不可能每次都奏效。[59] 这话说得轻巧。在许多上诉到上诉法院的案件中,法条主义方法都失败了,而这些恰恰是对法律进一步发展影响最大的案件。[60] 这里有太多笼统的制定法以及更为笼统的宪法性规定、制定法的空隙和前后矛盾、公然的裁量地带、过时且冲突的先例以及事实困境(aporias)。

采用某些法条主义元规则(meta-rule)可能打发结果的某些不确定,例如,若非违宪性显然不存在合乎情理的怀疑,不要废除该制定法;制定法之例外应作狭义解释;解释制定法或宪法规定时法官一定不超出字面含义寻找该规定之目的;或只有立法才可推翻先例等。但这些规则,尽管为某些法条主义者倡导,却不可能以逻辑或准逻辑手段从一致同意的前提中推演出来;它们本身不是法条主义推理的结果或范例。例如,宪法就没有说过宪法解释必须从严。这个规则一定是设定的,不可能演绎出来。这些元规则都提出了政策选择,并且这些政策选择非常不令人满意,乃至在司法部门也没有始终如一的法条主义者(请回想我在导论中引用的大

---

[59] 在前注 44 引证的 Tamanaha 的著作和论文中就很突出。
[60] 这是法律现实主义的一个精髓洞察。Brian Leiter, *Naturalizing Jurisprudence: Essays on American Legal Realism and Naturalism in Legal Philosophy* 20 和注 25(2007)。

法官斯格利亚的话[61]);这与学界不同,学界的现实不约束人的想象。即使创立一个全面的元规则体系,法官也不可能翻开新的一页,并在某种程度上以严格符合元规则的方式决定所有案件。急速变化的社会、经济和政治环境会很快打断这些规则与其适用的环境之间的联系。有政策意味的新一轮规则改变将不可避免。

由于承认对规则作目的性解释合法(请看第七章),法条主义者半路上就可能遇上实用主义者。目的性解释就是政策导向的,但这个政策无需是解释者本人的政策;它实际可能是令该制定法生气勃勃的政策——即立法者希望以该法推进的政策。因此,司法裁量,尽管不能彻底排除,还是被减弱了。由于愿意让普通法法官(几乎所有美国法官都有普通法以及制定法和宪法的管辖权)推翻和区分先例,创造新的普通法规则和标准,在这个意义上,大多数法条主义者已经是温和派了。就制定法和宪法解释上的法条主义者而言,原旨主义者就承认,当法官戴上普通法帽子时,裁量起到了合法化的作用。他们甚至愿意承认"普通法制定法"这样的范畴,例如《谢尔曼法案》,就像我在导论中提到的。法官处理这些制定法的自由度就如同他们处理普通法的先例一样,就像最高法院说的《谢尔曼法案》,该法案的"意思不可能像它说的那样"。[62] 最高法院的保守派法条主义者一声不吭地加入了肯尼迪大法官的司法意见,把《谢尔曼法案》改变为一个普通法的制定法。

与温和法条主义者相称的是温和实用主义者,这些实用主义者认为司法决定的制度性后果会支持一种与尊重合同、制定法和先例语言相契合的司法进路。这两种温和的司法学派会走得非常近,乃至最小分歧地处理开放法律领域中的大多数案件。[63] 但还会留下一个空间,在那里,法条主义方法也许会得出一些令许多实用主义法官难以忍受的重大政策。在解说制定法之际,负责任的实用主义者用来指导自己的,是他们认

---

[61] 在第九章,我还会给出一些例子。

[62] National Society of Professional Engineers v. United States, 435 U. S. 679, 687 (1978).

[63] "我认为,大多数原旨主义者都内心怯弱,而大多数非原旨主义者都是温和派,而正是这一事实解说了为什么这两种哲学的鲜明分歧没导致司法判决意见中有同样鲜明的分歧。"Antonin Scalia, "Originalism: The Lesser Evil," 57 *University of Cincinnati Law Review* 849, 862 (1989).

为深思熟虑的、非党派性人民代表组成的立法机构面对要求他们做出决定时可能做出的决定（除非立法机关在此显然没有这么做——即这一支配性制定法规定是无原则妥协的结果）。法条主义者害怕思考，但他们并非完全不受自己的政治意识形态引导。远非如此，只是法条主义者太多时候不能获得确定的后果。

然而，一定不要忽视，即使在最高层级的司法决策中也存在坚实的法条主义核心。托马斯·汉斯福特（Thomas Hansford）和詹姆斯·斯普里格斯（James Spriggs）就指出，尽管"[最高法院]大法官在解释先例时都会紧密关注让现有政策更接近他们偏爱的政策"[64]，他们还是相当看重与其意识形态不一致的先例，只要在较长时期内这些先例一直被许多判例赞同性引证，从而获得了这些作者所谓的"先例的生命力"（precedent vitality）。[65] 然而，在第十章，我们会看到，在新近的一个判例中，未达法定多数的多位法官就重新解释了最高法院的最神圣先例之一，布朗诉教育委员会案（Brown v. Board of Education），用它来支持远离该决定当初的自由派含义的一个保守原则（积极补偿行动违宪）。

最高法院司法决定中一致同意的比例看来给最高法院的法条主义设了一个上限。过去十年间，最高法院作出的有判决意见的决定中，平均有36%获得了一致同意。有意思的是，如同表7显示的，这比之前20年间增加了。难道这意味着最高法院变得更法条主义了？也许如此。但一个替代假说是，它变得更统一了。不像1975年，今天所有的大法官之前都是联邦上诉法院法官。这是一个趋势的最高点。1950年时，只有一位大法官之前是联邦上诉法院法官（谢尔曼·敏顿[Sherman Minton]）。1975年以来，只有一位受任大法官之前不是联邦上诉法院法官——奥康娜大法官，但她是州上诉法院的法官。所有现任大法官此前都是法官，没有政治经历，这一点确认了法条主义在最高法院这一层的局限。因为，尽管在受任最高法院前，他们缺乏政治经历，还一直在法条主义传统的审判

---

[64] Thomas G. Hansford and James F. Spriggs Ⅱ, *The Politics of Precedent on the U. S. Supreme Court* 126（2006）.

[65] 同上注，页 25、126。又请看，Ronald Kahn, "Institutional Norms and Supreme Court Decision-Making: the Rehnquist Court on Privacy and Religion," in *Supreme Court Decision-Making: New Institutionalist Approaches* 175（Cornell W. Clayton and Howard Gillman eds, 1999）.

文化中转悠，这些大法官还是不能获得本质上从事逻辑的法官应能获得的——因为逻辑证明独立于观察者——那种程度的共识。

表7　最高法院一致同意的司法意见的平均百分比，1975—2005（%）

1975—1985	21.8
1985—1995	27.5
1995—2005	36.0
1975—2005	28.4

资料来源：《哈佛法律评论》每年11月号公布的数据。

表7的比例最多只是外在边界，因为法条主义与统一性是不同的司法共识渊源。一个案件也许会提出一个纯政策争议，法条主义技巧从一开始就不可能解决。但如果这些法官碰巧观点相似，也许因为职业经历类似，他们就很容易达成一致，就像他们在可以用三段论表达的案件中一样。然而，即使作为外在边界，这个比例也是误导人的。这个比例忽略了大法官退回的调案复审请求（petitions for certiorari），因为他们不想触动一个他们从一开始就不打算投票的先例，这个比例还忽视了那些从来就未提出的请求，因为最高法院基于确定的先例或明确的宪法或制定法语言，肯定会否决这些请求。

由于有异议厌恶，就不能用一致同意来估算更低层级法院决定的共识（显然，不会是法官独任审判的初审法院）。这种异议率要比分歧数量低很多。但在最高法院，异议厌恶非常弱。最高法院听审的案件趋于激发强烈的情感。并且，大法官的工作量也比低层级法院法官的工作量轻；他们更多进入公众视野并因此更想提出一个融贯的司法哲学；以及他们即使持异议也更能影响法律，因为最高法院决定的案件利害关系更大，没有更高层级法院复审并带来最高法院先例的不稳定性。由于工作量更重且不是一时半会儿的，上诉法院同先例的联系比最高法院更紧密，结果是上诉法院的异议对法律的影响会小一些；因此，才会像前面讨论过的，持异议的收益通常低于其费用。这也许可以解说一个令人吃惊的发现，即调整了诸多要素后（这是一个关键限定），从联邦上诉法院上来的最高法院大法官要比其他最高法院大法官更自由派一些。[66] 前者已经被他们在低层级法院的司法经验社会化了，很尊重

---

〔66〕　Landes and Posner，前注6。

先例,而大多数有争议的最高法院先例都是在自由派沃伦法院时期创造的。

"惠特曼诉美国卡车联合会案"(*Whitman v. American Trucking Association*)[67]例证了法条主义在最高法院工作中的地位。这是一个一致同意的决定,尽管有多个附和意见。国会曾指示环境保护署规定全国性空气质量标准,"达到和保持这些标准……对保护公众健康是必备的",并且要有"一个足够的安全边际"。[68] 最高法院判定,这一指示没允许该机构考虑达标所需的费用。该机构可以考虑的只是这个标准对以足够安全边际保护公众健康是否必须。"足够安全边际"之限定隐含的是,如有疑问,解决方式是偏向认定某可能的标准确实为"必备的",这是与基于比较费用和收益作出决定并不一致的一种进路。大法官斯格利亚撰写了此案的多数意见,他很难说是一个铁杆坏境保护主义者;当初通过《清洁空气法案》时,如果斯格利亚是国会成员,他毫无疑问会允许环保署考虑费用问题。大法官布雷尔在附和意见中解说了为什么不允许考量费用,理由是,这种考量会弱化污染者追求技术创新的激励,而创新会降低减少污染的费用。因此,拒绝这个费用辩解是要"施加技术压力"[69],这是环境人士的一句"行话"。

制定法没有为接受费用辩解提供文字根据。立法历史也没有,布雷尔在意见中对此有细致回顾。《清洁空气法案》的其他条款则要求环保署考虑达标的费用。国会不大可能在有关全国空气标准的问题上这么想却没这么说;它不大可能忽略这个问题,这是环保主义者的政纲之一,也是产业界的突出关注之一。还有,该法案的漏洞允许达标费用从后门进来,使得环保署要求的产业达标费用与环境收益比例太荒唐的风险最小化了。这很重要,因为大法官斯格利亚承认对制定法字面解释有一种"荒唐的例外"——这意外地象征了法条主义者也害怕全盘接受自己立场的全部寓意。

斯格利亚本来会很想撰写一个有说服力的司法意见来支持相反的结果,但国会没留下什么解释空间。这样的司法意见不仅会招来职业界的

---

[67] 531 U. S. 457 (2001).
[68] 42 U. S. C. §7409 (b)(1).
[69] 531 U. S. at 492 (附和意见).

强烈批判,而且可能会引来国会的反击,因为环境主义如今政治上正得势,而国会也不喜欢法院对制定法就像对法案初稿那样——法官可以自由地重新起草来推动个人的政策议程。因此,这是一个例子,不仅司法者的法条主义信奉,而且司法行为的战略理论都隐含了法条主义进路(更准确地说,是近似法条主义的进路,因为最高法院的分析并没运用严格的逻辑演绎)。即使在最高法院,这样的决定也很常见,尽管在非宪法性案件中更为常见。

常见,但不典型。让我们看看"贝尔亚特兰大公司诉托布利案"(*Bell Atlantic Corp. v. Twombly*)。[70]《联邦民事诉讼规则》的规则8(a)(2)只要求诉状或其他诉求文件有"一个简短且明确的主张,表明诉求者有权获得救济"。这就是所谓的"诉求告知"。它取代了先前的诉状要求(1938年颁布民事诉讼规则之前通行的),要显示原告有权获得其诉讼追求的法定救济的事实。贝尔亚特兰大案裁决认为,要指控厂商间有违反反托拉斯法的不竞争约定,诉状中必须包含"足够的事实情况(暂且视其为真)乃至表明是有这样一个约定……。指控有类似行为以及只断言有密谋是不充分的"。[71] 最高法院拒绝了先前大量引证的一个决定——"康利诉吉布森案"(*Conley v. Gibson*)——中宣布的规则,"不能因其未提出一个主张而拒绝受理诉状,除非是看上去毫无疑问,原告提不出系列事实支持自己有权获得救济的主张"。[72] 贝尔亚特兰大案的多数法官关注的是,自康利案以来一直视同经典的表达会迫使反托拉斯案的被告为证明原告起诉没有根据而进行费用高昂的审前开示。[73] 此案的异议意见正确地指出了,地区法院法官有很多权威防止滥用开示。但多数派意见说,赋予法官此种权威的规则"一直是且注定是徒有其名的"。[74]

我不关心哪一方的理由更充分。令我感兴趣的全部就是,法条主义武库中没有什么可用来决定此案,特别是用来支持多数派意见的立场(然而,四位最保守的大法官一声不吭地加入了这一意见,他们全都是目前最

---

〔70〕 127 S. Ct. 1955 (2007).
〔71〕 同上,页 1965-1966。
〔72〕 355 U. S. 41, 45-46 (1957).
〔73〕 127 S. Ct. ,页 1967。
〔74〕 同上,页 1967 注 6。

流行的法条主义流派"文本主义/原旨主义"的信徒)。规则 8(a)(2)并没有说"简短且明确的主张"应包含什么;它也没有提到事实。先例,就像康利案例证的,支持的是异议意见。但多数派有个很好的论点,尽管不是法条主义论点,即"告知"(就"诉求告知"而言)应当解释为,要求反托拉斯密谋案的原告提出一些事实,否则的话,被告也许对原告究竟主张什么都不大清楚。下层级法院在一般性密谋指控问题上早就提出了这一点,就因为这些指控太含混。[75] 这种最低诉求对证据开示有什么影响,提出最低诉求比在没有证据开示条件下提交密谋之细节是否难度更低,这都是反托拉斯政策和个案处理政策问题,而不是法律文本的含义问题。贝尔亚特兰大案决定无论对错,都是实用主义的,而不是法条主义的。

或者,让我们再次看看"利津创意皮革产品公司诉 PSKS 公司案"(*Leegin Creative Leather Products, Inc. v. PSKS*)[76],此案推翻了几乎一世纪之久的"麦尤斯医疗公司诉约翰帕克公司案"(*Dr. Miles Medical Co. v. John D. Park & Sons Co.*)[77]先例。麦尤斯案曾裁决,制造商通过协议对属下批发商规定最低零售价,该协议本身就违反了《谢尔曼法案》,理由是该协议的效果与零售商聚在一起给产品定个最低价的效果一样。就经济学问题而言,这是错的,因为制造商不会有兴趣让批发商建立销售卡特尔并限制顾客获得自己的商品。如果制造商为零售商规定了最低价,那是因为最低价有利于他同其他制造商的有效竞争——鼓励零售商为顾客获得该制造商的物品提供售前服务。[78] 因此,推翻麦尤斯案是正确的。但是这一推翻,及其正确性,都与法条主义思考无关,一个古老先例被推翻是因为其糟糕的经济学。利津案决定是实用主义的一个胜利。

尽管有利津案,但若是认为,即使在宪法性法律上,先例对最高法院的决定也无约束作用,那就是错误。请看表 8,它列出了自尼克松开始拆

---

[75] 例如,在勒伯瑟诉塔克案中(Loubser v. Thacker, 440 F.3d 439, 442-443 (7th Cir. 2006)),法院评论说,"尽管《联邦民事证据规则》的规则 9(b)并不要求特别证明有预谋,一个明白简短的陈述就可以,它还是与其他主张不同。

[76] 127 S. Ct. 2705 (2007).

[77] 220 U.S. 373 (1911).

[78] Richard A. Posner, *Antitrust Law* 171-189 (2d ed. 2001).

解沃伦法院以来,最高法院新任命的以及被替代的大法官,并请注意任命法官的总统本人所属的政党。

表8　最高法院大法官的更替,1969—2006

原任者	由共和党或民主党总统任命	接任者	由共和党或民主党总统任命	年份
沃伦	共和	伯格	共和	1969
福塔斯	民主	布莱克蒙	共和	1970
布莱克	民主	鲍威尔	共和	1972
哈兰	共和	冉奎斯特	共和	1972
道格拉斯	民主	斯蒂文斯	共和	1975
斯图亚特	共和	奥康纳	共和	1981
伯格	共和	斯格利亚	共和	1986
鲍威尔	共和	肯尼迪	共和	1988
布冉南	共和	苏特	共和	1990
马歇尔	民主	汤姆斯	共和	1991
怀特	民主	金斯伯格	民主	1993
布莱克蒙	共和	布雷尔	民主	1994
冉奎斯特	共和	罗伯茨	共和	2005
奥康娜	共和	艾利托	共和	2006

　　14位被取代的大法官中有5位,而取代他们的法官中只有两位由民主党总统任命;但比这更重要的是下面这个事实,即除金斯伯格取代怀特是个例外,所有接任的大法官都比其前任大法官更保守,尽管有几例更替差别很小,突出的是鲍威尔被肯尼迪取代。整整37年间,最高法院一直向沃伦法院右方移动,并如同人们预期的,其决定比下面这种可能的情况更为保守:若所有接任者都是沃伦法院时期大法官的自由派平均水平时最高法院可能作出的决定。但沃伦法院的里程碑性质的决定,在诸如刑事程序、选区重划、言论和宗教自由、种族歧视、囚犯权利、实质性正当程序以及宪法性权利等领域,以及伯格法院的沃伦式决定,如"若伊诉韦德案"(*Roe v. Wade*),大多或完整保留下来了,哪怕当年若由今天的最高法院决定其中大多数案件的话,决定一定会不同。沃伦法院,以及在更有限程度内伯格法院,带来的那种权利扩张已经停止了;削减却尚

无日期。但现在还没有迹象显示,会全盘拒绝目前多数大法官可能希望从未创造出来的那些先例。因此,即使在这个最为政治性的法院,在最政治性的领域,即宪法性法律领域,在一定程度上,仍然是法条主义的。

第二章
作为劳动力市场参与者的法官

关于司法行为的九种理论相互重叠、不完整但富有洞见,它们构成了一台不便使用的分析设备。通过想象法官是工人,是劳动力市场——当然,一个相当不寻常的劳动力市场,但仍是劳动力市场——的参与者,可以将这些理论整合起来。

市场有两方,买方和卖方。众多雇主组成买方,他们想雇用工人从事某种具体工作,众多工人组成卖方,在他们可选择的各种工作中,他们更偏爱某种工作;双方构成了劳动力市场。在联邦法院体系中,经参议院批准,由总统雇人解决属于宪法第三条规定的合众国司法权的某类纠纷,主要是依据联邦法律发生的案件,以及不同州公民之间的案件——即使案件并非因联邦法律发生。这些任命法官的权威机构有双重目的,这两个目的还相互紧张。第一,他们希望任命"好"法官,意思是他们愿意无偏私地执行见之于美国宪法和联邦制定法的法律规范,不受任命法官的权威机构的政治干预。独立的司法不仅是相当重要的社会和经济善品[1]（尽管对于经济快速增长并非总是不可或缺——中国就是例证[2]），而且我们社会中占主导地位的一些群体也都这样认为。此外，它还不仅仅是一种弥散的社会和经济价值——那样的话，一般公众也许就不会明确感到它了；它还为政治协议提供了稳定性，有利于政府的非司法部门，有利于政客们。[3] 当政治竞争激烈之际，司法独立最可能受重视，就像在美国那样，因为"由于建立了一个独立的法院，在任政客会让继任者更难改变今天通过的诸多政策。"[4] 这就好比尤利西斯把自己绑在桅杆上，独立的法官听不到（或至少听不清）政治现任者的塞壬之歌——呼吁法官废除前代政客的宪法性和立法性交易。[5]

但第二，任命法官的权威机构也还希望法官略微偏向支持现任政府

---

[1] 这是一本专著的主题，请看，Kenneth W. Dam, *The Law-Growth Nexus: The Rule of Law and Economic Development* (2006). 又请看, Daniel M. Klerman, "Legal Infrastructure, Judicial Independence, and Economic Development," 19 *Pacific McGeorge Global Business and Development Law Journal* 427（2007）; Klerman and Paul G. Mahoney, "The Value of Judicial Independence: Evidence from Eighteenth Century England," 7 *American Law and Economics Review* 1（2005）; Rafael La Porta et al., "Judicial Checks and Balances," 112 *Journal of Political Economy* 445（2004）; Lars P. Feld and Stefan Voigt, "Economic Growth and Judicial Independence: Cross-Country Evidence Using a New Set of Indicators," 19 *European Journal of Political Economy* 497（2003）.

[2] Dam, 前注1，章11。然而，如同丹姆指出的，只有在穷国，独立的司法也许并非经济增长的不可或缺。

[3] William M. Landes and Richard A. Posner, "The Independent Judiciary in an Interest-Group Perspective," 18 *Journal of Law and Economics* 875（1975）; Gary M. Anderson, William F. Shughart II, and Robert D. Tollison, "On the Incentives of Judges to Enforce Legislative Wealth Transfers," 32 *Journal of Law and Economics* 215（1989）.

[4] F. Andrew Hanssen, "Is There a Politically Optimal Level of Judicial Independence?" 94 *American Economic Review* 712, 726（2004）. 又请看, J. Mark Ramseyer, "The Puzzling (In)Dependence of Courts: A Comparative Approach," 23 *Journal of Legal Studies* 721（1994）.

[5] "尽管有些国家的政客不让法院介入，因此这些政客当政时降低了自己的政治得分能力，但这也限定了他们不当政时的损失。"J. Mark Ramseyer and Eric B. Rasmusen, *Measuring Judicial Independence: The Political Economy of Judging in Japan* 171（2003）.

（Administration）（或参议院多数,当它不为总统所属政党掌控并拒绝轻易确认总统提名之际）的政治目标。这些政治行动者都知道,与司法行为的态度理论很一致,联邦法官的裁量权相当大。这隐含着活动余地,许多案件的决定,可以赞同任何政党倡导的政策,而不被认为是篡权。然而,联邦法官一旦受任,由于很好地同无论是大棒还是胡萝卜隔离开来了,他就没有激励以推进任何人的政治目标的方式来决定案件,他本人的目标除外——如果他有这样的目标。他不必招摇自己的政治倾向,即使他碰巧与其任命者政治倾向一致;因为他一旦受命,提名他的总统和确认他的参议员都做不了任何事帮助或伤害他的职业生涯。例外的是有些渴望晋升的法官(我会论辩,这样的法官比较少),但表示效忠的最佳方式是他们的司法决定,只说说不顶事。

暂不谈论那些想晋升的法官,任命法官的权威机构要推进其政治目标最可能做的就是任命一些法官,他们分享这些目标但又不是太政治乃至不再称职,因为期望他们的政治性审判仅限于开放地带的案件(或许也只是在这种最宽泛的意义上,其审判才是"政治性的")。这一任命法官的政策保留了司法独立,但并不完全排除,事实上还确认了,审判中有政治的成分。

因此,我们知道了劳动力市场的买方寻求什么,我们现在一定要考虑未来的司法劳动卖方——法官候选人本人,特别是那些最终成为法官的人——又寻求什么。他们当然希望因履职法官而有薪水。但钱并不是主要推动力,因为从事法律实务甚或教授法律,他们可以获得更高的薪水（因为买方独家垄断[monopsony],司法职位的薪水一直压低了,第六章对此会有解说)。对于以私人从业为次优选择的法官来说,任职法官的非货币报酬之一是不用向客户磕头作揖。另一项非货币报酬——与私人从业的缺陷相反——则是出庭律师有求于法官。受人尊崇是法官职位的一项重要的非货币回报。

手中有权是法官获得他人尊崇的来源之一,尽管法条主义者不希望如此——他们认为法官应当是政治体制中其他部门做出的决定的传送者,或者是难题解决者。死刑执行者手中没权,因为他没有裁量。但权力并非法官获得尊崇的唯一来源;法官和一般的法律职业,已经比较成功地向公众"推销了"法官是法治的化身。因此,法官受人尊敬。手中有权也是工作满意度的一个独立来源。许多人都喜欢对他人行使权力——人是等级化的物种,和其他灵长类一样。

同一般实务律师比,大多数寻求或接受法官职务的人都从闲暇和公众承认——相对于收入——中获得了更多的效用,并且更厌恶风险。因为,尽管有很多有利于他们自己的抱怨,说司法工作量太重(自司法工作量还非常轻的时候,法官就一直抱怨,使得时下的抱怨就像狼嚎一样),更喜好闲暇的法官还是比从业律师更容易满足自己的偏好。就实际情况而言,联邦法官不能解雇,除非他有什么行为重大得足以引发众议院弹劾和参议院定罪;薪水不能降低(尽管可能因通货膨胀而被侵蚀——请看本书第六章);并且退休收益也很出众。联邦法官服务15年后在65岁之际就有权全薪退休。如果愿意,他也可以接受"资深地位"而不是退休,他可以无限期工作下去,或全工或半工,随他选择,还是全薪。

在美国总数大约100万法律人中,有大约800位宪法第3条规定的法官(地区法官、巡回区法官以及最高法院大法官,他们有别于更低层的联邦司法官,诸如治安法官、破产法官以及无数行政法官),如果加上资深法官,则大约有1200人。由于数量少,也因为他们从事的是能见度很高的公共事务,宪法第3条规定的法官趋于比哪怕非常成功的从业律师都更为显赫。其中许多人还获得了从业律师得不到的某种明星地位,尽管是非常小的明星,通常限于法律社区且常常只限于本地法律社区。当然,最高法院大法官的情况除外。

由于没人被迫当法官,也不是每个人都喜欢这个工作,因此进入法院就有个自我选择问题,这反映了激励与约束条件对行为的互动。因此也可以说,法官实际上确实偏好我刚才列数的那些东西,此外他们还有偏好,想做个好法官。这是一种内在满足,法官在司法界和更大的法律社区,有时还在其他社区,例如学术和政治社区中,以及在媒体中的声誉,都确证和强化了这种满足。大多数联邦法官候选人都有足够好的工作替代,因此除非他们认为这是个重要工作,需要当真且诚实履职,他们就不会寻求或接受法官职位。尽管在法官任命上,政治几乎总是起一定作用,常常还是决定性作用,但美国联邦调查局、白宫、利益群体以及参议院司法委员会的层层筛选都趋于淘汰那些不负责任的候选人。如果法官薪水高很多的话，情况也许有不同，但这是我在第六章讨论的问题。

自认为并被他人，特别是同行，认为是好法官，这需要遵循人们接受的审判规范。如果接受贿赂，抛硬币决定案件，法庭打瞌睡，不理睬法律教义，缺乏主见，根据诉讼人或其律师长得漂亮不漂亮决定案件，或根据"政治"（这取决于如何界定这个滑溜溜的词）决定案件，他就不可能被认为是一个好法官。若是他人认为自己是穿着法袍的政客，几乎所有法官都会感到糟心，因为若是他们也这样看自己，就不可能自认为是好法官，就会剥夺他们作为法官的一种主要满足，并很有可能驱使他们从事实务、教学或其他非司法的工作。

做个好工人的想法驱动了法官，支持这个假说的是表面看来很奇怪的法官工作伦理。其他工人的效用函数中的许多自变量在司法效用函数中都没有，但有的那个，我们知道，就是休闲。在有法官助理的时代（联邦地区法官有权得到两位助理，上诉法院法官三位，而最高法院大法官则是四位，有时还可以通过官僚操作超出这个数量〔6〕），特别是在上诉审这一层，司法闲暇的机会很充裕。但大多数联邦法官工作都颇为努力，常常远远过了可全薪退休的年龄，因此如果他们还继续工作，就不是为了任何报酬。〔7〕许多法官事实上工作非常努力，有些是太努力；想想哈里·布莱克蒙（Harry Blackmun）。* 他们努力工作是为了什么呢？有些法官工

---

〔6〕 例如，联邦上诉法院的法官可以有五个"位置"，法官可以任何方式组合法官助理和秘书。大多数法官习惯有三位助理，两位秘书，但随着大多数秘书工作都自动化了，如今有更多法官有四位助理一位秘书。此外，上诉法院如今还雇有院内法律助理（staff law clerks）（有时则称院内律师），他们不分配给具体法官，但可以请他们帮忙。许多法官还有一些院内的和院外的实习生。此外，还有越来越多的法官（主要是，但不仅是，地区法官）有职业法官助理，他们有时作为助理法官来工作。简而言之，联邦法院人员充沛。

〔7〕 这与理性行为，甚至与休闲偏好都是一致的。请看，David R. Stras, "The Incentives Approach to Judicial Retirement," 90 *Minnesota Law Review* 1417 (2006). 他发现，大多数法官符合资格后很快就会接受资深法官的地位，因此他们可以继续裁判但有较多的休闲，尽管他们本可以退休并有更多的休闲，而且薪水一分也不减。

* 生卒年1908—1999；美国联邦最高法院大法官（1971—1994），是著名的"若伊诉韦德案"判决的作者。——译者

作是为了扬名,但在最高法院这一层之下,大多数法官都满足于默默无闻的工作。他们就想做个好法官。为什么他们会努力？如同我说过的,他们从做个好法官中获得了其他满足,例如行使权力,但享用权力并不要求努力工作。

在这里,法官的效用函数与严肃艺术家的效用函数有相似之处,后者是另一种不寻常的劳动力市场参与者。严肃艺术家也想有好收入和某些闲暇,但他们并非只追求收入或闲暇的最大化。在他们的效用函数中,工作的内在满足（他们也许感到的是被迫或沉溺）是个主要自变量。但大多数情况下,与之紧密相联的是渴望能自认为也被他人认为是位好艺术家。与此类似,大多数法官从自己工作中也获得了相当程度的内在满足,希望能自认为也被他人认为[8]是好法官。（如同我们将在第六章看到的,在增加联邦法官薪水的运动中,一个被忽略的因素就是审判的非货币报酬。）然而,法官与艺术家之间有一点不同,这就是法官行使权力,伴随权力则有责任;对法官来说良知应当是比对艺术家更强有力的推动器。另一不同是上诉审是合作的事业。但我们一定别夸大这一差别,因为许多艺术创造也是合作的,想想戏剧、建筑、歌剧、音乐剧、电影、伟大的文艺复兴时代的画家工作室以及莎士比亚时代的多作者话剧。

艺术家把手艺和创造力结合起来了。法官也是如此,在决策的法条主义阶段展现了手艺,在立法性阶段展现了创造力（在这一阶段,法官用裁量权来创造法律,有别于消极适用已有的法律）,并且在这两个阶段,理清一个或一系列法律问题,用修辞包装解决问题的办法,令其主要受众——同仁——满意,但也希望更广大的受众满意。

"把规整的结构与想象的自由混合起来,把传统重造出新的观念,无情清除呆板、不相称或多余的材料,并创造激动人心的叙事……——更不用说耐心、毅力和关注了"——据说这是园艺与长篇小说写作的共同特点,[9]但也可以用来描述司法意见撰写。长篇小说作者和法官相互间还

---

〔8〕 有著作强调了,对于撰写司法意见的法官来说,他的司法意见能获得其他法官的肯定很重要。请看,Lawrence Baum, *Judges and Their Audiences*: *A Perspective on Judicial Behavior*, ch. 1 (2006).

〔9〕 Hermione Lee, *Edith Wharton* 563 (2007).

更进一步相似，在很大程度上他们都直觉推理，意思是（第四章会细致讨论）他们的很多创造性思维是无意识的。一位长篇小说作者写了这样而不是那样一段文字，因为他感到这是对的；他也许不能解说为什么感觉这是对的。法官常常强烈感到应如何决定某案，但当他试图在司法意见中解说时，就常常变成对在说不清楚的基础上达致的结果的理性化，尽管有时这种解说的努力也起作用，会精致化或推翻驱动其投票的那种直觉。

诸多规范支配着各种艺术风格，就像有诸多规范支配着司法决定一样——而且这两种情况下，规则都是可争议的。在常规意义上，莫奈的画不如他的老师库图尔（Couture）；但时光流逝，莫奈被认为是伟大得多的画家。霍姆斯、布兰代兹、卡多佐以及汉德都是法官的范例，他们成功改变了司法意见撰写的规范。

用法官与艺术家比较，对中间层的上诉审法官要比对地区法官（后者的主要产品并非成文的司法意见）或最高法院大法官更贴切。大法官权力巨大，尽管9人合议庭听审和决定案件的方式冲淡了他们的权力。中间层的上诉审法官也有些权力，显然对他们决定的案件中的诉讼人有权，但对法律的发展（并因此对更大的社会）也有。此外，由于最高法院听审上诉法院决定的比例下降了，上诉审法官的权力还在增大，[10]尽管仍然远不如大法官。联邦上诉法院发表的司法意见数量比最高法院发表的高出100多倍，但即使上诉法院司法意见的均值影响只是最高法院意见的1%（这个比例肯定要更低一些），上诉法院法官的权力均值就也比最高法院大法官小得多，因为上诉法院的权力由更多法官分享；上诉法院的法官数量比最高法院大法官多出20多倍。尽管最高法院大法官的平均质量只略高于上诉法院法官，但除了勒尼德·汉德（Learned Hand）外，上诉法院法官对法律很少有大法官人均拥有的影响力；最高法院大法官的任命过程非常政治化，这个特点压低了其质量。某些联邦上诉法院法官，如勒尼德·汉德和亨利·弗兰德利（Henry Friendly），比最高法院大法官平均起来（更不说那些质量较低的大法官了）远为能干，但权力小得

---

〔10〕 请看本书第十章。参看，Benjamin Kaplan, "Do Intermediate Appellate Courts Have a Lawmaking Function?" 70 *Massachusetts Law Review* 10 (1985).

多，至少若以司法服务的年头来算是如此（有些最高法院大法官服务的时间很短）。除了这些联邦上诉法官外，还可以加上一些州最高法院法官，诸如罗杰·特拉诺（Roger Traynor）、本杰明·凯普兰（Benjamin Kaplan），以及汉斯·林德（Hans Linde），当然还有本杰明·卡多佐（Benjamin Cardozo）以及勒缪尔·肖（Lemuel Shaw）——以及当年担任马萨诸塞州最高司法法院首席大法官的霍姆斯。

如果中间层级的上诉审法院法官很出色，他们就对法律发展有影响力，这就像好作家影响了文学的发展一样。这两个行当之间更进一步的相似在于其文字产品有修辞特性（这与科学论文非常不同），甚至在于都有政治的维度，因为文学中也有这个维度。我们不认为想象性文学都是政治的，但其中有政治的（尽管这也并非它的全部）。想想艾略特和叶芝这些伟大诗人的有政治影响的诗歌，以及他们之前，但丁、莎士比亚、弥尔顿、蒲柏（Pope）和雪莱，以及其他无数诗人，还有从斯威夫特和狄根斯到海明威和奥威尔这些小说家。

艺术和裁判中都可能有规范的急剧流变，因为这些活动的产品都无法客观评价。没有关键性实验、决定性观察、可验证的预测或严格的逻辑过程来判断文学作品或司法意见是否伟大——只有时间检验标准。这就提供了一个线索：尽管承认法官都很想成为好法官，却为什么没从根本上颠覆态度理论——只要态度理论家的"政治"观不是过度狭窄（仅限于政客和党派的活动和信仰表达），对法律概念不是太挑剔，把法条主义排除在法律概念之外的一切最好。因为审判的规范还没确定下来，两位同样受赞美的法官其实可能不一样，这位法官的主要决定都开除了用意识形态来解说，另一位最好用法律行当的工艺规范来解说。

我不打算用创造性写作作比来浪漫化审判。法官与创造性作家的一个主要不同是，前者收入确保，法官可能有闲暇/劳动交换，而大多数创造性作家没有。可以预期，不太有能力的法官（法官的能力差别很大，因为司法任命的根据常常是政治标准而不是个人贤能）会多休息少工作，因为他们可以把许多工作都委托法官助理，而要想努力工作而出人头地成本很高。能干的法官想问题的成本和放弃休息努力工作出人头地的成本比较低，因此可以预期他们工作会更努力。结果则趋于出现两个层次的法官——导师型和追随型。世界上肯定有工作起来像导师

(master)一样努力的艺术工匠和法官工匠,但在法官工匠中努力工作的会少。

看上去,小说家与法官的一个关键差别也许是,小说家是独立合同商,并非出版商的雇员,而法官是雇员。但由于司法独立,法官(特别是联邦法官)更像是独立合同商而不是雇员。当然不完全像,法官拿薪水,可以撤销其决定,极端情况下,还可以撤职。但他拥有的自主性比普通雇员,甚至比普通的独立合同商,要大得多。

第二个关键差别看来也许是,小说家不会因有政治倾向或以其他方式拒绝"为艺术而艺术"的口号而违反他的艺术规范,但对法官的要求是完全没有利害关系(disinterested)。如果认为自己的决定掺杂了政治或个人性,法官何以可能认为自己是好法官呢?回答之一是他也许足够老到,意识到这恰恰是美国司法审判的性质。但更有意思的回答是,非法条主义因素有可能潜在地影响法官。

可以用贝叶斯决策理论辅助探讨一下这第二个回答。在无陪审团司法进程中,法官必须决定是否相信某证人的言词证据,通常在证人作证之前,他就已经对这个言词证据的真实概率有一个估计。这一估计也许根据他在先前类似案件中的证人经验(或许是他当从业律师时的经验),根据他对该证人所属阶层的诚实度的一般感受,甚或根据证人进入证人席、发誓说真话的方式以及站立姿态。这个提问前的估计就是所谓的"先验概率"(prior probability),或称"先验"。该法官也许完全没有意识到自己会有这样一个先验概率,也最不可能用数字来表达。但这个先验概率会在那里,并影响他的"事后概率"(posterior probability),即在证人作证、交叉质证并提出与其言辞真实性有关的任何证据后,该法官对证人言词真实性给出的概率。该法官接受的、与这一证词的真实性有关的每个信息,都有可能改变他的先验概率,但不会消除它;先验概率会影响事后概率,因为 $\Omega(H|x) = p(x|H) / p(x|\sim H) \times \Omega(H)$,这就是最简版的贝叶斯定理。

Ω 是概率;公式左边是认定某些假说 H 为真的事后概率;公式右边的最后项 $\Omega(H)$ 是先验概率;x 是在追问进程中获得新信息;p 是概率,而 $p(x|H)/p(x|\sim H)$,即公式右边第一项是概率比,即如果 H 为真可观察到的 x 与如果 H 为假($\sim H$)可观察到的 x 的比值(因此,如果两个概率相

等,新信息就不会改变概率 Ω;这就是乘以 1 的情况)。假定这个假说是,证人——让我们假定是性别歧视诉讼中的原告——诚实作证了,并且在她开始作证之前,该法官确定(几乎肯定是无意识的)她说真话的概率是 1 对 3,这也就是相当于 25% 的概率(1/[1+3])。她作证带来了新信息 x。如果她说真话会观察到 x,假定这个概率是 0.6,而如果她没说真话会观察到 x,这个概率是 0.3,因此两个概率的比值就是 2。当这一"概率比"乘以先验概率 1 对 3,那么结果就是 2 对 3(1∶3×2=2∶3)的事后概率,这等于该证人说了真话的概率是 40%(2/5)。

这是一种主观概率,与具体法官相关。另一位法官也许有不同的先验概率;因此即使两位法官以同一方式评估同样的信息也会导致不同的事后概率。当然,他们也许评估不同,但原因相同,即他们的先验概率不同,因为他们有不同的"有组织先验知识的认知结构"[11],基于诸如气质、个人背景特点(诸如种族和性别)、生活经历以及意识形态这些东西;并且意识形态也许转而受气质以及第四章讨论的其他要素的塑造。

假定第二位法官的先验概率为 2 对 1 而不是 1 对 3。那么,事后概率就会是 4 对 1——即这位法官认为该证人有 80% 的概率说真话。由于这位法官是事实审理者(记住,我这里讨论的是无陪审团审理),因此也是确认证人是否可信的人,那么这两位法官之间的主观概率之差就完全可以解说原告胜诉还是败诉。

贝叶斯理论是把成见在理性思考所起作用的基本点予以系统化的方式之一。作为一个心理问题,不仅不可能自我清理干净,而且这样做也不理性,因为成见会扣押一些信息,哪怕这信息并不总是精确。"成见"有某种贬义,这就是为什么我更喜欢谈论贝叶斯先验概率。各人的先验概率不同,因为不同人有不同的信息,并以不同方式处理信息形成他们的信仰。

我用了性别歧视案做例子,因为在这类案件中,法官的先验概率有可能产生分歧,因为政治路线或因种族、宗教或性别路线这些与政治倾向关

---

[11] C. K. Rowland and Robert A. Carp, *Politics and Judgment in Federal District Courts* 165 (1996).

联(有时还影响政治倾向)的因素,或是因不同个体或职业经验或个性差别。这些特性有可能汇聚起来,形成一般的思想特点,并转而激发出特别的成见,由法官带进某个案件。我们的成见都是感官印象——外部世界冲击感觉器官——与大脑分类机制互动的产物。在康德的认识论中,感官印象因受制于大脑产生的范畴,诸如因果关系和时间,才变得可理解。在弗里德里希·哈耶克的认识论中,个体的分类机制都是个性与文化的特质因素的产物,而并非大脑的基本固定特征。(可以推定,康德实际论证的是,那种感受因与果两事件的能力是固定的。)这种分类机制不仅在个体间不同,而且可能为经验改变,而经验显然是人各不同。换言之,人们看到的(文字的和图像的)事物不同,并且他们看事情的方式也会随着环境的改变而改变。[12] 对法官来说,真是如此。就像卡多佐说的,"我们也许会尽可能努力客观地看事物。但我们还是永远不能用任何眼睛,而只能用自己的眼睛,看事情"。[13] 我认为法官的先验概率是无意识的,以便说明法官,何以完全真诚地无从感知自己受政治倾向影响,行为却符合态度理论家的预期。贝叶斯理论协调了法官的行为(他们在各案中如何投票)和他们的清醒思考。

这一理论在司法决策上起作用的一个例子就是,法官要比陪审团更可能认定刑事被告有罪。[14] 由于对刑事司法体制有长期经验,法官知道除非有压倒性的不利被告的证据,检察官很少会起诉。相对于犯罪数量,检察官资源非常有限,因此,他们会把资源集中于显然有罪的案件(因为无需检控投入大量资源,案件就可能胜诉),而这种案件很多。

即使法官的唯一工作是发现事实之际,成见也起作用。这就是我的

---

〔12〕请看,Richard A. Posner, "Cognitive Theory as the Ground of Political Theory in Plato, Popper, Dewey, and Hayek," in *Cognition and Economics* 253, 263-264 (Elisabeth Krecké, Carine Krecké, and Roger G. Koppl eds, 2007).

〔13〕Benjamin N. Cardozo, *The Nature of the Judicial Process* 13 (1921). 又请看,Andrew J. Wistrich, Chris Guthrie, and Jeffrey J. Rachlinski, "Can Judges Ignore Inadmissible Information? The Difficulty of Deliberately Disregarding," 153 *University of Pennsylvania Law Review* 1251 (2005).

〔14〕Theodore Eisenberg et al., "Judge-Jury Agreement in Criminal Cases: A Partial Replication of Kalven and Zeisel's the American Jury," 2 *Journal of Empirical Legal Studies* 171 (2005).

贝叶斯决策的例子[15]，并且与本书第一章引用的证据是一致的，即地区法官和上诉法官都介入了政治性审判。一位初审法官在事实确认上的回旋余地由此被称为"事实裁量"，但这个术语有点误导。它令法官看起来仿佛可以自由选择相信或不相信某个证人，就像他决定上午九点还是上午十点开始审理一样，甚或像接受或拒绝另一法域的法院提出的某个法律命题、因此对自己没有约束力一样。有人会认为，令你相信证人说真话的是该证人在说真话，不相信则是因为他没说真话。情况并非总是如此。但当并非如此之际，这是因为很难区分真假，而不是因为法官可以按照自己的希望选择相信或不相信。你不可能用意志力让自己相信。

在初审的事实发现中，可能有五种现象可以认为是偏见起作用的。

1. 清醒的造假。这在我们的体制中很少。如果像我认为的那样，法官都努力成为好法官，他们就不会在事实上故意造假，因为这严重违反任何人心目中好法官的行为。然而，真实的情况是，在上诉层级，法官有一种倾向，即在司法意见中以某种方式报告事实，使事实平滑地符合法律结论，或是塑造该决定将创造的这一先例。一个先例的适用范围是，参看司法意见中复述的事实，通过研读该法院的分析推出来的。即使一个普通人可能认为某个事实对此案发生的事实全景很重要，某法官也许还是决定在司法意见中省略这个他认为无关的事实，因为他不希望审理后来案件的法院根据这一事实区分了自己的判例。

2. 诸多先验因素都受经验、气质、意识形态或其他个人的、非法条主义因素的塑造。这是无所不在且无法排除的。在做出决定之际，没有谁可以忽略自己的一切先验因素。那意味着想在空白中思想。如果抓人的警官说的是这样，而被抓者所言相反，法官决定相信谁就可能受法官背景的影响。出任法官前他是一位检察官？或是一位辩护律师？他或其家庭成员或朋友与警官或检察官，或就此而言与罪犯，有过什么经验？这些经验并不很可靠，有可能不具代表性。但如果这就是某法官继续审理时拥有的最好数据——或许因为该证人的其他可信性指标一点也不说明问题，那么依据这些经验来解难，就他而言就是理性的并且可能是不可避

---

[15] 有关司法事实发现是一种贝叶斯过程这类学术文献很广泛。请看，Richard A. Posner, *Frontiers of Legal Theory*, ch. 11 (2001)，以及那里的引证。

免的。

3. 认知幻觉。尽管有各种制度性机制来最小化事实认定上(例如陪审员)法官认知幻觉的后果(例如"事后诸葛"[hindsight bias]),但这些机制远非完全有效。[16]

4. 诸多无关的反应会影响一些先验因素,例如不喜欢某律师,或不赞同某方当事人的宗教或生活方式,这都是没有合适位置写进司法决定中的一些反应。这种事情在我们制度中不太常见,原因与清醒的事实造假不常见的原因相同。司法"游戏"——如果你想被视为好法官就必须玩的游戏——的一个重要规则就像法官誓言表达的,审判"与个人无关"。在作决定时,合乎情理的自我约束者可以把这类反应放在一边。但对一个人的理性成见而言,并非这种情况——而且我们也不希望真的如此。

因为通常不可能拿着法官或陪审团发现的事实同与双方争议有关的"真的"事实作比较,通常也不可能确认哪位法官的先验因素更精确。因此,任命法官的权威机构趋向于任命与自己的先验因素类似的人出任法官。

5. 扭曲事实以最小化判决被撤销的可能性。对事实发现问题的上诉审被认为是而且一般是尊崇[初审法官的认定],而对法律抽象命题则是完全充分的复审。也就是说,上诉法院不会尊崇初审法官对纯法律问题的判定,纯法律问题不仅与事实发现问题不同,而且与适用法律规则于事实的问题——诸如被告是否过失的问题——也不同。由于法官厌恶自己的判决被撤销,因其职业生涯(当法官想晋升上诉法院时)和权力(撤销废除了他们的决定),也因其自尊心,初审法官有时想扭曲一下事实,让它们恰好符合某个没有争议的法定范畴。由于前面提到的这些理由,法官不可能清醒地这样做,但无疑这是一个无意识的趋向。

"撤销厌恶"在法官的角色期待与个人感受之间造成了一个冲突。假定最佳阅读先例后应得出支持原告的决定,但细致"清点[上诉法官

---

[16] Chris Guthrie, Jeffrey J. Rachlinski, and Andrew J. Wistrich, "Inside the Judicial Mind," 86 *Cornell Law Review* 777 (2001). 一般性文献则请看,*Heuristics and the Law* (G. Gigerenzer and C. Engel eds. 2006).

的]人数"(nose count)表明目前的上诉法官,与创造这一先例的法官观点不同,会撤销这一支持原告的决定。撤销厌恶会驱使法官转而决定支持被告。但角色期待会把他们向另一方向推。他应按照"法律"决定案件,而就对法律这个词的通常理解而言,法律的改变不在新法官任命之际,而是在他们在某案投票改变法律之际。

这一点例证了司法效用函数的复杂。法官想成为好法官并因此想依据法律决定案件,但他也想判决不被撤销。在上面描述的案子中,这种权衡是相当平淡的。一方面看,这个清点人数的法官没有严重冒犯法律;但另一方面看,撤销厌恶很少有非常强大的推动力,因为撤销通常只给被撤销判决的法官增加了少量费用。

初审法官的重要任务之一是对刑事被告量刑。任何人怀疑司法裁量普遍且广泛存在,并因此怀疑用法条主义描述法官之作为是否有局限,他都应回想一下联邦量刑指南颁布之前在联邦量刑上广泛存在的非同寻常的差异——而这种差异现在已开始悄悄回到量刑程序,因为,我将在第十章中讨论,最高法院在布克案(Booker)中决定把量刑指南从必须服从降格为建议服从。在量刑指南之前,如何在国会规定的通常相当宽泛的范围内严惩某个定罪被告,诸多决定因素都几乎与法律分析完全无关;这些因素更多取决于法官如何划分不当行为的个人与社会责任,报复刑是否道义,恢复刑是否可行以及刑事惩罚是否有震慑效果这样一些宏大的、争不出头绪的、宽泛意识形态争议上的态度。还未演化出联邦量刑的普通法来指导法官在制定法幅度内确定刑期。这种决定给地区法院法官个人留下了不受约束的裁量权。

然而推动创造这一指南的关切是裁量性量刑体制下的量刑差异(考虑到不同法官的先验因素有不同),而不是感到这个体制赋予了法官太多裁量权而"无法无天"了。即使法条主义者也很愿意看到有这么一类所谓的"裁量性"判决,尽管从逻辑上看,这些法条主义思想家应当认为这些裁量性判决,并因此认为量刑指南颁布前的刑事量刑,都是无法无天的。法条主义者接受了法律中留一些依据他们的标准看是无法无天的"口袋",有些口袋很大,例如量刑指南颁布前的量刑,因为他们宁可压缩法律领地,也不愿让法律模糊地带受制于一些宽松的标准。这样做,他们无意间就扩大了司法裁量的范围,从而扩大了法官成见对司法决定的影响。

如果被问到，许多，也许是大多数，法官都会否认自己把成见带入他们的案件；[17]我们应如何看待这一事实呢？这不太重要。这种否认，在某些情况下反映了他们缺乏自觉，在另一些情况下则反映了法条主义审判模式的修辞诱惑力，或更直接反映了其宣传价值。法官想否认司法决策中有主观性，以免从根本上削弱了他们的主张：自己名副其实是一个独立的理性统治的政府部门，不需要政治或其他外在力量来约束裁量权行使。他们想让民众信服，自己都戴着蒙眼布，不会偏离老路；他们是社会的挽马。他们还想弱化人们对不受欢迎的司法决定的指责（"是法律要求我这样决定"）。因此他们说——在几乎所有涉及制定法解释的判例中你都会发现——在解释制定法时，法官"始于制定法的语词"并通常也归结于此，以此躲过目的和政策这些会自我暴露的隐患，因为在解释法律之际，他们都像数学家那样，只是在操作语词（语言符号）。而事实上，他们始于制定法的名字，或许是从先前判例中获得的关于该法与何有关的一般感觉；或始于律师常常带着倾向为他们从该制定法中摘录的片段；或始于这些律师给该制定法语词编造的含义。这里永远都有一个阅读的语境，事先给了同这些语词相遇的人，并会塑造该读者的解释。

法官都是贝叶斯定理的[18]，这并非他们在非常规案件决定中——即使全心全意信奉非政治审判的司法规范——常常符合态度理论的唯一理由。另一个理由是雇用法官的总统和参议院成员的动机（记住，和任何其他劳动力市场一样，司法劳动力市场也是双方的）。我前面说过，这些人想要称职，但在开放领域会以符合总统和参议员的政治偏好决定案件的法官。因此，除了无意识因素起作用外，我们不能期望联邦法官完全是政治太监，没有政治倾向因此其决定从不受政治影响。这样的政治阉人不可能获得任命。

但我得提醒读者，党派政治并非唯一的政治；政治会渗入意识形态，

---

　　〔17〕　一个突出的例外，请看，Henry J. Friendly, "Reactions of a Lawyer-Newly-Become-Judge," in Friendly, *Benchmarks* 1, 14-21 (1967), 尽管他关于成见所用的术语是"信念"，他指的是清醒的而不是不清醒的倾向。

　　〔18〕　这是宽松的用法。我并不是说，他们真的运用了贝叶斯定理（他们大多从没听说过这个词），或是他们通常有适用这一定理所必需的信息。

后者转而会渗入常识、道德洞见、对恰当政策的理解以及其他常见且无法消除的司法决策因素。在这种扩展的意义上，政治是合理解读后的态度理论的核心；任命法官之总统所属的政党只是意识形态的粗略代表。不能忽略的还有必须确认总统提名人的诸多参议员的独立利益，哪怕这些参议员与总统属于同一政党；他们有一种倾向，把庇护关系视为高于意识形态的司法资格标准。[19]

但即使对这一模型作了这些限定，还是不能预期司法决定会完美符合这一模型，在许多案件中，甚至不接近符合这一模型。政治倾向，即使最宽松意义上的"政治"，也并非决定法官之先验因素的唯一因素。法官的个人背景特点，诸如种族和性别，以及其个人和职业的经验都被认为是影响其他决定的非政治的、非法条主义的要素。[20] 例如，一位法官也许趋向于，在他决定的两可案件中，无论政府（地方、州或联邦）试图实施什么政策，他都决定支持政府。也许年轻时他曾为联邦司法部工作，对部里工作人员的称职和无私印象深刻，他从这些经验中获得了热情，持续影响他的思考，全都是无意识的。但这个例子表明，很难把影响法官的诸多因素一一分解。因为，这位法官的亲政府倾向也许正是驱动他当初为司法部工作的原因，而不是从事该工作的结果。

另举一个例子，有教授法律而非私人从业背景的法官，趋于对出庭律师更苛刻，因为与私人从业起家的法官相比，这些法官更少洞悉时间、金钱以及当事人压力给律师带来的约束。学界出身的法官的不宽容态度会

---

[19] 请看，Micheal W. Giles, Virginia A. Hettinger, and Todd Peppers, "Picking Federal Judges: A Note on Policy and Partisan Selection Agendas," 54 *Political Research Quarterly* 623（2001）; Donald R. Songer, Reginald S. Sheehan, and Susan B. Haire, *Continuity and Change on the United States Courts of Appeals* 137（2000）.

[20] 除本书第一章的参考资料外，还请看，James J. Brudney, Sara Schiavoni, and Deborah J. Merritt, "Judicial Hostility toward Labor Unions? Applying the Social Background Model to a Celebrated Concern," 60 *Ohio State Law Journal* 1675（1999）; Gregory C. Sisk, Michael Heise, and Andrew P. Morriss, "Charting the Influences on the Judicial Mind: An Empirical Study of Judicial Reasoning," 73 *New York University Law Review* 1377, 1451-1465, 1470-1480（1998）.

影响他们对期限以及其他程序规则的执行严格程度,也会影响他对犯错律师的制裁。

由初审法院晋升上来的上诉法官也许比其他上诉法官更可能投票确认初审法官。他们更敏锐地感知,就深入理解案件而言,特别是已实际审理的某个案件,初审法官比上诉法院有优势,因为初审法官为案子已经花费了很多时间,远远超过复审其判决的上诉法官所花费的时间。此外,由于习惯于解决案件,不太关心是否会创造坏先例(初审法院的决定并非先例,也就是说,这些决定在未来以同样方式决定类似案件之际不具权威性),晋升上诉法院的前初审法官,比起从未出任初审法官的同事,可能更多关注个案"公平",即此案那些拨动心弦的方面,而更少关注其先例意义。

个人特点不仅有别于政治倾向,而且可能与政治倾向相互矛盾,有时还可能压倒政治倾向。因此才有投票支持性别歧视诉讼中原告的保守派女性法官,有投票赞同大力执行《投票权利法》的保守派黑人共和党人,以及在刑事案件中同政府站在一起的自由派前检察官。

即使在开放的审判地带,贝叶斯理论也提出了另一个理由,为什么不期望司法行为完全符合态度理论;这就是各法官的先验因素强度不同。我们称其"超然"的那些法官工作时所带的先验因素要比其他法官更弱,无论是因为对智识不放心因此缺乏确信,某种怀疑主义世界观,还是因为某种很酷的气质。勒尼德·汉德就是性情"热烈"的怀疑主义者;霍姆斯则是"冷酷"的,有人认为是相当无情的怀疑主义者——一个倒拿望远镜凝视同胞而看到芸芸蝼蚁众生(anthill)的人。怀疑主义看起来也许很吊诡:一个人何以可能自信于不自信呢?类似地,怀疑主义者何以可能不怀疑一下怀疑主义呢?但是这些悖论只是对于哲学怀疑主义者才是个挑战。[21] 一个人可能怀疑某些具体主张,却不一般地怀疑,比方说,毫无疑问有一个外部世界。

个人背景和先前经验(这常常是关联的,妇女比男子更可能有基于性

---

[21] 关于这一点,请看,M. F. Burnyeat, "Can the Skeptic Live His Skepticism?" in *The Skeptical Tradition* 117 (Myles Burnyeat ed. 1983); David Hume, *An Enquiry Concerning Human Understanding*, §12 (1748).

别的歧视经历)对司法决定有某种独立于最广义政治的影响[22],这一点突显了裁决规则或规范提供的指导有限,因此司法裁量很广泛。对于法官必须做出的许多决定来说,以个人背景和经验为基础都不牢靠。某法官是位妇女并曾有过典型的女性经历,就不同环境下另一位妇女的性别歧视案决定所必需的信息而言,这只是很少的一部分信息。性别,和其他个人特点一样,被认为在司法决定中扮演了重要角色(即使在对关联要素,诸如意识形态,做了调整之后);而这一事实表明,法官常常对他们必须决定的案件是非曲直缺少很好的信息,因此只能抓住这些救命稻草。这就给司法过程注入了数量令人不安的随机性。但男性与女性在歧视案件上回应不同并不一定反映的是偏见;很少有法官自觉允许判断受自己与诉讼人或律师是否同一性别、种族或宗教的影响,那会严重违反司法游戏规则。这种回应不同是,当没有其他选择而只能依赖个人经验决定案件时,不可避免的后果。

支持这些例子的要点是,影响工作者表现的激励和约束越弱,影响其表现的因素就分布越广,特别是当存在不确定性之际;而不确定性确实是使这些激励和约束与司法决策仅微弱相关的因素之一。然而,影响工作表现的因素很多很广,这与某人是忠诚的好工人并非不一致。在私人企业和公共制度中,都常有某些雇员在工作上回旋余地很大——并且每个人在某种程度上都取决于他有什么样的成见。但商业企业雇员比法官更少裁量。他们的表现更容易评估,因为有关其工作质量的不确定性更少。雇主有一个财政底线,只需确定(但这并不总是很容易)雇员贡献有多大就可以了。企业也有其他一些影响工人行为的工具,即使这些工人属于工会(但如今很少有工人加入工会了),法官的雇主却没有这些工具。

---

[22] 有关的讨论分析,请看,Christina L. Boyd, Lee Epstein, and Andrew D. Martin, "Untangling the Causal Effects of Sex on Judging" (Northwestern University School of Law and Washington University School of Law and Department of Political Science, July 28, 2007);他们细心校正了意识形态差异,还是发现性别有独立的影响。还请看,David R. Songer, Sue Davis, and Susan Haire, "A Reappraisal of Diversification in the Federal Courts: Gender Effects in the Courts of Appeals," 56 *Journal of Politics* 425 (1994).

一个必定性结论是，我们可以预期，法官的技能、努力和其他工作表现差别比企业执行官的差别更大。即使筛选司法求职者不受政治影响，甚至即使被筛选的法官候选人今后的工作史注定比商业企业雇佣的某位年轻人更长，但由于联邦法官不受通常的外部约束，加之难以客观评价司法表现，最终导致法官的表现比大多数私人领域雇员差别更大。

法官与其他工人还有另一个不同。大多数组织都遵循"特例管理"的惯例。例行问题由组织底层的工人处理，一旦发生了非例行问题，一线工人会提交自己的直接主管，后者也许会——如果超出了他解决问题的能力——再提交他的主管，由此逐级向上。雇主以这种方式节省了技术劳动力的费用。司法部门也是等级化的，但所有层级法官处理的案件都既有例行的也有非例行的。例行案件可以用法条主义技巧决定。当可以如此决定案件之际，法官一定要运用这些技巧，并通常就是如此。但奇怪的是，或许，训练从来没有给他们配备处理非例行案件的工具。理由也许是这个司法建制（establishment）渴望维系一种假象：法官只从事法条主义分析，完全受规则约束。结果是，当遇上无法通过这种分析予以决定的案件时，法官就不仅"放羊了"，而且茫然不知所措了。

看起来也许是，法官的闲暇偏好会导致法官尽可能用法条主义技巧尽多（甚至更多！）决定案件。不仅这些技巧法官最了解、最得心应手；而且，由于决策过程排除了大量难处理的材料（诸如立法史、公共政策以及决定之后果），法条主义也就更少要求法官研究问题。但硬币的另一面是，对基于诸多非法律因素做出的判决，也许根本不要求研究，要求的也许只是知道当事人是谁，以及此案哪一方面符合该法官未理论化的"正义"或"公平"概念。

这一点表明，在开放性法律领域，也许可以通过经济学训练来改进法官的司法表现。在诸如反托拉斯法、合同法、公用事业和公共交通规制、公司法、退休金法，在金融法、知识产权、程序法和救济、大量的环境法，以及在较少量的侵权、刑法和家庭法这些领域，法院已采用经济学进路来解决一些问题——在这里，还没有足够锋利且无需考虑司法决定社会后果即可适用于某案事实的规则。比方说，依据"合理使用"原则，对版权作品应允许多少无授权复制；是否应允许制造商禁止销售商把商品零售价降到制造商规定的水平之下（即本书第一章讨论的利津案的争议）；什么时候"给老客户打折"(年底给购买了销售商多种产品的顾客打折)应视为不正当竞争;工人因法条主义技巧无法回答且不应以直觉回答的"公开且明显的"危险受伤,能否获得赔偿,等等。但有基本经济学技能和洞见的法官或许可能以相当程度的客观性回答这些问题。客观性是法条主义者的主要追求之一,但有时可以用法条主义以外的其他方法获得。

第三章
作为偶尔立法者的法官

如果法官就是约翰·罗伯茨——在其被确认为最高法院首席大法官的听证之际——赞同的那种极端意义上的法条主义者,那么就没人对法官的动机感兴趣了。罗伯茨说,法官,即使是最高法院大法官,仅仅是判定坏球和好球的裁判。[1] 罗伯茨的说法是新版的亚历山大·汉密尔顿关于法官的描述,不过是在这个疯狂的体育时代;汉密尔顿说法官是有别于政府行政和立法部门的官员,他们行使判决但不行使意志[2],而布莱克斯东描述法官是法律的宣示者[3],隐含了(仅就字面而言)比汉密尔顿和罗伯茨的法官定义更为被动。

提出这个裁判类比,罗伯茨是试图驶过参议院确认任职听证的险滩。而且作为职业非常成功的控方检察官(一位击球手,而不是裁判),罗伯茨很自然要抬高裁判的作用(当他成为首席大法官后,视角就迅速改变了)。无论他还是其他任何精明人实际上都不曾相信也不相信我们制度中给法官,特别是上诉法官以及最特别的最高法院大法官,并令其适用的

---

[1] 参议院司法委员会关于提名约翰·罗伯茨为最高法院大法官的听证, 109th Cong., 1st Sess. 56 (Sept. 12, 2005).

[2] *Federalist No. 78* (1788), in *The Federalist Papers* 226, 227 (Roy P. Fairfield ed., 2d ed. 1966).

[3] William Blackstone, *Commentaries on the Laws of England*, vol. 1, p. 69 (1765).

规则就像给裁判的棒球规则一样。我们一定要想象，除了判定坏球和好球外，裁判还制定棒球规则并随心所欲地改变规则。假定，有些裁判认为投手太强，因此决定，不再三打击球手出局，而是六打才出局，但其他一些裁判非常保护投手，认为击球太多了，因此下令只允许击球手打一下。

罗伯茨的棒球类比还有个不很明显的错误。直到晚近，不同裁判对击球区的界定都不同，因此投手必须让自己的战术适应具体的裁判。这类比的是不同法官解释美国宪法的方式也不同。裁判的解释自由被认为不能容忍，棒球大联盟从 2002 赛季开始设置了摄像机（裁判信息系统）记录所有的投掷，因此可以客观确定裁判判定坏球和好球时是否遵守了统一的标准。当这一系统发现某裁判错误率较高时，他就会受纪律处分。[4]

如果司法部门有类似系统来评价司法决定，那么罗伯茨的类比就会很到位。但，当然它没有。就像通常的"类推"一样，裁判与法官的比较中真有意思的不是相似性，而是其差别。

罗伯茨知道，当司法决定的法条主义方法不够用之际，法官会从可能具有某种政治色彩的——但通常并非党派意味[5]——信仰和直觉中汲取什么，而且法官也许意识不到自己的决定受了自己政治倾向的影响。在一些法条主义看来不确定的案件中，他会汲取直觉和信仰，因为司法的命令（imperative）就是要合乎情理的迅速并尽可能好地决定案件。法官不能仅仅因遇到了某个案件，诚实运用了正统的司法决策材料，也没得出可接受的结果，就操起手来，无限思考下去。这些材料也许得不出任何结果，就像在某个案件中，两条制定法解读法则都可以适用，但它们指向的结果不同。

作为动词使用的"决定"与"结论"是很有意思的、解决办法的不同方式。谈论"得出结论的义务"或"达致一个结论"，这是很怪的说法。一个

---

[4] David Gassko, "The Outside Corner," *Hardball Times*, Feb. 1, 2007, www. hardballtimes. com/main/article/the-outside-corner/ （visited June 27, 2007）; Tom Verducci, "Man vs. Machine," *SI (Sports Illustrated). com*, June 4, 2004, http://sportsillustrated. cnn. com/si_online/news/2003/06/03sc/ （visited June 27, 2007）。

[5] Bush v. Gore, 531 U. S. 98 (2000)，也许是个例外。

决定是一个行动；一个结论是一个沉思；而在这一区别中，我们可以开始感受到第八章探讨的司法与学术的紧张。

法官决定案件是命令性义务，只有少数例外。"政治问题"教义就是其一。[6] 另一教义是，当复审法院无规则适用时，对某些行政的裁决就不能复审（nonreviewability）。[7] 当然，有些案子不归法院管辖，因此，事实上，法官可能做的唯一决定就是不决定。但不能仅因某案，从法条主义立场看，道理各占50%（toss-up），就留着不做决定。对一个被认定有罪的被告，你不能留着不判刑。

并不是法官的政治偏好每次都能打破这种死结。有时，这些偏好被其他关切中和了，不仅有特定于此案的关切，而且有法条主义特别赞赏的制度性关切，诸如鉴于法院的知识和权力有限，某一具体司法干预是否可行，或对先例和制定法文本满不在乎对法律的稳定性和法院地位有什么影响。法官支持某案具体结果的政治偏好越弱，法条主义考量排斥政治偏好的动力也就越强。[8] 在这个例子中，就同在大多数常规案件中一样，法条主义分析推进了法律可预期性这种有价值的社会善品，可以把法条主义理解为法律实用主义的一个特例。甚至可能想象，最佳的实用主义战略也许是法条主义贯穿始终而非断断续续的法律制度。[9] 但即使在我们的制度中，有时还是很难区分实用主义法官和法条主义法官。假定某位实用主义法官看到了，同标准相比，规则有巨大的价值。他就会追求规则，并且在成功的限度内，这种追求增加了法条主义的适用范围。外人看来，他也许就像一位法条主义法官，认为在涉及明确规则适用之际法律就是法律。这类似"规则功利主义者"，他们认为以规则为手段能最有效推进效用，因为无需比较效用，无需努力估量每一行动的效用影响。[10]

因此，针对罗伯茨的裁判类比，我设定了一个三位裁判的故事，要求

---

［6］ 请看，Luther v. Borden, 48 U.S. (7 How.) 1, 46-47 (1849).

［7］ Citizens to Preserve Overton Park v. Volpe, 401 U.S. 402, 410 (1971). 又请看，5 U.S.C. § 701 (a) (2).

［8］ 有关证据，请看，H. W. Perry, Jr., *Deciding to Decide: Agenda Setting in the United States Supreme Court* 273-275 (1991).

［9］ Richard A. Posner, *Frontiers of Legal Theory* 219-220 (2001).

［10］ 本书第九章会深入探讨这一类比（"规则实用主义"）。

他们解说如何认定坏球和好球。第一位裁判解说,是怎样就怎样判定;第二位则说,他看见怎样就怎样判定;而第三位说,等自己判定后才会有坏球和好球。这第一位裁判是法条主义者。第二位裁判是实用主义的初审法官(因为他看到了这些球)。第三位裁判则是在开放地带决定案件的上诉审法官。他的活动是创造而不是发现。

罗伯茨也许犯了个战术错误。他的任职确认并没有让参议员们信服:最高法院大法官就像棒球裁判。2007年春,在他确认后不到两年,他以自己的司法投票和司法意见展示了他想重塑一些重要的宪法领域。法官确认听证中他之所言与作为大法官的他之所为的张力重重打击了罗伯茨赞成坦诚的名声,也令司法确认听证会上大法官提名人早已贬值的证词进一步贬值了。

上诉审法官是偶尔的立法者。[11] 就其立法权能而言,他们是在一些并不约束正式立法者的约束条件下工作——例如,诉权规则,关于法官可向谁咨询以及更一般地他们可以用什么样的手段追问的限制。判例的裁决(holding)与法官意见(dicta)(大致说来,是对结果并非至关重要的断言)的深奥区分(对非法律人而言)——只有裁决才有先例的效果,其重要功能就是防止法官以法官意见的方式颁发可能有法律效力的专论,以此来限制法官的立法权。[12] 但法官也享有正式立法者无法享有的回旋余地。交易费用很低(因为在合议庭中,即使在某个最高法院,法官人数比联邦或州立法机构成员也少很多),并且通常不存在选民压力。当决定宪法性案件之际,最高法院大法官就像是司法权不能废除制定法、立法者一旦当选就不会去职这种体制中的立法者。此外,对法官的某些约束实际还是解脱性的:他们不能参与审理与自己有经济或个人利害关系的案件,这一点增加了他们决定的自由,这就好比他无需回应某位选民一样。

---

〔11〕 这不是个新观点,但仍然令人不快。"瑞士民法典的原则规定,当没有法律或法律不清楚时,法官也一定要做出决定,就好像他是立法者那样;这个原则在我们听起来仍然很陌生,但一个世纪来,从边沁经霍姆斯到庞德教授和卡多佐以及赖特爵士都表明,这事实上就是我们法院每天都在发生的事情"。Julius Stone, *The Province and Function of Law: Law as Logic, Justice, and Social Control; A Study in Jurisprudence* 500 (2nd ed. 1950).

〔12〕 Eric Rasmusen, "Judicial Legitimacy as a Repeated Game," 10 *Journal of Law, Economics and Organization* 63, 75 (1994).

法官可能如正式立法者一样有各种程度的立法自由,尽管只是一小类在法条主义层面不确定的案件上,但又与立法者不一样,法官实际上不能告诉政府如何做事——这是当年要求学校提供校车这类规制性命令(如今基本上都被抛弃了)的教训,因为法官从痛苦经验中得知,他们没掌控足够的权力杠杆,不能有效管理政府的项目。法官可以告诉政府其他部门的只是不做什么。然而,法官实际拥有的立法权,尽管消极,还是相当大的,特别是当最高法院以非常难以修改的宪法之名义命令其他部门当即打住之际。

　立法者渴望再次当选,加上利益群体对选举政治和立法活动施加压力,这有助于解说立法者的投票。联邦法官无需操心选举、再选举、资金筹措、利益群体这类问题。因此,他们行为的动力源很神秘,而我们必须走出前几章提出的说法,揭开这一神秘。

　通常认为在普通法领域法官的立法权达到了顶峰。由于普通法明确由法官创造,人们也许会认为普通法审判一定要比宪法审判更"无法无天"。事实上,普通法比宪法性法律更稳定、更客观、更像法律,并且比宪法更不像"真正的"立法。它处理的问题在广大社会和司法部门中通常有很高程度的共识,使背景和政治信奉多样的法官能从共同的前提推出司法部门和更大政治共同体广泛支持的结论。背景、价值以及其他方面都不同的人在某个问题上可以达成一致,这就是"客观"的实践含义。

　还有,普通法中有一种竞争过程在起作用,规训了司法裁量权的行使。依据各州普通法出现的同样问题,起初常有不同的解决办法。但是,随着灵活的法官比较所提供的不同解决办法,渐渐地出现了共识。并且,作为背景的还有立法推翻司法决定的威胁,这也制约了司法权制定和重新制定普通法。更进一步,相对于下层级法院而言,最高法院决定的案件极少(请看第十章),乃至为控制这些法院,最高法院趋于像立法机关那样规定直截了当的规则(诸如,米兰达警告,若伊诉韦德案决定的三期规则或正当程序要求逮捕后 48 小时内给予合理根据听证的规则)。它不通过个案递进尝试性推进,而是通过区分先例逐步收窄宽泛的标准,这与普通法法院不同。

　我们一定不要混淆了"普通法"和"判例法"。我们是判例法国家,包括普通法,但不为普通法穷尽。不仅宪法性法律(显然的)而且在相当程度上制定法都是司法决定塑造的,偶尔才有"真正的"立法者干预。普通法推理的开放特点(请看下一段引证的布莱恩·辛普森(Brian Simpson)的话)同样是非普通法的美国判例法的特点。但在判例法的其他领域就没有我提到的普通法的规制特点,宪法性法律只是其中最突出的例子。想一想不仅是反托拉斯法,还有知识产权法、退休金法、劳动法、公司法以及在很大程度上一直为判例法塑造的无数其他领域,都是如此。人们因此会疑问,法条主义者何以可能认为判例法就是全部法律呢,尽管那是美国法律中的大宗。在极少数情况下你可以展示某个先例的基础一直是个逻辑错误,但除此外,又何以可能为推翻先例辩解?如果因先例不符合现代诸多条件,推翻它就是一个立法行为。

即使有稳定法律的特点,普通法还是令法条主义者不爽。如同弗里德里克·夏尔(Frederick Schauer)解说的,"普通法并不认为错误答案是必定粗糙之概括的不可避免的代价。毋宁说,普通法认为所有的概括都是偶在和可完善的。"[13]这话听起来可不像是一种"规则的法律"。还有,如布莱恩·辛普森(Brian Simpson)解说的,

> 普通法历史上,没有哪个时期有过界定清爽的法律意见书形式,或有辩解材料的封闭准则,或有令法院意见有效非个人化的常规,不像——比方说——在法国那样……当然比较法律与政策、或比较法律规则或先例与原则,等等,这是常事,但普通法推理从来不曾受控坚持此类区分的常规,或要求以这类术语给出辩解性修辞。[14]

也许看起来,法官只是在努力参考立法文本和先例等正统材料后还不能决定某案时才立法。某些法官确实是这么做的。但另一些法官次序则相反。他们一开始就是立法性判断,即扪心自问什么结果——并不只是谁赢谁输,而是司法意见中阐述的什么规则或标准或原则——会有最佳的后果。只在此后,他们才考虑正统法律决策材料是否已排除了这一

---

[13] Frederick Schauer, *Playing by the Rules: A Philosophical Examination of Rule-Based Decision-Making in Law and in Life* 178 (1991).

[14] A. W. B. Simpson, "Legal Reasoning Anatomized: On Steiner's *Moral Argument and Social Vision in the Courts*," 13 *Law and Social Inquiry* 637, 638 (1988)(加了着重号).

结果,或,更准确地说,该结果的收益是否因损害了法条主义价值——例如法律稳定性——带来的成本抵消了。同样实用主义的某法官也许会从另一条路开始,他会问自己此案争议是否已经有了制定法文字、先例或其他正统法律渊源的规定,否定这些规定是否一个错误。此案律师会给这位法官一堆一般性命题,全来自语义上涵盖此案的众多判例和制定法。但该法官希望确定,这些命题的作者当年是否想过自己在此案遇到的这个争议。如果没有,他就不得不做一个立法性判断。

大多数法官都混用这两种探求方法,法条主义的和立法性的[15],而不是依次使用。法律教义、众多制度约束、政策偏好、战略考量以及本案公平,都混在一起,激发了大多数法官对案件的回应,还掺入了气质、经验、雄心以及其他一些个人因素。在疑难案件中,法官不会走这一步,说"法律都用完了,现在我必须干一些立法性活儿了"。他知道自己必须做出决定,也知道不论自己作什么决定(在最宽泛的限制以内)都会是法律;因为偶尔当了立法者的法官仍然是法官。

判决的现象学为理解司法动机和思考提供了一些很有用的洞悉。维尼·马丁(Wayne Martin)指出,在做出判断时(不必须是法律判断),一个人会意识到自己既自由也受约束。[16] 自由是因为做一个判断就是做一个选择,受约束是因为判断是个慎思问题(并不必须集体慎思——初审法官必须慎思),要掂量各种替代;靠抛硬币决定则是逃避判断。无论是做规则系统判断还是非规则系统判断,这种受约束的自由意识是一样的。[17] 前一种情况下,这种约束感会更重,因此法官在决定适于法条主义分析的案件之际,而不是做立法性判断之际,这种感觉会更强。但在后一种情况下,这种感觉仍然存在。

---

[15]　一个突出例子就是霍姆斯。请看,Thomas C. Grey, "Holmes on the Logic of the Law," in *The Path of the Law and Its Influence* 133 (Steven J. Burton ed. 2000).

[16]　Wayne M. Martin, *Theories of Judgment: Psychology, Logic, Phenomenology*, ch. 5 (2006).

[17]　"人类的大多数推理都不是规则系统判断。也就是说,它并非(至少不明确是)依据逻辑规则和/或数学和/或概率或任何其他可以整合进计算机项目的规则进行的"。David Hodgson, "Partly Free: The Responsibility for Our Actions beyond the Physical Processes of Our Brains," *Times Literary Supplement*, July 6, 2007, p. 15.

在法庭上，法官并没意识到在自己的法条主义活动与立法性活动之间有鲜明的断裂，这种无意识在他考量常规和非常规案件时就流露出来了。法官习惯于在非常规案件中做非法条主义的判断，他就可能让非法条主义判断潜入他对常规案件的考量。这特别可能，因为只能以纯逻辑决定的案件与只能以立法性判断决定的案件代表了两个极端，法院在实际工作中很少相遇。常常是，要决定一个案件，法官首先通过自由解释制定法而不是抠字眼得出一个规则，然后机械适用这一规则于此案事实，确定此案结果：先是立法性判断，然后是法条主义判断。相反情况也有发生：也许对制定法或某更高层级法院的某个先例作字面解释抽象出一个规则，但如果该规则尽管唯一可适用于此案事实，却不非常妥帖，适用该规则也许就要有一个立法性判断（也许是给规则创造例外）。

法条主义和立法性因素在许多案件中的结合进一步让法官感觉不到自己头上戴着两顶帽子，有时是位"真正的"法官，而有时其实是位立法者，并有助于表明为什么几乎没有法官认为自己是偶尔的或任何其他类型的立法者。想想滑雪者，你告诉他滑雪规则，转弯之际应把重心移到上坡的雪板上，减少下坡雪板的负重，让滑雪板平行，诸如此类，但当他开始从雪坡下滑时，他的思想并不集中在如何遵循这些规则（如果他做到了，那也是因为习惯的力量），而是集中在如何一次滑到底。繁忙的法官只想理智并合乎情理地迅速决定此案。他没这个时间，没这种倾向，或没这种内省习惯，追问导致自己最后决定的一系列判断的性质如何，即使想到这个问题，他也许会意识到自己并不是每一步都遵循了司法决定的正统方法。

一位法官搞立法的数量取决于他的"情理地带"的大小，即无论怎样裁量性决定案件都不会令他丢脸的地带。这个地带，不同司法部门有不同，在不同法官那里也有不同。就制度要素而言，影响该地带大小的是法官在司法层级中的等级。等级越高，他的裁量性权威可能越大，尽管并不确定。这个话模棱两可，原因是一位法官的权威会因其他法官在场（如果有的话）而淡化。联邦地区法官是独自庭审，联邦上诉法院法官则通常与其他两位法官一起庭审，而最高法院大法官通常与其他八位大法官一起庭审。法院层级越高，权力越大，但它的权力也更多为决定案件的众多法官分享，这就限制了单个法官的权力。

一位法官的情理地带有可能随经验增多而扩大,因为他对司法过程更了解了,也更现实了。但我猜想,情理地带与知识能力之间是一种U型关系。最能干的和最不能干的上诉法官都有可能扩展这个地带,最能干的是因为他会很快看到一般性陈述的规则背后的目的和语境,而目的和语境限制了这一一般性陈述应掌控新案件的程度;最不能干的则因为他难以理解这些正统材料,导致他很容易被出庭律师的情感呼吁打动,或与此紧密联系的,他难以紧紧把握限制特质性审判的系统考量——例如法律可预期性的价值——的抽象优点。

这一地带的广度还因法律领域不同而变化。在有意识形态共识的领域,它更狭窄,目前在——比方说——合同法中,大致就是这种情况。在这些领域,法官分享了决定的共同前提,诸如契约自由以及成文契约——针对陪审团在确定契约责任时的变幻莫测——作为保护措施的意义。分享前提使法官能共同推理得出一致同意的结果。因此,合同法可预期的价值,由此在合同法规则和原则上形成司法共识的价值,是很明显的。大多数合同规则都是缺失规则,即当事人双方可以以合约绕开的规则。合同双方必须知道这些规则是什么,他们据此可以起草合同。在这个最为商业化的社会中,大多数法官对所有这些都达成了一致。在有些领域,仍以合同法为例,经济学分析已被接受为一种司法决策工具,司法裁量已被一种有别于、但让人感到在结果客观上并不亚于法条主义方法的分析方法压缩了,好像这是方法论指定的而不是任人自由选择的。

在某些有法官情感介入的宪法性案件中,这个情理地带最宽阔,因为宪法文本没提供什么指南,也因为情感可能压倒促使法官约束自己行使裁量权的诸多系统要素。不要认为可能强迫法官同意采用某种宪法理论来管束他们的裁量权;国家应当承认这种必然,并且——如果担心最高法院大法官会随心所欲行使立法性裁量权——坚持在大法官任命上有更大的多样性,以使最高法院更有代表性,这样一来,最高法院偶尔的立法活动就会趋于追随正式立法者的偏好。

但现在说,许多案件中上诉法官都是立法者,甚或挑出这些案件,这并没告诉我们什么,有关他们的立法偏好,有关他们颁布的诸多政策。而且,像我在上一章说的,法官都渴望他人,不仅是自己,认为他是"好"法官,这也不够。这留下的问题太含混了。因为究竟什么才是"好"法官呢,特别是当他搞立法之际?

回答这个问题的关键在于当法官的外在满足——金钱、权力、尊崇、名声——太少了(就金钱以外的其他外在满足而言,最高法院大法官是例外),乃至内在满足通常成了一个人决定当和继续当法官的关键。如今更是如此,法官确认过程拖得太长并可能令人不快,而且当法官在财务上机会成本也太高了。

审判的内在满足之一是某些人从为公众服务中获得的效用。但这本身不足以吸引足够数量且非常称职的律师来充实法院;在美国,公共服务的热情并不很高。你同意成为法官,预期你会很享受审判(这种活动,而不是这个职位),而要很享受审判,你还必须很享受一个过程,一种程式(protocol),这包括(就上诉法官而言)阅读诉讼摘要、听取口头辩论(许多法官很享受同律师来回交换意见)、与其他法官谈判、提出规则和标准、承认审理案件有诸多政治的和制度的局限和机会、享用案件展示的人间喜剧以及撰写(尽管如今更通常是监督撰写以及编辑)司法意见。而这些司法意见必须符合某些修辞原则,主要涉及事实的选择和叙述,处理(有时是糟践)正统法律材料,以及不显山不露水地把政策关切编织进去,同时或许偶尔还要让读者瞄到些许法官的个性。

司法程式的一个根本因素是亚里士多德所谓的"校正正义"。这是说法官审断的是此案而不是此案当事人[18],象征性表达了这种追求就是蒙眼正义女神雕像——蒙眼是因为她不看当事人和律师的个人特点:他们的党派归属、社区地位、家庭、个人美丑、成就大小、社会阶层、族群以及其他。在法官誓言中,校正正义的说法就是决定案件"不考虑个人"。

校正正义也是"法治"这一术语的含义之一。这一含义重重的术语的另一含义就是"法律的统治而非人的统治",即国家的统治者是法律而非官员。这个术语还用来指某种政治体制,所有的官员,和芸芸众生(private persons)一样,完全受制于而不是高于法律过程。因此,美国就是法律之下的一个完整国家。

当在"法律的统治而非人的统治"的上述两种含义之一的意义上使用"法治"时,"法律"这个词就必须扩张一点;它必须有某种程度的一般

---

[18] 在亚里士多德那里,这就是其全部含义。Richard A. Posner, *Law, Pragmatism, and Democracy* 284-286 (2003). 新近有人努力赋予校正正义一些实质性含义,如同有人建议的,这要求给侵权受害人损害赔偿或以此来体现,但这些努力在我看来不成功。我会在第七章回到这个问题。

性、可预测性和公开性,否则的话,它就会崩溃成为原生态政治权力。[19] 如果法官完全不受约束,就没有"法治",而只有"法官治"。但这是不能让人满意的两分法。我们实际上想让法官来"统治",但只是在某个程度上。司法独立赋予法官一些权力,允许并事实上鼓励法官行使裁量权,而这样做就弱化了正式法律(formal law)对法官的约束,也因此削弱了法治的基础。[20] 因为司法独立是一种重大社会价值,法治就不可能是司法体制的唯一指路明灯,除非我们有意模糊法治,像法条主义者那样以含混的、无所不包的、追求性的法律节意义,用这一术语指一种理想化的法律正义。

如果只是用来指将诉讼人个人特点抽象化,把粗心的受害人、鲁莽的驾车人、未经授权复制版权作品的人以及其他人等都视为各种利益的代表并对权利义务配置有公认的意义,那么"校正正义"要比"法治"更有意义。在罗伯茨的隐喻中,法官就像裁判,对竞赛者没有偏向。这个隐喻的误人处在于,它否认法官有并且贯彻了其偏好,无论是在规则之间,还是在作为各方代表(代表的是一般的检察官,而不是张先生本人;代表了一般的刑事被告,而不是李先生本人)的诉讼人之间;而裁判不能这样,至少自出现"裁判信息系统"以后不能。

但即使在"不考虑个人"的意义上,也不能认为校正正义是一种无需限定的善品,或至少在我们的法律文化中不这样认为。在民事案件中被认为不适当的所有考量,例如,被告有战功,在刑事量刑中——如今联邦量刑指南已(我们会在第十章中看到)被降格为建议性的——都允许影响被告的服刑期。在有陪审团审理的民事案件中,这些考量也起某种作用。这都进一步例证了,对司法制度如何运作的常规理解是不够的。

"校正正义"术语中剩下的混乱是这样一种寓意,对不公行为

---

[19] 请看,Joseph Raz, "The Rule of Law and Its Virtue," in Raz, *The Authority of Law: Essays on Law and Morality* 210 (1979).

[20] Lydia Brashear Tiede, "Judicial Independence: Often Cited, Rarely Understood," 15 *Journal of Contemporary Legal Issues* 129, 159-160 (2006).

（wrongs）有提供救济的法定义务。这是某些学者主张的一种现代观点[21]，却不是这一短语的创始人并仍然是权威阐述者亚里士多德说的或隐含的。"校正正义"是这样一个教义，案件审理过程的功能就是纠正不公，而不是在诉讼人之间搞偏颇。

一位律师若不喜欢我所描述的这种程式，或是参议院认为他不喜欢这种程式，他就不可能成为联邦法官。因此，法官确认过程的功能之一就是剔除那些不愿按规则行动的候选人。还有第二项功能，并日益重要，因为——就像我们在第一章对比表1和表2看到的——在联邦法官的任命中，今天要比前一代人，政治因素起的作用更大。为法院推荐了许多保守派法律人的联邦党人协会（Federalist Society）的崛起，就是这一趋势的标识之一，而另一标识则是从私人从业律师中任命的联邦法官比例日益降低（请看第六章）。

原因很多。原因之一是两大政党都变得更全国性了，因此更关注意识形态，较少关注庇护关系了。[22] 例如，自里根政府以来，在上诉法院法官任命上，庇护关系的作用已低于意识形态居第二位了。另一因素则是最高法院坚持掺和一些高度情感化的争议，诸如人工流产、同性恋、竞选融资及一般选举过程规制以及死刑，而且还很有挑衅性，还有咄咄逼人的修辞、缺乏节制的异议以及晚近还胡乱引证外国司法决定（请看第十二章）。

在这样的环境中，法官任命确认过程的作用就是从想当法官的人群中削去那些意识形态极端者。一个政治化确认过程有了一种吊诡的效果，即清除最容易把司法过程政治化的想当法官的人，从而修剪审判的政治维度。但效果很有限。在任何时候，法院都由不同时期并常常是在不同政治环境下任命的法官组成。时间一长，主流就改变了，这趋于加大法

---

[21] 请看，例如，Jules L. Coleman, *The Practice of Principle: In Defence of a Pragmatic Approach to Legal Theory*, pt. 1 (2001); Richard A. Epstein, "Nuisance Law: Corrective Justice and Its Utilitarian Constraints," 8 *Journal of Legal Studies* 49 (1979); 此外还有一篇论文的索引，Gregory Mitchell and Philip E. Tetlock, "An Empirical Inquiry into the Relation of Corrective Justice to Distributive Justice," 3 *Journal of Empirical Legal Studies* 421 (2006).

[22] Herbert M. Kritzer, "Law Is the Mere Continuation of Politics by Different Means: American Judicial Selection in the Twenty-First Century," 56 *DePaul Law Review* 423, 425-428 (2007).

院中最极端的法官间的意识形态距离;他们每人在受任之际完全可能在当年的主流之内,却也许在目前的主流之外。

我所谓的这种"程式"同样可以称为某种"游戏"。如果你不打算遵守规矩,你就不是在下象棋。这里说的游戏规则不是法律规则,而是与司法过程有关的规则;我不是在附和罗伯茨。这是阐述问题的规则、意识到边界和角色、程序价值,是一种职业文化。鉴于法官不受制于对其他游戏玩家起作用的那些外部条件,因而不能保证他们会全心全意服从规则。如果你不按照规则下棋,你就什么都没做。但如果你不按规则审判,而是像穿着法袍的政客那样行事,你却还是做了些什么,也许你还认为那比按设想方式玩审判游戏更有价值。由于司法游戏中有立法的成分,这个区别也模糊了。就我们所知,与审判游戏的一项最重要规则——有作决定之义务——相关联的,就是必须做出一个偶尔的立法性决定。但要求偶尔有立法性行动的规则与其他寻求基于独特司法程式区分司法和立法角色的规则很难共处。因此,许多法官都不愿承认,甚至是对自己,有立法的义务,哪怕是偶尔地;这是他们的游戏规则之一。

有两类偏好可能确定法官的立法性决定。一类是系统性的,另一类则是个案或争议特定的,但并非是个人性的或(狭义上)政治性的。系统偏好是该法官的渴望,遵循自己的总体司法进路、他的气质或说得更好听一些是他的司法哲学(原旨主义、自由派能动主义、州权利、自然法、从严解释、司法自律、基本权利以及其他,看起来无穷无尽)——如果他有的话。不是所有法官都有,但有些法官不希望别人说他随心所欲或是"结果导向",他们会为自己有某种司法哲学指导、克服了自己对个案公平的反应而自豪(在"难办的案子带出坏法律"这种老话中,"难办的"并不指困难;它指心灵的挣扎)。这些总体进路太有可塑性了,乃至于,我们会在后面几章中看到,它们比以其他非公认的根据得出的决定之理性解说好不了多少,例如对某诉讼人所属的社会阶层的同情,这些人也许是失业者,或是瘾君子、检察官、事故受害人、欺诈受害人、小企业主、大企业家、移民者、警察、外科医生、行政部门成员、美国印第安人或农民。这都是些系统偏好,因为都同诉讼者所属的整个阶层有关。它们常常是某些一般的政治(而非法律)哲学或世界观——通常是"自由主义"或"保守主义"的变型——的产物。但是,一位法官还可能受个案特点的影响,他也许会遇到某位诉讼人,横跨两个诉讼人阶层,一是该法官偏好的,而另一不是他偏好的；比方说,某个外科医生不诚实纳税,以及歧视黑人下属的女性白人监督。或是某位诉讼人也许有某些特点挑战了法官对该诉讼人所属群体的僵化观点。

所有这些都是影响法官立法性决定的各类偏好；还需考虑的则是影响具体某位法官偏好形成的诸多力量。

第四章
立法性法官的思维

我们已经收窄了探求,关注那些完全可以描述为立法性案件中法官的精神活动。在这些案件中,法官投票并非为公开宣称的司法哲学所决定,也不为法律决策的正统材料所决定,但那又为何决定?为"政治",这个滑溜溜捉摸不定的词?杰雷米·瓦德隆(Jereme Waldron)就在这块香蕉皮上滑倒了,他说:

> 作为公民,法官是共和党人或民主党人,是自由派或保守派,关注安全或关注自由,支持布什或反对布什。我们做事都基于假定,即法官简单依据他或她的政治观点来决定案件是错误的。当然会有这种情况,但我们想防止其发生。我讨论的原则则被认为是在这方面自我规训的方法。一个人想出某种解释美国宪法的方法,恰恰因某人在决定具体案件时不只是听任政治本能的摆布。把所有这些原则都贬斥为"法条主义"会出问题,问题在于,如果允许大法官追逐任何看起来都有点道理的妥协和战略的话,看来就从根底上削弱了这个学科。[1]

"共和党人或民主党人","支持布什或反对布什",就是成为党派观念很强的政治人士。但"自由派或保守派,关注安全或关注自由",则是一种相当不同的意义上的政治——事实上,是在两种相当不同的意义上,因为

---

[1] Jeremy Waldron, "Temperamental Justice," *New York Review of Books*, May 10, 2007, pp. 15, 17.

一位法官也许在国家安全案件上是自由派或保守派,但在其他案件上不是。瓦德隆没有标出这些区别(我还对引文第二句中的"简单"和最后一句中"看来"所意图的力量感到不解),却很重要。我们的主要政党都是一些联盟;它们缺乏融贯的意识形态。一位法官也许更多倾向与民主党或共和党相联系的一套政策,但由于这两个党都没有统一的意识形态,因此在哪怕是开放性领域——即法官是立法者——预测司法决定之际,党派归属也价值有限。在正统法律材料说不清楚的国家安全案件上,应赋予自由与安全以什么样的相对权重,一位法官也许持某种观点,他会认为自己的观点与这些案件的决定有关。这不会使他变成党性很强的人,即使他无法参考自己或他人有关这一课题的重要研究,为自己对竞争性考量之权衡辩解。如果他不是有或除了有一些"零碎"政治看法,即有关具体争议的看法,而是或还有一"全套"观点,一种一般的政治导向,或简而言之一种"意识形态",一个整体的、或多或少融贯的关于社会、经济和政治问题的深层基础性信念,一种塑造了他如何回应他所遇到的、开放领域发生的案件的世界观,他也仍然不是一个党性很强的人。

意识形态并非法官在开放领域的唯一求助。但它是主要的,如同态度研究文献所提示的,因此让我们考察法官意识形态有哪些渊源,这是一个令人着迷但研究不足的问题。道德和宗教价值都在渊源之列,也是养育、教育、重要生活经验、工作岗位经验以及也许会决定一个人寻求什么经验的诸多个人特点的产物。个人特点则包括了种族、性别、族群以及一个人的其他固有识别标志,但还有气质,气质不仅塑造价值,还塑造某些会影响人们如何回应环境的天性,例如胆怯还是勇敢。

多年前,耶鲁法学院教授简·道奇(Jan Deutsch)在政治性社会化的标题下就强调过,学校教育,无论是正式的还是非正式的,对于法官观点形成的作用。他说的是最高法院大法官,但他的观察也适用于其他法官。

> 最高法院,与国会不一样,并不是一个社会系统;大法官的工作远不是个体的而是群体的努力;并且其他大法官和这个制度对法院新成员的影响也相应地很有限。对国会议员来说,这种影响程度就要大得多,因此,搜寻有效制约个体大法官裁量权的要素,就一定要超出他的工作经验领域,直到他的学校教育,无论是正式的还是非正式的。这种调查是政治"社会化过程"(socialization)研究的一个分支,也许可以有效地从考察职业训练对这些大法官的影响起步。例

如,在多大程度上,某位具体法官可能把自己理解的可能合法行使的裁量范围归结为某种主要是"政策导向的"职业训练?

由于最高法院的决定日益失去了那种"逻辑"外观——这是历史形成的公众接受其决定的基础,因此研究国会和最高法院的制度性差别,研究大法官在多大程度上把隐含于这些制度差别的、对其权力的约束内在化了并因此可以逐渐起到以真实取代表象的作用,最终可以促成抛弃那些令公众历史上一直接受最高法院之权威的符号。[2]

和训练一样,阅历也可能灌输一些影响司法行为的价值。成为法官前的职业阅历也许已经让一位法官信服了,工会对大多数工人、对消费者以及对整体经济来说都是糟糕的,或是,很大一部分公司执行官都贪婪、说谎和短视。阅历在这样解释后就可能凝结成(尽管也可能被塑造出)一种一般性的反工会或反商业的意识形态,就会影响法官在指控工会的劳工实践不正当或在指控公司执行官欺诈的两可案件中的投票。此外,我们还记得个人特点和职业阅历会交织在一起,前者也许会决定一个人的职业选择。

并不奇怪,在经验研究中,除了推定大法官政党归属外,加上其他一些变量,例如本科学校的名气(prestige)、有无检察官经历以及就职前有无司法阅历,能更好预测最高法院大法官的投票。[3] 我们了解到,在

---

[2] Jan G. Deutsch, "Neutrality, Legitimacy, and the Supreme Court: Some Intersections between Law and Political Science," 20 *Stanford Law Review* 169, 260-261 (1968).

[3] 请看,C. Neal Tate and Roger Handberg, "Time Binding and Theory Building in Personal Attribute Models of Supreme Court Voting Behavior, 1916-1988," 35 *American Journal of Political Science* 460 (1961); Tate, "Personal Attribute Models of the Voting Behavior of U.S. Supreme Court Justices: Liberalism in Civil Liberties and Economics Decisions, 1946-1978," 75 *American Political Science Review* 355 (1981); S. Sidney Ulmer, "Dissent Behavior and the Social Background of Supreme Court Justices," 32 *Journal of Politics* 580 (1970); Ulmer, "Social Background as an Indicator of the Votes of Supreme Court Justices in Criminal Cases: 1947-1956 Terms," *American Journal of Political Science* 622 (1973); Ulmer, "Are Social Background Models Time-Bound?" 80 *American Political Science Review* 957 (1986).

1916 至 1988 年间，如果来自美国北部，如果来自城市地区，如果其父亲担任过政府官员，或如果本人从未担任过检察官，这样一位大法官就更可能支持主张民权案的原告；而如果他来自城市地区，有很长的法官经验[4]，或从未担任检察官，这位大法官就更可能在经济问题上投票支持自由派一方。[5] 如同我们知道的，研究还发现，在与种族、宗教以及性别等特点相关的争议案件中，这些特点也是预示法官投票的一些重要指标。[6] 这些关联关系辨别出某些司法行为的差别来自法官带进审判的背景知识差别，而且，在有北方、宗教和城市背景的情况下，可能来自他们从社会环境中吸收的价值差别。

这些关联关系省略了一些心理变量。但至少在我们这样的社会中——自由和流动性使人们接触广泛的意识形态立场，心理因素，包括影响宗教信仰并凸显于具体经验的情感，在意识形态形成中扮演了很大角色。情感对人们如何将经验转换为信仰影响巨大[7]，对法官以这种或那种方式决定案件、对诸多可能后果的权重分配（这对美国法律中广泛使用的权衡标准非常关键）也同样影响巨大。

与情感的作用相联系的是下面这个事实，人们称之为意识形态——"独立的或围绕某个主导性社会主题（诸如自由主义或保守主义）组织化

---

〔4〕 注意，目前最高法院的四位自由派大法官（斯蒂文斯、苏特、金斯伯格以及布雷尔）要比四位保守派大法官（罗伯茨、斯格利亚、汤姆斯以及艾利托）在司法经验加总上多得多。如果把剩下的那位大法官，温和保守的肯尼迪，划归四位保守派，这种关联还是成立，尽管有所弱化。

〔5〕 Tate and Handberg, 前注 3, 页 473-475。

〔6〕 请看，除本书第一章的参考文献外，David S. Abrams, Marianne Bertrand, and Sendhil Mullainathan, "Do Judges Vary in Their Treatment of Race?" (University of Chicago, 2007); Darrell Steffensmeier and Chestler L. Britt, "Judges' Race and Judicial Decision Making: Do Black Judges Sentence Differently?" 82 *Social Science Quarterly* 749 (2001); Orley Ashenfelter, Theodore Eisenberg, and Stewart J. Schwab, "Politics and the Judiciary: The Influence of Judicial Background on Case Outcomes," 24 *Journal of Legal Studies* 257 (1995); Gerald S. Gryski, Eleanor C. Main, and William J. Dixon, "Models of State High Court Decision Making in Sex Discrimination Cases," 48 *Journal of Politics* 143 (1986).

〔7〕 关于情感、信仰形成与决策间的关系，一些很有启发性的讨论，请看，Alain Berthoz, *Emotion and Reason: The Cognitive Neuroscience of Decision Making*, ch. 2 (2006); Mary Douglas and Aaron B. Wildavsky, *Rick and Culture: An Essay on the Selection of Technical and Environmental Dangers* (1982).

的态度与信仰的集束或各种组合"[8]——的信仰系统是:

> 极端为"假说推动的"而不是为"数据推动的"。意识形态化的人即使在最常见的事件中也很容易找到证据证明敌人有预先活动……尚未完全意识形态化的信仰系统,尽管也许不会用同样单一的核心解说一切事情,却常常有自上而下的性质,给世界诸多事件提交的含混数据强加上诸多抽象并可能是不必要的解释。[9]

人们不大可能因为自由至上主义、社会主义或原旨主义"正确",就成为自由至上主义者、或社会主义者或原旨主义者。他们不可能全都如此,很可能全都不如此,非常有限的形式除外。这些主义,就像宗教信仰一样,确实是为假说推动的而不是为事实推动的。极其常见的是,有同等推理能力的不同人会根据同样的信息形成不同的信仰。想想20世纪60年代后期和70年代前期,那些很老到的人对抗议越战的学生骚乱的反应:有些恐惧,害怕社会散架;有些兴奋,盼着焕然一新的社会改变。他们看的是同一件事,但解释方式相反。另一种情况是,他们对同一信息反应不同还因为直觉——一种被埋藏的知识——不同。道德心理学是直觉主义的和多样的,而不是理性主义的。除了关心他人痛苦以及对收益有回报的义务这些传统的自由派价值外,它还包括了群体忠诚、尊重权威以及保卫纯洁和神圣。[10] 这种多样性有助于解说道德的强烈性,许多人,包括许多法官,都带着强烈的道德感拥抱了自由派或保守派的意识形态。我马上还会分析司法决定中的直觉因素,以及与之同一来源的常识和善断。而第二章已经讨论过它的另一亲戚——成见。意识形态是放大的成见,

---

[8] Alice H. Eagly and Shelly Chaiken, *The Psychology of Attitudes* 145 (1993).

[9] Robert P. Abelson, "Concepts for Representing Mundane Reality in Plans," in *Representation and Understanding: Studies in Cognitive Science* 273, 274 (Daniel G. Bobrow and Allan Collins eds., 1975).

[10] 请看,Jonathan Haidt and Jesse Graham, "When Morality Opposes Justice: Conservatives Have Moral Intuitions that Liberals May not Recognize," 20 *Social Justice Research* 98 (2007); Haidt, "The New Synthesis in Moral Psychology," 316 *Science* 998 (2007); Haidt, "The Emotional Dog and Its Rational Tail: A Social Intuitionist Approach to Moral Judgment," 108 *Psychological Review* 814 (2001).

是影响法官对某案最初反应的镜片。

在塑造意识形态并使意识形态分歧无法以理性论证沟通的诸多直觉中,有一些形而上学的前设,诸如意志自由还是决定论,自然平等还是自然不平等,人是有灵魂的生物或只是脑容量更大的猴子,以及原罪还是卢梭的"高贵野蛮人"的原善。这些前设影响了一个人对严刑、福利项目、高税收、国家安全以及父爱制政府的评价。因为这样的评价有可能取决于一个人认为犯罪是有意志的邪恶还是基因或养育造成的意外事件,认为贫困是不负责者应得的状态还是社会的失败,认为利他主义是值得相信的政府官员的动机还是虚假的伪装。形而上的争论无法获得令争论各方都满意的结果,而这就是为什么对美国法律核心分歧无法沟通的关键。

直觉、情感以及成见都是缩短的或无言的思考形式,与明言的、逻辑的、步步推进的推理形成反差[11],并且全都受不仅是培养、教育、同行信仰以及主导社会信仰这些明显因素的影响,而且受人格(personality)的影响。大半个世纪之前,西奥多·阿多诺(Theodo Adorno)(及其同事,即所谓的伯克利研究团队)以及高登·奥伯特(Gordon Allport)撰写了一些有影响的著作,区分了威权人格和非威权人格[12],催生了大量社会心理学文献。[13] 令阿多诺和奥伯特好奇的是,种族偏见是否有心理原

---

[11] 人们实际上有无数思考方式,背离了那种严格、清醒、规则推理的理想,请看,Philip N. Johnson-Laird, *How We Reason* (2006); Miriam Solomon, "Social Cognition," in *Philosophy of Psychology and Cognitive Science* 413 (Paul Thagard ed. 2007). 其中也包括司法思维。请看 Chris Guthrie, Jeffrey J. Rachlinski, and Andrew J. Wistrich, "Inside the Judicial Mind," 86 *Cornell Law Review* 777 (2001); Jeffrey J. Rachlinski, Chris Guthrie, and Andrew J. Wistrich, "Inside the Bankruptcy Judge's Mind," 86 *Boston University Law Review* 1227 (2006).

[12] Theodor W. Adorno et al., *The Authoritarian Personality* (1950); Gordon W. Allport, *The Nature of Prejudice* (1954). 新近对人格与意识形态关系的全面分析,请看,John T. Jost et al., "Political Conservatism as Motivated Social Cognition," 129 *Psychological Bulletin* 359 (2003).

[13] 请看,例如,*On the Nature of Prejudice, Fifty Years after Allport* (John F. Dovidio, Peter Glick, and Laurie A. Rudman eds. 2005); *Strength and Weakness: The Authoritarian Personality Today* (William F. Stone, Gerda Lederer, and Richard Christie eds. 1993); *The Psychological Basis of Ideology* (Hans J. Eysenck and Glenn D. Wilson eds. 1978); Stanley Feldman and Karen Stenner, "Perceived Threat and Authoritarianism," 18 *Political Psychology* 741 (1997).

因。他们得出结论认为,有,即这是一种心理调整不良的结果。甚至更早些,杰罗米·弗兰克(Jerome Frank),一位美国的法律现实主义学者,后来成为联邦上诉法院法官,在他1930年的著作《法律与现代心智》中,就曾将法律形式主义归结为受抑制的心理发展。阿多诺、奥伯特以及弗兰克一致认为,那种僵化的、两分的、"不开窍"(inside the box)的思维,那种同等级化态度对待政治以及其他形式之权威相联系的思维,根子都在婴儿时期与父母有麻烦。童年时期形成的威权人格预先确定了某人容易接受非理性的偏见(阿多诺和奥伯特)或不愿灵活解释法律以符合正在变化的社会条件和理解(弗兰克)。因此,法条主义者有威权主义人格。

经过数十年进一步研究,心理调整不良导致威权人格的观点已经衰落了[14],尽管人们还会遇到这样一些主张,即父母过分保护和过于控制,阻碍了孩子应对令人畏惧之境况的机制发生,就会形成这样的人格。[15]这样的孩子会畏首畏尾,在此后生活中无法忍受对已接受的思想模式或权威结构的挑战。

人们对权威的态度确实不同,尽管这种差别与心理健康或婴儿同父母之关系的差别没有很好的关联。社会心理学家认为,这种不同反映的是信仰的不同,这转而反映了不同的学习,向父母、教师、同伴、个人阅历以及更大的社会的学习。[16] 但是这种"社会学习"的进路也不完全令人

---

[14] John Duckitt, "Personality and Prejudice," in *On the Nature of Prejudice*, note 13, at 395, 401-402; Robert A. Altemeyer, *Right-Wing Authoritarianism* 112-115 (1981).

[15] Detlef Oesterreich, "Flight into Security: A New Approach and Measure of the Authoritarian Personality," 26 *Political Psychology* 275, 282-286 (2005). 又请看, Christel Hopf, "Authoritarians and Their Families: Qualitative Studies on the Origins of Authoritarian Dispositions," in *Strength and Weakness*, 前注13, ch. 6.

[16] Robert A. Altemeyer, The Authoritarian Specter 76-92 and ch. 6 (1996). 又请看, Hans J. Eysenck, *The Psychology of Politics*, chs. 8 and 9 (1998 [1954]). 有关根本观点,整个"社会环境"在决定态度和信仰上的无意识影响,则请看, John A. Bargh and Erin L. Williams, "The Automaticity of Social Life," 15 *Current Directions in Psychological Science* 1 (2006); R. W. Connell, "Political Socialization in the American Family: The Evidence Re-examined," 36 *Public Opinion Quarterly* 323 (1972). 并请注意它与我前面引证的简·道奇文字的类似,都讨论了法官的"政治性社会化"。

信服。人们接受的信息和论证类似,但常常反应不同。同一社区内宗教信仰的多样性又该如何解说?如果人格——不只是不同的获得性信仰——影响一位法官在自由/保守频谱上的位置,这并不令人吃惊,特别是因为有诸多基因因素看来对确定一个人是否趋于发生威权人格很是重要。[17]

我将继续称这种现象为威权人格,但不意图贬低它,也不将之归结为心理缺陷;研究发现它会引发某人对那些看来是针对广大社会的威胁——对社会占主导的信仰以及价值,诸如婚姻和爱国主义的威胁,有别于仅仅是人身的威胁——反应特别强烈。这样的人在感觉个人抵抗不足以有效反抗这种对社会的广泛威胁之际,就寻求通过与群体及其信仰联系来获得安全。[18] 更一般地说,威权人格排斥混乱,看重等级并因此畏惧失控,不喜欢模棱两可和含混的关系,诸如那些背离常规核心家庭模式的家庭。

我们可能开始感到威权人格的政治意味了。约翰·尤斯特(John Jost)及其同事的一个研究列数了保守主义意识形态的核心因素是抵制变革并接受不平等,而边缘因素是"渴望秩序和稳定、偏爱逐渐的而不是革命性变化(如果有的话)、坚守先前的社会规范、把权威人物理想化、惩

---

[17] Kathryn McCourt et al., "Authoritarianism Revisited: Familial Influences Examined in Twins Reared Apart and Together," 27 *Personality and Individual Differences* 985, 1008 (1999); Amy C. Abrahamson, Laura A. Baker, and Avshalom Caspi, "Rebellious Teens? Genetics and Environmental Influences on the Social Attitudes of Adolescents," 83 *Journal of Personality and Social Psychology* 1392 (2002). 在歌剧《伊奥兰特》(*Iolanthe*)第 2 幕中威利斯(Private Willis)就预见了这些发现:

> 我常常认为这很喜剧……
> 大自然何以总是图谋……
> 每个男孩和每个女孩
> 活着降生到这个世界
> 或是有点太自由
> 或是有点太保守!

[18] Feldman Tenner,前注 13。

罚不轨以及赞同社会和经济不平等。"[19] 这一研究发现与这种特定含义的保守主义正相关的是下列人格特征：教条主义、不容忍含混、不接受新经验、畏惧死亡、畏惧一切威胁以及对秩序、结构和结束的需要。[20] 这些都是威权人格的典型标志。

假定在越战混乱之际，某法官正处于发育的青春敏感期。如果他有一种威权人格，这种混乱会吓倒他并可能把他推到共和党阵营。这不会令他信奉今天共和党党纲的全部，但他有可能是一位保守派法官。如果相反，他天生反叛，痛恨权威，无论是智识的还是政治的，并在日常意义上是一个怀疑主义者，沉迷于偶然性和模糊性，那么他就可能是一位自由派法官。

我这里描绘的是极端现象，夸大到了漫画的程度，而且我还忽视了这些威权人格文献中有自由派的偏见，忽视了共产主义者以及其他极端左翼人士的威权主义[21]，以及忽视了法官可能所属的——除了通常的现代

---

[19] Jost et al., 前注 12, 页 342-343。类似的表述，请看，Christopher Weber and Christopher M. Federico, "Interpersonal Attachment and Patterns of Ideological Belief," 28 *Political Psychology* 389（2007），"界定右翼威权主义的……是三种社会态度的组合：常规主义、服从权威和侵犯组织外部的人，三者共变构成一个非常单一的态度维。"这些作者分辨出另一种政治心理，他们称其为"社会支配导向"；"我们因此提出如此假说，渴望依恋风格的个人会感到这个世界的危险和威胁，并转而会赞同社会和文化上的保守主义，形式是 RWA［右翼威权主义］，以便减少威胁。相比之下，回避依恋的标志则是个人之间不信任并总想控制他人。我们因此提出如下假说，回避依恋风格的个人会趋于认为这个世界是无关切的、竞争性的丛林，人们都在最大化个人效用并转而背书经济保守主义，形式是 SDO［社会支配导向］，以便行使控制。"同上，页 405。与 RWA 和 SDO 均有联系的另一个中轴是"硬心肠"/"软心肠"，关于这一点，请看 Eysenck，前注 16，页 147。

[20] Jost et al., 前注 12, 页 366。

[21] Jeff Greenberg and Eva Jonas, "Psychological Motivations and Political Orientation—The Left, the Right, and the Rigid: Comment on Jost et al. (2003)," 129 *Psychological Bulletin* 376（2003）; Eysenck, 前注 16; Milton Rokeach, *The Open and Closed Mind: Investigations into the Nature of Belief Systems*（1960）。格林伯格和乔纳斯论辩说，真正相关的对立两极并不是自由派/保守派，而是意识形态僵硬与意识形态灵活的对决。尤斯特等人回应说，尽管确有左派威权主义，但在美国政治文化中（由于共产主义以及其他左翼激进主义都完全死了），保守主义与威权人格特征有很强的正相关，并且尽管保守主义者也频繁支持改变，但一般来说，他们是要回到某些先前的状态。John T. Jost et al., "Exceptions that Prove the Rule—Using A Theory of Motivated Social Cognition to Account for Ideological Incongruities and Political Anomalies: Reply to Greenberg and Jonas," 129 *Psychological Bulletin* 383（2003）.

意义上的"自由派"和"保守派"以外——其他意识形态轴心。主张自由至上的自由市场派人士不大可能是威权主义者;政治正确狂热者、动物解放主义者和生态恐怖主义者以及其他激进的绿党人士则很可能是。

我不认识任何"表现"为威权主义者的真实法官。威权主义看起来应当是正态分布的(即,钟形的)人格特点;我们每个人多少都有点。某些自由派要比某些保守派更多一些。自由派也有偏见,就像保守派一样,只不过是偏见不同而已。自由派也想站队,想有归宿,加入到以反对某个危险他者来部分自我界定的某集团核心——这对普通人来说非常重要。[22] 不时,他们同样挺不过他们认为只属于保守派的焦虑和刻板思考格局的诱惑。

然而,与这些限定同样重要的是,我认为人格与政治有关联,认为大多数美国法官都可能在这个从右边的威权主义/保守派到左边的非威权主义/自由派的频谱上找到位置,并认为这个位置对于预见某位法官在法条主义上不确定的且与权威、家庭、宗教、平等、人性以及其他趋于有强烈情感纠缠的信仰问题有关的争议案件中的投票,应具有某些价值。[23]

但是,重音号必须落在某些预测性价值上。威权主义法官的意识形态信念也许会被超越,因为对于有威权人格的人来说,制度价值的关切——诸如明确规则的可欲性——应当有吸引力。或者,他也许意识形态信念较弱但对正统法律推理工具有效与否怀疑很多;这也许会使他成为一位很难在政治上分类的实用主义法官。他的意识形态也许不融贯;也许与他根植于背景或阅历的强烈个人情感有冲突,而后者有时会左右他的意识形态承诺。他也许没有意识形态。确有一些法官,他们没有威权人格,却有很多人们预期威权主义者才有的信念。霍姆斯(他说过"三代低能就足够了"以及许多其他"硬心肠的"司法断言,这些话使他并非偶尔的自由派司法和个人观点更为耀眼)就是典型的例子。

尤其是,当这位威权/保守的法官碰上了弱化了他的意识形态驱动的立法热情的两难之际。在一定程度上,他的气质以及(与之紧密相关甚或为之决定的)政治意识形态使他趋于珍视秩序,推进常规性司法游戏规则的渴望与让法律服从意识形态的渴望也许会竞争。即使文本和先例排除

---

[22] Solomon E. Asch, *Social Psychology* 605-606 (1952).
[23] 请看,Johnson-Laird,前注 11,页 334-335。

了否则的话对他的意识形态很有召唤力的结果,这位希望人们服从"法律"权威的法官也许还是感到自己要接受,事实上是赞美,文本和先例的权威。而对法律模棱两可的不能容忍,与规则胜于标准、从严解读胜于从宽解读的偏好很可能特别般配。在本书第十章,我们就会看到,大法官斯格利亚对规则的喜爱就克服了他对焚烧美国国旗的保守主义敌视。

但对焚烧国旗案表现出来的这种两难,通常的解决办法是法官抬高宪法文本,使之成为秩序的最高原则,与《圣经》或《古兰经》相对应,而所有这些神圣文本都分享了一个幸运的特点,即对于那些有意识形态雄心的人来说,它有一种深厚的模糊性。这种模糊性,部分是因为它们古老,常常很难适应现代条件,因此要求有表现为恭顺的咄咄逼人的"解释"。

这种政治保守派的回应("原旨主义"或"文本主义/原旨主义")——在不同的条件下也可以是一种自由派的回应,但与保守派更融洽,因为它唤起的是一个在文化上要比今天更为保守的时代——例证了法官有一种更为一般的趋向,即向后看,为其决定寻找基础。这样一来,如果有人挑战,他们可以声称自己运用了与立法者不同的方法;立法者的方法是向前看的,涉及通过逻辑操作从前提演绎得出结论,与比较不同结果可能引发的社会和政治后果之后再行动全然不同。但这种向后看的导向实际上扩大了法官的立法范围,并且还不仅仅是掩饰了他正在立法。法官或大法官若是不赞同目前的先例,他会回溯到某些更早先的判例法(或宪法文本),他可以说这是基岩,是真正可信的最早文本(Ur text),应当指导司法决定。并且这个基岩越是古老,以历史重构或智识考古名义操纵含义的幅度也就越大。比方说,你不可能只盯着宪法第五和第十四修正案正当程序条款的文字,就决定它是否赋予了法官创造人工流产的权利。你可以采用一个解释规则,宪法权利不能用宪法寓意来创造,必须明确表述于美国宪法中;更准确地说,不能从一般性术语表达的宪法权利中——例如,未经正当程序不得剥夺自由的权利——推出特定的宪法权利,例如人工流产权。但选择这一解释规则无法通过推理从一致同意的前提演绎出来。

原旨主义者可以给出这种说法,但这种说法使原旨主义成了一种萨特意义上的自欺(bad faith)——因为它否认有选择的自由,也就推卸了个人责任。在意识形态频谱的自由派一端,这类例子颇多。例子之一就是大法官布雷尔在其著作《生动自由》[24]中声称的：自由派法官同样是解释者，不是创造者。许多法官阐述的司法哲学很容易虚伪，因为他们宣称对方的观点不仅有人反对甚或错了，而且"无法无天"，这样的司法必然性修辞在战略上很是诱人。杰雷米·瓦德隆（Jeremy Waldron）——他并非美国律师——就上了这种修辞的当。他认为好法官真的自我规训了，服从了一些"原则"，而这些原则排除了有政治动机的决定；他还以斯格利亚为例，而没有考虑到斯格利亚大法官在采取那些原则时可能有某些政治动机。

萨特式自欺无需是清醒的。法官并非恶棍，并且即使一个恶棍，据导演对扮演恶棍之演员的建议来看，在他本人眼中也不是恶棍。威权主义法官也许有一种压倒性的感觉，唯一具有合法性的司法决定就是通过法条主义分析得出的决定。他认为自己的决定是合法的，因此结论认为这些决定也一定是法条主义的，然后建构一套法条主义的理由来说服自己，他的决定并非某种政治意识形态的产物。他的法条主义倾向会侵入他的努力，他在自己的司法意见中说的话会支配未来的案件。不是基于某个狭窄的根据来决定案件，他倾向于宣布一条规则，使这一决定作为先例涵盖广泛，因此至少可以用演绎方式来决定下一个案件。然而，这种努力可能失败，因为先例的范围是由之后的诸多案件决定来确定的，这些后来的案件也许会揭示出一些考量，导致在这些案件中，法官收窄此前判例中宣布的那条规则。

法官迈克尔·麦克尼尔（Michael McConnell）论辩说，原旨主义"并非一种意识形态立场，而是一种捍卫区分法律与政治的立场。文本主义的以及原旨主义的法官，至少在原则上，偶尔会投票支持他们深刻不同意或推翻他们本来会喜欢的法律，因为宪法性审判的基础（文本、历史、传统以及确定的先例）独立于他们自身的偏好"。[25] 但这些加着重号的短语已经暴露了这场游戏。解释一个古老文本、辨认传统、决定哪个先例应视为"确定的"（为什么"普莱西诉弗格森案"[Plessy v. Ferguson]不是"确定的"先例呢？）以及"确定的"先例究竟意味什么，这都是充满不确定

---

〔24〕 我会在第十五章中讨论此书。
〔25〕 Michael W. McConnell, "Book Review [of Breyer's Book]," 119 *Harvard Law Review* 2387, 2415 (2006)（增加了着重号）。

性的工作,法官对后果的偏好不仅会影响他的理论,而且会决定这个理论在具体案件中的适用。温和法条主义者会承认从制定法的目的中寻求解释指南是合适的,但文本主义者/原旨主义者都不是目的主义者;想一想,大法官斯格利亚为什么大力反对诉诸立法史帮助确定制定法的含义。

常常有这种情况,不偏不倚的分析对某个迫切的问题得不出确定答案,于是情感将之接管,而清醒智识的作用就缩减到为这个结论理性化。鲁迪亚·吉卜林(Rudyard Kipling)有首诗挖苦了一些鄙视战士和警察的人,他们"嘲笑那些在你安睡之际警卫你的制服"。[26] 你可能对这种感情以及吉卜林对这种感情的表达有强烈的反应,无论是支持还是反对,但你没有办法用一些会让与你反应相反的人信服的论证来为你的观点辩解。如果你智识上老到,你也许会承认,无论你的信念多么强烈,都无法显示这个信念是"正确的"(right),而最多只会是合乎情理的。但这样承认不会弱化你信念的强度或是弱化它对你行为的影响。一位法官有可能把某些情感放在一边,比方说他个人喜欢某个诉讼人或其律师,因为这是不允许带进司法游戏的,因为老到的人都知道根据是否讨人喜欢来作判断很危险,也因为为此驱动的司法决定不会推进某人的政治目标——诉讼人是否讨人喜欢与其案件的政治没有关联关系。把当事人视为某些群体的代表,因此集中关注他们的行动而不是他们是谁,由此引发的强烈情感反应,也许有道理。但依据这些反应而行动与决定案件不考虑个人并不冲突。对不公表示愤慨与校正正义完全一致;而同情某个诉讼人则与校正正义不一致。

摆脱不了,却又说不清,情感反应的这种性质并不使情感总是司法决定的不合法的甚或糟糕的根据。即使面对无法减少的不确定性,法官无法通过规则算法达致某个决定,法官还是必须决定案件。情感可以是某种形式的思想,尽管是压缩的且无法说清。情感因信息而触发,并且更多产生的是对这些信息的理性回应。[27] 一个孩子从你车前跑过,你速打方向盘,没清醒思考。这要比停下来、掂量一下轧过孩子的好处和坏处要理

---

[26] Rudyard Kipling, "Tommy," in Kipling, *Barrack-Room Ballads: And Other Verses* 6, 7 (1892).

[27] 我先前的著作就强调过,作为一种有用的认知捷径的情感与作为一种非理性影响信仰或行为的("情感主义")情感是不同的,并引证了广泛的文献。请看,*Frontiers of Legal Theory*, ch. 7 (2001)。又请看,Johnson-Laird,前注11,第六章。

性得多。

情感的认识论意义取决于介入的是何种情感。有些情感,例如愤怒、厌恶和幸福,会增加某人的肯定性(certitude)。其他,例如不确定、希望、惊奇、害怕和担心,则效果相反。一个人对某个争议感觉确定,他就趋于不展开系统分析,特别是那种艰难的分析(换言之,他会用情感替代分析),而当他不确定时,则会有相反的趋向。[28] 这一点强调了我们抗辩制的意义,它强迫法官听取某个挑战法官直觉的人。它还表明法官身上也会有这些情感。

就像在大多数决定中一样,直觉在司法决定中扮演了主要角色。直觉感官使法官、商人或军队指挥员能够迅速决定而无需清醒掂量和比较诸多可能行动进程的有利和不利因素[29],最好是把直觉理解为一种能力,会深入到从教育特别是从阅历中获得的潜意识知识储备中[30](就像"练习到自动化的程度"这种说法[31])。在这种意义上,直觉与"判断"相联系[32],就像下列命题一样:阅历广的人一般"善断",因为他们的经验,尽管大多遗忘了,却还是通畅的知识来源,可以处理那些新近发生却非新颖的挑战,因为它们与先前的挑战相似。美国体制中大多数法官都很有

---

[28] Norbert Schwarz, "Feelings as Information: Moods Influence Judgments and Processing Strategies," in *Heuristics and Biases: The Psychology of Intuitive Judgment* 534, 539 (Thomas Gilovich, Dale Griffin, and Daniel Kahneman eds. 2002); Larissa Z. Tiedens and Susan Linton, "Judgment under Emotional Certainty and Uncertainty: The Effects of Specific Emotions on Information Processing," 81 *Journal of Personality and Social Psychology* 973, 985 (2001) ("与确定性相联的情感会比与不确定性相联的情感更多导致启发性处理过程,后一种情感会推动系统性处理过程")。

[29] "直觉"还有其他含义,请看,Lisa M. Osbeck, "Conceptual Problems in the Development of a Psychological Notion of 'Intuition,'" 29 *Journal for the Theory of Social Behavior* 229 (1999). 但与我的关切都不贴切。

[30] 请看,例如,Robin M. Hogarth, *Educating Intuition* (2001); Roger Grantz, "Herbert Simon: Artificial Intelligence as a Framework for Understanding Intuition," 24 *Journal of Economic Psychology* 265, 273-275 (2003).

[31] S. Farnham-Diggory, "Paradigms of Knowledge and Instruction," 64 *Review of Educational Research* 463, 468 (1994).

[32] Margaret E. Brooks and Scott Highhouse, "Can Good Judgment Be Measured?" in *Situational Judgment Tests: Theory, Measurement and Application* 39 (Jeff A. Weekley and Robert Ployhard eds. 2006).

阅历;大多数是中年人或更老一些,当过多年法官,当法官之前从事过相关活动,例如私人从业或教授法律。经验培养了他们的直觉。无意识成见就是直觉的产物,在司法过程中扮演了很大角色,并且是协调态度理论文献和法官对自身作为的看法的关键。这碰巧还隐含了,法官的阅历越广,决定新案件时就越少可能受该案证据和论证的影响,而这会令律师愤怒。

在直觉的与清醒的问题解决之间,通常是无意识的选择,这涉及一种交换,一边是可获知识的数量,其中包括长期埋藏但仍可能作为直觉重新展示的知识[33],而另一边是可用来解决问题的各种知识的精确性。因为无意识的心智要比有意识的心智包容更大[34],可直觉获取的知识可能非常多。作为以直觉获得知识的替代,则是对数量较少的清醒知识运用明确的、步步相连的推理。哪怕时间并不紧迫,这也常常是较次的选择,尽管许多司法场合就是如此。当决定取决于数个因素时,运用直觉,而不是努力清醒地分别评估各个因素,然后将之结合形成最终结论,也许更好。[35] 清醒处理信息的费用也许太高,乃至直觉得出的决定会比分析性推理得出的决定更精确也更迅速。[36] 在法律的开放地带,常常如此,之

---

[33] 请看,例如,"The Logic of Tacit Inference," in Michael Polanyi, *Knowing and Being*: *Essays* 138 (Marjorie Grene ed. 1969); Richard N. Langlois and Mufit M. Sabooglu, "Knowledge and Meliorism in the Evolutionary Theory of F. A. Hayek," in *Evolutionary Economics*: *Program and Scope* 231 (Kurt Dopfer ed. 2001).

[34] Ap Dijkstehuis et al., "On Making the Right Choice: the Deliberation-without-Attention Effect," 311 *Science* 1005 (2006).

[35] Brooks and Highhouse, 前注 32, 页 43; Timothy D. Wilson and Jonathan W. Schooler, "Thinking Too Much: Introspection Can Reduce the Quality of Preferences and Decisions," 60 *Journal of Personality and Social Psychology* 181 (1991); Pawel Lewicki, Maria Czyzewska, and Hunter Hoffman, "Unconscious Acquisition of Complex Procedural Knowledge," 13 *Journal of Experimental Psychology*: *Learning, Memory and Cognition* 523 (1987).

[36] 请看,例如,Lewicki, Czyzewska, and Hoffman, 前注 35; Adreianus Dingeman de Groot and Fernand Gobet, *Perception and Memory in Chess*: *Studies in the Heuristics of the Professional Eye* 4 (1996); Arthur S. Reber, *Implicit Learning and Tacit Knowledge*: *An Essay on the Cognitive Unconscious* (1993); Baljinder Sahdra and Paul Thagard, "Procedural Knowledge in Molecular Biology," 16 *Philosophical Psychology* 477 (2003); Ido Erev, Gary Bornstein, and Thomas S. Wallsten, "The Negative Effect of Probability Assessments on Decision Quality," 55 *Organizational Behavior and Human Decision Processes* 78, 92 (1993).

所以开放也许就是因为与决策相关的因素数量太多。但在处理常规案件时,直觉也很重要。依据法条主义理由,法官决定可以用法条主义理由决定的案件,从中获得经验,这些经验使他们做决定要比新手更迅速,也俭省了信息处理的费用。

因此,法官阅历越广,就越容易相信自己的直觉反应[37],并更少可能为系统决策方法所吸引,这些方法或许涉及贝叶斯定理或其他复杂的规则系统、决策树、人工智能、减偏技术以及诸如此类。不仅因为严格方法决策比直觉决策更困难,更耗时,而且其优点也会被遮蔽,因为不存在适用严格方法的前提条件的情况太多了。还不仅法官不像贝叶斯定理要求的那样量化相关概率,而且许多司法决定都是在不确定条件下做出的,事先就排除了对相关变量的量化。因此"不确定条件下的决策"这个术语是误导人的,因为决策理论家使用的方法一般都要求分配概率。当做不到之际,我们就有了"不确定性"——统计学意义上的,有别于"风险"和"不肯定性";而这样一来,用规则系统方法来决策就变得不可能,或令人绝望的艰难。[38] 我用贝叶斯定理是要凸显前见在司法决策中的重要性,而不是为法官提供做出客观正确决定的钥匙。

法官决策涉及压缩的而不是步步相连的思考,因此常常不可避免地看不清决策方法;但如果可以确定它们何以常常不奏效,也许还是可以宣布其好坏。有时可以认定某个具体的决定、发现和其他是对是错,也有相当程度的确信。但要计算总体的司法差错率,要用某些具体司法决策方法来校正司法差错,还要确定这个差错率是否"太高"(与何相比?)以及以规则系统决策(尽管它的所有局限)替代直觉决策是否会降低这个差

---

〔37〕 请看,Michael R. P. Dougherty, Scott D. Gronlund, and Charles F. Gettys, "Memory as a Fundamental Heuristic for Decision Making," in *Emerging Perspectives on Judgment and Decision Research* 125, 144-149 (Sandra L. Schneider and James Shanteau eds. 2003).

〔38〕 请看,例如,Richard A. Posner, *Catastrophe: Risk and Response*, ch. 3 (2004); Martin L. Weitzman, "Structural Uncertainty and the Value of Statistical Life in the Economics of Catastrophic Climate Change" (Harvard University, Department of Economics, Oct. 31, 2007). 思考这一区分的很好方式之一是保险。要能计算一项保险费,保险公司一定要能量化估测受保损失与可能发生损失的风险。当不知道该风险时,针对该风险的保险就是某种形式的博彩,因为你无法计算因承受该风险而需向被保人支付的保险费。

错率,所有这些在我们目前的知识阶段都不可能。如果知道这些不可靠的决策方法会导致坏决定,那么就会放弃它们。但如果连决定的好坏都不能确定,就不会有压力改变现存的方法了。[39]

因此,在可见的未来,司法直觉主义还会存在,并因为更深层的原因,审判的制度结构也迫使它存在。法官每年都要投大量的票,投票前,甚或投票后,也没时间展开细致的分析。典型情况是,上诉法官在口头辩论前阅读诉讼摘要;同法官助理讨论此案,同样是在事前;听取辩论;然后,通常马上与同事简单讨论此案并投票,投票是暂时的,但通常会变成最终的。在每一阶段,该法官的推理过程主要都是直觉的。鉴于时间的约束,也不可能有其他方式;因为直觉大大俭省了清醒的关注。[40]

由于常规要求法官在司法意见中解说自己的决定,这就冲淡了司法决策中无意识的作用。司法意见可以最好理解为一种解说的努力:何以可能依据逻辑的、步步相连的推理获得这一决定,哪怕它实际是依据直觉获得的(因为最可能如此)。[41] 这制衡了容易出错的直觉推理,因为直觉推理的特点就是压缩了和说不清;因此法官有些情感,令他无法拒绝考虑对自己直觉处理某案的一些挑战,这是有价值的。要注意幸福或愤怒的法官!

然而,这种制衡不完美,因为关于此案应如何决定的投票是在司法意见之前;并且尽管可以倒过来,但大多数法官并不把通常是暂时的投票视为假说,有待在司法意见撰写阶段进一步研究验证。这时的研究主要是搜寻支持性论点和证据。它是正当化的而不是解说性的,确认偏见把它给扭曲了;这是很多研究都有的倾向,一旦主意定了,就更加努力搜寻那

---

[39] J. Frank Yates, Elizabeth S. Veinott, and Andrea L. Patalano, "Hard Decisions, Bad Decisions: On Decision Quality and Decision Aiding," in *Emerging Perspectives on Judgment and Decision Research* 13 (Sandra L. Schneider and James Shanteau eds. 2003).

[40] Hogarth, 前注 30, 页 138。我集中关注了上诉法官,但初审法官要做出裁决和发现,并决定他们的案件,当然有与上诉法官可以一拼的——实际上是更大的——时间压力。

[41] 换一种说法就是,直觉属于发现的逻辑而不是正当化的逻辑。请看,Kenneth S. Bowers et al., "Institution in the Context of Discovery," 22 *Cognitive Psychology* 72 (1990).

些确认而不是不利于初始判断的证据。[42] 但由于司法意见是公开的文件,可以仔细检查它是否符合司法过程的规范,特别是检查它在多大程度上公道对待了法条主义。

　　这也算是个事,但不是全部,因为法条主义并没有穷尽法律。公布出来的司法意见常常隐藏了支持司法决定的真正理由,并把这些东西都埋在了司法无意识中。如果当初支持这一决定的是另一种直觉判断,也可以撰写出支持该直觉的或许同样言之成理的司法意见。如果真的如此,那么该司法意见的推理就不是这一决定的原因,而只是一种理性化。这不是说公布司法意见没社会价值,而只是指出其局限。它们不仅有助于捕获复杂问题直觉推理中难免的差错;它们不仅标记出在案件结果与法条主义分析得出结果的能力之间的空缺——如果只是因疏忽造成的;它们还有助于保持未来案件决定的一致性。在系列判例中,第一个决定也许是说不清的情感或直感的产物。但一旦说清了,这种形式就有了自己的生命———一种有价值的生命,其中也许还包括,约束这位作者及其法院的其他法官(还有下层级法院的法官),并因此通过先例原则向法律灌注了必要的稳定性,尽管如果法官忽略了促使该决定不再是可靠指南的环境变化,它也会是一个死亡之手。司法意见会创造、延展并且微调规则;它们是宪法以及其他立法性规则的补充。

　　更重要的是,司法意见为法官提供了罕有的机会,创造性地使用决策理论,因素之一就是承认选项的价值。一个选项就是推后作决定的一种方法;购买一个必须30天内行使的购房选项,就是推迟30天决定是否购买此房。一位法官不能确定自己的司法决定有何寓意,因此撰写一份收窄的司法意见,他就获得了一个选项,在未来决定案件中如何放宽或收窄地解释该决定。

　　直觉在司法决策中起作用,这曾是法律现实主义的丑闻之一,我在导论中引用的法官约瑟夫·哈钦森的论文就这样认为。对法律现实主义的一种解释是,这承认了"法律命题内容太单薄,法律文字含义无法告诉法

---

[42] 请看,例如,Ziva Kunda, "The Case for Motivated Reasoning," 108 *Psychological Bulletin* 480 (1990); Frank B. Cross and Stefanie A. Lindquist, "The Scientific Study of Judicial Activism," 91 *Minnesota Law Review* 1752, 1767-1768 (2007).

官在未来案件中如何行动。"[43] 换言之,法律现实主义者看透了法条主义言过其实的自负。另一种解释则是,在我们这样的判例法体制中,法官储存有各种解释方法,在许多案件中,可以绕过法律教义的明显命令,包括制定法和先例中的明确陈述。[44] 法官不忽略法律教义,但他们也没被捆死。

在法律职业共同体眼中,有两样东西致命地从根本上削弱了法律现实主义,后来还消灭了法律现实主义的激进孙辈——批判法学。第一是法律现实主义夸大了法律的开放领域,有时甚至暗示一切案件都不确定。第二是一些嚷得更凶的法律现实主义者向法官灌输了各种形式的任性,从政治到偏见到纯粹的坏脾气。这不仅令人愤怒而且令人不可思议,因为任性的法官断然违反了司法游戏的规则。说法官与其他必须在不确定条件下决策的人一样,虽诚实行事,但非常依赖直觉,还依赖既塑造直觉又独立影响决策的情感;这种说法更能成立。因此,法官对确定其司法投票的信仰并不完全自觉。但杰罗姆·弗兰克的提议,法官需要心理治疗来规训其直觉,这很难为法官及其职业法律共同体的支持者接受,尽管这默默否认了法官是有意自欺。

法律职业在方法论上很保守,弗兰克主张法官做心理治疗,弗雷德·罗德尔提议从业法律应被定罪,还要用"适用与今天谓之谋杀和杀人有关的法律的委员会"[45]这样一些行政机构来取代法院,这些"坏男孩"的夸夸其谈,和那些"批派"的奇谈怪论一样,使这些学者不可能得到公道的听审。唯一公开自己法律现实主义身份后来成为最高法院大法官的威廉·O.道格拉斯(William O. Douglas)则完全蔑视那些很理智的裁判

---

[43] Michael Steven Green, "Legal Realism as Theory of Law," 46 *William and Mary Law Review* 1915, 1978 (2005).

[44] Brian Leiter, *Naturalizing Jurisprudence: Essays on American Legal Realism and Naturalism in Legal Philosophy*, ch. 1 (2007). 关于多种多样的法律现实主义,请看一个选集,*American Legal Realism* (William W. Fisher III, Morton J. Horwitz, and Thomas A. Reed eds. 1993). 新近有个很有意思的努力,把法律现实主义塑造成一种建设性角色,有别于更为常见的它的反对性角色;请看,Hanoch Dagan, "The Realist Conception of Law," 57 *University of Toronto Law Journal* 607 (2007).

[45] Fred Rodell, *Woe unto You, Lawyers!* 176, 182 (1939). 该书1957年加了个新序言再次发行,其中罗德尔说,他坚持自己在书中说过的一切。

活动规范[46]，这也加剧了法律现实主义的坏名声。

法律现实主义还有个更微妙的修辞错误，这就是哈钦森把直觉等同于"预感"（hunch）。预感听起来好像是猜测，什么都还没看见就开上一枪；裁判活动中是有这个因素。但用"预感"来描述解释和上诉审，既误人也太损人了。解释和上诉审都是直觉称霸的地带，但直觉并非猜测。解释是一种内在的、普世且典型直觉的人类能力。它是领域特定化的，也就是说，善于解释面相或图片或现代诗歌的人并不一定能成功解释合同或制定法。这不是一种有规则约束的活动；法官更可能解释好某制定法而不是某首诗，某文学批评家更可能解释好某首诗而不是某制定法，原因在于经验创造了一个深藏的知识库房，当某人面对新的解释对象之际，直觉可以从这一库房汲取知识。制定法解释"法则"的功能都属于对司法意见的事后理性化。

上诉审同样是直觉的，尽管法官有别样的说法。司法意见引述了各种各样的复审标准——全体的、明确有错的、实质证据、某些证据、中量证据、合乎情理、专断且反复无常、滥用裁量权、雪佛龙案（Chevron）、斯科德莫案（Skidmore），诸如此类；但这些区别所标注的尊崇程度不同，要比法官想要、能够区分或需要的更为精细。[47] 司法智识实际做的唯一区分就是尊崇性与非尊崇性复审。尊崇性复审隐含的是，上诉法院本可以支持下层级法院的相反判决，但这样会使法律完全随你碰巧遇到的初审法

---

[46] 这里有一个抽样，批评的是道格拉斯，却不是来自保守派。"他[道格拉斯]的司法意见不值得仿效；它们似乎是匆忙写成；很容易被忽略不计。"L. A. Powe, Jr., "Justice Douglas after Fifty Years: The First Amendment, McCarthyism and Rights," 6 *Constitutional Commentary* 267, 269 (1989). 道格拉斯的粗率源于他"根本不关心法律分析的质地，而这又来自他对司法角色完全作政治性理解。"Yosal Rogat, "Mr. Justice Pangloss," *New York Review of Books*, Oct. 22, 1964, p. 5. "道格拉斯是他那个时代的头号叛逆法官（anti-judge）。"G. Edward White, "The Anti-Judge: William O. Douglas and the Ambiguities of Individuality," 74 *Virginia Law Review* 17, 80 (1988). 道格拉斯"拒绝[了]审理税务案件。"Bernard Wolfman, Jonathan L. F. Silver, and Marjorie A. Silver, "The Behavior of Justice Douglas in Federal Tax Cases," 122 *University of Pennsylvania Law Review* 235, 330 (1973).

[47] 请看，例如，William N. Eskridge, Jr., and Lauren E. Baer, "The Supreme Court's Deference Continuum: An Empirical Analysis (From *Chevron* to *Hamdan*)" (forthcoming in *Georgetown Law Journal*).

官是谁而改变，因此上诉法院不宜对法律问题之裁决予以复审（例如，当决定受害人过失对侵害人之侵权责任影响时，应采用共同过错标准还是比较过错标准）。但其他判决，诸如决定具体案件中的原告是否有过失，不同法官可能决定不同，但不会动摇相关法律；这些判决因此不会撤销，除非上诉法院相当确信这些判决错了，并且这种确信以及因此而来的上诉审的仔细严格程度，都会随上诉法院对自身相对权能——相对于做出该判决的下层级法院或机构——的评估而变化。[48] 如果——像案件决定的时间表安排——实际上没有评价该判决正确与否的标准，或是如果该判决解决了某机构日常处置的某个高度技术化的争议，上诉法院就会强烈倾向于尊崇该判决，会咽下它也许有的任何怀疑。

　　因此，上诉审涉及的，说到底，就是相信或不相信他人决定的问题。这是一个直觉反应，信息源自类似决定的经验。除了一些最明确的案件外，上诉审都不是规则驱动甚或标准驱动的，但也不是没脑子的猜测。

　　强调司法决策中无意识的作用揭露的是，想用全盘性理论来清除或压缩司法裁量，这是堂吉诃德式的努力。在一个关于洛克纳时代之法理的研究中，我们读到了，"驱动这些大法官的，在很大程度上，是对原则的承诺，即运用国家保持中立的宪法意识形态"，反对"司法决定基于盲目坚守经济放任主义，或渴望自己阶层的成员赢得某个具体法律诉讼，或获利于把自己的特定政策偏好强加给国家。"[49] 如果这些都是选择，那么，"有原则的承诺，即运用国家保持中立的宪法意识形态"就确实很诱人，即使这是一种在美国宪法文本中没有根据的政治意识形态。但是，如果诸多无意识的力量，或许还混杂了大量阶级偏见，也可能是支持这种"有原则的承诺"的动力；如果作为替代的不是任性的裁判活动，而是诚实尽管是非自觉且并不完全成功的按规则司法游戏的努力，那么，"有原则的承诺"就开始失去诱惑力，甚或失去含义，并且这种"国家保持中立的宪法意识形态"看上去也就开始像是对保守主义小政府的理性化。

　　注意，我刚才勾勒的这种进路如何翻转了阿多诺、奥波特以及弗兰克提出的对无意识的规范性评价，他们认为那是对人们行为的一种有害影

---

〔48〕　同上注。
〔49〕　Howard Gillman, *The Constitution Besieged: The Rise and Demise of Lochner Era Police Powers Jurisprudence* 199（1993）.

响，必须予以精神心理治疗。但我们一定不要走到相反的极端，假定直觉总是良好决策的可靠指南，忽视了规则系统的技巧的价值——推进决策者把与良好决策相关的全部因素都带进自觉层面并予以整合。[50] 然而，法官已经有了至少是以抗辩程序以及有权发表异议为形式的粗糙替代，尽管还不是专门用来防止出现盲点的形式规则系统。[51] 案件的各方律师都有很强的激励，让法院注意到有利于自己一方的任何考量，与此相同的是发表异议的法官。

然而，出现盲点的危险还是存在，而这就是为什么赞成法院多样化的理由。上诉合议庭的经验范围越广，就越不可能忽略相关考量。相反的，法院越是同质化，法官们就越有可能直觉一致。这会给法律带来稳定性，但代价是认识论的孱弱，因为这些法官的直觉会基于一个更狭窄的无意识知识基础上。然而，即使是在异质化的司法部门，通常也会通过投票结合等级将分歧保持在可忍受的范围内：每一层级都是多数派的票决定案件，而最高层级的多数票控制低层级。与智识多样性不同，等级制并非认识论的优点；它相反是缺点。投票和上级下命令都可以克服分歧，但这不是通过推理结论一致从而消除分歧的方法。有了投票，就不必说服少数派这错了，而只要说这确实是少数。相当僵硬的司法结构，及其依赖投票和资历，都预先假定了有无法以逻辑证明或实验这样的"理性"手段解决的持久分歧，并且预先假定了法条主义的不充分。

我一直讨论的这种压缩推理，丹·卡汗（Dan Kahan）和唐纳德·布莱曼（Donald Braman）称其为"文化认知"（cultural cognition）。他们指

---

[50] 请看，例如，Dawn Lamond and Carl Thompson, "Intuition and Analysis in Decision Making and Choice," 32 *Journal of Nursing Scholarship* 411 (2000); Willard Zangwill and Michael Lowenthal, "Decision Breakthrough Technology" (University of Chicago, Graduate School of Business, May 2006). Lamond and Thompson, 同上，页413，解释说："由于暗示很多而时间很少，对那些组构不佳的事项，最适合使用的认知模式是直觉。对那些组构很好的事项，当暗示很少且时间充裕之际，更好的认知模式会是分析。然而，大多数事项的组构是好与不好的混合。"

[51] 参看，Paul Woodruff, "Paideia and Good Judgment," in *The Proceedings of the Twentieth World Congress of Philosophy* 63, 73 (David M. Steiner ed. 1999), 注意，"防止错误的最好方式就是让对立观点完全展开，并将这些论点仔细移向你倾向接受的潜在获胜者的结论。一个有良好判断的人……应当有能力为争议双方构建论证。"

出:"在非常政治性的争议上,文化信奉要先于事实信念。……以各种重叠的心理机制为基础,个体以他们关于良善社会的愿景为基础接受或拒绝有关争议政策之后果的经验主张。"[52] 这些机制(另一种说法就是政治成见)对于受过教育的人来说,例如法官,当客观数据无法验证或证伪经验主张时,很是强大。但在司法过程中提出的经验主张,例如关于死刑有震慑效果或允许恐怖主义疑犯获得人身保护令会有风险,常常无法验证。因此法官会回到自己的直觉,因为经验挑战并不具有撼动他们的直觉的必备力量。

　　文化认知包括了与直觉很相似的常识。常识是"人人都知道"而无需刻苦思考问题的。因此,它与直觉相似,省略了很多东西。[53] 并且它是文化特定的。但在某个文化中,它是一种有效但有缺陷的知识来源。在司法决策中,它作为一套人人同意因此完全不被视为政治的政策判断起作用。若在开放领域案件上,律师的立场违反常识了,你就很可以拒绝。当字面解读制定法会导致荒谬结果之际就应拒绝字面解读,这一教义就例证了常识使用也是一种司法技巧。

　　诉诸常识是一种熟悉的修辞技巧,这应当提醒我们"修辞"具有某种空洞雄辩以外的含义。在亚里士多德的理解中,修辞是一套理性方法,当逻辑技巧以及其他精密研究方法都无能为力之际,可以用修辞来说服人。开放地带的案件就代表了这样的际遇,在这些案件中,律师和法官诉诸的一些方法都是亚里士多德意义上的修辞;这些方法都没界定有独特的法律推理方法,可以用来提出智识严格的言之成理的主张。

　　直觉的另一个表弟,同时也是开放地带司法决定中的另一主要因素就是"善断",这是一种捉摸不定的能力,最好理解为一种混合物,混合了同情理解、谦虚、成熟、适度感、平衡、承认人的限度、明智、谨慎、现实感以

---

[52] Dan M. Kahan and Donald Braman, "Cultural Cognition and Public Policy," 24 *Yale Law and Policy Review* 149, 150 (2006). 又请看, Douglas and Wildavsky, 前注 7。

[53] Charles Antaki, "Commonsense Reasoning: Arriving at Conclusions or Traveling towards Them? in *The Status of Common Sense in Psychology* 169 (Jürg Siegfried ed. 1994).

及常识。[54] 尽管我提到了成熟，但善断与阅历不同，因为某些很有阅历的人判断很糟，而有些年轻且缺乏阅历的人却有出色的判断。这是在不确定境况下人们具有的另一种运作手段。如果法律是逻辑的，那么"善断"就不会是法官令人——甚至令法条主义者——钦佩的品质。善断也不能保证有好决定，在这方面善断不高过直觉、常识或情感（包括正当的愤慨）。和任何其他人一样，一位法官也只是"由有限知识和能力组成的一个选择有机体。"[55]

结束本章前，我想简短谈谈本章对法官培训和法律实务的寓意。除了短期定向课程以及偶尔的法律继续教育研讨班外，在我们的制度中，法官实际不是"训练出来的"，这是对司法审判的僵硬方法，或缺乏方法的一个很有意思的评论。司法"训练"就是边干边学——这进一步暗示了司法推理在很大程度上有无法言说的特点。

不时会有人建议，法官要接受这种或那种的正式训练。杰罗姆·弗兰克建议法官接受他做的那种心理分析，就属于这种性质，尽管很可笑。除了涉及时间和费用外，也没有根据支持心理学有非治疗的价值——比方说，它可以完善正常人的判断。但弗兰克突出强调司法审判有心理学维度，这一点不荒唐。就像弗里德里克·夏尔解说的，可以把弗兰克牌号的法律现实主义理解为"试图缩短法官作为人与穿上法袍解决纠纷的同一人之间的差距，无论是描述性的还是规定性的。"[56]

丹·西蒙的提议要比弗兰克更有道理，要用一些技术来消除法官的偏见。[57] 但这听起来有点不祥，有点像是洗脑，法官会强烈抵制。还有一个更简单的建议，目标对准了初审和上诉审法官：既然我们体制中法官

---

[54] 请看, Michael Boudin, "Common Sense in Law Practice (or, Was John Brown a Man of Sound Judgment?)," 34 *Harvard Law School Bulletin*, Spring 1983, p. 22.

[55] Herbert A. Simon, "A Behavioral Model of Rational Choice," 69 *Quarterly Journal of Economics* 99, 114 (1955).

[56] Frederick Schauer, "The Limited Domain of the Law," 90 *Virginia Law Review* 1909, 1923 (2004). 又请看, Andrew S. Watson, "Some Psychological Aspects of the Trial Judge's Decision-Making," 39 *Mercer Law Review* 937 (1988).

[57] Dan Simon, "A Psychological Model of Judicial Decision Making," 30 *Rutgers Law Journal* 1, 138-140 (1998).

既是立法者也是裁判者,律师就应当更多努力向法官提供事实——指的不是本案的事实、司法审判的事实,大多数律师都很强调这些事实,说的是那些影响某立法决策的背景或一般性事实("立法性事实",在常规意义上和在这个例子中都很有用的术语)。我前面说过,生活阅历在我所谓的开放领域中是塑造司法选择的因素之一。这些阅历包括遭遇过大量严酷事实。诸如民权和妇女运动、共产主义的不光彩崩溃、自由市场的传播、减少管制和私有化、恐怖主义威胁增大以及同性恋走出密室以及后来发现他们与其他人实际很相似,我们能否认这些无法忽略的事实对司法思考有冲击吗?更多关注立法性事实,例如经济学家对竞争和劳动力市场了解多少,犯罪学家对犯罪行为和惩罚了解多少,这都会影响司法决定,得出好的结果。如果上诉审律师不是用大量判例冲击上诉法院法官——这是上诉辩护(advocacy)的标准技巧,而是承认许多上诉审本质上有立法性质,承认大多数美国法官本质上都有实用主义倾向,在自己案件中强调实际的利害关系以及法院这样或那样决定会如何影响这些利益,他们会更有成效一些。[58]

我们无须担心,这种背景事实同个别案件的公平相比起来肯定苍白无力,乃至非法条主义的法官很容易走向短视正义。先例制度的价值之一就是它邀请法官想一想自己的决定会对未来的诉讼有什么冲击(注意,因为这样做,它培养了实用主义思考,指导法官把关注点放在决定的后果上)。更进一步的是,大多数法官都(这令非法官很吃惊)不会为个别案件的公平所动,就像除杰罗姆·弗兰克以外的大多数法律现实主义者意识到的那样。[59] 当然,也有例外;脑海里首先浮现的就是道格拉斯和布莱克蒙大法官。并且完全有免疫力的法官也只有很少几位,能抵抗情感太强有力的案件中的塞壬之歌。尽管如此,就如哈姆雷特所言,"不大干活的手更敏感"。[60] 就像医生对病人一般都很无情一样,法官对可怜的诉讼人一般也很无情,因为这种人他们见多了。这一点无论对自由派还是对保守派法官都一样,因为把个人的自然怜悯放一边,这是司法游戏的

---

[58] 请看,例如,Matthew A. Edwards, "Posner's Pragmatism and Payton Home Arrests," 77 *Washington Law Review* 299 (2002),或者《法律经验研究杂志》(*Journal of Empirical Legal Studies*)的任何一期。

[59] Leiter,前注44,页21-30。

[60] William Shakespeare, *Hamlet*, act 5, sc. 1, l. 66.

很大一部分。法官确实已经把"难办案件带出坏法律"这个口号内在化了,而且他们不想带出坏法律。

杰罗姆·弗兰克宣称奥利弗·温德尔·霍姆斯是"完全成熟的法律家"。[61] 他这是说霍姆斯承认,就像霍姆斯自己说的那样,"坚信不证明确定"。[62] 这就是他著名的超然,尽管批评他的人认为这是无情。霍姆斯也许一直无情。无所谓、缺少热情甚或缺少移情,也许都与这种超然正相关。但霍姆斯的相关个性特点也许有点不同。我猜想霍姆斯并不把自己很当回事,考虑到他杰出的家族背景、他的职业成功、他的说一不二的风度以及他在战场上的英勇,这很令人吃惊。他机智,机智中隐含了某种表里不一,其中包括一个人对自己的说法与成就的不一致。如果你不是把自己太当真,那么你就不可能自欺,认为自己拥有所有的答案。一位像霍姆斯那样的、不认为自己拥有全部答案的法官,比一位什么都知道的法官,更少可能质疑政府其他部门的决定。弗兰克写作之际正是最高法院迅速废除他偏爱的那类社会立法的时代,他希望法官更多尊崇、(他认为的那种)更温和,也更成熟一些,但我想说的是更有自知之明。他可能正确地察觉到,过分傲慢地相信自己的信念正确(就像"经常犯错,从不怀疑"这个话所说的)是与彻底的法条主义携手并进的,而这种携手对威权人格最有吸引力。但过分自信是所有法官的职业风险,因为一个人无需因为是威权主义者才会从认为自己正确中获得效用;这是一种普遍的人类特性。[63] 过于自信是同固守前见相联系的,而前见,特别当不自觉时,即使在探讨获得的证据很弱的情况下也会激发出一种正确感,以及一种把这些证据解释为确认探讨者的先验概率的倾向。[64]

---

〔61〕 Jerome Frank, *Law and the Modern Mind* 270-277 (1930).

〔62〕 Oliver Wendell Holmes, "Natural Law," 32 *Harvard Law Review* 40 (1918).

〔63〕 Kfir Eliaz and Andrew Schotter, "Experimental Testing of Intrinsic Preferences for Noninstrumental Information," 97 *American Economic Review Papers and Proceedings* 166 (May 2007). 有关法官的自我中心偏见的讨论,请看,Guthrie, Rachlinski, and Wistrich, 前注 11。

〔64〕 请看,例如,Charles G. Lord, Lee Ross, and Mark R. Lepper, "Biased Assimilation and Attitude Polarization: The Effects of Prior Theories on Subsequently Considered Evidence," 37 *Journal of Personality and Social Psychology* 2098 (1979).

更多承认个人、情感以及直觉因素在司法决定中的作用,不会弱化这些因素在司法决策中的力量,因为没有充分的替代,并且法官只能用手头的工具来决定案件。但我不同意斯科特·奥特曼(Scott Altman)的说法,我不认为内省会使法官不再认为自己受"法律"约束,法官会感到可以自由按自己的偏见来投票。[65] 他们会像先前一样继续玩司法游戏。由于意识到自己某些观点基础单薄,有些法官也许会变得更迟疑,是否要以法律的名义把某些观点强加给社会。但那只是少数法官。因为不可能期待内省会很成功。自省与自知之明不是一回事。我们用内省来避免我们被指控有偏见,而会用对人类行为的现实理解来辨认他人的偏见。[66] 我们的天性趋于夸大我们信仰的坚实和融贯,即使我们不能为之辩解。[67] 改动一下李尔王的一个坏女儿批评李尔王的话,那就是,大多数法官从来都很少了解自己。[68] 而这不大可能改变。

---

[65] Scott Altman, "Beyond Candor," 89 *Michigan Law Review* 296 (1990). 这个内省问题与法官是否应当对公众坦诚的很多争论问题联系在一起。请看,Micah Schwartzman, "The Principle of Judicial sincerity" (University of Virginia Law School Public Law and Legal Theory Working Paper Series, Paper Nr. 69, 2007), http://law.bepress.com/uvalwps/uva_publiclaw/art69 (visited June 25, 2007), 以及那里的参考文献。如果法官不自省,即使坦诚也说不清他们的决定实际来自何处。

[66] Joyce Ehrlinger, Thomas Gilovich, and Lee Ross, "Peering into the Bias Blind Sport: People's Assessments of Bias in Themselves and Others," 31 *Personality and Social Psychology Bulletin* 680 (2005). 又请看,Emily Pronin, Jonah Berger, and Sarah Malouki, "Alone in a Crowd of Sheep: Asymmetric Perceptions of Conformity and Their Roots in an Introspection Illusion," 92 *Journal of Personality and Social Psychology* 585 (2007).

[67] 这就是唐·西蒙的论文主题,前注 57.

[68] William Shakespeare, *King Lear*, act 1, sc. Ⅰ, Ⅱ. 295-296.

第二编

模型的展开

第五章
司法环境：法官的外部约束

我已经论辩了，即使法官或多或少完全自由按自己希望的方式决定案件，他们也还会关心自己在自己尊敬的人当中的声誉，甚至因他们已经内化了司法"游戏"的规范和惯例，因此会受到约束。我们也许会认为这就是对法官任性或违规的"内在"约束。但即使在我们的司法体制中，也有外部约束，尽管比其他大多数法律体制的约束要少。本章和下一章要讨论的就是这些外部约束。

经济学的"代理费用"概念说明了为什么要有这些约束；这个概念对于理解劳动力市场，包括司法劳动力市场，都是基础性的。被代理人雇用代理人做一项前者不可能比后者做得更好或更便宜的工作。被代理人希望可以以最低费用让代理人尽可能做好工作。换言之，他希望代理人的激励与自己的激励刚好一致。但是代理人同被代理人一样，也是自利的。如果被代理人不能精确评估代理人的表现，相应地调整报酬，如果不能在必要时因其表现不佳而解雇代理人，代理人就不大可能完全忠诚。

当被代理人是政府，而代理人是政府雇用的法官时，代理费用问题就变得更尖锐了，因为政府缺少通常的杠杆来促使代理人忠于被代理人的利益。司法表现很难评估，若试图依据司法表现支付相应报酬，这又会从根本上削弱司法独立（谁来评估，并且该用什么标准？），而我们知道司法独立是一项重要的社会资产。法官必须得到非常的工作保证（security）。

与此相关还有一个问题：联邦法官的被代理人究竟是谁，或事实上是否有一位真正有意义的被代理人。这个被代理人是更高层级法院的法官?但这样一来,谁又是最高层级法院法官的被代理人呢?如果被代理人不是其他法官,那是国会议员?是当年任命法官的总统?还是当下在任的总统?是美国宪法的创制者?美国宪法本身,或是制定法和先例?但文本可以成为被代理人吗?"法律"呢?

不论答案是什么,都没有哪个社会会让法官完全想怎么干就怎么干(at large)。但在不同司法体制中,施加的外在约束会有一些重要差别,因此我们可以预期不同司法体制中法官的司法行为会有不同;并且这些体制对不同层级的法官也会有不同约束。我们还可以预期,有关司法表现的标准会随着司法行为约束的不同而变化。在有些司法体制中,发回重审率也许是测度法官表现的一项关键标准,而在另一个体制中,则可能更看重法官的司法意见有多么经常被其他法院引用,甚或是司法意见中展现出来的法官的政治敏锐。

但尽管两者相互关联,司法裁量和代理费用并不等同。一些研究发现,要想知道法官会如何投票,一个很好的预测就是看任命该法官的总统属于哪个党。与这类研究一致的假定是,法官是任命他的总统的忠实代理人,甚至就审判中总有某种程度的合法的政治偏好因素而言,他还是"法律"的忠实代理人。只有当被代理人对法官完全放手,法官可以按非常个人的、非常奇特乃至令人无法接受的偏好决定案件之际,司法的代理费用问题才会出现。

与此相类似,法官本人的种族、宗教、性别或其他个人特点有时也会影响他的司法决定。这不一定是法官不忠诚造成的。这也许只反映了一个事实,即在解决事实问题时,人的背景不同,会把不同的先验因素带进来,并且会有不同的政策偏好。代理费用的出现不仅因为代理人不忠诚,而且还会因代理的不确定,或许特别是对美国法官而言。当代理人是法官,被代理人是美国之际,这些代理人就遇上麻烦了:他很难猜出被代理人究竟想让自己干什么。

除了审判外,在其他许多领域,代理费用问题都会很尖锐。为回应这个问题,雇主运用了混合性诱惑、增强内在约束并施加外在约束。以医疗为例,患者很难评估医疗服务如何,因此医疗就演化出各种机制来约束医生,使医生成为患者的忠诚且称职的代理人。这些机制包括了伦理规则(诸如希波克拉底誓言)、医疗资格认定、医疗事故责任、责任保险商监督、限制分享费用以及特别重要的是要求极高的医疗训练——这很有点"入场费"(hazing)的意思。这种训练是一种有效的过滤器,把一些也许有成为好医生之技术,但缺乏成为医生之激情的人筛选出医疗职业,因为这种激情是克服艰难训练所必备的。除了过滤效果外,这种艰苦训练还培养了对这一制度的信诺(commitment);以一种外在约束来创造一种内在约束(通过折磨来实现的一个标准化目标——想想海军陆战队的训练甚或"兄弟见面礼"[fraternity hazing])。法律教育本来也有类似效果,但如今特别是随着法律职业界欺负人的情况衰微了,也不公布学生成绩排名后,已经弱化多了。在法官任命阶段中,这种过滤效果特别弱,尽管由于手续性要求日益增加,法官确认苦战更为常见,更艰难的任命和确认过程强化了这种过滤。

我想考察一下,法官可能会怎样回应我们熟悉的那几套外部约束。我从私人裁判者(也就是仲裁员)开始,然后是职业制司法(career judiciary)的法官,就像我们在大多数国家看到的那种,但从英格兰演化而来的法律体制除外;选举产生的法官,像在美国大多数州法院中看到的那种;以及联邦初审法官、居间的联邦上诉法官以及最后是美国联邦最高法院大法官。在下一章,我会考察,用限定任期或增加薪水来改变联邦法官的司法环境可能带来什么后果。

仲裁者由诉讼人选择,或要获得他们同意。一位仲裁者,如果名声在外,在某类案件中,比方说终止雇佣关系的案件,或在投资者和经纪人之间或在管理与工会之间的案件,他会偏向某一方,那么任何未来这类纠纷中的这一方就不可能接受他,对他的服务需求就会萎缩。我们由此可以预期,在各方收获上,仲裁者会趋向"分清是非"(split the difference),也就是说,努力让各方都有部分胜利(并因此也都有部分失败)。[1]这会使

---

[1] "认为法院和陪审团比仲裁人更可能恪守法律但更少可能在双方间'分清是非',因此降低了给原告的损害赔偿。"Armendariz v. Found. Health Psychcare Services, Inc. , 6 P. 3d 669,693 (Cal. 2000). 请看,Donald Wittman, "Lay Juries, Professional Arbitrators, and the Arbitrator Selection Hypothesis," 5 *American Law and Economics Review* 61, 81 (2003); Estelle D. Franklin, "Maneuvering Through the Labyrinth: The Employers' Paradox in Responding to Hostile Environment Sexual Harassment—A Proposed Way Out," 67 *Fordham Law Review* 1517, 1565 (1999); Robert Haig, "Corporate Counsel's Guide: Legal Development Report on Cost-Effective Management of Corporate Litigation," in *Federal Pretrial Practice, Procedure and Strategy*, 610 PLI/Lit 177, 186-187 (PLI [Practicing Law Institute] Litigation and Administrative Practice Course Handbook Series No. 610, 1999).

争议的任何一方都难以认定他有偏向。风险厌恶的争议者更喜欢这种分清是非的方式，因为这一方式减少了纠纷解决过程中的有利和不利风险，并有助于区别仲裁和审判。之所以需要仲裁作为审判的替代之一，最关键的就是这种区别：审判有政府资助，仲裁没有；仲裁者的收费、花费和设施都由争议者支付。法院需要公共资助，这使仲裁者在费用上处于不利位置。要克服这一不利就是提供一种法院提供不了的服务，而分清是非的决策就是这样一种服务。

仲裁看起来也许还为风险厌恶的争议人提供了另一种有吸引力的东西：它的差错率比陪审审判更低。当仲裁者不是律师时，他其实是一个商人，他对手头案件有某些相关的经验。仲裁者如果因出错而名声在外，就会发现在未来案件中自己很难再被他人挑中。这不是因为争议双方都关心争议解决人是否称职，而是因为道理更充分的争议方总会投票拒绝选择不称职的仲裁者，因为不称职仲裁者比称职仲裁者更可能支持了不太有道理的一方。

然而，由于对仲裁结果不得上诉，这至少部分抵销了仲裁者的准确度优势。这里的道理是要减少仲裁成本，并因此减少法院的成本优势，加快了争议的最后解决，而这也就创造了相对于司法，仲裁在纠纷解决上的另一优势。然而，还是可以在法院质疑仲裁裁定，尽管只能基于狭窄的理由。这是认为仲裁者比法官或陪审员更精确的另一个理由。如果某仲裁员的偿付金额一再为法院撤销，该仲裁者就会没生意了，因为司法撤销偿付金额给双方创造了额外的延误、不确定性和费用，要记住，仲裁的全部费用是双方分担的。除了没有通常的上诉权外，仲裁的精确性还会因其他原因受损，例如，仲裁者通常不撰写意见书，因此缺少差错检查，而直觉性决策很容易出错。由于仲裁与审判谁更精确的净优势并不明确，也许根本就没有[2]，因此在解说仲裁作为审判替代品为什么诱人时，在阐明私人化审判的行为后果时，我都倾向于强调仲裁有分清是非的特点。

在所谓司法职业主义(professionalism)的频谱上，与仲裁最对立的则是见于几乎所有非源于英国法律制度国家的职业制司法(career judi-

---

[2] Theodore Eisenberg and Geoffrey P. Miller, "The Flight from Arbitration: An Empirical Study of Ex Ante Arbitration Clauses in the Contracts of Publicity Held Companies," 56 *DePaul Law Review* 335 (2007).

ciary)。* 就像"职业制司法"这个术语所暗示的,这些制度的人员都是这样一些法律人,他们一生都在当法官。〔3〕 相比之下,大多数英美法官则是在其他法律职业部门工作一段时间后才当法官。自杜鲁门总统以来,联邦地区法院法官就职的平均年龄在 49 至 53 岁间,而巡回区法院法官则是在 50 至 56 岁间。〔4〕 显然,法律人干到 40 多或 50 多岁才受任法官,这是开始他的第二次职业生涯了。

与我们的旁门制(lateral-entrance)、二次职业的司法部门不同,职业制司法是一国文官体制(civil service)的一部分,依据贤能(merits)来任命和晋升。晋升是职业制法官的关键之一,因为晚近的法学院毕业生在司法阶梯上的位置自然最低,希望随着自己阅历增多而晋升责任更大的职位。职业制法官与其他公务员几乎没区别,分析职业制法官的司法行为与分析一般公职官僚的行为应当很相似,而后者的行为与大商业企业雇员的行为很相似,尽管不完全等同。

雇员与企业家——即独立的商人——之间的经济差别,在于雇员不出售自己的成果;他只是将自己的劳动出租给雇主。雇主努力评估每个雇员的产出以便决定支付多少报酬以及是否留用;但企业的产出是团队努力的结果,因此只能粗略估算。这种粗略就引发了代理成本(当代理人

---

* 中文中通常把 profession 和 career 两个词均译为"职业",但它们有不同的,有时有些许关联的含义。前者一般是从社会视角对社会某些需要较高专业技能并自称承担公共利益的行当的界定,最典型的有律师(包括法官)、医生、军官等职业;而 career,强调的是个人相对长期甚或终身从事并获得晋升的某一行当的工作,它可以但并不必定属于前一种职业。为防止混乱,仅在本书中并针对欧洲大陆的法官,我把 career 翻译为"职业制的"或"职业的",有别于职业化的或职业性的(professional)。在这个意义上,美国法官从社会角度来看一般都是职业人(a professional),但从个人发展来看却非职业制法官(a career judge);仅有欧陆国家以及大陆法系国家的法官是职业人同时又是职业制法官。——译者注

〔3〕 请看,例如,Martin R. Schneider, "Judicial Career Incentives and Court Performance: An Empirical Study of the German Labour Courts of Appeal," 20 *European Journal of Law and Economics* 127 (2005); Nicholas L. Georgakopoulos, "Discretion in the Career and Recognition Judiciary," 7 *University of Chicago Law School Roundtable* 205, 205-206 (2000); J. Mark Ramseyer and Eric B. Rasmusen, "Judicial Independence in a Civil Law Regime: The Evidence from Japan," 13 *Journal of Law, Economics and Organization* 259 (1997).

〔4〕 Albert Yoon, "Love's Labour's Lost? Judicial Tenure among Federal Court Judges: 1945-2000," 91 *California Law Review* 1029, 1047-1048 n.70 (2003).

是被代理人的独立合同商，而不是雇员时，例如医患关系，这些费用仍可能是一个严肃问题）。评估雇员产出所需的费用越高，雇主就越趋于用评估雇员的"输入"——例如资质（表明其能力）、工作时间以及细心程度——作为替代。这是一种昂贵且不完美的替代，并且在这两方面，你都能想到有代理费用，比方说，以卸责（shirking）的形式。喜欢闲暇和躲避繁重工作是很常见的个人目标，而雇主若无法时时监督雇员表现，他就一定要打赌：自己的雇人标准已成功区分了有无工作伦理的求职者。

但评估公职官僚机构的产出要比评估商业企业的产出难得多，要确定一位官僚的贡献则会更难；同商业企业雇员相比，官僚有更大活动范围来追求自己的私人目标，因此代理费用可能更高。另一不同是许多政府机构的使命都有意识形态性质，与企业的利润最大化的单一目标形成反差。结果是，在政府官僚体制中，代理费用不只表现为卸责，而且表现为"破坏"，即雇员试图重新界定该机构的使命，使之与自己的意识形态一致起来，或更常见的是抵制对机构使命的重新界定。许多人对政府在一些争议领域中应起什么作用都有"强烈的偏好"，而"想在政府就业的职业人常常为某具体机构宣称的使命所吸引。"[5]一旦在该机构安下身来，他们就可能变成强有力的反对者——反对改变这一使命的任何努力。鉴于审判也有意识形态的维度，法官同样可能有这种倾向，特别是职业制法官。和任何文官体制一样，职业制司法，至少在一定程度上，就是一个不断自我延续的寡头集团，因为能否在这个司法行当中晋升更高序列，在很大程度上由当下占据更高序列的法官决定。这就使职业制司法比高层的旁门制（"新鲜血液"）司法更难修改其使命。

政府并非完全没有手段制约司法代理费用，特别是在职业制司法中。就"输入"这一面而言，政府在决定雇谁当法官时可以考察的一项就是资质。法学院成绩就是能否有效履行法官职责的一个指标，尽管是不完美

---

[5] Ronald N. Johnson and Gary D. Libecap, *The Federal Civil Service System and the Problem of Bureaucracy: The Economics and Politics of Institutional Change* 167-168 (1994). 又请看，John Brehm and Scott Gates, *Working, Shirking and Sabotage: Bureaucratic Response to a Democratic Public* (1997); Lael R. Kaiser, "The Determinants of Street-Level Bureaucratic Behavior: Gate-Keeping in the Social Security Disability Program" (National Public Management Research Conference, Georgetown University, 2003).

的指标;这是法官有可能实际良好履职的一个要素,因为表现了自己能做好某项具体工作的人有可能就是想做这项工作的人。但要注意,在考察对于法条主义审判维度很重要的那些技能时,那些顶尖考生实际上也许会颠覆法条主义。这些技能会使他们能察觉这些技能的局限,并通过富于想象的区分先例和富于想象的解释制定法和宪法文本来绕开这些局限。

就"产出"这一面而言,也可以对司法表现予以某些监督。法官质量表现也有一些可观察标识,尽管常常只是朦胧的,反映在诸如案件积压、发回重审率(这种监督限制了法官不能为减少案件积压而过于匆忙决定案件)、司法品行以及诉讼人和律师的抱怨。本章后面我们还会考察一些司法评估的方法。重要的是,在职业制司法中,法官的审判质量由司法官僚体制的上级评估,并作为是否或多快晋升他的一个根据。即使个人表现很难测度,但搞个排行榜还是可行的——也许法官甲显然比法官乙更强,尽管强多少,甚或是否真的强,也许无法知道。

官僚机构为官僚规定了细致的行动规则,以此来最小化代理费用,因为符合一个规则比某官僚是否有创造力、想象力、活力、灵活或向前看更容易验证。能验证是否符合履职规范很重要,这不仅直接最小化了代理费用,而且晋升也可以依据客观标准,这对代理费用也有间接影响:法官都想晋升,都竞争着让上级高兴。因此那些有职业制司法并以晋升作为管理工具的法律制度都趋于靠细致的法典来指导法官,而不是靠普通法体制中很典型的更宽松的标准,这并非偶然(我不知道法典化是先于、后于或是与职业制司法同时演进出来的)。有了一个法律规则非常具体的法典,就容易确定某法官是否正确适用了规则。并且,该法典越是精密和细致,法官掺进自己的政治或其他偏好的可能范围就越小。因此,搞破坏的危险会更小,评价和晋升法官时带进政治的可能性也更少。

同美国风格的司法相比,职业制司法中更常见的另一设置是专门化(specialization),这也使这个法律体制需要更多法官。诉讼责任也可能更多从律师身上转到了法官身上,因为作为专长者,法官知道的(几乎)和律师同样多。我们的通事型(generalist)法官对任何特定法律领域的了解都少于他们若是专事型法官(如果他们是劳动法官、反垄断法官等等)可能了解的,因此,后者也很自然地采取了体育裁判的角色。在职业制司法中,长期的职业生涯带来了多种多样的专事化(因为法官在专事法院间轮替),这也方便了上级对法官的评估,因为每位专事法官的领域都较为狭窄。专门化是对职业制司法的一种自然调适。

强调遵循规则是晋升的条件,这就是为什么可以预期,职业制法官会是法条主义的而不是实用主义的。另一个理由则是,在职业制司法中,法官就像任何其他部门的文官一样,晋升最终取决于上级满意其表现,而且也看不出,在职业制司法中,大胆、喜欢智识挑战和有实验倾向的下属何以可能令监督者本人的职业生涯获益。职业制司法可不像商业企业。在企业中,下属努力进取、富于创新也许会导致财源和利润的增长,这反过来会让部门首长得分,因为他选择和鼓励了这些下属。而一位新进的法官发现了减少司法压案的新方法,也会得到称赞,但这可能就是能忍受的最大不循规蹈矩了。然而,无论法典多么细致,都不可能预见所有发生的案件并做出规定;因此,即使在民法法系制度中,也会有足够多的利益平衡的——也就是说,政策导向的、立法性质的——审判。[6]

无疑,和任何大型组织一样,职业制司法中也会到处都有办公室政治(组织经济学家则会称其为"权势活动")。如果认为晋升都严格依照考评的高下,那会很傻很天真。但办公室政治可能进一步强化法官爬升职业阶梯更为循规蹈矩的固有趋向。

因为这些因素,可以预期职业制法官的产出在各方面都变化很小,会符合可接受的该行当的质量标准,并且没有创造性。[7] 后果之一就是在

---

〔6〕 James L. Dennis, "Interpretation and Application of the Civil Code and the Evaluation of Judicial Precedent," 54 *Louisiana Law Review* 1, 8-14 (1993). 该文作者是路易斯安那州最高法院大法官。路易斯安那州是美国唯一属于民法法系的州。

〔7〕 "[大陆法系法官]都是一类专家型法律助理。他面对的是一个事实情况,对此,除了非同寻常的案件外,很容易找到已有的立法回应。法官的功能只是找到正确的立法规定,会同事实的情境,为这个或多或少从法律规定与事实情况的联姻中自动产生的解决办法祈福。整个司法决定过程都遵循了经院逻辑的形式三段论。大前提是制定法,案件事实提供了小前提,而结论不可避免随之而来。" Richard O. Faulk, "Armageddon Through Aggregation? The Use and Abuse of Class Actions in International Disputed Resolution," 37 *Tort and Insurance Law Journal* 999, 1011 (2002), 引自 John Henry Merryman, *The Civil Law Tradition: An Introduction to the Legal Systems of Western Europe and Latin America* 36 (2d ed. 1985). 又请看,Merryman, "The French Deviation," 44 *American Journal of Comparative Law* 109, 116 (1996); J. Mark Ramseyer, "Not-So-Ordinary Judges in Ordinary Courts: Teaching Jordan v. Duff & Phelps, Inc.," 120 *Harvard Law Review* 1199, 1205-1206 (2007); Georgakopoulos, 前注 3, 页 212。

职业制司法国家中，法学教授一般不像在英美法国家那样只被视为法律评论家，而且被视为实际的法律渊源[8]，法官的职业制结构阻碍了法官扮演法律评论家的角色。我们还应预期，随着职业制司法中法官的立法角色弱化，立法机关就要承担普通法体制中由法官承担的那种立法性杂活。事实上，普通法决策与职业制司法根本无法兼容。要赋予职业制法官那种普通法的规则制定责任，就会破坏这个体制的平滑运转，会更难设计和贯彻客观的晋升标准。此外，职业制法官过着隐居式的职业生活，趋于不食人间烟火，因此偶尔当立法者也未必有效。他们对自己的专事领域了解更多，但他们了解的就是法律教义，而不是这些教义与教义所规制的活动之间的关系。

与职业制司法用晋升（作为胡萝卜，不予晋升则是大棒）约束法官行为的效果形成反差，在英美国家的"旁门制"司法中，晋升的意义有限。这部分因为在英美体制中法官是在其成熟时才受任，部分则因为在大多数英美司法体制中法官阶梯很少，还有部分则因为即使受任司法最高层也不要求他之前有司法经历，而大多数法官则根本没有晋升。在1990年代，联邦地区法官晋升上诉法院的概率只有6%[9] 联邦初审与上诉法官在薪水、特权上差别都不大，尽管上诉法院的工作量一般会轻些。

尽管时下最高法院所有大法官之前都是联邦巡回法院法官，但大法官数量太少，服务时间太长，乃至联邦上诉法院法官成为最高法院大法官的比例极小。并且，如今变得更小了，因为巡回法官的数量随着工作量增加增多了，最高法院大法官的数量长期以来却一直冻结为9人，此外，最高法院的人事更替也因大法官寿命更长而降低了。更有甚者，尽管在联邦法院体制中，业绩与晋升并非毫无关系（哪怕是晋升最高法院[10]，在那里政治标准是支配性的），但不是主导因素。特别是，与职业制法官的情

---

[8] 请看，例如，Eugen Ehrlich, *Fundamental Principles of the Sociology of Law* 365 (Walter L. Moll trans. 1936 [1913])。埃里希著作第十二章有个很有意思的讨论，对比了普通法法系和大陆法系。

[9] Daniel Klerman, "Nonpromotion and Judicial Independence," 72 *Southern California Law Review* 455, 461 (1999).

[10] Lee Epstein et al., "The Role of Qualification in the Confirmation of Nominees to the U. S. Supreme Court," 32 *Florida State University Law Review* 1145 (2005).

况不一样,更高层级的法官不决定低层级法官中谁晋升。这由政客决定。因此,政治让许多法官没有丝毫的晋升机会,政治又推荐其他一些法官晋升,而这些人作为上诉审法院法官不大可能有杰出的表现。我们一定要离开晋升,从其他地方寻找联邦法官行为的外部约束。

除 12 个州外,美国其他州都用某种选举方式来选择它们全部或大多数法官。这些选举制的各州法院的环境,与美国联邦司法,也与外国职业制司法的环境很不相同。选举产生的、有固定任期并因此一定要经受再选举考验的法官会受制于某种形式的工作表现评审,而终身任职的联邦法官不受制于此。也因为这一点,选举产生的法官一定比不取决于选民意志任职的法官对舆论更敏感。令相当数量选民感兴趣的案件只会是少数,主要是社会轰动的犯罪案件。但在这些案件中,可以预期,会有系统的偏见渗入司法过程。想想某个保留死刑的州。由于只有对最极端谋杀者才能适用死刑,在这类案件中,选举产生的法官也许会偏向对被告不利。[11] 还可以预期,如果一方诉讼人不是本州居民,选举产生的法官就比任命产生的法官会更多偏向法官居住的本州诉讼人。[12]

---

[11] Herbert M. Kritzer, "Law Is the Mere Continuation of Politics by Different Means: American Judicial Selection in the Twenty-first Century," 56 *DePaul Law Review* 423, 461-464 (2007); Stephen B. Bright and Patrick J. Keenan, "Judges and the Politics of Death: Deciding between the Bill of Rights and the Next Election in Capital Cases," 75 *Boston University Law Review* 759, 792-796 (1995). 与这一猜测相一致,一州法官的平均任期越短,法官就可能判死刑。Paul R. Brace and Melinda Gann Hall, "The Interplay of Preferences, Case Facts, Context, and Rules in the Politics of Judicial Choice," 59 *Journal of Politics* 1206, 1221, 1223 (1997). 在另一篇论文中,霍尔(Hall)发现,在选举产生的与任命产生的州法官之间,行为没多少差别,但法官候选人与选民间的意识形态距离,以及他担任法官时谋杀率的增加,对法官选举,特别是党派性法官选举,确实有确定的影响。"State Supreme Courts in American Democracy: Probing the Myths of Judicial Reform," 95 *American Political Science Review* 315, 325-327 以及 tabs. 9-11 (2001).

[12] 有关证据,请看,Eric Helland and Alexander Tabarrok, "The Effect of Electoral Institutions on Tort Awards," 4 *American Law and Economics Review* 341 (2002); Tabarrok and Helland, "Court Politics: The Political Economy of Tort Awards," 42 *Journal of Law and Economics* 157 (1999). 意外的是,前一论文发现,在联邦的基于不同管辖而发生的案件中,这种效果不起作用,这为传统论点提供了支持,即不同管辖保护了非居民,不受有利于案件审理所在州居民的偏见影响。

在选举产生法官的体制下,法官或想当法官的人必须有能力筹钱竞选。捐款人大都是律师,他们常出入该候选人想去的那个法院。如果在某些主要从业领域里,双方律师——诸如在医疗事故中代表患者的律师与代表被告的律师——当年给某法官候选人捐了同等数量的金钱,就与仲裁者的情况非常类似:这位法官在判决时就会有激励,想走一条中间道路。但具体从业领域内的利害关系常常系统性非均衡,在这种情况下,选举产生的司法就有可能出现系统性偏见。

有时应当如此。如果同等竞选捐助诱使法官同等对待每个法律争议的双方:劳工与管理者、集团诉讼原告与集团诉讼被告、侵权案原告与保险公司、债务人与讨债人以及诸如此类,那么法律就无法改变已应当改变的对立群体间先前的法律平衡。但没有理由认为,按照支持改变和反对改变的双方捐款比例指引的方向来改变法律,通常会是一种改善。因为即使某种改变产生的收益大于其费用,并在此意义上是有效率的,潜在的受益者也许还是无法筹集足够的资金捐助司法竞选,或是无法像潜在的输家一样以其他方式有效施加政治压力。他们也许是比对手更为弥散的某个群体,并因此有更严重的搭便车问题折磨他们。这种政治有效性的不同当然很常见,否则的话,就会有大量比时下更有效率的立法了。

从政治独立性上看,选举产生的法官不如任命产生的法官,尤其是不如那些终身任职的受任法官[13],但这并不必然是件坏事。不是坏事,不仅因为工作岗位没保证会激发人努力,而且因为选举产生的法官的司法决定比任命产生的法官的趋于更可预测。[14] 这一发现与选举产生的法官更少独立性这一点是一致的,甚至是后者导致的。独立的法官可能有更复杂的决策筹划,因为他不希望只考虑政治风向。只要审判中的民粹成分不至于达到令一个不受欢迎的无辜者被定罪的程度,或是对法制有其他重大背离,那么让司法政策符合民主的偏好,在一个自豪自己是世界头号民主国家的社会中,也可能被认为是件好事。

---

〔13〕 额外的证据见于,Brace and Hall,前注 11。请看一篇文章的参考文献,F. Andrew Hanssen, "Is There a Politically Optimal Level of Judicial Independence?" 94 *American Economic Review* 712, 717 (2004).

〔14〕 F. Andrew Hanssen, "The Effect of Judicial Institutions on Uncertainty and the Rate of Litigation: The Election versus Appointment of State Judges," 28 *Journal of Legal Studies* 205 (1999).

这只是说,司法独立与司法问责成反比。[15] 如果(或许这是个很大的如果)以选举产生的司法来表示一种合法的民主偏好,希望司法态度与民粹态度联手比在非选举产生的司法中可能的联手更为紧密,那么无视舆论的法官就不仅不大可能再次当选;而且可以说,这个法官会两头都很糟糕,甚至是篡权的。然而,硬币的另一面则是舆论越是一致,司法独立对于维护少数群体的权利就越重要。

进一步吊诡的是,尽管在英美条件下,选举产生的司法要比任命产生的司法更民主,但在大量运用细致的立法性法典的法律体制下,它却不比职业制司法更民主。法官解释和使用的法典越是细致,他就越可能"按照字面"来执行法典,而不是仅仅把法典作为开发法律标准的起点。民主的立法机构在呼唤法律关注,而法官们其实只在执行民主过程做出的决定。

除了扭曲了律师竞选捐款对法律演化的效果外,法官选举产生的最糟后果之一在于它大大限制了挑选法官的范围。因为大多数人的气质都不适合、且不管怎样都不擅长选举政治,尽管他们也许刚好具备杰出法官必备的能力。政治才华和司法才华兼备,这种人数量很少。甚或这两种才能有某种程度的不兼容,或许就是两种人格;尽管有相当数量的联邦法官在受任前曾担任过选举产生的职位,但审判案件,特别是在上诉层级,是一种很内向的职业,而政治是外向的职业。[16] 然而,即使政治天资与司法天资有某种程度不兼容,我们也不能确定,选举产生的法官平均看来能力不如任命产生的法官,毕竟前者有竞争的激励。某些证据表明任命

---

[15] Eric Maskin and Jean Tirole, "The Politician and the Judge: Accountability in Government," 94 *American Economic Review* 2034 (2004); Stephen B. Burbank and Barry Friedman, "Reconsidering Judicial Independence," in *Judicial Independence at the Crossroads: An Interdisciplinary Approach* 9, 14-16 (Burbank and Friedman eds. 2002).

[16] 在一份法官的大量抽样中,27% 的联邦法官以及 28% 的州法官曾就任选举产生的职位;分别有 40% 和 35% 就任选举产生的或任命的政治职位;并且分别有 11% 和 10% 曾寻求过政治职位,但未成功。Louis Harris and Associates, Inc., "Judges' Opinions on Procedural Issues: A Survey of State and Federal Trial Judges Who Spend at least Half Their Time on General Civil Cases," 69 *Boston University Law Review* 731, 755-756 以及 tab. 9.1(1989). 这无疑反映了这样一个事实,政客——总统和参议员——任命联邦法官,并且政客都了解其他政客。

的法官能力会更强。[17] 但最近的一个研究发现的证据相反,在校正了其他变量之后,职位越少保证的州最高法院大法官,越多为外州法官的司法意见引证。[18]

没有哪个州的法官职任像联邦法官那样有保证。终身任职尽管不大可能弱化联邦法官的努力,但这还是一项高价值特权收益,并因此增加了联邦法院法官——相对于州法官——的实际收入。这转而促使联邦法官职位更令人垂涎(这就像联邦法律比州法律地位更高一样),并因此扩大了求职群体。终身任职与选举产生的司法所自诩的民主会有深刻不一致,因为即使最初是选举产生,终身任职的官员也不是人们心中的民主制官员。并且,州政府要比我们的联邦政府更为民主——选举更频繁、更多选举产生的法官(在联邦层级,只有总统和副总统是选举产生的行政官员,而,当然,联邦法官都不选举产生),还有些州允许公民投票(referenda)、公民提案(initiatives)以及公民确认(recall)(对官员的公民确认,实际是通过投票人来弹劾),这都给代议民主中增加了少量的直接民主。

有20个州,加上哥伦比亚特区,正努力帮助选民对司法候选人做出信息更佳的决策。[19] 这些司法问责项目大多见于采纳"密苏里方案"的各州;在这些州,法官由贤能挑选委员会任命,之后以选举方式续任,只是选举中没有竞争的候选人。这个独立委员会将公布对每个准备续任法官

---

[17] 请看,例如,Kermit L. Hall, "Progressive Reform and Decline of Democratic Accountability: The Popular Election of State Supreme Court Judges, 1850-1920," 1984 *American Bar Foundation Research Journal* 345 (1984).

[18] Stephen J. Choi, G. Mitu Gulati, and Eric A. Posner, "Professional or Politicians: The Uncertain Empirical Case for an Elected Rather Than Appointed Judiciary" (New York University, Duke University, and University of Chicago Law Schools, Aug. 2007). 关于以"其他州"引证作为工作表现测度是否可靠,有不同理解。受任法官的平均每篇司法意见都更多被引,但选举产生的法官撰写了更多的司法意见,并且司法意见的相对数量大于每篇司法意见的相对引证数量。选举产生的法官撰写司法意见数量更多也许是由于,司法意见数量尽管明显只粗糙测度了产出价值,却显然是法官竞选的话题之一。请看,"Pemberton Tops in State for Appeals Opinion Productivity" (德克萨斯州上诉法官的竞选广告),www.bobpemberton.com/2006/09/20/appeals_opinion_productivity/ (visited Aug. 18, 2007).

[19] Rebecca Love Kourlis and Jordan M. Singer, "Using Judicial Performance Evaluations to Promote Judicial Accountability," 90 *Judicature* 200 (2007). 请看,同上,页204,对不同州的项目有很好的概述。

的评估。评估基于访谈、公众评论和律师秘密评论、司法表现统计测度（诸如该法官决定案件的速度），甚至——在某些州——该法官的司法意见书。律师界各群体以及报纸也会对法官候选人做出评估。

当我们从仲裁者、职业制法官以及选举产生的法官转向美国联邦法官，我们就进入了司法行为外在约束严重弱化的领域。[20] 从最大程度降低代理费用的观点来看，没有很好的晋升机会会特别麻烦。尽管也许不太可能测度个人表现，但还是能看出谁的工作表现最好，因此每个进取的雇员都会努力工作，证明自己最佳，并得到晋升。晋升无需只在内部。换个雇主，也可以是"晋升"；文官就常常这样"晋升"到私人领域的某个更好的职位。但在联邦司法环境中，这根胡萝卜也基本没有。联邦法官不大可能（我们会在下一章看到）没到退休年龄就辞职，开始私人从业或干其他什么行当的工作。并且，就是年龄到了，他也更可能接受资深地位——继续审判，半工但全薪，而不是完全脱离审判另干一份工作。

大棒也和胡萝卜一样苍白（而且，即使在胡萝卜很大的工作职位上，大棒还是必不可少，以便能替换那些对胡萝卜激励回应不足的表现不佳者）。除了终身在岗和同层级所有法官薪水相同外，联邦法官表现优异也没奖金，表现差劲也不扣薪水，凭着司法名声兼职教学挣钱的能力也非常有限。除版税外，对其他额外劳动的收入都封顶偏低，版税则被奇怪归为非劳动收入（unearned income），和公司分红或石油天然气使用费一样——简而言之，投资收入。尽管对法官的非劳动收入没有封顶，但只有最高法院大法官才会有收入可观的著作合同。

法官职位越有保证并因此越难控制法官行为，就应当越仔细筛选法官职位候选人。事实上对联邦法官候选人的筛选非常仔细。联邦法官的位置也竞争激烈，这就扩展了挑选范围，并且筛选的网眼也可以更精细。候选人都年龄成熟，这使筛选更为有效。因为人们的偏好一般是稳定的，行为中有强烈的习惯成分，一个人受任时越是年长，他在这个职位上的表现就越可以预期。多年来私人从业或在政府从业法律，或从事法律教学或研究表现一直成功的法律人，展现了头脑清醒、判断良好、为人正派的

---

[20] 我的讨论仅限于宪法第三条的法官——地区法官、上诉法院法官，以及最高法院大法官。此外有其他一些联邦司法官员，主要是治安法官、破产法官以及行政法法官。我在第六章会简单讨论治安法官和破产法官。

品质以及其他作为法官的重要特点的法律人,即使从业的胡萝卜和大棒都消失了,也还可能继续展现出这些品质。这很像是射击,枪筒的位置和膛线为子弹定了方向,一旦离开枪管,指导子弹前进的就是发射时的惯性,尽管风也许会让它略微偏离其起始路径。

更进一步的是,没有强有力的激励和约束,这本身就创造了一个空间,使一些屡弱因素可能影响行为。人都关心自己的名声,哪怕名声不能给他带来有形的报酬。排行和奖励对人有心理影响,与在同行间独一无二的任何其他职业影响都不同。如果一个人不能以大笔收入来证明自己的工作质量,他就很容易更关心自己工作好的名声。许多联邦地方法官对美国法院管理局汇编的统计数据季报很敏感,因为那展示了一位法官有多少起案件被告诫处理时间超过了特定时间长度,有时太敏感了,乃至法官在报告期结束前会拒绝某案,但下一报告期开始时可以重新提出此案,以便改善自己的统计数据。然而,除了仅限于在本人所在巡回区法官中有非常轻微的名誉制裁外,对统计数字糟糕的法官没有其他制裁。

地区法官不喜欢自己的司法决定被撤销。[21] 尽管对一位无论如何都不可能晋升上诉法院的法官,这种撤销没有实在的职业影响,即使有晋升的可能,这种影响也很小[22],撤销还是可能隐含了批评,而不仅仅是分歧,而没有谁喜欢公开受批评。由于法官对案件积压和决定撤销都很敏感,他们不会贸然做出判决,仅仅为减少被撤销概率而让自己的案子积压到不正常的程度,或是仅仅为清除案件积压而让自己的被撤销率急剧上升。因

---

[21] David A. Hoffman, Alan J. Izenman, and Jeffrey R. Lidicker, "Docketology, District Courts, and Doctrine" (Temple University, May 21, 2007); William J. Stuntz, "The Pathological Politics of Criminal Law," 100 *Michigan Law Review* 505, 541 (2001); Evan H. Caminker, "Precedent and Prediction: The Forward-Looking Aspects of Inferior Court Decision Making," 73 *Texas Law Review* 1, 77-78 (1994); Richard S. Higgins and Paul H. Rubin, "Judicial Discretion," 9 *Journal of Legal Studies* 129, 130 (1980).

[22] Higgins and Rubin, 前注21,发现撤销率不影响地区法官的晋升机会。注意,即使如此,如果地区法官对撤销完全不在意,那么上诉实际上可能会弱化他们当好法官的动力;他们知道差错会被校正,自己不会因有这些差错受罚。Aspasia Tsaoussis and Eleni Zervogianni, "Judges as Satisfier: A Law and Economics Perspective on Judicial Liability" 10 (ALBA Graduate Business School, Athens, Greece, and University of Piraeus, Greece, Sept. 2007).

此他们受到了约束,要有某种谨慎,与职业制司法中法官的谨慎很类似。

地区法官常常有大量待审案件;在位于城市区域的地区法院,一位独任法官会有数百件案件等候审理。其中大多数,若无法官干预,会和解或放弃。但剩下的案件也足以要求法院采取行动促使法官关注它们,以免积案变得无法收拾。在处置案件时,他不能随心所欲,否则他的被撤销率会高得令人尴尬。积案的压力会让他工作努力,而撤销的威胁又会让他谨慎工作——尽管一种替代战略是推动当事人双方和解,因为和解既能减少积案又没有被撤销的风险。[23]

我也许太早打发了晋升,作为一个因素,对地区法院法官行为的影响。尽管晋升上诉法院的可见收益非常有限,并且上诉审更隐居、更智识的特点也不符合追求、有资格并实际获得地区法官职位的每个人的口味,但地区法官被任命到上诉法院就是"晋升""更高级别"的法院,这一点使晋升对许多地区法官有诱惑力。更甚的是,地区法官只有6%得到晋升,这种说法也夸大了得不到晋升的概率。许多地区法官都太年长了,没有现实的晋升预期,他们会拒绝晋升或因政治原因而极不可能晋升。假定,尽管是猜测,有20%的地区法官有机会获得晋升。那么在那个群体中,每个法官就会有1/3的晋升机会($0.20 \div 0.06 = 0.33$)*,而这个概率也许还差得很远,还不足以诱使法官为了从该群体脱颖而出而不择手段。这位法官还是比其他地区法官有更大激励尽可能成为最好的法官,因为晋升上诉法院,贤能是一个因素。但这不是唯一的因素。晋升的权威人士——总统和参议院——都是政客,博得他们认可也许会影响该法官如何决定部分政客可能感兴趣的案件,这就使这些决定比以其他方式可能得出的决定更多一些政治性。

也许可以认为上诉审是控制司法代理费用的有效方法之一。[24] 问题在于,上诉审法官,无论是上诉法院法官还是最高法院大法官,都不是被代理人;他们都是对被代理人——美国政府——享有巨大独立性的代

---

〔23〕 关于地区法官推动和解的利益,请看,Hoffman, Izenman, and Lidicker,前注 21。

* 原文如此,但根据上下文意思,似应为:每个法官就会有 30% 的晋升机会($6\% \div 20\% = 0.3$)。——译者注

〔24〕 请看,Steven Shavell, "The Appeals Process and Adjudicator Incentives," 35 *Journal of Legal Studies* 1 (2006).

理人。在联邦制度中,上诉审所起的作用就是让地区法官的行为与上诉审法官的行为一致,而不是减少代理费用。

由于联邦地区法官比职业制司法的法官有更多的决定自由,一些个人因素——比方说,智识懒惰,包括凭直觉匆忙行动,而不是(还)凭分析和证据,甚至喜欢折磨出庭律师——对其行为所起作用也可能比对职业制司法对应者的行为所起作用更大。[25] 特别是折磨律师,这既不会影响该法官判决的被撤销率,也不会影响他的积案,相反会诱使案件更多和解,从而减少他的积案。

联邦上诉法院法官的工作环境在四个主要方面与地区法官不同。第一,积案压力和撤销威胁的双重约束都弱化了。巡回法官的工作量比地区法官的工作量更轻,因此工作量无法掌控的威胁更少不祥的出现。一旦案件论辩过了,直到决定此案,就没有进一步的活动了,这意味着积案多少不会影响法官的工作负担,不像在地区法院。此外,最高法院极少复审上诉法院的决定(目前还不到1%),因此撤销的威胁也不大可能对上诉法院决策有多少约束。还有,这些撤销中,有许多反映的是意识形态分歧,不是纠正差错,因此不隐含什么批评。而撤销地区法院决定就更少这种情况。

第二,上诉法官以合议庭方式而不是法官个人出庭,这里对合作行为就有所奖励。[26] 不好的一面是有拉帮结派和(尽管我认为这在联邦司法中相当罕见)相互帮忙(交换投票)的风险。立法者可以心安理得地搞投票交换,因为他们是代表,交换投票可以使他们能最大化自己选民的福利。法官则不能给出这样的正当理由。因此,交换投票违反了司法游戏的规则,但要加一个限定,即对第一章讨论的合议庭构成效果最有说服力的解说,涉及的还是某些与相互帮忙类似的东西。

第三,联邦上诉法院法官比联邦地区法官有更大机会影响法律,最著名的典范就是勒尼德·汉德。上诉审判要远比初审审判更集中关注一般性法律争议而不是特定于这一具体案件的事实或程序争议。此外,不仅最高法院只复审很少比例的上诉法院决定,而且即使复审,复审案件也并非不同联邦法律领域的司法活动的代表性抽样。最高法院过于关注宪法

---

[25] 请看,例如,Steven Lube, "Bullying from the Bench," 5 *Green Bag* (2d ser.) 11 (2001).

[26] Harry T. Edwards, "The Effects of Collegiality on Judicial Decision Making," 151 *University of Pennsylvania Law Review* 1639 (2003).

性法律,而把其他许多领域基本留给了上诉法院来塑造。

许多上诉法院法官都没有野心影响法律发展的方向,也不寻求诸如勒尼德·汉德和亨利·弗兰德利这些法官获得的那种声誉。而且由于撤销风险很小,我们可以预期无野心的上诉法官会比地区法官更看重闲适,并更多依据个人偏好来投票。在地区法院层面,判决被撤销的风险要大得多,而对创造性法律思考的奖赏要小得多。

在我们的制度中,上诉法官常常可以在决定中隐藏个人偏好的作用,通过选择陈述一些事实,因此结果看上去必然随之而来,或是通过自由处理先例。然而即使对少数野心勃勃、试图在法律上打上自己印记的法官,先例原则还是有某些约束力的。[27] 一位法官的影响取决于他的决定被其他法官视为先例。如果他的决定对遵循先例很随意,他就弱化了先例原则,并因此降低了其他法官遵循他的决定的概率。[28] 一位法官如果注意到其他法官都不恪守先例,他会想自己为什么要自找麻烦这样做。如果该法院大多数法官都赞同恪守先例,他们就会(如果必要,则通过全员出庭的程序,可以撤销一个合议庭决定)驾驭那些比较自行其是的法官。

但先例原则背后的主要力量可能就在于,在判例法体制中,要创造法典体制中那种法律的稳定性,恪守先例必不可少。在法典体制中,法官不恪守先例,关系不大,因为司法决定不创造规则,而仅仅是适用法典先前确立的规则。在这样的制度中,司法决定作为先例的力量比在我们的制度中小得多,因此不令人吃惊。[29] 但不是毫无力量。有影响的民法教义,法理恒定(*jurisprudence constante*),就赋予了前后一致的系列先例某种先例的意义,尽管不像在普通法体制中,仅赋予第一个先例。[30] 因

---

〔27〕 他们的野心体现在拼死拼活地争夺最能干的法官助理,也许不是为影响法律,他们也许只是想成为最高法院的大法官或仅仅是为人尊敬。关于这种竞争,请看,Christopher Avery et al. , "The Market for Federal Judicial Law Clerks," 74 *University of Chicago Law Review* 447 (2007).

〔28〕 Eric Rasmusen, "Judicial Legitimacy as a Repeated Game," 10 *Journal of Law, Economics and Organization* 63 (1994).

〔29〕 请看,例如,Eva Steiner, *French Legal Method* 80-81 (2002); Dennis 前注 6,页 14-17。

〔30〕 请看,例如,Vincy Fon and Francesco Parisi, "Judicial Precedents in Civil Law Systems: A Dynamic Analysis," 26 *International Review of Law and Economics* 519 (2006); Dennis, 前注 6,页 15。

此,当第二个案件提出相关法律争议时,民法法系法官不会把第一个判决当作权威。但如果他和其他成功的法官都认同第一个决定,并且在这一司法观点凝固期没人异议,这些决定就会获得先例的权威。

我们的法官有强大动力恪守先例,不仅因为他们想鼓励他人恪守自己创造的先例,而且——这对于大多数法官更重要——因为他们想限制自己的工作量。恪守先例起到了这种作用,既是直接地,即减少了法官必须重新分析的案件数量,也是间接地,即减少了上诉案件的数量,因为法律越确定,诉讼率就越低。遵循先例原则还有进一步的价值,这就是我在第一章提到的,它会促使法官更周到地考虑决定的后果,尽管这与先例节省时间的收益之间有某些紧张。

上诉法院法官中还有另一小类法官,由于意识形态、杰出、政治关系、种族、性别、族群或其他因素,真有可能晋升最高法院(与之对应的,也有一批真有可能晋升上诉法院的地区法官)。除了少数例外,一位上诉法院法官,无论在最高法院的任命竞争中位置看上去多好,实际受任概率都很低,因为求职者很多,而空缺非常少,并且最高法院的任命还有太多不可测的政治因素。这就是为什么我说"真有"可能而不是"很好"可能(某些地区法官真有很好的可能晋升上诉法院)。但如果一位法官对成为最高法院大法官的价值看得很重,那么这种预期受任价值(最简单地,就是任职效用乘以其概率)也许会影响他的行为。部分因他司法以外的著述(这是埋葬他的最大部分"文字证据"),罗伯特·鲍克被提名最高法院大法官失败了,此后,上诉法院法官的学术发表率骤然下降。[31] 更重要的是,鲍克以及更晚一些迈克尔·陆廷(Michael Lutting)的辞职,都发生在他们一度辉煌的、出任最高法院的可能性黯淡之后,这都表明某些法官也许愿意花费多年从事一个对他并不很有诱惑力的工作,只要他们认为这可能给他们一个受任最高法院的机会。

巡回上诉法院法官与地区法官的第四个区别是,可以预期职业界对司法决定的批评会更明显地制约上诉法院的而不是初审法院的司法裁量权过度行使。上诉法官的主要公共产品是司法意见,是独立自足的(self-contained)(或至少看似独立自足的)文本,很便于法律职业界批评。但

---

[31] S. Scott Gaille, "Publishing by United States Court of Appeals Judges: Before and after the Bork Hearings," 26 *Journal of Legal Studies* 371 (1997).

是我们会在第八章中看到，大多数法官并不把法律职业界对司法意见的批评当回事，乃至对法官行为几乎没影响。而且，不管怎么说，学界评论家（包括为法律评论撰文的学生）太着迷于最高法院的决定了，而上诉法院的决定也实在太多，乃至为学界关注的上诉法院决定比例很小。[32] 很是讽刺的是，最高法院大法官比下层级法院法官更少关注学界批评，尽管他们更关注立法者、一般公众以及媒体的反应。

就约束联邦司法行为而言，有潜在重要意义的是司法表现量化标准的发展，这主要是法学教授的但也有法院管理者的努力。这些标准与前面提到的对各州选举产生的法官的、更折衷的评估有重叠之处。后一类评估转而也与对联邦行政治安法官（magistrate judges）和破产法官的评估类似；这些法官的任命（行政治安法官由联邦地区法院任命，破产法官由上诉法院任命）有固定任期，可连任。由于联邦地区法官和上诉法院法官都终身任职，评估对他们没什么威胁，但可以想象其中某些人可能会感到羞愧，从而会表现好一些，并且，可能更重要的是，评估为准确预见司法表现提供了某种凭据。

法官也很难以司法表现量化标准受政治推动为由打发这类标准，这比打发通常的语词标准——"有节制的"、"能动主义的"、"学术性的"、"结果导向的"以及其他——更难。量化标准也更经济，因为统计数据可以压缩大量信息，而话语批评做不到。但还是要注意一些限定。一是对不同法院和法官，司法表现的标准不应统一。我前面就提到，在评估地区法官时，诸如积案和撤销率这些标准的作用应更大些，要大于对巡回区法官的评估。此外，即使表现良好的标准也许还是无助于决定是否应当晋升某位法官（我很快会解说这一点）。

任何量化排序体系都有一个危险，即竞争者也会学会这个游戏[33]，就

---

[32] 专著（Treatises）会引证许多判例，但很少批评性引证，因为只要该书不是有很多作者不赞同的决定的话，那么法律专著的重点就在于法律是什么，而不在于它会是什么。如果这些决定有可能被遵循，它们就是"法律"，至少从从业者的观点看如此，而法律专著主要针对的正是从业者。

[33] 一些令人吃惊的例子，请看 Wendy N. Espeland and Michael Sauder, "Ranking and Reactivity: How Public Measure Recreate Social Worlds" 1 (2007), *American Sociological Review*, 113, 讨论了《美国新闻与世界报道》有影响的法学院排行榜。

像我提到积案统计一样。并且就像用其他巡回区法官的引证数[34],或用乔伊和古拉提(Choi and Gulati)教授开发的更具包容性的排序方案[35]来评价巡回区法官表现的标准所例证的那样,标准的选择取决于如何设定杰出上诉法官的特点。这些标准到目前为止测度的主要是影响力和出色。除了其他巡回区的引证数外(这一测度的背后理由是,其他巡回区的判例不具权威性,引证不引证是选择性的,因此,其他巡回区每次引证就是一次非强迫的承认,被引证的司法意见很有用),乔伊和古拉提的司法表现标准之一是司法意见中提及某法官名字的次数。[36] 另一个研究则依据判例教科书收入一位法官的司法意见数量给法官排序。[37] 这些标准都暗中认为司法创造性是巡回区法官唯一的或至少是最重要的特征。法条主义者会对这种寓意气得脸色发白。

一个相关的关切是,就像批评《美国新闻和世界报道》法学院排名的批评者强调的,当数字排名是多维度(合成的)时,这些排名就很可疑。不同维度的权重会影响排名——并且这个排名可能是专断的。[38] 这个问题在法官排名上与在法学院排名上同样严重,因为在这两个排名中,不

---

[34] 最完整的研究是,William M. Landes, Lawrence Lessig, and Michael E. Solimine, "Judicial Influence: A Citation Analysis of Federal Court of Appeals Judges," 27 *Journal of Legal Studies* 271 (1998). 关于这种方法对某外国法院的适用,请看,Mita Bhattacharya and Russell Smyth, "The Determinants of Judicial Prestige and Influence: Some Empirical Evidence from the High Court of Australia," 30 *Journal of Legal Studies* 223 (2001). 计算引证已变成了一种常用工具,用来评估学术职任和晋升候选人的学术水准。请看,Richard A. Posner, *Frontiers of Legal Theory*, ch. 13 (1991), 以及那里引证的文献。

[35] Stephen J. Choi and G. Mitu Gulati, "Ranking Judges according to Citation Bias (as a Means to Reduce Bias)," 82 *Notre Dame Law Review* 1279 (2008); Choi and Gulati, "A Tournament of Judges?" 92 *California Law Review* 299 (2004).

[36] 又请看,David Klein and Darby Morrisroe, "The Prestige and Influence of Individual Judges on the U. S. Courts of Appeals," 28 *Journal of Legal Studies* 371 (1999).

[37] G. Mitu Gulati and Veronica Sanchez, "Giants in a World of Pygmies? Testing the Superstar Hypothesis with Judicial Opinions in Casebooks," 87 *Iowa Law Review* 1141 (2002). Klein and Morrisroe, 前注 36,试图量化测度司法声誉。

[38] 我在一篇文章中强调了这一点,"Law School Ranking," 81 *Indiana Law Journal* 13 (2006).

同因素该有多大权重,都有看法是否一致的问题。如果你碰巧认为明晰是司法意见中极为重要的美德,这就会影响你的权重——相对于另一位观察者,他可能认为向败诉方细心解说他为什么败诉、或讨论更细小的争议、或事实叙述全面细致或从不冒险以免决定被撤销是司法意见的最重要美德。并非所有称职的联邦上诉法院研究者在司法美德的天平上都很看重司法创造性;某些人甚至会谴责"创造性"的法官,认为他们是一种不稳定力量。

还有,排名是一种序数而不是一种基数的评价工具。它并不暗示排名之间有质量差别。如果差别很小,那么排名差别很大也还是没表明司法表现有很大质量差别。由于简化了质量标准,法官排名贬低了司法进路、风格和视角的多样性;这就像大学只根据申请人成绩录取一样。

乔伊和古拉提没有用撤销率作为判断巡回区法官表现的标准。这看起来好像是一个令人吃惊的疏忽。但撤销率可能与创造性正相关,因为可以预期,创造先例而不只是遵循先例的法官,会比一位不大冒险的法官更多被撤销决定;[39]这就好比本垒打击球手一般比一垒打击球手更多击空一样。而且乔伊和古拉提使用的表现标准之一(引证某法官的频度)也已自动控制了这种撤销的后果,因为决定撤销后就不大可能被引用了。然而,这里有一种情况支持用最高法院偶尔的简单撤销来测度上诉法院的表现,因为这种撤销更可能是因认定下层级法院明确有错,而不是因对某争议问题的解决方法有分歧。还有种类似但稍弱一点的情况是,用最高法院一致同意的撤销来测度下层级法院的差错。使用了这两种测度的一个研究就支持了一个流传甚广的印象,即在联邦上诉法院中,第九巡回区法院表现最差。[40]

除了用于评价法官的特定测度(metrics)是否精确或有用外,我们还需要关心社会学家所谓的"反应"——"因被评估、观察和测度,个体行为改变"[41]的倾向。排名放大了差别,其寓意就像运动员竞赛那样,重要的不是你在绝对意义上表现有多好,而是你相对于他人表现有多好。这转而会诱使被排名者改变行为以提升自己的排名。这与"玩把戏"(gam-

---

[39] Thomas J. Miceli and Metin M. Cosgel, "Reputation and Judicial Decision-Making," 23 *Journal of Economic Behavior and Organization* 31 (1994).

[40] Posner,前注 34,页 413-417。

[41] Espeland and Sander,前注 33,页 10。

ing)完全不同,后者的意思是操纵数据,尽管动机很相似。法官一般都争强好胜,因此给他们排名,无论是直接还是通过测度手段把那些量化的东西轻易转换成排名,可能会损害司法质量,除非是这些测度精确评估了表现;而它们并不精确。

就法官接受表现测度而言,这个问题最严重。许多重要的司法活动都是雷达扫描不到的,意思是很难为之开发司法表现的测度。想想上诉法官的下列活动,仔细阅读并评论合议庭其他法官传阅的司法意见初稿、监督不准备公布的、处理未经口头辩论之案件的司法命令(有别于公开发表的司法意见)、就动议做出决定、筛选上诉并决定哪些应口头辩论以及辩论多久(大多数巡回区都依赖专门的筛选庭)、仔细阅读所有要求重新听审的请求、出席法院委员会和美国司法会商委员会以及担任本院首席法官。如果这些活动都无法获得有意义的表现测度,表现测度仅适用于那些很容易测度的司法活动,也许会诱惑法官看轻这些无测度的活动,以便增加自己在这个评价等级体系中的排名。

我结论认为,全面拥抱表现测度,将之作为激励或约束法官的方法之一,还为时过早。以表现测度为基础给得高分的法官发奖金,这样的提议(没有任何人这样提议)则完全荒唐。

当我们从联邦上诉法院的环境转向最高法院的环境时,这幅图画又改变了。判决撤销的风险降到了零,但还是有先例的约束;有可能的政治报复,形式是立法"压缩法院"[42]或以宪法修正案(在宪法性案件的情况下[43])废除某个不受欢迎的司法决定;[44]有国会预算委员会的低级骚扰;以及当出现空缺时可能任命新的大法官,受任者会是在任大法官的敌手,选定他就是希望他改变最高法院的方向。事实上,由于最高法院的决

---

〔42〕 Tom S. Clark, "Institutional Hostility and the Separation of Powers" (Princeton University, Department of Politics, Apr. 25, 2007).

〔43〕 William N. Eskridge, Jr., "Overriding Supreme Court Statutory Interpretation Decisions," 101 *Yale Law Journal* 331 (1991). 一个反差鲜明的观点,请看,Frank B. Cross and Blake J. Nelson, "Strategic Institutional Effects on Supreme Court Decision Making," 95 *Northwestern University Law Review* 1437, 1451-1457 (2001).

〔44〕 Eugenia F. Toma, "A Contractual Model of the Voting Behavior of the Supreme Court: The Role of the Chief Justice," 16 *International Review of Law and Economics* 433 (1996).

定太显眼了,对大法官的政治约束甚至大于在联邦司法更低层级起作用的那些政治约束。公众对低层级法院的大多数决定基本不了解。但他们知道最高法院的许多决定,他们对这些决定的回应,如果足够强烈且传播广泛,就可能突变为对最高法院的政治性挑战。[45]

这些约束,加上在新颖案件中缺乏常规法律材料提供指南,而后一种情况在最高法院的案件总量中比例巨大,这就使最高法院成了一个真正的政治性法院[46],乃至对大法官的行为,特别是他们在宪法性案件中的行为的分析,应当与对常规政治行动者的行为的分析类似。[47] 但不完全相等,因为理性的大法官会比立法机关更重视先例的分量[48],并且比非跛脚鸭的立法者更少受政治报复的有效威胁。但鉴于最高法院不可避免的政治性,因此说某位最高法院大法官,他(或她——大法官奥康娜被普遍认为是近年来大法官中政治上最机敏的)具备并运用了政治机智,这甚至不构成一个批评。事实上,说目前最高法院成员的政治经验总和为零,这是一个正当的批评。

这一分析令乔伊和古拉提的建议[49]顿然失色了,他们的建议是通过联邦上诉法院法官"联赛"来选择最高法院大法官。[50] 就像国外职业制

---

[45] 关于最高法院的宪法性决定会受国会内政治平衡的影响,有关证据,请看,William Mishler and Reginald S. Sheehan, "Public Opinion, the Attitudinal Model, and Supreme Court Decision Making: A Micro-Analytic Perspective," 58 *Journal of Politics* 169 (1996); Anna Harvey and Barry Friedman, "Pulling Punches: Congressional Constraints on the Supreme Court's Constitutional Rulings, 1987-2000," 31 *Legislative Studies Quarterly* 533 (2006); Barry Friedman and Anna Harvey, "Electing the Supreme Court," 78 *Indiana Law Journal* 123 (2003).

[46] 本书第十章进一步讨论这个主题。又请看,Richard Hodder-Williams, "Six Notions of 'Political' and the United States Supreme Court," 22 *British Journal of Political Science* 1 (1992); Martin Shapiro, *Law and Politics in the Supreme Court: New Approaches to Political Jurisprudence* (1964).

[47] 请看,例如,Jeffrey A. Segal and Albert D. Cover, "Ideological Values and the Votes of U. S. Supreme Court Justices," 83 *American Political Science Review* 557 (1989).

[48] 有关证据,请看,Youngsik Lim, "An Empirical Analysis of Supreme Court Justices' Decision Making," 29 *Journal of Legal Studies* 721 (2000).

[49] 请看,前注 35。

[50] Steven Goldberg, "Federal Judges and the Heisman Trophy," 32 *Florida State University Law Review* 1237 (2005).

司法中上诉法院的最佳法官完全可能不是美国上诉法院的最佳人选一样，最佳上诉法院法官也许并非最高法院的最佳人选。[51] 人们一定不要忘记"彼得原理"*——某人的晋升超出了他的胜任。

考察这个联赛建议的最好方式是把乔伊和古拉提的标准用于那些后来成为最高法院大法官的联邦上诉法院法官，看看这些标准是否有预测大法官表现的力量。[52]（这一标准还很容易延伸到其他法院的法官，把霍姆斯、卡多佐、奥康娜以及其他从州法官职位来到最高法院的人都纳入这个检验样本。[53]）但这就要求开发一套很好的有关最高法院大法官的表现测度。

开发司法表现测度之难凸显了联邦法官的外部行为约束很弱。然而，这种弱就是司法独立的正面，并且有某些证据证明这是一个很好的交换——通过外部约束最小化（至少在联邦司法中）实现了司法独立最大化的英美风格的司法，要比欧洲风格的职业制法官更有利于经济增长。[54]

---

[51] 关于乔伊和古拉提挑选最高法院大法官的方法是否充分，有人表达了其他保留，请看，Daniel A. Farber, "Supreme Court Selection and Measures of Past Judicial Performance," 32 *Florida State University Law Review* 1175（2005）.

* 加拿大管理学家劳伦斯·彼得（Laurence J. Peter, 1917—　）根据大量实例分析归纳得出的管理学原理。其具体内容是：在等级制度中，每个职工都趋于升职到他不能胜任的地位。由此得出的结论是，每个职位最终都将由不能胜任该工作的职工占据。——译者

[52] James J. Brudney, "Foreseeing Greatness? Measurable Performance Criteria and the Selection of Supreme Court Justices," 32 *Florida State University Law Review* 1015（2005）.

[53] 例如，在我的著作中（*Cardozo: A Study of Reputation*（1990）），就使用了外州引证以及其他数字标准，努力确定卡多佐在州法官中的地位。同上，ch. 5，特别是页 85（tab. 5）。

[54] Simeon Djankov et al., "Courts," 118 *Quarterly Journal of Economics* 453（2003）; Djankov et al., "Debt Enforcement around the World"（World Bank, Dec. 2006）; Edward L. Glaeser and Andrei Shleifer, "Legal Origins," 119 *Quarterly Journal of Economics* 1103（2002）; Michael L. Smith, "Deterrence and Origin of Legal System: Evidence form 1950-1999," 7 *American Law and Economics Review* 350 92005）; Daniel Klerman and Paul G. Mahoney, "The Value of Judicial Independence: Evidence from Eighteenth Century England," 7 *American Law and Economics Review* 1（2005）; Rafael La Porta et al., "The Quality or Government," 15 *Journal of Law, Economics and Organization* 222（1999）; La Porta et al., "Law and Finance," 106 *Journal of Political Economy* 1113（1998）.

但请注意加了着重号的"某些";这些证据并不非常有力。[55] 如同保罗·马合尼(Paul Mahoney)指出的[56],英美政治文化就是敌视政府官僚,这也许导致了英美司法的非官僚结构[57]以及政治文化对商业努力特别友好。更进一步,尽管独立的司法部门毫无争议是一种社会善品(如同我在第二章提到的),但司法部门的独立还是不同于法官独立。职业制司法原则上可以像英美法官那样独立于政府其他部门,哪怕是职业制法官更少独立于司法上级。但这是在原则上,或许并非事实。普通法体制给了法官制定法律的权力。这使他们比民法法系法官更强有力,而有权力就会增强独立性。[58] 我们的法官有某种立法者的角色也许是因为政府其他部门信任他们,或者他们被信任也许是因为他们独立。

因此,如果职业制司法的主要后果就是把立法权从法官那里转给了立法者,这不一定会降低一国法律的质量,只要该国有一个与我们的总统

---

[55] 这种辩论,请看,Kenneth W. Dam, *The Law-Growth Nexus: The Rule of Law and Economic Development* (2006). 又请看,Aristides N. Hatzis, "Civil Contract Law and Economic Reasoning—An Unlikely Pair?" in *The Architecture of European Codes and Contract Law* 159 (Stefan Grundmann and Martin Schauer eds. 2006); Daniel Klerman and Paul G. Mahoney, "Legal Origin?" (USC Legal Studies Research Paper No. 07-3, n. d.); Gillian K. Hadfield, "The Many Legal Institutions That Support Contractual Commitments," in *Handbook of New Institutional Economics* 175, 197-198 (Claude Menard and Mary M. Shirley eds. 2005); Katharina Pistor et al. , "The Evolution of Corporate Law: A Cross-Country Comparison," 23 *University of Pennsylvania Journal of International Economic Law* 79 (2002); Brian R. Cheffins, "Does Law Matter? The Separation of Ownership and Control in the United Kingdom," 30 *Journal of Legal Studies* 459, 483 (2001). 有人指责"普通法"与"民法"的法系标准比较过于简单了,请看,Gillian Hadfield, "The Levers of Legal Design: Institutional Determinants of the Quality of Law" (USC Center in Law, Economics and Organization Research Paper No. C07-8, May 2007).

[56] Paul G. Mahoney, "The Common Law and Economic Growth: Hayek Might Be Right," 30 *Journal of Legal Studies* 503 (2001).

[57] Richard A. Posner, *Law and Legal Theory in England and America* 28 (1996) (tab. 1.1).

[58] Frank B. Cross, "Identifying the Virtues of the Common Law" (University of Texas School of Law, Law and Economics Research Papers No. 063. Sept. 2005).

制不同的议会制。在议会制中，政治是一种职业生涯，政党有纪律，立法机关行政部门整合在一起，因此实际上是一院制。英美国家的旁门制法官，同职业制法官相比，有更广泛的法庭以外的经验，也有更好的装备来扮演偶尔的立法者角色。但同议会制中的官方立法者相比，他们也许并非更好的立法者。前者有时间、经验、纪律和流水线程序，他们能够扮演我们体制中法官扮演的立法职能，因为我们的立法过程太麻烦和拥挤了。在议会制政府中，法典也许占据了我们体制中判例法的位置。

英国人在18世纪早期创造了他们的独立司法，我们的司法体制从中衍生而来。就外部约束很弱这点来看，英国司法和我们的联邦司法很相似。但不总是如此。英国人很是担心司法裁量权，于是用了三种技巧将之最小化。其一是，相当刻板的遵循先例（尽管以"区分"将之软化了，对此后面几章会有更多讨论）。在1968年之前，英国法官几乎是按字面含义恪守遵循先例的（墨守成规——换言之，先例原则）。因此法官可以说，"看，我可没乱来。我没制定法律。我只是遵循了先前法官的规定。"这就把法律置于可以任意行事的第一代法官的孱弱基础上。但他们也并非真的是任意行事，因为他们那时别无选择，没有先例供他们遵循，只能创造。

换位到美国宪法领域，刻板遵循先例本会让最高法院大法官说："我必须解释两样东西。我必须解释的这个文件本身太古老也太含混，幸运的是我还有容易点的工作，解释那些约束我们的、前辈作出的司法决定，这样一来我的解释就真的是解释，而不是创造或创新或裁量性的司法活动。"我们的大法官则不能这么说，因为他们可以自由推翻先前的决定。他们必须有这个自由，因为美国宪法太难修改了，无法适应改变了的条件或新鲜的洞察。这里有些决定看上去一开始方向就根本错了，还有些决定尽管当年有道理，如今也已因社会、政治或经济环境的改变而过时了。后一类决定可以在此后的案件中区分出去；但前者不能，因此必须推翻，以防止它们继续为害。刻板遵循先例会放大带着先例桂冠的错误或令人深憾的决定的后果。它还会对法官压力巨大，要他们非常狭窄地撰写司法意见，因此法官很少能把握未来。[59] 这就降低了先例作为渊源之一指导未来案件的价值。大法官就不得不决定更多案件，以便创造新规则。

英国人驾驭法官的第二种手段是"口头"原则，意思是法官做的一切都必须公开。他们没有助手，不阅读诉讼摘要（没有诉讼摘要），案件提交他们之前他们对案情一无所知，并且在任何诉讼阶段相互间都不讨论案件。上诉中口头辩论也许会持续一周，因为法官以合议庭形式出庭，阅读制定法、判例以及其他律师交给他们当庭阅读的权威材料。其要点在于，由于法官做的事公众都看得见，因此公众可以有效监督他们的表现。英国如今不得不放弃这一制度，因为工作量太大，也不得不放弃对先例原则的严格理解。[60]

对法官的第三个并且最重要的约束（尽管这也正受侵蚀[61]）是，从英国少量同质的社会和职业精英中挑选法官。他们都是资深出庭律师，而一个人除非是社会上层成员，不大可能成为出庭律师；因为——由于禁止出庭律师组成律所——在从业确立自己的地位之前他不可能挣钱活下来。社会和职业背景相同，法官的思维就可能相似。[62] 当有分歧之际，他们会从共同分享的前提出发辩论。依据分享的前提展开辩论可能导致客观上可验证的结论，当然这不是说这些结论正确。遵循不正确的前提得出的逻辑结论并不保证结论正确。

供挑选美国法官的候选人群体并不同质，尽管也没有完全的代表性；这些人实际限于上层律师，几乎全是社会化很好、行为很好、思维循常的上中阶层的成员。我们的体制还没有英国人创造并长期适用的另外一些司法裁量限制。我们也没有职业制司法。总而言之，至少在联邦层面，我们缺乏一套很好的约束，制约法官令许多人畏惧的裁量权过度行使，特别是对那些当裁量权行使不利于他们，他们就会输掉的人。因此，才会有我

---

[59] 若是将每个司法意见的平均引证次数同一个法院推翻先例的倾向关联起来，会很有意思。一个法院越是较少推翻其先例，该法院司法意见就趋于更狭窄，而这样一来，你就会预期他们会更少被引证。

[60] Gary Slapper and David Kelly, *The English Legal System* 81 (8th ed. 2006).

[61] 请看，同上，页239—240。

[62] Brian Simpson, "The Common Law and Legal Theory," in *Legal Theory and Common Law* 8 (William Twining ed. 1986).

第五章　司法环境：法官的外部约束

们的法官确认激战（英国法官没有确认）。这是民粹主义进入联邦法官选择过程的少数机会之一。

然而，美国宪法创制者还是建立了对联邦司法权的制约。这是那些把司法独立有点太当真的联邦法官们趋于忘记的，即美国宪法限制了联邦政府的每个部门，把美国联邦政府的每个部门同其他每个部门置于一种相互竞争的关系。美国宪法给了最高法院一种上诉管辖，但又让这一管辖受制于国会可以决定施加的一些例外和规制。它让国会控制联邦法院的预算，包括法官薪水（尽管国会不能降低），这很重要，因为若有任何政府部门完全控制了资源，就会很危险。国会决定法官数量，并且如果它认为新的任命可以改变最高法院的政治平衡，它还可以增加大法官数量，以此展示国会对最高法院的决定不快。富兰克林·罗斯福在1930年代就曾努力说服国会这样做，他失败了，但之前有过成功记录。[63] 美国宪法创造了强有力的陪审团审判的权利保护，哪怕是在民事案件中；这限制了法官的权力，因为司法权被分给了法官和公民。也不允许法官有权执行其判决——那是行政部门的专有权。并且法官只能决定某人选择提出诉讼的案件；因为宪法第3条把美国的司法权限于案件和争议，法官不能宣布某个刚颁布的制定法违宪，必须等待一个挑战其合宪性的案件。并且，国会无需直接挑战法院，它常常可以用立法权威让它不喜欢的宪法判决断然失色，比方说不给人工流产诊所拨款，从资金上饿死法律援助诊所和刑事被告，削减制定法的程序性权利，以及增加刑事惩罚的严厉性——这会鼓励刑事被告为换取从轻量刑而自动放弃最高法院赋予他们的宪法性程序权利。因此，尽管最高法院这样强大，它还是没有足够的权力杠杆来威吓其他政府部门，哪怕是在它特别进取的、以宪法名义创造新权利的领域。它也就是喊得凶，少真格的。[64]

在《联邦党人文集》第78篇，亚历山大·汉密尔顿说，联邦法官独立会因一个不同的理由而无害，一个基于内部而不是外部约束的理由，即他

---

〔63〕　Jean Edward Smith, "Stacking the Court," *New York Times*, July 26, 2007, p. A19.

〔64〕　考虑一下，在1960年代民权革命之前，最高法院为保证南方各州服从最高法院在民权案件以及相关刑事案件中的判决，经历了非同寻常的困难。很好讲述的这一故事，请看，Michael J. Klarman, *Unfinished Business: Racial Equality in American History* (2007).

们行使判决而不是行使意志。汉密尔顿并不天真；那他不真诚吗？并不必然。《权利法案》的公布晚于 1787 年的原初宪法，也晚于《联邦党人文集》的出版。1787 年宪法没创造什么可司法的权利。《权利法案》（以及后来的宪法第十四修正案）创造了大批文字非常含混的这类权利，乃至勒尼德·汉德认为大多数宪法规定应当是不可司法的，因为法官用它们完全凭空创造了宪法性法律。[65] 但是，即使在《权利法案》颁布之前，就已经有人对此表示关切，突出的有笔名为"布鲁图斯"的反联邦党人（汉密尔顿的写作就针对了他）：最高法院大法官都按照自己对宪法"精神"的理解来决定案件，他们是否会变成一些暴君。[66] 随着时间流逝，改变了作为其基础的条件和理解，宪法和宪法修正案已变得越来越缺乏指导性了，在宪法性法律中已经没什么限制司法裁量了，只有法官确认的战斗和舆论的其他体现，例如我在第十章中讨论的科勒案决定引发的愤怒浪潮。这些以及其他外部约束确实确立了一些边界，但它们都很宽大。

---

[65] Learned Hand, *The Bill of Rights* (1958).

[66] "Essays of Brutus," Jan. 31, 1788; Feb. 7, 1788; Feb. 14, 1788, in *The Complete Anti-Federalist*, vol. 2, pp. 417-428 (Herbert J. Storing ed. 1981). 请看，Shlomo Slonim, "Federalist No. 78 and Brutus' Neglected Thesis on Judicial Supremacy," 23 *Constitutional Commentary* 7 (2006).

第六章
改变环境:职任* 与薪水问题

考察两项改变联邦司法环境的提议可能对司法行为产生的效果,我们可以更多了解司法的行为:限定联邦法官的任期〔1〕和大大增加他们的薪水,前者要求一个宪法修正案,而后者不需要。

无论在学界还是在司法部门,终身职任都保证了独立性,但也会引发滥权,因为它消除了对任何卸职行为的惩罚。更精确地说,它是减少了惩罚,因为如果薪水可以变动,雇主就可以不给他加薪,以此惩罚已获职任的雇员,即使假定降薪会违反任职合同条款。联邦司法的工作结构因此不可能有效处理卸责者。法官干得好薪水不增;加薪时,所有法官都加。这样做也对,由于无法客观测度工作表现,以工作表现作为司法报酬的标准就会损害司法独立。

固定但可续聘的任期也损害司法独立。然而,联邦治安法官和破产法官采取的就是这一方式,并且就我所知,也没有什么不适当的结果。这些法官的任期各自是 8 年或 14 年,可续聘。但如同我在第五章提到的,他们由法官任命,而不由政治官员任命。非续聘固定任期,则不管怎么说

---

* 中文通常把 tenure 译为职位等,但其含义还有"铁饭碗"的含义,一种若无重大法定过错即无法解除的长期稳定的工作职位。故译作职任。——译者

〔1〕 这是一个持久但新近重获学界关注的建议。请看,*Reforming the Court: Term Limits for Supreme Court Justices* (Roger C. Cramton and Paul D. Carrington eds. 2006).

都不损害司法独立。比方说,10年任期会限制卸责者的服务长度,但也创造了一种表现良好的激励,因为法官希望司法任期期满后另找一份好工作。但这也有个严重缺点,有关立法者任期限制的文献就说明了这一点。〔2〕法官会分心,因为他必须在任期期满前安排好自己的下一个工作;他们的司法决定也许会因此扭曲,他也许想巴结潜在的未来雇主;此外,法官更替过快还会降低法律的稳定性。这头两种倾向就说明了经济学家所谓的"59岁"(last period)现象。当一个人知道自己很快就要退休或离职时,他对工作的承诺也许会衰落。但这些关切中没一个有决定意义,因为筛选联邦法官候选人很仔细,已经从任职人选中清除了最可能卸责的候选人。固定任期的另一后果是会增加总统的权力,改变联邦司法系统的政治构成;〔3〕就像我们在第一章中看到的,法官趋于以本党人士继任的方式来确定自己的退休时间。

资深法官是对卸责问题的一个巧妙的胡萝卜/大棒回应。它允许法官在有资格退休之际,继续工作,薪水不减,只要他们愿意承担至少三分之一的全职法官工作量。这很诱人,大多数符合资深资格的法官在获得资格之际或拖后几年都接受了这个要约。但这笔交易还有一部分,就是该法院的首席法官可以禁止(但薪水不能减)某位资深法官审判,只是该法院的司法理事会可以对此复审。因此,资深法官地位是一种变相的买断方案,因为法律禁止规定强制退休年龄,大学以及其他雇主就用买断来诱使雇员退休。

对最高法院大法官搞任期限制,要比对低层级联邦法院法官,道理更强有力。如果我说得不错,最高法院是一个政治性法院,那么任期没有限制就是对民主理论的公然对抗;让政客终身职任非常不民主。更重要的

---

〔2〕请看,例如,Rbekah Herrick and Sue Thomas, "Do Term Limits Make a Difference? Ambition and Motivations among U. S. State Legislators," 33 *American Politics Research* 726 (2005); Edward J. Lópes, "Term Limits: Causes and Consequences," 114 *Public Choice* 1 (2003); Linda Cohen and Matthew Spitzer, "Term Limits," 80 *Georgetown Law Journal* 477 (1992); Gary S. Becker, "Reforming Congress: Why Limiting Terms Won't Work," *Business Week*, Aug. 6, 1990, p. 18.

〔3〕Charles H. Franklin, "Behavioral Factors Affecting Judicial Independence." In *Judicial Independence at the Crossroads: An Interdisciplinary Approach* 148, 157 (Stephen B. Burbank and Barry Friedman eds. 2002).

是,联邦大法官不能获得资深地位;也就是说,他们退休后不能在最高法院打半工,尽管如果他们愿意可以到低层级联邦法院出庭。因此,他们没有低层级法院法官的半退休激励。随着人的寿命延长,大法官有可能服务期很长,直到高龄。

从其他国家宪法法院的有关文献中,我们可以获得一些关于职任问题的洞见。菲利约翰和帕斯奎诺(Ferejohn and Pasquino)论辩说,这些外国宪法法院法官任期有限、不可续(通常10年或12年)是这些法院比联邦最高法院更少争议的原因之一[4],尽管这些外国宪法法院不像我们最高法院那么有宪法的保护色——我们的最高法院对非宪法性和宪法性案件都管,并以标准的司法方式(对立双方、诉讼摘要、口头辩论)决定"实在的"案件。任期短意味着司法任命的后果较少,因此更少引起公众关注和争议。[5] 外国宪法法院通常没有口头辩论、不发表签字司法意见或公开的异议,因此那里的法官比我们的大法官更少机会迎合观众。[6] 然而,我国的观众台是舆论,它们参与宪法性争议,给宪法性审判注入了民主的因素。这使最高法院多了点民主——并与真正的法院少了一点相似,真正的法院法官自豪于不关心舆论。但他们不应为此自夸;他们不关心舆论反映了公众也不关心他们。

赞同限制司法任期的一个糟糕论点是,老人一般思想不那么敏锐。确实如此;但世界上有几个行当,诸如历史、神学、文学批评和文献以及哲学,年龄与工作表现之间负相关很弱。[7] 审判也是其中之一,尽管部分原因是,在我们体制中法官受任时已相对年长;这意味着早衰的人一般都被筛选掉了,法官一般不像其他领域的同龄人,后者在同一工作线上工作多年会厌倦或枯竭。

霍姆斯、布兰代兹、勒尼德·汉德以及亨利·弗兰德利,他们的出色表现一直持续到80多岁(霍姆斯一直服务到90多,但到他生命的最后阶段衰萎了);即使除了这些能力非凡的法官外,联邦司法一般也没什么与

---

[4] John Ferejohn and Pasquale Pasquino, "Constitutional Adjudication: Lessons from Europe," 82 *Texas Law Review* 1671, 1702 (2004).

[5] 同上。

[6] 同上,页1692-1700。

[7] Richard A. Posner, *Aging and Old Age* 166-174 (1995).

年龄相关的司法表现质量甚或(除了来自资深地位)数量衰微的迹象。[8] 这是反驳司法过程的规则系统模式的进一步证据。如果审判是高度分析的,我们会预期有显著的衰老效果,和其他分析领域一样,比方说数学和物理。这也是为什么外国职业制司法有法条主义特点的一个解说。就年龄概况而言,职业制司法要比旁门制司法的年龄更低,因为在前一制度下最低层法官是新近的法学院毕业生。年轻法官有良好的分析技巧,但很少经验。年长法官有年轻法官缺乏的经验,更有能力扮演偶尔的立法者角色,因为这一角色不是规则系统的,而取决于对政策的洞察。

司法任期限制问题与法官薪水问题关联,首席大法官罗伯茨2007年元月1日在提交国会的联邦司法年终报告中敦促国会大幅提高联邦法官薪水[9],此后,法官薪水问题再次变得突出起来。(美国联邦最高法院首席大法官是整个联邦司法的行政首脑。)自1991年大幅加薪——地区法官从89500美元增到125100美元,巡回区法官从95000增到132700——以来,联邦司法薪水一直没增加(某些年份,但并非所有年份,生活费用上涨了,会增加一些生活费用)。时下,地区法官和巡回区法官的薪水分别是165200美元和175100美元。鉴于美国的平均薪水要比英国更高一

---

[8] 同上,第8章;Frank M. Coffin, "Transitioning," 8 *Journal of Appellate Practice and Process* 247 (2006); Joshua C. Teitelbaum, "Age and Tenure of the Justices and Productivity of the Supreme Court: Are Term Limits Necessary?" 34 *Florida State University Law Review* 161 (2006); Frank B. Cross, *Decision Making in the U.S. Courts of Appeals* 80-81 (2007). 克罗斯发现,同更年轻的法官相比,70岁以上的上诉法院法官投票不确认地区法院的决定的百分比更高,而人们预期年长法官会更低,因为确认一个决定(他可以依赖下层级法院的论证)要比撤销更容易。

[9] John G. Roberts, Jr., "2006 Year-End Report on the Federal Judiciary," www.supremecourtus.gov/publicinfo/year-end/2006year-endreport.pdf (visited Apr. 20, 2007). 紧随罗伯茨的报告,还有另两位最高法院大法官,布雷尔和艾利托,在国会作证, "Oversight Hearing on 'Federal Judicial Compensation'" before the Subcommittee on the Courts, the Internet and Intellectual Property of the House Committee on the Judiciary, Apr. 19, 2007, www.uscourts.gov/testimony/JusticeBreyerPay041907.pdf (visited May 9, 2007). www.uscourts.gov/testimony/JusticeAlitopay041907.pdf (visited May 9, 2007). 与联邦法官报酬有关的讨论和统计数据,请看, Richard A. Posner, *The Federal Courts: Challenge and Reform* 21-35 (1996).

些,看起来也许令人吃惊的是,联邦法官的薪水只是相应的英国法官薪水的一半略多。[10] 然而,英国的高薪也许反映了一个事实,即英国法官几乎全来自资深出庭律师,而这些人的收入非常高。

如果低薪驱使许多法官辞职,似乎也就是这些法官的任期受到了限制。如果任期限制很糟,就可以推断引发法官辞职的工资水平也很糟。但由于因薪水引发的是自我限制任期,我们就一定要考虑哪些法官最可能因工资差距拉大而辞职。肯定,能从私人开业中获得最高预期收入的法官最有可能;但从法官职位中获得满足度最小的法官也有可能,他们也许是糟糕的法官,对这个工作缺乏兴趣或天资。因此,薪水对司法质量的影响很不确定(一个更深的理由,我一会儿再讨论),尽管是在一定限度内。

甚至不清楚,预期能从私人从业中获得最高收入的法官是否就是好法官。他们也许只是最能干的律师,而这两者并非一回事;此外,如果他们会受惑并屈服于更高的收入,也许是因为他们当法官获得的非货币收益相对很少。(运用上一章讨论的司法表现测度,也许可以估测辞职或退休后另找一份工作的法官是否趋于低于或高于法官的平均司法能力,即使不完美。)辞职或退休后,有望在私人领域获得高收入工作——我前面称其为"外部晋升"——会促使某些法官工作更加努力。但也许另一些法官不是工作更加努力,而是追求通过自己的判决把自己同律所或客户连成一体。这样,辞职后私人从业的高收入实际是一个延迟的受贿。

首席大法官的报告说,联邦司法部门的实际(即调整了通胀后)薪水自 1969 年以来下降了。但这是误导人的。司法薪水不大经常增加,偶尔有生活费补贴,但每增加一次,增加的数量就很大。结果加薪格局是锯齿型的,调整了通胀后是下降的。罗伯茨的基准年是 1969 年,这一年大幅提高了薪水(巡回区法官的薪水从 33000 美元涨到了 42500 美元),此后通胀则逐渐啃噬了这份实际薪水;1991 年,又一次大幅加薪,之后的情况也是如此。如果罗伯茨挑选的基准年不是 1969 年,而是 1968 年,那么这幅衰减的图画就不那么强烈。

然而,相当戏剧化的是,就像罗伯茨的报告说的,联邦法官的薪水如

---

[10] American College of Trial Lawyers, "Judicial Compensation: Our Federal Judges Must Be Fairly Paid" 8 (Mar. 2007).

今完全落到顶尖（尽管并非所有的）法学院的院长和教授的薪水之后了，而先前是大致相等。当然，也就远远落在成功从业律师的薪水之后了。但这历来如此，尽管一个新怪话是，如果算上初等律师（associates）的奖金，那么法官薪水如今比纽约律所第一年新律师的薪水还低。

这个报告以"狼来了"的方式警告说，因为法官薪水太低，联邦司法系统正面临危机。它提到，在 2000 年至 2005 年间，有 38 位联邦法官离开了法院；新任命的法官有 60% 来自公共领域而不是来自私人从业者，而这个数字过去只有 35%。越来越多的巡回区法官从地区法官晋升，并且越来越多的地区法官来自联邦司法的更低序列（破产法官或治安法官）或来自州法院（会同初审数量以及陪审团使用数量的急剧下降，这一趋势表明，意外地，美国司法有向欧洲大陆司法汇聚的轻微运动）。

如果说的是私人领域的工作，说某类工作薪水"太低了"，会没什么经济学道理。如果雇主凭着他给的薪水很难找到具备必要技能和经验的工人，他就会提高薪水或限制自己的产出，以此来限制自己的输入需求，包括劳动力需求。即使对特别类型的工人有某种事先未预见的需求，也不会有"短缺"；公认的有限供给会配置给需求最急迫者，其他雇主则会以其他输入（包括技能或经验更少的工人）替代，或是降低产出。然而，在公共领域没有自动的均衡机制，因此在一些具体岗位上也许会有短缺。有短缺就是一个信号，立法机关应当给这些工作加薪，尽管立法机关也许会忽视这个信号。司法领域没有释放出这种信号。联邦法官职位的求职者不短缺，相反有过剩，就像许多其他地位颇高的政府工作一样。但由于没有非常确定的联邦法官的受任标准，因此有这样的可能，即排队等候的主要是一些低质量求职者，就像有些大学，入学标准模糊，就会收到许多"试试看"的入学申请一样。

然而，有一些证据反驳了这个猜想，例如，排队等候受任治安法官或破产法官的队伍也很长。尽管这类法官职位，同地区法官和巡回区法官的职位相比，更少保证，更低收入，也更少权力和威望，但需求还是过度。特别有意思的是，即这些都是基于贤能的任命。渴望这些职位的人，如果资格不令人印象深刻，都知道是不大可能得到认真考虑的。这意味着，这个求职者群体是高质量的。因此，如果对这类法官职务，高质求职者都过剩，那么申请地区和巡回区法官职位的高质求职者就应过剩更大，除非是贤能在这类法官的任命上作用很小；若果真如此，我们就会看到，陡涨薪水也许会使情况更糟而不是更好。

可以认为人员变动增加是因低薪而对工作不满的一个信号。但是，人员变动增加了吗？罗伯茨给的 38 位法官离职数字，把退休和辞职混在一起了。但是，同无论是选择当资深法官还是选择完全退休相比，辞职更可能因为对薪水不满，但辞职一直罕见。在该报告涵盖的这段期间，总数 1200 位现职和资深联邦法官中，只有 12 位辞职。而在可比的 1969—1974 年这 6 年间，当时法官总数大约是今天法官总数的 60%，却有 10 位辞职，这个比例比 2000—2005 年间的辞职比例更高。巡回区法官辞职特别罕见；自 1981 年以来只有 8 位辞职。但随着联邦法官受任年龄降低[11]，人们可以预期辞职率会有某种程度的上升。[12] 一位 50 岁受任的法官工作 10 年后也许会发现自己的兴趣衰落了，但 60 岁再开始新职业，年龄就偏大了，特别是因为这意味着他还要牺牲再熬 5 年就有权获得的丰厚退休金；但如果受任之际是 40 岁，情况就大不相同，因为 10 年后他还足够年轻，可以开始新职业，同时还有 15 年他才有资格全薪退休（联邦司法退休金是一个"绝壁"；在获得法定全薪退休资格前哪怕早一天退休也没任何退休金）。

以这样小的联邦法官离职样本来概括抽象很危险。大多数辞职同薪水也许不相干。这些样本也许反映的是失望，少数巡回区法官也许因没能晋升最高法院，或许反映了有些工资不更高但更有意思的行政工作很有诱惑力。最近几十年来，有两位联邦法官辞职当了联邦调查局局长，一位当了教育部长，一位当了国土安全部长，还有三位当了美国联邦司法部副部长。三位最高法院大法官（詹姆斯·伯尼［James Byrne］、阿瑟·戈德伯格［Arthur Goldberg］和阿贝·福塔斯［Abe Fortas］）的辞职，薪水没起任何作用。在地区法院，还有一个工作热情枯竭的问题，城区的地区法院工作量很大，并且单调，大量是毒品案初审和量刑听证。薪水更高也许能阻止这些辞职。但是，失望或缺乏热情的法官会比那些急于取代他

---

［11］ Albert Yoon, "Love's Labor's Lost? Judicial Tenure among Federal Court Judges: 1945-2000," 91 *California Law Review* 1029, 1050 (2003).

［12］ 最近辞职的联邦地区法官（在此书写作之际）只有 48 岁。Letter from U. S. District Judge Paul G. Cassell to President George W. Bush, Sept. 21, 2007, http://sentencing.typepad.com/sentencing_law_and_policy/files/cassell_presidentresign920fix.rtf (visited Sept. 22, 2007).

们的人干得更好吗?

罗伯茨报告中最严重的疏忽是,没有讨论法官在薪水之外接受的任何其他报酬。[13] 这些报酬对于理解法官很少更替相当关键。其中有些是金钱。大多数法官若是希望,都可以在某个法学院半工授课,年薪最高25000美元,这是对投资收入和著作版税以外收入的封顶额。考虑到目前法学院的薪水,这个封顶太低。但这实际上对法官有益,因为这意味着法官只需做些许教学就可以正当接受这份法律最大许可的法学院薪水,因为25000美元在教授薪水中所占比例正不断降低。最重要的是,联邦司法退休金极其丰厚;一位法官只需司法服务15年就可以在65岁时退休(或10年服务70岁退休),并终身全薪;他也不用拿任何钱来支持退休金。医疗保健收益也很不错。

更重要的是联邦法官的非金钱收益。这个工作比法律实务费力少、有意思(尽管这也有你喜欢不喜欢的问题),并且比实务、教书都更有威望,当然那些最顶尖的除外(例如在凯威[Cravath, Swaine & Moore]这样的律所或哈佛这样的法学院)。重要的是,对于希望工作一辈子的法律人来说,这是比从业、教书都更好的工作。主要律所的合伙人通常60多岁就被迫退休,而大多数法律教授,与法官不一样,也会随着年龄增长,产出和影响衰减。大学职任消除了教员除教学外、在本行内保持活力的许多外部压力。司法职任则消除不了,只要当着法官,案件就源源不断,要求决定。但他无需像法律学人那样必须自己提出一些项目。

法官不仅对诉讼双方行使权力,而且(尽管主要是在上诉审而不是初审)塑造了未来的法律;对许多人来说,权力都是一种值得珍视的报酬。法官撰写、发表司法意见,尽管听众——律师、其他法官以及法官助理——有限且很专门化,但这些人确实会细致阅读法官的文字。法官也是公众人物,尽管只是在本地或本行,但只有很少非常成功的律师和法学教授才是公众人物。并且,法官不用对不耐烦、要求高的客户唯命是从,而哪怕最成功的律师也不得不对客户唯命是从。当法官还会获得内在的满足,这是他们无法从法律从业或教学中获得的。如果他们幸运,在其他非法官的同代人退休很久之后,他们还继续获得这种满足。大法官斯蒂文思马上87岁了,身体还很好。由于所有这些,即使薪水有差别,但还是

---

[13] 请看,Yoon,前注11,页1056-1057。

不难征招一流学界人士来填补联邦法官职位。

　　法官薪水应适度的一个更深理由是,司法劳动力市场是买家单方垄断(monopsony);指的是市场上,买方没有竞争,这与卖方没有竞争(即垄断)完全不同。在买家单方垄断的市场上,卖方的获利要少于竞争市场上的获利,因为没有很好的替代。如果你想当兵,可能的雇主只有一个(政府),因此它可以并也确实支付士兵较低的工资而不会损害士兵质量。与此类似,如果想当联邦法官,可能的雇主也只有一位;州法官职位并非联邦法官职位的近似替代,前者的就业期限和条件都较差,附着于职位的威望和权力也更小。

　　但这幅竞争的图画正在改变,因为私人裁决,即仲裁,特别是调解增多了。这都是付费很高的"真正"法官的替代品;特别是仲裁,因为它涉及纠纷的解决而不是靠花言巧语搞出个协定——尽管地区法官也做了很多后一类工作。它们都是与审判足够近似的替代品,甚至某些能从审判中获得重大非金钱收益的法官对它们也很满意。

　　除了出现了私人裁决外,相对于私人从业的非金钱收益,法官的非金钱收益实际也在增长。私人从业的竞争日益激烈。这对客户不是问题,但不利于服务客户的律师休闲和其他非金钱收益。竞争最大化了消费者的福利,但不是销售者的福利。今天的律所合伙人比先前闲暇少了,工作的自我掌控也少了,但首先是工作保证(但与强制退休还相距颇远)更少了。尽管他们还号称"合伙人,"但合伙协议已把他们大多数降为事实上的雇员,他们对律所利润没有任何主张,可以被解雇或"降级"(de-equitized)(驱逐出高级合伙人[equity partner]行列,并因此降级),好像他们是可以随时解雇的雇员。[14]

　　即使到了退休年龄,大多数联邦法官还继续活跃于司法服务,或是接受资深法官的地位;但无论哪种情况都表明,工作不要报酬比退休或是到私人领域接受一份高薪工作还是更好一点。这意味着联邦法官的非货币收入很高。其实,从经济学上看,一位退休本会增加其全部货币收入的法官,如果继续工作,那他并非不计报酬;他是在付钱让自己作为法官继续

---

〔14〕 请看,例如,Nathan Koppel, "'Partnership Is No Longer a Tenured Position': More Law Firms Thin Ranks of Partners to Boost Profits, Attract, Keep High Earners," *Wall Street Journal*, July 6, 2007, p. B1.

工作。

　　对这种不寻常的行为，更世俗的解说是，工资收入的边际效用趋于随着年龄增长而下降。一个人到了60多岁，有了社会保险收益和医护保险，并在通常意义上的支出减少了（孩子大了，房贷也还了）。联邦法官退休的"绝壁"性质也不鼓励接近退休资格的法官辞职。

　　所有这些不是说，有许多成功的执业律师足以为法官职位的前景打动，乃至愿意用每年100万或200万美元（甚至更多）收入来换取一份法官的薪水。但在全国100万律师中，有足够多的人愿意甚或渴望这样做，可以用这样的从业律师，特别是那些50多岁、家底已经丰厚、可以补足法官低薪缺陷的从业律师，以及一些学界人士来填满联邦法院的空缺。在100万美国律师中，大多数实际都不够格当联邦法官，律师质量参差不齐是出了名的。但有数千人够格，而这个群体就足够大了，可以用非常称职的律师填补每年40名左右的联邦法官空缺。

　　因此，来自公共领域的新法官日益增多不大可能是薪水拖了后腿；部分是因为联邦的案件，特别是在地区法院，刑事、囚犯、就业歧视案日益增加，这类案件与从事商业实务的律师意气不相投。另一部分则因为，为政府工作过——例如作为职业公诉人——和担任过联邦或州司法官员的律师担任联邦法官后的表现，比从未经手过公共问题的——更不说以司法身份了——私人从业者担任联邦法官后的表现更容易预测。在这个因意识形态和能力仔细筛选联邦司法候选人的时代，这很重要，并且进一步证明了"法条主义者"不足以准确描述今日的联邦法官。来自私人从业的法官比来自政府或学界的法官更可能是法条主义法官，因为他们更少可能对公共问题已经有兴趣。从业律师不选择客户，并且比选择服务政府或教书的法律人更可能认为自己是代理人或技术人员，而不是被代理人或决策者。不论任命法官的权威部门说什么，他们都日益关心挑选政治上可靠的法官。这是态度学派的凯旋。

　　在政治可行的范围内提高薪水，不会对商业律师当法官有多大吸引力。一位律师若是不愿用100万美元交换175000美元的收入，他也就不大可能愿意用100万交换225000美元的收入，特别是如果他不希望决定刑事和囚犯民权案的话。罗伯茨没说具体数字，法官薪水应加到多高[15],但他不可能期待国会给法官加薪超过 1/3,因此,通胀还是会把新增的法官薪水啃噬干净,直到下一次加薪。更甚的是,法官加薪的效果之一会是,把法官工作变成对前国会人士、参议院的朋友以及其他有政治关系的人的一份更大奖赏,因此也许实际降低了求职者的平均质量。

薪水非常高的另一后果,同样会降低求职者平均质量的后果,就是吸引了那些喜欢闲暇的从业者。比起法律实务,联邦法官的工作不太劳累、更多闲暇。有些法官——许多法官——工作非常刻苦,因为他们喜欢这份工作(或许就是享受刻苦工作),而不是他们为了比同事强而必须刻苦工作。由于收入差别很大,喜爱闲暇的人若放弃法律实务换取法官职位,机会成本会很高;如果法官薪水提高了,这个成本就下降了。因此,低薪赶走了对低薪不满的法官,这个命题的反面是低薪起到了筛选作用,只有真想当法官的律师才会接受这种金钱上的必要牺牲。[16] 如果职位渴望与履职质量之间正相关,那么法官加薪的结果可能是降低求职者的平均质量,而如果任命法官的权威部门没能(也许不能)良好预测求职者的司法表现,转而这又会降低法官的平均质量。如果神父都拿高薪,天主教会就会发现,很难决定想当神父的人中,谁真正有追求宗教生活的使命感。

有些证据表明,不给法官加薪会引发法官辞职,哪怕不必然是最好的法官。尽管并非贯穿整个联邦司法的历史,但自 1969 年以来,联邦法官辞职后私人从业的数量与联邦法官的薪水一直负相关。[17] 1969 年大加薪后法官薪水不断受侵蚀,与此同时,私人从业精英的收入却增加特多,转而又推高了精英法学院的薪水,因为它要同律师界竞争人才。精英法学院毕业生的预期和实际收入都很高,这很快就让法学院保险柜塞满了学费收入和校友捐赠,撑破的保险柜转而引发竞价聘用高价学人,促成了顶尖法学院教授的收入激增。尽管如此,法官辞职一直都在非常低的水

---

[15] The American College of Trial Lawyers, 前注 10,提议翻番。参议院已经引入一个草案,将给地区法官加薪到 247800 美元,上诉法院法官 262700 美元,最高法院大法官 304500 美元(首席大法官则是 318200 美元)。Federal Judicial Salary Restoration Act of 2007, S. 1638, 110th Cong., 1st Sess. (2007).

[16] Paul E. Greenberg and James A. Haley: "The Role of the Compensation Structure in Enhancing Judicial Quality," 15 *Journal of Legal Studies* 417 (1986).

[17] Scott D. Kominers, "The Effects of Salary Erosion on the Federal Judiciary" (Harvard College, June 2007), http://web.mit.edu/scottknom/www/econ/kominers_980a_paper.pdf (visited June 20, 2007).

平,乃至如果较好的私人从业机会主要是为那些不满意法官生涯的法官提供了诱人的出口,也使奖励性任命联邦法官的可能最小化了,那么,低薪对联邦法官质量的净效果也许实际为正。

不要以为我对联邦法官薪水迟迟不提高的可能后果非常满意。法官辞职也许是在增多,引发了两个严重性还不确定的关注。第一,可以说,联邦法官职位应当是一份最终性工作——法官服务时间越长并因此法官变动越低,越好,因为我们珍视有经验的法官(就像第四章的分析指出的那样),年长对审判没多大影响,并且我们也不希望法官都等着法官后的工作。然而辞职没达到要严重关注的地步。事实上,联邦法官服务的平均长度是在增加。[18] 但第二点,辞职也可以是一个信号,表明感觉法官工作有意思的能干的人少了,因此法官求职群体的质量正在衰减。然而,鉴于如今对联邦法官的职位需求如此过度,这也不应当是一个严重关注。斯科特·贝克(Scott Baker)的一个研究发现,巡回区法官的表现与其机会成本(即他离开法官职位,成为当地某律所的合伙人,可能的收入)没有重要关系。既然所有联邦巡回区法官的收入都一样,因此,那些机会成本较高的法官实际上是为了当法官才接受了较低的收入。然而,贝克发现,机会成本高的法官,平均而言,同其他法官比起来,既不更差也不更好。[19] 这表明联邦法官的工作表现,并由此还可以推定这个求职群体的构成,相对说来对法官薪水高低不敏感;这种情况无疑会改变,如果法官收入大幅增加或(因通胀导致)减少,甚或与通胀无关,只是其相对收入进一步降低的话(因此进一步增加继续当法官的机会成本)。如果法官的相对收入急速下跌,那么求职群体可能会变得更多是单身、独立富有、相对年长、有双职业、不太成功、渴望权力、喜欢露脸和懒散的律师。法官工资太低还会降低公众对法院的尊敬,这会很不幸,因为尊敬会使法院更容易以最小强制获得人们对司法判决的服从。

支持法官加薪、但没有很好反思法官特性(毕竟他们也都只是人,一种有很多缺点的物种)的一个论证说,手中有不少裁量权但又觉得[老板]付薪不足的人也许不会好好干活。法官一年工作 2000 小时,因此每

---

[18] Yoon, 前注 11, 页 1050。

[19] Scott Baker, "Should We Pay Federal Circuit Judges More (or Less)?" (University of North Carolina at Chapel Hill, School of Law, 2007).

小时收入还不到 90 美金,他会愤然感到相对于私人从业同行的收入——每小时收费 500 到 1000 美金——自己薪水实在太低,他也许会决定少工作一些时间,把更多工作委托给下属;或工作时间不变但注意力不集中;或在法庭上欺负律师,以此来增加自己的非货币报酬。他也许会以一种无意识方式做这些事,反映出他对报酬不足愤愤不平。

国会不大可能热烈接受这个支持法官加薪的说法,不像对待最高法院大法官的警告:薪水不足正把联邦法官赶出法院,后一个说法也许会变成一个自我实现的预言。事先都已告诉法官了,他们的薪水会很低,他们要从经济上帮助国家,并且私人领域都在向他们招手。[20] 他们会想清楚的。

如果认定了目前联邦法官的薪水太低,问题就变成了应给他们加薪多少。要回答这个问题,就出现了一直困扰"可比价值"(comparable worth)运动的所有问题。工作是没什么"内在"价值的。除了根据供求外,任何确定薪水的方法都是专断的。今天,顶尖律所的合伙人挣的钱大约是联邦法官的 10 倍。如果这一比例太高,那么应当是多少?

联邦法官的薪水不能减,但其实际工资(即,因通胀)或相对工资可能受侵蚀。假定几年不加薪,结果法官的薪水降到了 2007 年的 10 万美元,而顶尖律所合伙人的平均薪水升到了 300 万美元,精英法学院的教授升到了 40 万美元。这时,对法官职位仍然会有过度需求;但求职群体会有重大变化,并且联邦法官的质量会开始下降。要防止这种衰落,就一定每年都要有最低的生活费补贴增长,如果律所和法学院的实际薪水继续增加的话,还要多增加些。

通胀带来了购买力侵蚀,然后间隔性大幅加薪,这是法官薪水调整的糟糕方法。这鼓励了那些得到加薪但几年内看不到再次加薪的法官退休。更好的办法是有规则的每年加薪,包括生活费调整,再加上对其他职业岗位年均收入增长——比方说 2% ——的估测。

一个早该实行并且联邦财政也能以最低费用实施的报酬措施是,应当引入联邦法官生活费补差。美国的不同社区生活费用差别很大。波士

---

[20] 这是大法官艾利托证词中特别强调的一点,前注 9。布雷尔也同样"提供了那里[即私人领域]潜藏的种种诱惑。"Breyer,同前注,页 4。正如两位大法官指出的,退休的联邦法官,主要是地区法官,现在都受雇从事调解,实际上当了私人法官。至于这是否是法律纠纷解决的一个净损失,也许很可疑。

173 顿的生活费比全国平均水平高出 40%；而伊利诺伊州的坎卡基生活费比全国平均水平低 12%；这还不是最极端的。适度的生活费补差，对于生活费用高地区的某些法官，就是加薪；会略略补救人们感到的法官收入不足的问题。

第七章
司法方法：审判的内在约束 174

在本书第一编，我们看到，美国法官的裁量权很大——初审法官在事实发现上的裁量，上诉法官在规则制定上的裁量。我们看到，有理由假定大多数法官以自己和他人都承认的"好"法官的方式，而不是懒惰或任性法官的方式，行使裁量权。但我们也看到，由于美国法官，特别在上诉层级，是偶尔的立法者，但没有选民需要回应，因此他的审判可能受种种因素的影响，气质、情感、经验、个人背景以及意识形态（这转而又受气质和经验的影响），此外还受何为本案争议解决应采纳的"最佳"立法政策以及如何"客观"理解这一政策的影响。后面我们还会看到，美国法官，至少是与各州选举产生的法官截然不同的联邦法官，在行使裁量权之际，基本不受外部约束。也有一些重要例外，也算约束，实际上却是扩大了法官的裁量权。这就是那些界定并保护独立司法的约束，例如司法伦理和职业规范，它们责成法官严格无偏私，把他们与政府民意部门的有效控制隔离开来（法官喜欢说这些部门是"政治性"部门，似乎司法部门——在很大程度上——不是政治性的）。法官越是不为个人利害和其他关切——比方说晋升——牵动，影响其决策的因素可能分布得越广。

但我也许太快放弃了内在约束的讨论。也许法官行为研究之所以发现司法结果与法官个人和政治特点有强烈关联，是因为有许多糟糕的法官，这些法官尽管任性或无能却拒绝像人们期待法官那样行为。也许，即使在美国语境中，只要法官有能力且无私利，那种法条主义理解的法官角 175

色还是可以运作的。也许罗纳德·德沃金是对的,对每个法律问题都有一个正确答案,让每个美国法官追求并找到这个答案,既是强制性的,也是可行的。

有争议的是有两种法律概念。概念一实际跨度可以相当大,从安东宁·斯格利亚到罗纳德·德沃金的审判哲学,据此,法律与政治、政策完全不同;法律是规则、权利和原则的领域。概念二则认为,至少就法官研究而言,法律就是法官以官方身份的所作所为,只要他们不是太疯狂,不因侵犯其他部门的权力而自找弹劾就行了。我继续称第一种理解为法条主义,而第二种为实用主义,尽管说德沃金法条主义很有点牵强,因为他实际做的就是给他偏爱的政策重新贴上"原则"的标签,敦促法官依据这些"原则"决定案件而忽视(其他)"政策",后者被分派给了立法机关。[1]我们还会看到斯格利亚对法条主义的信奉也颇可疑。

法条主义有许多技巧,包括评价证据;解释制定法和合同规定这类法定有效的文本;就案件事实适用规则(这也可能指在新的、未预见的情况下适用某个规则);选择法律人称为"标准"的宽泛规则还是狭窄、专门的规则(与标准相对的"规则")来支配某个法律领域;以及用先例与手头案件做类比和区分(遵循或是区分先例)。对于我们的判例法体制,核心是在新案件中运用先例,并且在法条主义分析中属于"类推"的范围。

这些法条主义技巧使司法决策表面看来智识上很严谨。但在许多情况下,这只是一个表象。我将主要讨论立法文本解释和先例处理的问题,但我想首先碰碰这里列举的其他司法技巧。要从诉讼中排除诉讼人也许希望提出、最似是而非但从各方面看都没用的证据,证据规则(有关传闻证据、专家证言、交叉质询、权衡某特定证据的证明价值及其对陪审团可能的偏见效果、陪审团指示、陪审团挑选、文件的原真性等等)具有毋庸置疑的价值。这些规则有力促使陪审团审判成为解决法律争议的一种理性

---

[1] Bernard Williams, "Realism and Moralism in Political Theory," in Williams, *In the Beginning Was the Deed: Realism and Moralism in Political Argument* 1, 12 (Geoffrey Hawthorne ed. 2005);他贴切地评论说:"许多美国政治和特别是法律理论中的强烈道德主义,与之可预测地相匹配的是美国政治科学集中关注协调私人或群体利益:这是一种劳动分工,它复制了制度上的国会'政治'与最高法院的原则化论证之间的……摩尼教式的灵魂与肉体、品行高尚与政治分肥的二元论,各自的存在都有助于解说一方何以可能接受了对方。"

方法。它们震慑了许多诉讼，使法官能在审前简易裁决处理许多诉讼，因此避开了审判。但这些规则常常无法得出结论，因为排除了无价值证据之后，还会有无法减少的、与此案真实情况（true facts）有关的不确定性。这时法官或陪审团就没章法了，他们失去了"法律"的有用指导。

当无法矫治事实的不确定之际，适用规则于事实就会有疑问。当事实确定之际，看起来适用规则也许就是简单比较规则与事实，就好比驾车人承认自己在高速路上开车，车速超过了每小时60英里，而车速限制是50英里。这样的例子导致某些法官和学人竭力吆喝规则优于标准，因为后者不很确定；当某人驾车同另一辆车相撞，确定他是否超速比确定他是否过失驾车更为容易。〔2〕但规则的确定也有代价。由于排除了与规则的目的（例如安全驾驶）潜在相关的诸多考量，也许会造成规则适用与目的有某种程度不对路。并且，尽管每个高速公路使用者都知道张贴出来的车速限制就是规则，但大多数法律规则并不"张贴出来"，因此，如果这些规则不是直觉的，普通人就会无意中违反。标准可能更符合通常的理解。这意味着，尽管标准更含混，却可能更好指导人们如何服从法律。还有，由于标准的表述都用一般性术语（"过失"、"占有"、"适度努力"等等），因此标准可以随时接受未预见的情况。规则则不行，而这就带来了有关边界的争辩，与此紧密关联的，就有了要求例外的压力。因此，真正作比较的常常一边是标准，另一边是规则加例外和边界争议。明晰性也许并不在规则这边。

几个例子就可以说明这一点。依据衡平延误教义（equitable doctrine of laches），伤害发生后，原告必须在合乎情理的时间内提出诉讼，但什么是"合乎情理"，取决于原告的努力以及延误后会给被告带来的任何不利。制定法的诉讼期限规定了明确的截止时间，但法官随后又用诸如开示规则、禁止翻悔（equitable estoppel）、有效警示（equitable tolling）等教义来模糊这些截止时间，在许多案件中，即使过了时限也允

---

〔2〕 大量文献讨论的题目都是规则与标准的利益交换。请看，例如，Russell B. Korobkin, "Behavioral Analysis and Legal From: Rules vs. Standards Revisited," 79 *Oregon Law Review* 23 (2000), 以及该文引证的论文。又请注意，这里的各种约束司法裁量行使的方法都介于"规则"和"标准"之间，诸如推定、要素和建议性指南（我们在第十章中都会遇到）。一个有用的分类法，请看，Cass R. Sunstein, "Problems with Rules," 83 *California Law Review* 953 (1995).

许原告提出诉讼。或让我们考虑一下言论自由案中的"论坛分析"。法官努力区分了"传统的公共论坛"、"指定的公共论坛"、"非公共论坛"以及"有限的指定公共论坛",也称为"有限的公共论坛"或"有限论坛"[3](或者用人为的精致术语"fora"替代"forum"),法官自己也被搅糊涂了,因为这些论坛各有各的地盘,各有不同规则来规制政府对言论自由设限的权利。

一个规则就像一个先例,其意义是努力获得确定性(尽管在规则和先例这两种情况下,得到的常常是确定性的错觉),代价则是放弃了从新案件的经验中获得潜在相关信息这样一个机会。规则和先例两者都例证了法条主义决策有向后看的性质,两者都只反映了其发布之际的知识状况,而不对新知识开放。标准则可以把规则、先例颁发后获得的信息整合进法律,而无需制定新的规则。这一点具有一般性意义。例如,国会通过了一个含混的制定法,留下许多细节让法官执法时来填补,这时,这个立法过程实际上给法官也派了活。反托拉斯法的自身违法规则(per se rules)就是法官制定的,它补足了反托拉斯制定法的一般性指示。"标准"许可了、事实上是邀请法官或陪审团运用标准发布时法官和立法者还不可能知道的信息,而在由规则和先例构成的体制内,要适应新情况,就要求法官给规则开些"口子",并区分先例。这些做法都降低了基于规则和先例的法律可预测性,而在由标准构成的体制中则省去了这些做法。

规则的精髓在于它限定了相关事实的范围。行车人车速是否安全,与这一点相关的事实很多很多:道路状况、天气状况和交通状况;驾车技术和注意力;视力和反应能力;还有车辆的设计、设施和条件等。而车速限制把车速以外所有其他因素都排除了,不予考量。这很好,但这只是因为有与法院分离的一些专门制度在规制着道路、车辆和驾车人的安全。相比之下,在"纽约时报诉沙利文案"(*New York Times Co. v. Sullivan*)[4]中,最高法院判定公众人物不能因他人诽谤获得损害赔偿,除非被告知道或是因满不在乎而没发现自己的文字诽谤或言辞诽谤全是虚假的。这是一个以先例形式出现的规则,它一下子就停止了有关规制诽谤公众人物的系统法律之演化。如果当初最高法院判定的只是,一定不能

---

[3] 请看,例如,Gilles v. Blanchard, 477 F. 3d 466 (7th Cir. 2007).
[4] 376 U. S. 254 (1964).

用诽谤侵权来窒息对公共官员的批评(这就是纽约时报诉沙利文案的情况),低层级法院会有能力考虑诸多新案件中的事实,开发出更为精细的由规则和原则构成的系统法律来治理这一宪法性法律领域。

一个关于规则制定的成功例子,奇怪地与限制车速类似的例子,是(或曾经是,考虑到第十章讨论的发展)联邦量刑指南。在颁布该指南之前,量刑法官的裁量权不受控制,在国会规定的法定最低和最高刑之间(范围常常非常宽大)选择刑期,并加之于被告。不同法官确定的刑期差别很大,无法参考刑罚原则予以解说;量刑因此看上去很专断。尽管起草量刑指南的美国联邦量刑委员会最后确定的指导性量刑范围大多沿袭了指南之前的一般性司法量刑习惯,但委员会还是吸纳了犯罪学家、联邦缓刑官员和其他专家的知识。与该委员会的这一作品形成反差的是,最高法院以及其他上诉法院在确定规则时,很少以专家知识为基础。

但就理解法官行为而言,选择规则还是选择标准,要点在于,法官特别缺乏在这两个体制中做出客观选择所需的信息。某些法官习惯于规则,另一些则更习惯于标准,并且理由大多也许与法官的个人气质有关——事实上也许同法官的威权人格或非威权人格有关(请看本书第四章),这转而又与法官偏爱法条主义还是偏爱实用主义相关联;但与后者关联或许很弱,因为影响法官行为的不止是人格。法条主义者偏爱规则,是因为他们承诺(尽管在适用规则中他们经常破坏了这个承诺)要限制法官只对少数事先规定的事实作决定,以此来限制司法裁量。

尽管我一直都在强调规则的局限,但合乎情理的清楚的常常是,即使从实用主义立场上看,规则也优于标准。诉讼时限法,尽管看起来不那么明确,却还是比完全依赖含混的"延误"概念更令人偏爱,后者会让潜在的被告无所适从,他不知道什么时候对自己起诉的截止时间过了,可以放心干自己的事了,头顶上没有法律责任的威胁了,因此不需要保留证据并针对可能的诉讼采取其他保护措施了。车辆限速也很有道理。但法条主义者普遍认为规则高于标准,却从来没拿出证据表明这是对的。没有哪个负责任的人会赞同一个仅有规则或仅有标准的法律体制,这两者之间有很大的中间地带,在那里,选择规则而不是选择标准,取决于一个政策判断,而不是一个逻辑推论。认为反托拉斯法的本身违法规则是通过演绎或近似演绎的过程从《谢尔曼法案》文本中推演出来的,这很荒唐。这些规则都是法官制定的反托拉斯法的规制性增生物。最高法院调制的那些详尽的规制性规则,无论有关搜查和没收、限制言论自由、限制公开承认和支持宗教还是有关死刑,都不能认为是从美国宪法的文字中演绎出来的,或可以从中演绎出来。

法条主义推理方法中,最有意思的是判例法的类推,以及宪法性法律和制定法的解释。我们可以根据哈佛法学院教授劳尔德·温利伯(Lloyd Weinreb)的著作《法律推理:法律辩论中的类比使用》来讨论类推问题。这本书论辩说,类推是判例法体制中法律推理的精髓,是与经济学、政策或实用主义的分析(他把这些进路当成可互换的),甚或与规则适用无关的一种方法论;它又说,写过类推著述的其他人,诸如温利伯的同事斯科特·布鲁尔(Scott Brewer)〔5〕,都错了。

由于赞美类推,温利伯看上去像是想挺枪直指法条主义的要害。因为无论类推是什么,它都不是对已发现的事实运用——以类似演绎的手段——明确的既有规则。法条主义者越是被迫诉诸类推来决定案件,他就距离适用既有规则的法律模式越远;如果规则可以直接适用于手边案件,他就无需测度此案与其他案件的相似性。但是温利伯的项目,如果成功,会支持另一种法条主义概念,并非演绎推理的法条主义,而是一套不用诉诸政策就可以决定案件的技巧法条主义,这套技巧预设法律是自给自足的知识领域,与社会科学完全隔离,并且不为政策或后果关切所玷污。

温利伯的头号类推例子是一个古老判例,亚当斯诉新泽西汽船公司案(*Adams v. New Jersey Steamboat Co.*)〔6〕。争议是,哈德森河汽船经营者对单间乘客的细心义务与法院在先前判例中判定的旅店老板对客人的细心义务是否同样高,或是更低一些,如同当年判定的铁路对卧铺车敞铺乘客的义务。法院把汽船公司类比为旅店老板(称汽船是"一座漂浮的旅店")而不是铁路,并因此结论认为该汽船公司对原告要承担更高的细心义务。结果是,公司要对原告失窃的160美金承担责任——一位侵入者看到原告的单间窗户开着,从单间里原告衣服中偷走了这笔钱。

这个判例确实例证了法言法语上所谓的"类推"。但这个术语究竟

---

〔5〕 Scott Brewer, "Exemplary Reasoning: Semantics, Pragmatics, and the Rational Force of Legal Argument by Analogy," 109 *Harvard Law Review* 923 (1996).

〔6〕 45 N. E. 369 (N. Y. 1896).

指什么思维过程？它可否仅仅是政策分析的起点？这都是很重要的问题，因为类推在大多数法律推理讨论中都获得了一种正典地位。如果，如同我认为的那样——略有夸大——世界上并没有什么类推，那么这就暗含了普通日常推理与"法律"推理之间的差别也许很小。

　　类比可以是提醒性的[7]，就像文学中的隐喻、比喻以及相似情节，这都是与类比相似的手法（想想《哈姆雷特》中三个儿子为父亲复仇的情节，除哈姆雷特外，另外两位滞后的复仇者——福丁布拉斯（Fortinbras）和雷欧提斯（Laertes），都为哈姆雷特的境况提供了类比）。但类比不可能明智地解决法律纠纷。说某东西在某些方面与另一个东西相像，只是提出了一些问题，而没有回答这些问题。一次，在某个学术会议上，我听到有人非常认真地说，在绝望的情况下，也许可以把刑讯逼供类比为侵权法承认的受侵犯者自卫原则，从而可以令刑讯正当化。是的，即刻发生的恐怖主义袭击与一个威胁性姿态有某些地方相像，两者都造就了对某个或一些受害人的即刻发生的伤害；并且，自卫与刑讯逼供恐怖疑犯有某些地方相像，两者都为防止一种攻击或是限制攻击造成的损害。你也许还可以用比例均衡来装扮这个比较：A 对于 B 就像 C 对于 D，A 是一个威胁性姿态，B 是受害人的自卫，C 是一个有威胁的恐怖主义攻击，而 D 是刑讯恐怖疑犯或帮凶。但要从这样一点形式分析中就读出了刑讯逼供权，至少说，也太轻率了。

　　布雷尔对何为法律类推的答案是，一个新颖案件引发了搜寻一个可以涵盖此案的规则。旅店老板与汽船经营商都为旅行者提供睡眠设施，这一类比使支配旅店老板的规则可以作为支配汽船经营商的备选规则。但这条支配旅店老板的规则是什么呢？是提供睡眠设施的合同中隐含了安全保证吗？这就是这位顾客付钱购买的东西之一，并因此免除了顾客必须采取任何常见预防措施保证自身财产安全的责任？记住，亚当斯曾锁住了这一单间的窗户。但这一规则，尽管涵盖了这个汽船案，一定太宽泛了，因为如果依据这个规则，那就要求铁路对敞铺旅客给予同等高度的细心。最好是把铁路案理解为这个一般规则的一个例外。由于敞铺对任

---

〔7〕　一个著名例子是，自行车制造商奈特兄弟（Wilbur and Orville Wright）通过考察自行车稳定的类比来稳定飞行器。请看一个杰出的故事，Philip N. Johnson-Laird, *How We Reason*, ch. 25 (2006).

何刚巧在车上的人都是开放的,铁路不可能保护每个睡眠者免受窃贼偷盗其财产。[8] 乘客知道这一点,并隐含地同意了承担自我保护财产的某些责任,这是乘客与铁路合同的一部分;用法律经济学分析的行话来讲,乘客是"更便宜的费用回避者。"但这个例外不适用于汽船案。汽船案涉及的是单间,一个封闭的包间,就业主保护顾客财产的能力而言,这就像旅馆的一个房间。因此支配旅店老板责任的规则涵盖了汽船案。

不谈论规则和例外,我们可以说的更简单一些,把这三个判例放在一起,说明了这样一个标准,即为顾客提供睡眠设施的商家必须采取可行的细心来保护顾客。我们可以说,不只有一个规则或标准,这里有两个规则,一是针对旅店、汽船以及铁路包间的睡眠者,而另一针对敞铺的睡眠者。我们可以说在亚当斯案中,法院"区分了"这个铁路判例,也就限制了其范围。最简单地,我们可以直说,当努力决定一个新案件时,参考先例就是寻求那些也许可用于新案件的政策洞见。[9] 所有这些进路都导致同样的结果。全都不要求讨论类比。

"类推"是一个不起作用的术语,更糟的是,它误导人,因为它听起来像是在找相似处,实际上它是在找不同点。这一系列在亚当斯案达到顶点的判例中,有意思的不是亚当斯案与旅馆案的相似,而在于它与铁路案的区别。两件处理睡眠设施的案件注定有许多方面类似;在汽船案与铁路案的比较中有启发意义的是,在铁路案中,这个睡眠设施是开放的,这指出了承运者保护乘客免受袭击和偷窃的能力有不同。这是一个与政策有关、与如何在承运者与乘客之间配置安全责任有关的区别。要"区分"一个先前的判例,如在亚当斯决定中被区分的铁路判例,就是要用新的洞

---

[8] "相当明显,火车敞铺车厢的乘客无权期望,并且事实上也没期望获得与安全锁定或其他方式防止外人进入的汽船单间同样程度的不失窃的安全。" Adams v. New Jersey Steamboat Co., 前注6,页370。

[9] 批评类推并非批评先例原则。这两种技巧很容易被混淆。在一篇文章中作者认定的类推的好处,其实大都是先例原则的好处,请看 Emily Sherwin, "A Defense of Analogical Reasoning in Law," 66 *University of Chicago Law Review* 1179 (1999)。

见来丰富法律[10],典型地,就像在亚当斯案中,一种对公共政策的洞见。

类比属于发现的逻辑,而不属于正当化的逻辑。在普通法案件中,法官无论是从其他判例开始,还是从什么才是基于政策的合乎情理决定的感觉开始,他都必须从所有可能的判例以及所有可能的政策关切中作初始选择,挑选出与手头案件最相关的案件(这假定的是,他在这个有争议的法律领域没有什么主导的分析框架,因此他还没有一个强烈的关于正确决定的初始直觉)。在这个阶段,对格局的认知,这种人类思维的根深蒂固的能力,起到了很有用的分类作用。它让亚当斯案的法院感到有理由质问先前涉及乘客和旅客的判例,但质问这些判例为的是要找出让这些判例保持活力的那个政策。如果这个质问揭示了某些前后不一致的政策,该法院就一定要在新案件中做出一个立法性判断。不讲道理的做法则是,只要两个案件不完全等同,即第一个判例宣布的规则不显然支配新案件,就试图确定新案件与先前哪个判例最"相像"而不探讨其政策。这不是一个相像、类比问题,而是一个包摄的问题。如果这些案件仅仅类似,问题就不在于它们有多么类似,这问题没意义,问题在于这个差别是否令这个政策——它曾让先前案件生动活泼——不适用于这个新案件;简言之,这些案件是否可以区分。

当区分先例并非只是推翻先例的委婉说法之际,区分先例就是一种很有用的实用主义工具。法官有时区分一个先例是为了让其死亡,即以相反的方式决定新案件,而法官指出的用作区分先例之基础的唯一差别却是与前案裁决完全无关的东西。法官这么做是想维持一种表面的持续印象,然而,这样做也留下了风险,给判例法景观留下了诸多散乱、可质疑但没有被正式推翻、因此任何时候都可能被复活并赋予一个新颖案件某种谬误门第的判例。建设性运用区分则要把从当前案件情境中获得的洞见剥离开来,从而完善在判例中表述的某个规则。

温利伯拒绝任何基于规则的亚当斯案分析,因为他不认为先前有过

---

[10] Nicola Gennaioli and Andrei Shleifer, "Overruling and the Instability of Law" (forthcoming in *Journal of Comparative Economics*); Gennaioli and Shleifer, "The Evolution of Common Law," 115 *Journal of Political Economy* 43 (2007). 有关先例原则的一个全面讨论,请看,Julius Stone, *Precedent and Law: Dynamics of Common Law Growth* (1985). 斯东概括地认为这一原则"并不那么像一件紧身衣,更像件宽袍。同上,页229。斯东是对的。

一个规则,而涉及旅店老板的案件结果就是该规则的具体例证,开放铺位铁路案则是该规则的一个例外。[11] 这没让他感到不安。他对规则对政策都不倾心。确实,一个法律规则也许是刚起步,很直觉且说不清楚,所受的约束也很模糊,因为法官必须决定一个案件,即使他还不能确定支配此案的规则是什么或应当是什么。在这种情况下宣布的一个"规则"其实只是创造规则的第一步,是初稿而不是已完成的绘画。在直至亚当斯案达到高峰的这一系列判例中,我们可以不说规则,而只是简单问,为什么旅店老板案这样决定,而铁路敞铺案那样决定。答案是,顾客期望,过夜设施提供商只要可能就应保护他们不受窃贼侵犯,在汽船案中,顾客有同样的期望,但在铁路敞铺案中,顾客没有这样的期望。

法律现实主义者麦克斯·拉丁(Max Radin)注意到有一种

> 法官达致其结论的共同方式。那个包容了提交供他们判决之案情的范畴,并非一下子跳进他们脑海。相反,会有几个范畴在他们脑中争斗,争夺架构眼前案件的特权。由于这场争斗,除了那个看来会得出他们想要的结果的范畴外,他们别无选择。[12]

185 这是法官经常面对的情况,但并非亚当斯决定中法官面对的情况。两个规则,铁路和旅店老板,可以幸福共存,前者作为规则的例外与后者吻合。一旦抓住了这个有活力的政策,两案之间就不紧张了。所有需要的就是基于两案的政策在规则间画一道界线。汽船案显然落在了旅店老板这一边。

温利伯拒绝目的性进路,也拒绝规则导向的进路,因为两者都汇合了类推和政策分析。[13] 目的性进路甚至比规则导向进路更完整地汇合了两者。一个规则的措辞范围也许很清楚,因此对事实适应新规则时不要求考虑目的;分析也就不用穿透语义层面。但如果号称可适用的规则与此案不吻合,法院就必须确定规则背后的目的,以便决定延伸此规则涵盖此案与这一目的是否一致。

---

〔11〕 Lloyd L. Weinreb, *Legal Reason: The Use of Analogy in Legal Argument* 111-112 (2005).

〔12〕 Max Radin, "The Theory of Judicial Decision: Or How Judges Think," 11 *American Bar Association Journal* 357, 359 (1925).

〔13〕 Weinreb,前注11,页116-122。

拉丁想的是法院必须超出这些判例以便做出决定。亚当斯案例证了法院必须看到判例背后的情况。拉丁的兴趣在于,随心所欲的司法政策分析会很成问题,或至少很有争议。亚当斯决定没出麻烦是因为,法院只是辨认了一些见于先前判例的无争议政策,并决定对手头案件适用哪个政策。这种司法活动要比拉丁想强调的更为消极、更为温和。这也是非法条主义分析何以可能客观的一个例子。

无约束的司法裁量与基于判例明确或隐含的政策之上的司法推理之间有区别,温利伯对这一区别不感兴趣。他认为类推自成一类,即它不需要诉诸哪怕是最温和的政策分析,而只涉及辨认和适用判例中浮现出来的政策。温利伯竭力不让政策靠近,他注意到,类推在日常生活中,即不关心规则或政策的生活中极为普遍。他给出了下面的例证:如果你的割草机不工作了,你也许会让它呆一会,然后试图再次启动它,这就是类比,你发动不了车时经常会用这个程序。你不会踢上一脚让它启动,如果是一只猴子也许你会踢它一脚。在这个例子中,割草机替换了汽船,车替换了旅馆,猴子替换了铁路。然而没人会认为你在适用一个规则,或是进行任何不是类推——理解为运用内在能力来辨认相关的类似——的分析;并且,亚当斯决定就是如此(温利伯认为)。事实上这个例子与对亚当斯案的基于规则、目的或充满政策的进路是一致的。在割草机事件中你适用的规则是,内燃机以某种方式启动,而任何动物有时会因疼痛去做什么事。由于割草机是由内燃机推动的无生命物,因此是第一条规则,而不是第二条规则,确定了你的回应。

类推属于法律修辞而不是法律思想。温利伯在书中一开始说得很对,类推"有关的是律师用以支持客户以及法官在司法意见进程中所作的论证。"[14](该书的小标题也带着类似的寓意)。类推暧昧了那些应当决定案件结果的政策判断,例证这一点的就是温利伯提到的我说的那个例子。[15] 这个例子事关选择用财产法规则来管理石油和天然气,两者都是无固定形态的液体或气体。在与支配野生动物产权的规则——捕获规则,对抓获的动物才有产权——作了类比后,法院结论认为,因为石油和天然气都像动物那样会动(尽管,不像动物是自己动,而是引力或其他外

---

[14] 同上,页1(增加了着重号)。
[15] Richard A. Posner, *Overcoming Law* 519 (1995).

力的结果），所以也应受捕获规则的支配。但这不是一个相关的类似。一条规则会让跑到你土地上的野兔因这一点而成为你的财产，因此当它们走开并被射杀时，你还是有权获得其皮毛，无需考虑是否要鼓励投资野兔。野兔不是投资的产品，因此邻居射杀并吃了曾在你的土地上漫游后来又在他的土地上漫游的野兔，并没有剥夺你什么投资成果。石油和天然气则先要有费用很高的勘探努力（常常会打许多干洞），然后用昂贵的打井设备从地下抽出来的，所有这些费用都必须从偶尔的幸运发现中回收。根据这个捕获规则，某人打了一口直达地下油田的井，他就有激励尽快抽取最多的石油，因为他们无权对这个油田主张权利，他没有抽取的任何石油都可能成为竞争者的财产。竞争抽取石油也许造成该油田过早枯竭。因此，可适用的类比不是有关野生动物的财产规则，而是有关其他可开发自然资源——如煤炭——的财产规则。允许你拥有整个煤层，随意开挖，你就不必担心其他任何人会在这里挖煤而不给你补偿了。

后来有关石油天然气的捕获规则改了，立法要求油气田"单位化"，也就是依据单一所有权方式来管理油气田。单一所有人不用担心竞争者会在同一油田抽取石油，单一所有人从定义上看就拥有整个油田，可以排除他人的进入。他可以以最有效率的速度抽取石油，无需担心这么做利润会被竞争者拿走了。

在这个石油天然气判例中，就像在所有类推案件中，有道理的结果要求关注手头案件与某个或一系列先例的诸多政策考量之间的联系。石油天然气错误适用捕获规则正是因为没这么做。

温利伯既承认又否认政策总在头顶盘旋。温利伯承认了，他说律师的"法律知识"告诉他"[旅馆案与汽船案]之间的相似性与那些通常与法律责任相连的因素有关，"[16]并且他说，类比间的选择"还获益于开阔地理解什么与眼前的决定相关；[17]"与之相关的"是作为合理司法决定之基础的一套开放政策。他甚至承认，"法律中有潜在的政策。"[18]但他没有指出具体是什么或什么对法官来说是太离谱的政策。但他又直截了当地否认了政策的相关性，说法官"不要为自己决定什么是此案的法律，而

---

[16] Weinreb, 前注 11, 页 133。
[17] 同上, 页 92。
[18] 同上, 页 118 脚注。

只是把它找出来,去发现并按其本来面目来适用它。"[19]

但更频繁的既不是承认也不是否认政策的作用,而是含糊其辞,温利伯说,"在这个世界上,同工程师、生态学家甚至经济学家的所有谈话[有关什么财产法规则应当支配石油天然气]都不在点子上,除非他们不得不说的东西在法律中得到了反映。"[20]但是不可能让这些寓意变得在法律中有所反映——通过说服法官改变现存法律——吗?肯定应当允许效率关切进入石油天然气的产权确定。因此当温利伯说一位法官"也许不要随便搞什么社会或经济工程"时[21],他隐含的是小规模搞搞可以,但我们急切想知道的是,他认为社会或经济工程到什么程度就不再有合法性了。

温利伯希望法官坚守"法律自身"或"其自身的法律"(law in itself)或"其内在的法律"(law within itself)或"法律的本来面目"(the law as it is),他甚至称法律是"恢恢天网"(seamless web)。[22] 在不同的地方,他又认为"法律"包括了"普通的常识"甚至包括了罗纳德·德沃金独具风味的"道德评价,"[23]而在其他地方他又批评了德沃金。他还说,法律最可能追求的就是"人的合乎情理。"[24]但所谓"人的合乎情理"就是要让法律符合实践的需要和利益,这转而就隐含了愿意加进政策考量,使之与决定解决新颖争议关联起来。

当法官忽视政策时,就会胡说八道,就像在石油天然气判例那样,或出现完全的不确定性,就像温利伯讨论的一系列判例——均涉及机械传送版权作品的版权问题——那样。一首歌或一个戏剧的版权包括了"表演"权。在早期的一个判例中,某宾馆的接收机收到版权歌曲广播,通过电线把广播传送到宾馆房间。最高法院在一个僵硬的司法意见(这是布兰代兹最不出色的表现)中说,因为宾馆接收机没有放大音乐台的声波,而只是转换成了电磁波并通过导线送到客房重新构成声波,因此转送到客房就是表演,与雇用管弦乐队表演版权音乐作品没有区别,也因此,宾

---

[19] 同上,页148(省略了脚注)。
[20] 同上,页118(省略了脚注)。
[21] 同上,页97(增加了着重号)。
[22] 同上,页102。
[23] 同上,页92,144注释。
[24] 同上,页161。

馆必须获得版权持有者的许可。[25] 最高法院没有做任何努力,把收音机接收传送的物理学同版权保护的目的联系起来。这是个败坏类推名声的司法意见。

多年以后,在福特奈特利公司诉联艺电视公司案(*Fortnightly Corp. v. United Artists Television, Inc.*)[26]中,最高法院撞上了一个显然类似的案子,再次误用了类比,但得出了相反结果。有线电视经营者为了让订户能接收到版权节目,建了天线,和上一案一样,接受了空中广播的节目,但发射者是电视台而不是广播电台。连接天线和有线电视订户的有线电缆把节目传松到订户家中,就像上一判例中宾馆通过电线把接收的广播电台节目分送自己的顾客一样。但与上一个判例相反,最高法院描述这些有线电视经营商所做的仅仅是放大了广播信号,就像房主为收到遥远电台的信号在自家房顶上加了根天线一样。

若是认为确定有线电视更像房主安装天线还是更像管弦乐队表演版权音乐,就可以理性地决定这个有线电视案,那会很荒谬。对这一争议的理性解决办法要求辨认,赋予版权作品所有者排他表演权的目的是什么。目的在于防止某种形式的搭便车,即让别人花钱创造有价值的表达作品,然后复制该作品,并以低于创作者保本价的价格出售复制品,使创作者没法收回自己的投资。复制者的保本价会更低,因为他不必收回创作费用,他省下了这笔费用,因此他搭便车有利可图。

在有线电视早期,即福特奈特利案诉讼的年代,有线电视主要是为社区提供电视接收,因为地形以及空中转播台偏远,社区接收不到清楚的广播信号。福特奈特利是多山地带,该服务区的居民从空中只收到两个电视台信号。通过电缆,福特奈特利给他们增加了三个台。它并没减少这些电视台任何广告收益(这是电视台向广播节目版权人支付的许可费),相反,有线订户收到了这些本来收不到的台,福特奈特利因此增加了这些台的观众,也就增加了这些台的收入。[27] 有线公司也没有从传输的节目中删去广告,没把广告时段再度出售给其他广告商。[28] 若这么做就相当

---

[25] Buck v. Jewell-LaSalle Realty Co., 283 U.S. 191, 199-201 (1931).

[26] 392 U.S. 390 (1968).

[27] 同上,页 391-393、401 注 28。

[28] 这一点的意义在之后的案件中提到了,Teleprompter Corp. v. Columbia Broadcasting System, Inc., 415 U.S. 394, 405 注 10(1974)。

于侵占属于节目版权人的许可费,因此是搭便车,那是版权法意图防止的。

温利伯从另外一串判例中找到了司法类推的更多证据,从"奥姆斯蒂德诉美国案"(Olmstead v. United States)[29]裁决录音侦听(wiretapping)并非宪法第四修正案含义上的搜查,到多年后"卡兹诉美国案"(Katz v. United States)[30]裁定"是"。该修正案保护"人们的人身、住宅、文件和物品(effects)有权不受不合情理的搜查和没收,"并且最高法院奥姆斯蒂德决定的基础是这样一个事实,即非侵入性录音侦听并没有侵犯(物理搜查或逮捕则会侵犯)人身、住宅、文件或其他物理财产(他的"物品")。在后一判例中,最高法院决定,重要的是,录音侦听侵犯了私隐。

在这两个决定之间如何选择,取决于你认为应如何解释宪法规定,从严还是从宽,以及如果后者,那么你是否喜欢这种想法,即给宪法第四修正案注入保护私隐的政策,而不只是宪法文本中实际列举的更具体的利益;还取决于该如何平衡私隐利益与执法利益,如果警方必须获得搜查证才能录音侦听,执法利益就会受阻。最高法院曾始终如一地裁定,警方在可疑的罪犯老巢安置线人不必获得搜查证,哪怕线人"身藏窃听器"(wired)记录听到的任何会话。因会妨碍有效执法,执法者极力反对把搜查证延伸到这类案件。他们同样非常喜欢录音侦听前无需获得搜查证。

温利伯认为卡兹决定中有类推,因为最高法院比较了卡兹打电话时受侦听的公共电话亭和普通人的办公室,两处都有某种私隐期待。但与这个类比有关的是此案的一个边缘问题——如果录音侦听是宪法第四修正案的搜查,是否还应当有个例外:若被侦听的是公共电话亭而不是住宅或办公室的电话线。卡兹决定中的主要问题是非侵入性录音侦听是否永远是宪法第四修正案的搜查,而类比与解决这个争议无关,也没使用类比。此案决定例证了法律类推的实际作用是多么小。

我最后的例子,有关传统的法律推理,是制定法和宪法的解释。这是个无休无止的辩论场景。传统上,辩论双方或是倡导"从严解读"或最近

---

[29] 277 U. S. 438 (1928).
[30] 389 U. S. 347 (1967).

似的同义词"字面含义",或是倡导"从宽解读"("解读"意思就是"解释")。今天辩论更通常是,一边倡导"文本主义"和"原旨主义",另一边倡导"动态的"或"目的性"解释和"生动宪法"的概念。

"从严解读"可以指解释制定法(以及其他有法律意义的文件)要窄;就像旧日的"解读法则"那样:对有损普通法的制定法,解释要窄,以便最小化对普通法的侵蚀。或者,它可能指对制定法和其他文件做字面解释,即按照语词的"字面含义",不考虑立法历史、真实世界的语境或后果、或其他有关立法目的的表示。字面解释也可能惊人地宽泛。"字面狭义"(literal when narrow)也许是从严解读的实际含义。从宽解读者是非字面解释者,但他不必然赞同对制定法或宪法规定从宽解释,乃至创造新的可司法执行的权利。换言之,他可能是司法自制而不是司法能动主义的实践者。

"文本主义"是字面主义。"原旨主义"则指对宪法规定(provision)(这是在任何其他类型的立法中都罕有使用的一个术语)的语词要按其本义理解——更精确地说,要恢复宪法批准者的理解。因此,这两种主义相当接近,当时间改变了关键术语之含义时除外。我在第十章就给了一个人身保护令的例子。还有一个例外是,如果制定法文本含混,从严解读者会希望解读不利于以此为据的诉讼人;而原旨主义者会接受文本作者(或批准者,当涉及宪法规定时)可能赋予该文本的含义为指导。文本主义和原旨主义与从严解释都一致反感参考立法目的来解释制定法或宪法规定。三者都是语义的、而不是实用主义的或政策导向的解释方法[31],都是典型法条主义的技巧。

解释问题出现在先例领域,也出现在立法性文本的领域,形式上通常是法官试图区分判例的裁决(这是有先例效果的部分)和司法意见的语

---

[31] Richard A. Posner, *The Problems of Jurisprudence*, pt. 3 (1990),曾为之辩解。这些方法都许可"从宽"解释,不要求法官严格固守被解释的立法语词。对制定法解释理论的全面讨论,请看,Wiliam D. Popkin, *Statues in Court: The History and Theory of Statutory Interpretation* (1999); William N. Eskridge, Jr., Philip P. Frickey, and Elizabeth Garrett, *Cases and Materials on Legislation: Statutes and the Creation of Public Policy*, ch. 7 (4th ed. 2008).

言(这是在不改变该裁决的情况下可以分离出来的部分)。[32] 尽管这个区分很古老,看起来对判例法运作至关重要,但这个区分实际很难把握。法官如今比先前更少作这种区分了,这就表明实用主义决策的影响力在增加。这里的实际问题很简单,就是你不打算理睬这个判例的多大部分,取决于许许多多的考量(与目前境况相关的先例之环境,先例中隐含的规则是什么并且与目前境况是否相符,以及把法官制定的规则限定在与产生该规则的事实相类似的事实是否好等),这些考量不可能简化为一个公式,就像是否推翻某判例不可能简化为一个公式一样。

我在前面第四章中说过,在此再次重复,解释是一种天生的、直觉的人类活动。它不是受规则约束的、逻辑的或一步步来的。强加一条规则有可能,就像对一位法官说,我们不要你想清楚立法机关追求什么;我们就要你解释制定法,就像你是刚来这个国家并只能理解制定法的文字含义一样。根据立法或美国宪法中清楚、明确表达的法律规则构成的大前提,以及根据该案事实构成的小前提,严格解读者想演绎出某个制定法案件的结果。在这个世界上,他喜欢规则胜于标准,喜欢语词胜于活动,他努力诉诸解释规则("解读法则")来化解任何因制定法常常含混或混乱的措辞而发生的解释难题,努力使解释成为受规则指导的活动。如果努力失败,他也会做出决定,决定会不利于想从制定法含混措辞中抽取某个主张或辩解的一方。

这一程序是欺骗性的。如果立法者或宪法起草者信奉这个解读法则(但他们不信奉),并且如果这位法条主义的法官/解释者感到约束自己只是实质中性的法则,而不是一些实质性法则,那也许还有点道理。中性法则包括:明确表达的思想排除了隐含的相关思想(这就是所谓的"明示排除默示"法则);制定法中同一个词指的是同一事物;制定法没有冗词(即,所有词都有用),等等。而实质性法则包括,刑事制定法从轻解释的规则(rule of lenity)。但大法官斯格利亚,与他的自我概括"心肠怯弱的"原旨主义相一致[33],接受了这个从轻规则,却没有提出它有什么原旨

---

[32] 请看,例如,Michael Abramowicz and Maxwell Stearns, "Defining Dicta," 57 *Stanford Law Review* 953 (2005),以及该文引证的文献。

[33] Antonin Scalia, "Originalism: The Lesser Evil," 57 *University of Cincinnati Law Review* 849, 864 (1989).

主义门第，比方说，在美国宪法渊源中。[34]

与从严解读者形成反差，从宽解读者是实用主义的。他要求自己解释的法令得出有道理的后果，但不必定是他偏爱的后果——他是一位受约束的实用主义者（请看第九章），尽管他认为有道理的后果通常也就是立法者想要的后果。他努力纠正立法者眼光的局限，寻求——用勒尼德·汉德话来说——"富有想象性地重构先前具体环境中的解决办法，并把激发这一解决办法的那个目的投射到立法者决定的具体场合。"[35]他同意大法官弗兰克福特，"令人不快的是，这里没有解读制定法的对数表，没有一件证据有固定的甚或平均的分量。在这个情况下，也许这点或那点是决定性的，而在其他地方就几乎没有价值。"[36]实用主义者想用来自判例的经验和法律颁布后的其他信息渊源来完成立法项目。他想帮助立法者实现其目的。

有些从严解读者论辩说，不可能想象性重构立法机关的目的，因为没有"集体意图"这样的东西；有的只是投票赞成或反对某立法的立法者个人的意图。[37] 这是一种解释的原真理论。它否认了有意义的解释性交流和协议——即"思想会合"——的可能。这种原真理论是糟糕的哲学、

---

[34] Antonin Scalia, *A Matter of Interpretation*: *Federal Courts and the Law* 29 (1997).

[35] Learned Hand, "The Contribution of an Independent Judiciary to Civilization" (1942), in *The Spirit of Liberty*: *Papers and Addresses of Learned Hand* 155, 157 (Irving Dilliard ed. , 3d ed. 1960). 又请看, Hand, "How Far Is a Judge free in Rendering a Decision?" (1935), 同上, 页 103。

[36] Felix Frankfurter, "Some Reflections on the Reading of Statutes," in *Judges on Judging*: *Views from the Bench* 247, 255 (David M. O'Brien ed. , 2d ed. 2004 [1947]).

[37] 在一篇文章中，一位政治科学家强有力地论证了这一立场, Kenneth A. Shepsle, "Congress Is a 'They,' Not an 'It': Legislative Intent as Oxymoron," 12 *International Review of Law and Economics* 239 (1992). 他评论了下面的"字面含义"进路："当案件显然属于某制定法的空隙之际，最高法院一定不要把此案放在该制定法的标题下。它既不应当把该制定法的语词一般化，明确表达的除外，不要把意图读进其语词，也不应预测颁布此法的多数派（或是在此问题上的其他什么多数派）会怎样判决。如果该制定法的语言没有涵盖某种情况，那么该法就不适用。"同上, 页 253。

糟糕的心理学以及糟糕的法律。[38] 在解释一个文件时，天然前设就是无论文件有多少作者，都应当视为单一思想成果来解释。你可以反驳这个前设，但要说从来不可能有意义地问，国会在这个或那个制定法规定上目标是什么，因为国会并非一个集合体，那就是说人们从来都不可能分享某个目的。

这个问题还更深一些。解释一定要预设有一个带意图的作者。假如你看到海滩上似乎有些字迹："给你妈打电话"，你知道这是风浪的无心之作。但如果你知道这一点后，还是给你母亲打了电话——因为这就是"字面含义"，那你就是没脑子。如果某个集体作者的文件，例如一部制定法，背后没有意图，也就没有需要解释的地方了。原旨主义者不能否认集体意图的可能性。他们同样取决于文件有这样的意图。宪法批准者赋予美国宪法的含义，原旨主义者认为是最权威的含义，但其基础就是他们理解该文件作者的意图。

从宽解读的危险在于，它也许会堕落为短视的实用主义，不知道对书面文字满不在乎，后果会很糟。在两种解释之间做适当的选择，就像在规则和标准之间做选择一样（两者很相像，事实上是例证），都相对于环境，其中包括有制度要素，例如法院和立法机关的不同动机和工具。这些问题已让学者关注多年了[39]，但对规则与标准的选择，还没结论。公共选择的研究者以及一般的政治保守派怀疑立法者是否真诚，总担心过度民主，认为制定法是无原则妥协的产物，不愿帮助立法者实现其目的（这些怀疑主义者甚至怀疑大多数立法是否还有某些值得帮助的目的），否认制

---

[38] Lawrence M. Solan, "Private Language: Public Laws: The Central Role of Legislative Intent in Statutory Interpretation," 93 *Georgetown Law Journal* 427 (2005).

[39] 请看，例如，William N. Eskridge, Jr., "Overriding Supreme Court Statutory Interpretation Decision," 101 *Yale Law Journal* 331, 416 (1991); Susan Freiwald, "Comparative Institutional Analysis in Cyberspace: The Case of Intermediary Liability for Defamation," 14 *Harvard Journal of Law and Technology* 569, 574 (2001); Jonathan T. Molot, "Reexamining *Marbury* in the Administrative State: A Structural and Institutional Defense of Judicial Power over Statutory Interpretation," 96 *Northwestern University Law Review* 1239, 1292-1320 (2002); Cass R. Sunstein and Adrian Vermeule, "Interpretation and Institutions," 101 *Michigan Law Review* 885 (2003).

定法会有某个"精神"或融贯的目的，通过沟通性从宽解读，也许可以限制法官制定政策的裁量。他们认为从宽解读是把语言降低为立法机关与法院之间的交流中介。他们指出，在一定程度上，一个制定法就是一个妥协的产物，而法院解释该法，促使更有效实现其显然的目标，也许会破坏这个立法妥协——因为这个妥协对于这一立法过程很重要，因为当初是因为有了这个妥协该法才得以颁布的。这很有道理，是要注意的，但它还是没有描述从严解读者的实际做法。一个细心的统计学研究结论说，"字面含义完全不字面，至少对最高法院大法官如此。他们随时都能找出任何字面含义来适应自己的意识形态倾向。"[40] 他们知道，一个承诺从严解读的法院也许会让立法机关工作更繁重，因为法院从不伸手帮立法机关一把。然而，保守派法官们没为此不安，他们欢迎法院如此。

与立法怀疑主义者相对的另一极端，我们看到了亨利·哈特和奥伯特·萨克斯（Albert Sucks），会同吉多·卡拉布雷西以及其他人，他们敦促从宽解释（卡拉布雷西更是走到了极致，认为应允许法院以过时为由废除制定法）。他们相信立法者有公众精神，认为立法者欢迎法官伸出的援手。[41] 但他们低估了这种风险，即法官会颠覆那些微妙的立法妥协，用不知情的或有政治偏见的政策判断置换了更为知情的立法者的政策判断，让某些立法派别的力量更强了。

现实主义者知道最高法院大法官和其他法官决定案件时运用的知识很有限，他们是法官怀疑派，有别于立法者怀疑派；他们特别敦促法官不要轻易以宪法解释——无论从严还是从宽——为根据否定制定法和其他官方行为。他们认为，说到底大法官不过是政客雇的律师，却自以为是，自认为有能力表态，在涉及性和生育权、死刑、宗教在公共生活中的作用、政治竞选融资、州立法机关的结构以及国家安全这样一些深刻对立的道

---

[40] Frank B. Cross, "The Significance of Statutory Interpretive Methodologies," 82 *Notre Dame Law Review* 1971, 2001 (2007).

[41] Henry M. Hart, Jr., and Albert M. Sacks, *The Legal Process: Basic Problems in the Making and Application of Law* 1414-1415 (tentative ed. 1958) (如今，Henry M. Hart, Jr., and Albert M. Sacks, *The Legal Process: Basic Problems in the Making and Application of Law* 1378 [William N. Eskridge, Jr., and Philip P. Frickey eds. 1994]); Guido Calabresi, *A Common Law for the Age of Statutes* (1982).

德政治争议问题上。他们认为,只有在完全信服某法令或做法不合情理且有人要求法院以美国宪法名义予以禁止的情况下,法院才应介入这些敏感和情绪性的争议。

这是一种从宽解读,并且是基于标准的法律推理,但不应认为这意味着现实主义者总是反对基于规则的审判。经济发展学派的研究者就很有道理地推荐法制基建薄弱的落后国家采用精细的法律规则(这隐含了对制定法、规定以及其他规则渊源的解释模式是从严解读)[42],他们都是现实主义者,没兴趣以此来为法条主义者辩解。当法律由精细规则而不是标准组成时,就压缩了解释的裁量范围,也就制约了司法腐败和不称职,因为判断法官是否恰当适用了某规则,比判断他是否恰当适用了某个标准更容易一些。

这例证了我在第三章提出的一个观点,即在具体的历史环境下,实用主义也许要求的是法条主义。另一例证是萨维尼建议德国各邦(他写作时远早于德国于1871年变成统一国家)采用古罗马法律作为德国法律,并且是高度形式主义的罗马法。[43] 就其时代空间而言,萨维尼的法条主义完全可能是正确的。同今天的发展中国家一样,德国当时急切需要的是明确、统一、可机械适用的规则,把德国各邦捆在一起。霍姆斯拒绝了萨维尼的法条主义[44],就他的与萨维尼非常不同的时代空间而言,也完全可能正确。到霍姆斯那时,"美国的法律制度……已经顺从并获得了公众信任,能够调整法律原则适应当时的社会需要,而没有不适当地牺牲合法性或造成虚弱的法律不确定性的危险。"[45]因此,"可以(仅仅)以前瞻性估量针锋相对的替代后果为基础支持或反对形式主义[法条主义]作为制定法解释的,或就此而言任何其他环境下的,一种决策战略。"[46]"有关解释的形式主义辩论就转向了——最关键地——立法制度的结构,

---

[42] 请看,例如,Jonathan R. Hay and Andrei Shleifer, "Private Enforcement of Public Laws: A Theory of Legal Reform," 88 *American Economic Review Papers and Proceedings* 398 (May 19998).

[43] 请看,Richard A. Posner, *Frontier of Legal Theory*, ch. 6 (2001).

[44] 请看, Oliver Wendell Holmes, Jr., *The Common Law*, lects, 5-6 (1881).

[45] Posner, 前注43,页221。

[46] Sunstein and Vermeule, 前注38,页921-922。

而不是有关交流、民主或法学原则之本质的主张了。"[47]

欧洲大陆的司法,就我们所知,趋于比美国司法更法条主义。职业制司法要求有评估司法表现的标准,用来决定客观的晋升;并且立法文本的文字解释是否精确,与某种实用主义解释是否合理相比,前者更容易评估。此外,职业制法官对法庭外的世界几乎没什么经验,因此更惬意于语义解释而不是政策导向的解释(尽管就像我在第五章提到,民法法系的法官也不能避开偶尔的政策性决定)。还有,欧洲的政府形式都是议会制,远比总统制政府更有效率,因此更少依赖法官来补足立法。就美国法官而言,法条主义不是负责任的战略,因为我们的三头立法体制(三头是因为总统有否决权,这使总统实际成了国会的第三院);因为我们220年之久的宪法作者是贤人而不是先知;因为我们的联邦体制在50个州的不同法律制度之上又令人困惑地增加了一层联邦法律;以及因为我们较弱的、不受纪律约束的政党。

从严解读,以及它的文本主义/原旨主义诸多变种,会给我们的立法机关增加难以承受的信息。它要求立法机关不仅能预见每个可能出现且滥用制定法含混语言的奇怪案件,而且要能预见社会未来的每个变化(诸如电话或互联网的出现),这些变化会让当年在不知这些变化条件下起草的制定法或宪法规定无法实现其规定的目的。相比之下,从宽解读则让立法者和法官来分担这些信息负担。最高法院把含混的宪法性和制定法规定翻译成宽泛的规则,然后由下层级法院微调。这幅图画中不仅有更多"立法者",而且作为法律颁布后的立法者,法官为此后的修法过程贡献了原初立法者因缺乏先见之明而不可能获得的信息。[48] 如果我们有更多职业性的、更受纪律约束的立法机构,有一个持续开会的制宪大会,有一个联邦委员会来修订制定法,在每个联邦法律领域都有一个与量刑

---

[47] 同上,页925。

[48] Thorsten Beck, Asli Demirgüç-Kunt, and Ross Levine, "Law and Finance: Why Does Legal Origin Matter?" 31 *Journal of Comparative Economics* 653 (2003). Cf. Franceso Parisi and Nita Ghei, "Legislate Today or Wait until Tomorrow? An Investment Approach to Lawmaking" (University of Minnesota Law School, Legal Studies Research Paper No. 07-11, June 14, 2006),请注意立法机关难以决定采用新法律的最佳时间,由于需要考虑等候这一选项的价值。从宽解读是解决这个两难的办法之一。

委员会对应的机构,那么我们的法官就可以像外国法官那样坐到后排去了。但所有这些有利于司法消极解释的条件都不能满足。

这一分析说服不了那些非常不信任灵活解释的人们,他们指控布莱克斯东有"激进的制度性盲目,"[49] 因为布氏说过(重复了17世纪法律思想家萨缪尔·普芬道夫[Samuel Pufendorf]的观点),不应把波洛尼亚(Bologna)法律"无论谁造成街头流血都将受到最严厉惩罚"解释为惩罚"在街上给因惊厥摔倒的人切开静脉"的外科医生。[50] 鉴于法国司法断然承诺了法条主义[51],这个分析也说服不了法国法院的挑剔者不对制定法作字面理解,因为字面理解会毫无道理地禁止在列车停止之际上下旅客。[52]

---

[49] Sunstein and Vermeule, 前注 39, 页 892。又请看, Adrian Vermeule, *Judging under Uncertainty*: *An Institutional Theory of Legal Interpretation* 19-20 (2006)。有关的批评,请看 Jonathan R. Siegel, "Judicial Interpretation in the Cost-Benefit Crucible" (forthcoming in *Minnesota Law Review*)。

[50] William Blackstone, *Commentaries on the Laws of England*, vol. 1, p. 69 (1976)。如同布莱克斯东解说的,"解释立法者意志的最公道也最理性的方法是,通过探求该法制定时立法者当时的意图,根据最自然和最可能的符号。这些符号或者是该法的语词、内容、主题、效果和后果,或精神和理由……至于效果和后果,规则则是,当语词与两者都没联系之际,或如果按字面理解会是一个非常荒唐的含义,我们就一定要略微偏离其被接受的意思。"同上,页 59-60(原作者的强调)。他的例证是波洛尼亚的滴血制定法。

[51] 关于这一点,请看,例如,Julius Stone, *The Province and Function of Law*: *Law as Logic*, *Justice*, *and social Control*: *A Study in Jurisprudence* 149-159 (2d ed. 1961)。事实上,法国的法条主义,就像美国的法条主义,也更多是修辞的而不是真实的。请看,Eva Steiner, *French Legal Method*, chs. 3, 4, 7 (2002),以及下一个脚注。

[52] Steiner, 前注 51, 页 60; Michel Troper, Christophe Grzegorczyk, and Jean-Louis Garties, "Statutory Interpretation in France," in *Interpreting Statutes*: *A Comparative Study* 171, 192 (D. Neil MacCormick and Robert S. Summers eds. 1991)。"当适用字面含义可能导致荒唐的情况下,法官可以看看立法意图,并用解释手段来'批准'该立法规定……有时,为了跟上社会变化,法国法院背离了某制定法的字面含义,运用了在通过该制定法之际并非立法机关原初意图的某种含义。"Steiner, 前注, 页 60。关于解释的结果荒谬原则的展开讨论,请看,John F. Manning, "The Absurdity Doctrine," 116 *Harvard Law Review* 2387 (2003); Veronica M. Daugherty, "Absurdity and the Limits of Literalism: Defining the Absurd Result Principle in Statutory Interpretation," 44 *American University Law Review* 127 (1994)。

事实上,这两种情况不同,法国的制定法文本可能是排字出了错。[53] 波洛尼亚制定法所涉及的情况更为常见,而且立法机关也很难避免,它是没能预见并规定一些属于制定法语义范围但不属于其目的范围的情况。制定法的外延通常都会超出其意图的范围,因为那些容易理解的限定都已理解了,但没有表达。想想这种情况,你问药剂师要点什么来帮助你睡眠,他给了你一柄大锤。但这种字面解释可能成为他被解雇的一个根据,甚或据此可以把他关进精神病院。

还记得奥姆斯蒂德案吗?作为从严解读的一个练习,此案决定是正确的,尽管如今没人为它辩护了。若是字面理解,或就此而言自然地甚或历史地理解,宪法第四修正案保护你的人身、住宅、文件和物品不被搜查,但不保护你的对话。从来没人认为通常的(即非电子的)非侵入性偷听(eavesdropping)是搜查或没收。跟踪一个人甚或在电灯杆上安装监视镜头也不是。"警方通过听我的电话搜查了我",或"警方通过听我的电话搜查了我的住宅",这些说法都不合语言习惯。可以说(尽管只有律师才这么说)电子侦听是"没收了"谈话,但谈话不属于该修正案保护的不受侵犯之列。要把录音侦听和其他电子侦听都放到宪法第四修正案的范围,法院就必须假定该修正案背后有个目的,这就要有一个对那些想从解释中清除裁量的从严解读者很是致命的推测。这一修正案的目的当年是什么?只是想限制海关和其他政府官员非法侵入?或是想限制官员的更一般性调查的场合和范围?或者它有双重目的——狭义的和广义的?从严解读者不认为,至少不会认为这都是让法官回答的问题。他们应当为奥姆斯蒂德决定鼓掌而谴责卡兹决定,因为卡兹决定正是令法条主义者悲叹的立法性决定。在卡兹决定中,最高法院全然不管宪法第四修正案的文字和原初目的,就把一种调查犯罪的全新形式置于宪法之下。

从严解读的倡导者论辩说,这强化了民主,防止了法官把自己的政策偏好伪装成解释,然后强加给社会。但硬币的另一面是,从严解读者也就不会干预并拯救因未可预见的事件或因情况变化而变得过时或荒唐的立法(例如那个想象中的波洛尼亚外科医生)。立法机关是随时可以介入,

---

[53] 制定法草案出错并非法国所独有;也见于美国制定法,这向形式主义者提出了一个主要挑战。请看,Jonathan R. Siegel, "What Statutory Drafting Errors Teach Us about Statutory Interpretation," 69 *George Washington Law Review* 309 (2001).

为了未来,以修正案来排除这些结果的。但代价如何? 即使立法过程是惰性的,立法能力是有限的,立法日程是拥挤的,因此修法很难且耗费时间,也必须如此,否则立法就不持久了。[54] 一个被忽视的要点是,如果修法可行,可以用它来救治从宽解读和从严解读的毛病。确实,如果修法可行,就不再有这个支持从严解读的实用论点了;从严解读对立法过程的影响与从宽解读的影响会相同。但是,更现实的是,靠修法来纠正法官的法律解释错误常常不可行。

　　在从严与从宽的制定法解读之间做选择(这其实并不真是一个两元的选择,因为居间的选择都有可能,并且确实很诱人[55]),和与之类似的在规则与标准之间做选择一样,都充满了不确定性。法条主义自身不能展示,法条主义的——从严解读或某些版本的文本主义或原旨主义的——制定法解释就是正确的进路。而且对从严与从宽解读的利害交换了解不足,无法基于实践的理由赞同或就此而言拒绝(尽管我倾向于此)法条主义进路。由于选择从严还是从宽解读没准,法官就必须根据法条主义者理解的"法律"以外的因素来作选择。尽管法条主义者说从严解读是一种民主替代,因为它限制了法官立法,但也有人认为,法条主义者的真正动机是敌视主要通过立法创造出来的大政府。阻碍立法,这很难说是民主,但这就是法条主义解释的作为。制定法的字面解读给这些法强加了一些专断含义,并经此使立法者更努力实现他们远未实现的目标,因为惰性阻碍了立法者颁布修正案来纠正某些司法判决。

　　由于特别难用宪法性修正案来纠正荒唐的结果,而字面解释宪法这份古老文件又会频繁导致荒唐的结果,因此对宪法性案件特别不适合从严解读。电子侦听就是一个例证,但这还只是开始。从严解读宪法第十四修正案同等保护条款,则会禁止积极补偿行动(获益不平等)但不禁止公立学校种族隔离(仅仅是隔离);从严解读宪法第六修正案,则是军事法院也必须有陪审团审判;从严解读宪法第一修正案,则会废除诽谤侵权并禁止给诱惑犯罪定罪、禁止法律保护商业秘密以及禁止事先审查军事秘密;从严解读宪法第二修正案,则会让美国人有权携带任何可单人操作

---

[54] William M. Landes and Richard A. Posner, "The Independent Judiciary in an Interest-Group Perspective," 18 *Journal of Law and Economics* 875 (1975).

[55] 请看,例如,Jonathan T. Malot, "The Rise and Fall of Textualism," 106 *Columbia Law Review* 1 (2006).

的武器,包括肩扛的地对空导弹;从严解读宪法第五修正案,则会允许联邦刑事审判引入刑讯获得的证据,只要刑讯没在法庭内进行;从严解读宪法第十一修正案,则会允许在联邦法院起诉本州政府,却不能起诉其他州政府;从严解读宪法第一条第 8 款,则国会根本不能创建作为独立武装力量的空军,或规制军用航空。如果宪法从严解读导致这些结论,采纳这些结论就会创造太长的宪法修正案日程,乃至这个修宪过程会崩溃。

  好的实用主义法官会平衡两类后果,个案特定的和系统的。[56] 关于系统后果的一个贴切例子就是,如果法官不是或多或少地依据文字——也就是不从严解释合同文字——来强制执行合同,法律就有太不确定的危险。可以论辩说,从宽解说制定法可能以类似方式破坏法律,因此综合来看,从严解释,加上仅给很可能导致荒唐结果的解释开一个狭窄的口子,这个政策要优于一般性从宽解读的政策。这是个"规则加例外"优于标准的例子,是法律的通常选择。一个人甚至可以赞同对合同从严解读,但对制定法和宪法从宽解读,就像你可以在某种法律和政治体制下偏爱从严解读而在另一体制下偏爱从宽解读一样。但要点在于,法条主义本身没说要更多从严解读,就像它本身没说法律要完全由规则构成而不是由规则加标准构成一样。这些都是选择,都需要行使立法性的司法裁量权。

---

[56] Richard A. Posner, *Law, Pragmatism, and Democracy*, ch. 2 (2003). 关于实用主义解释之利弊,一个很好的讨论,请看,John F. Manning, "Statutory Pragmatism and Constitutional Structure," 120 *Harvard Law Review* 1161 (2007).

第八章
法官并非法律教授

在我们的联邦司法这样独立的法院系统中,与法官行为最为兼容的外部约束是学术批评,因为学术批评是非强制的。学术批评是潜在的强有力约束,因为法官关心自己的名誉,关心自己是(不仅仅是被认为是)个"好"法官,他会尊重一流法学人的智识和专门知识;并且,正因其独立,就会有很多力量可能影响他们,包括批评;因为如果法官受制于强有力的激励和约束,像缺乏联邦法官那种独立性的雇员那样,学人的批评就没什么冲击力。事实上,在这种语境中,比"批评"更好的一个词是"评说"(critique)。法官会获益于赞扬——那意味着他们某些地方干得不错,也会获益于批评,而未受赞扬的法官还会从他人受赞扬中了解到自己在什么地方还有欠缺。

然而如今学界对法官和审判的评说几乎对法官行为没什么冲击力。[1] 这不是说,学界的成果对法律,包括法官以立法角色制定的法律,

---

[1] 对这一问题的致谢和有意思的讨论,请看,Sanford Levinson, "The Audience for Constitutional Meta-Theory (or, Why, and to Whom, Do I Write the Things I Do?)," 63 *University of Colorado Law Review* 389 (1992). 又请看,Barry Friedman, "The Counter-Majoritarian Problem and the Pathology of Constitutional Scholarship," 95 *Northwestern University Law Review* 933, 953 (2001); Robert Post, "Legal Scholarship and the Practice of Law," 63 *University of Colorado Law Review* 615 (1992).

没什么影响。但本书的兴趣不在于法律教授如何创造了知识、找到了进入司法意见的途径并因此进入了法律；而在于受法官重视的、作为司法表现评说者的法律教授的作用。

学界批评不太能影响法官行为有两个原因。其一是，尽管法官确实关心自己是否正在做，并被特定的他人（其他法官，比方说）认为他正在做很好的工作，但他们并不太在意法律教授如何看他们。另一原因是，法律教授也不大有兴趣评说个体法官，最高法院大法官除外；而法官又最不在乎学界那片林子如何看他们。在这些学界评说司法不起作用的特定原因之下，还有一个更深的原因——精英法律教授疏离于法律实务，包括审判。〔2〕

法官对学界批评不敏感还有部分来自法官与教授在工作条件、激励、约束、选择、眼界和社会角色上都不同。许多法官认为学人根本就不理解司法的目标和压力，因此学界对法官表现的批评，大多是吹毛求疵、不在点子上并且不具建设性。甚至撰写司法意见的上诉法官——他们干的是准学术的活——也有这种感觉，包括那些从教授中选任的上诉法官。

除了联邦巡回区以及在更低程度上哥伦比亚特区巡回上诉法院外，联邦上诉法院的管辖实际涵盖了全联邦的民事和刑事法律，并且，由于联邦的多样管辖（diversity jurisdiction）以及联邦对各州囚犯的人身保护令，联邦法院的管辖实际上还涵盖了全部州法律，再加上些许的外国法和国际法。〔3〕在这样一个法院中，任何法官都只可能专长于他必须决定的上诉案那很小一块法律领地，任何法官也只可能对某个案件投入足够时间，使自己仅仅在那一刻（通过填鸭方式获得的知识会很快遗忘）成为该案领域的专家。还有，与联邦最高法院不同，上诉法院必须决定单个案件提出的所有可处理的争议，而不论争议有多少，而一个单个案件也许就会提出涉及诸多法律领域的争议。

---

〔2〕请看，Harry T. Edwards, "The Growing Disjunction between Legal Education and the Legal Profession," 91 *Michigan Law Review* 34 (1992)；一个令人发笑的预见，请看，William L. Prosser, "The Decline and Fall of the Institute," 19 *Journal of Legal Education* 41 (1966).

〔3〕不属于这些地域上诉法院管辖的主要例外是专利法和遗嘱家庭关系法，尽管遗嘱家庭关系法只是部分不属于。请看，例如，Kijowska v. Haines, 463 F. 3d 583 (7th cirt. 2006).

一位法官是一位通才(generalist)，要就分派给他的每个案件、每个法律领域撰写司法意见,他有时间的压力。法学教授则没有时间紧、专长不足的问题。他们都是在自己专长的领域自选题目,以自己惬意的速度撰写论文。他努力有点原创性贡献。相比之下,缺少原创对法官不是问题。法官必须撰写派给他的司法意见,无论他对此案的任何争议是否有原创想法。特别是,如果他是主审法官,或许还有某些选择,选择撰写某案的多数派意见,但他只是随机选择的合议庭一员,并在以随机方式选择听审的诸多案件中做选择。法律教授不必每年命题作文 25 篇(这大致是目前一位联邦上诉法官发表司法意见的最低数;有的人发表的意见要多很多,并且所有法官都还要负责一定数量的——毫无例外,数量都更大——不发表的司法意见)。教授可以每年就一两个自己有点原创想法的题目撰文一两篇,而不会失去学术地位。但你可以期望这些论文是法律教授自己撰写,而大多数司法意见都由法官助理起草,法官会编辑,有时也会大段重写。

与教授不同,由于案件数量很大,法官别无选择且缺乏专长,你就不能期望法官对每个案件都有原创思想;不仅如此,对司法意见原创性的评价也不高,不像对学术著述更看重原创性。任何法律制度都高度珍视法律的稳定性和连续性,并且法官也被先例和其他权威文本层层包围(部分由于这个原因),尽管不像法条主义者认为的那么密不透风。法官的行动自由也受阻碍,因为他要同其他不像自己那么大胆的法官妥协,才能获得法庭的多数。这一点就凸显了学术论著和司法意见这两类文本的读者不同。学术论著的主要读者是其他学人。上诉法官撰写他希望成为多数法官的司法意见时,首先是为法官同仁撰写,至少他还要回头瞄一眼最高法院;他有一种感觉,希望这份意见某一天对遇到类似案件的其他法院的法官也有说服力,他有一种渴望,为律师界提供指导。学人是他最边缘的关切。

还有,决定案件就是裁断竞争,但——对不起首席大法官罗伯茨了——并不像裁判棒球比赛那样。一场竞争,一个纠纷,形式上就没有论文题目,即使有双方辩论。一篇法律论文也许会支持或反对某个立场:知识产权的解释是否太宽泛了,是否应当压缩一下。但这样的问题一旦抽象就与具体争议无关了。比方说,《比尼宝贝收藏指南》有一张未经授权发表的比尼宝贝的版权照片(用版权行话说则是一个"软雕塑"),这是否属"合理使用"。[4] 在这样一个案件中，法官习惯于扪心自问，什么后果更合乎情理，更有道理，他要牢记决定一个案件的许多公认的考量，其中包括了但不仅仅是制定法的文字、先例以及其他司法决策的常规材料，还包括常识、政策偏好以及其他许多东西。

可以想象，教授撰写的有关知识产权的恰当范围的论文也会有类似的实用主义的、不那么理论化的混杂特点。确实，当年就是这样，那时法律职业的各分支，包括学界和司法界，相互联系都比今天紧密，通常法律论文也有这个特点。那时，法律教授惯常主要认同法律职业界，其次才认同大学。法学教授都先从业数年，然后才受雇于法学院，凭证就是他有最高超的法律分析技能（常常主要看甚或完全看他在法学院当学生时的考试成绩）；对法律教授的期待是：他是一位超级律师，首要责任是指导一代代法学院学生，把他们变成优秀的律师，某些还要成为超级律师。他用法律格言也用范例来教授学生，他自己则作为学生的楷模，模仿的是从业律师，尽管他们大多从业经验有限。教授们的学术作品也趋于是教学性的，例如编撰判例教科书；或直接为从业律师界和法院服务，例如撰写法律专著、专论并为法律改革出力，典型的就是美国法学会的法律重述。

那是个与今天很不同的年代，精英法学院的教授与法官紧密合作，针对的是一般法院的而不是最高法院的问题（和卡多佐和汉德这些杰出法官一起，法学院教授在美国法学会里很活跃，而美国法学会主要关注的就是普通法[5]）。在那个年代，法官属于法律职业的智识领袖，完全同法律教授并列，受到法律教授的高度尊重。想想霍姆斯、布兰代兹、卡多佐、弗兰克福特、汉德以及赶上了那个年代尾巴的亨利·弗兰德利。这些法官关于审判、关于某些具体法律争议说了什么，会像其他教授说的什么一样受到教授们的重视，而且，至少在一定程度上，法官对教授也是如此。1920和1930年代的法律现实主义者，甚或1950年代的法律过程学派，都不仅有司法听众，也有学术听众。

---

[4] Ty, Inc. v. Publications International Ltd., 292 F. 3d 512 (7th Cir. 2002).

[5] 有关美国法学会的衰落，请看，Kristen David Adams, "Blaming the Mirror: The Restatements and the Common Law," 40 *Indiana Law Review* 205 (2007); Adams, "The Folly of Uniformity? Lessons from the Restatement Movement," 33 *Hofstra Law Review* 423 (2004).

但即使那时，法官与教授之间也有隔阂。亨利·哈特的"大法官的时间表"（请看第十章）就是很好的例证。但自1960年代——这10年是现代美国历史的分水岭——以来，这个隔阂扩大了。到了1960年代后期，我描述的这种传统法律学术模式几乎一个世纪了，已经有待挑战了。这个挑战来自两个方向，尽管相互对立，但就冲击传统模式而言，结果是互补的。一是来自社会科学，特别是来自经济学；它批评传统学术模式没有为法律阐明具体的社会目标，并以此来验证法律教义。它批评传统模式没告诉法官和立法者，例如，侵权责任何时应为过失，何时应为严格责任；或者，如何确定何时应认为某种土地使用是侵扰；何时应同意发出，何时又应拒绝，一个初步禁令；何时警方诱使犯罪应视为设套；尽管不知道有奖励，拾得并归还遗失物品的人对失主宣布的奖励是否拥有法定的权利主张；是否应当允许设立反挥霍信托，因这种信托减少了破产的可能，或是应禁止，因其增加了破产的可能（这种提问可以无限延展）。司法决定太经常建立在"公平"和"正义"这样一些含混得要命的语词之上。

第二个挑战是左翼政治启动的，而左翼政治几乎就是1960年代后期和1970年代早期的特点。左翼挑战者抱怨说，传统学术模式是个假面具，掩盖了基于政治理由得出的司法决定。批判法学运动及其分支复活了1920和1930年代的法律现实主义，但外观上更扎眼，智识上更狂放，它们拒绝1950年代的法律过程学派，这个学派以中立原则概念寻求调和法律现实主义与常规模式。

这就挑战了传统理解的法律教授的天职，并且这两个挑战迄今为止是成功的，根本改变了法律教学特点、学术特点以及法律学界的"进人"（recruitment）。社会科学的挑战史无前例地强调要把法律学术建立在其他领域——诸如经济学、哲学和历史——的洞见之上。左翼的挑战则再次强化了怀疑主义：对法律问题，传统法律学术模式究竟有没有能力得出有说服力的答案。

传统学术模式基本上被埋葬在这孪生的雪崩中了，至少在精英法学院情况如此。随着传统模式的埋葬，法学院雇用传统律师、法官技能大师来教授法律的兴趣衰退了。现代律师或法官的全部装备不再可能只是创造性阅读判例和制定法的诀窍（这是一种诀窍——并不是每个聪明人都能获得的），不再只是表明你是法律行家的修辞手法、职业态度以及那种不可言喻的感觉（"判断"）——自我感觉作为法官改变法律（或作为从业律师主张以司法来改变法律）以保证与社会经济条件变化同步你可以走多远；仅仅灌输这些，不可能是现代一流法律教育的全部了。法律已变得非常深地混合了其他领域的方法和洞见，并且法学院还要走很长的路才能克服大多数法学院学生令人羞耻地回避数学、统计、科学和技术的现象。在那些有最聪明学生的法学院，也许只有一半课程应当以传统方式教授。但要达到这个水平，这些法学院也不得不开始雇用一些更强烈认同法律实务界而不是认同学界的教师。

法律学术的现代风格，当它同并不具现代风格的司法案件决定放在一起时，就留给整个法律职业一个空缺。在判例法体制中——这是美国的主导制度，即使在主要是制定法的领域内也如此——法律的原则和规则罕有明确表达于成文法典，而必须从法典和一系列先例中梳理出来。法律更多是推演出来的，而不是实证的（即规定的），而在重要的意义上，推演出来的法律就是"不成文"法，即是由法官、律师和学者从分散的、时而前后不一致的、常常含混、不完整或知情严重不足的材料中，主要是司法意见中，建构或重构的。法官和立法者的乱糟糟产品要求很多拾掇、综合、分析、重述和批评。这都是智识要求很高的工作，要有渊博的知识和强大的能力（不仅是脑子、知识和判断，而且还要耐力）来组织散乱、零碎、冗长和令人讨厌的材料。这些工作缺乏学术领域中的典型作品的那种理论野心，但对于法律制度至关重要，并且比今天许多晦涩难懂的法学交叉学科研究有更大的社会价值。

它们至关重要，因为法官要决定案件，并不试图编制一部法典。[6] 在解说一个司法决定之际，他们通常会陈述一条规则，希望为未来案件提供指南，还能包摄此案。但他们不可能清楚地看到未来，部分因为判例法制度让法官集中关注手头的案件。因此规则必须随新案件的出现不断微调并重新阐述。有时，它们被塑造成标准，有时又猛然超出标准，而有时又用例外来装饰。例如，早期英国皇家法院判定，威胁性姿态，即使威胁者实际没有触及被威胁者，也是侵权（是一种普通法上的"殴打"）。[7]

---

[6] 请看，A. W. B. Simpson, "Legal Reasoning Anatomized: On Steiner's *Moral Argument and Social Vision in the Courts*," 13 *Law and Social Inquiry* 637（1988）。

[7] I. de S. and Wife v. W. de S., Y. B. Liber Assisarum, 22 Edw. 3, f. 99, pl. 60 (1348 or 1349).

这听起来好像是指导未来案件决定的一个简单、干净的规则。后来,又出了一个有威胁姿态的判例:被告手握自己的剑同原告愤怒相遇,但同时被告也消除了这一威胁,因为他说,特地使用了虚拟语气,"如果现在不是在审判,我根本就不听你说这些话。"法院裁决支持了被告[8],并因此暗示了原来的关于普通法殴打的陈述太宽泛了。这个例子说明了区分先前判例的法律过程,换言之,从未预见的新争议中获得新知识并在知识基础上提炼规则。

法官努力追溯古老判例的踪迹,重新表述为已经被未曾预见的新案件检验过的决策规则。但成熟或完整的规则更可能是从一系列判例中重构出来的,而不是在这一系列判例的最新判例中发现这一规则的完全且精确的陈述和解说。法律教授的责任是跟在法官后面做好清理工作,在专著、论文和重述中把隐含在各个系列判例中的规则明确起来、辨认其外层、说明政策理由并为未来的发展路径绘制航图。这种学术作品会很像上诉审判,因为这就是——如果法官有时间和专门知识——可以想象法官会做的事情。事实上,在司法意见中,法官有时会努力对某个领域做初步的法律清理,以澄清、统一或许温和地完善隐含于系列判例中的规则的方式重述某个规则或标准。

我说的这种法律学术作品如今在顶尖法学院已不再时髦了。在这些法学院,法律教授不再是想当但壮志未酬的上诉法官了,不再是编撰法官制定的隐含规则,并赋予其一种隐含规则不可能达到的确定性、广泛性和清晰性的超法官了。他们影响法律,也许比更为常规的学界前辈影响更大。但这种更大影响不是把法官留下的大样精致化,而是邀请法官在决定疑难案件时把诸多新因素纳入考量。这种邀请通常是间接的;因为这些教授写作不是为法官,而是为其他法律教授,并在更低程度上,为法学院学生。然而,这里有一种渗透效果,通过法官助理、老到的律师以及先前是法律教授的法官来发挥作用。

这种渗透效果很重要,理由就是本书的中心问题。在一些因无法从正统法律决策材料中得出令人满意的决定(有时甚至就是得不出决定)而变得疑难的案件中,法官被迫依靠其他渊源做出决定。他们一定要找到某些东西来让案件不再僵持不下,现代法律教授可能帮助他们。在一

---

[8] Tuberville v. Savage, 1 Mod. Rep. 3, 86 Eng. Rep. 684 (1669).

些法律领域,经济学分析已帮助法官从依赖本能和语义走向了更接近于成本收益分析。在精确和具体方面的这些收益实际上应当让法条主义者感到欣慰,因为这压缩了法官在情感和无规训之直觉的浓雾中做决定的范围。

但除了我在第五章中提到有很少一些教授正努力开发一些量化指标测度司法表现外,精英法学院里没多少教授对评论法院感兴趣;有些教授讨论最高法院,但通常也只关注该法院的宪法性决定。与最高法院决定宪法性案件时一样,学界对宪法性决定的评论也高度政治化,这使法官特别容易不理睬这些评论。即使对某些为低层级法院支配的具体领域——例如知识产权——的司法表现,法律教授也许有强烈保留,但他们着迷的也是这个领域,而不是什么与导致法官迷路的司法制度有关的东西。

迈克尔·道夫(Michael Dorf),一位哥伦比亚大学的著名宪法教授,指控新近的最高法院多数派"号称忠于先例,但判决相反,""表现了一种偏狭的抱怨,指责这种宽厚的最小司法主义(minimalism),说这很难训练新生理解依据先例推理甚或遵守先例究竟指什么。"〔9〕非也,这会很难继续教授宪法性法律,你没法说大法官都像低层级法院法官和普通法法官那样认真对待先例。这也会很难继续声称大法官更像其他法官而不像其他立法者。这也正当时,给法律教学中注入了一些有关审判的现实主义。法学院值得认真考虑招聘一些政治科学家加盟——今天还很少。

我已经说了法律教授已经与法官渐行渐远,而道夫对最高法院大法官对先例的轻率无常感到吃惊,也许就应视为这样一个信号(因为曾有过大法官对先例一丝不苟的时期吗?)。在这方面,相隔1/4世纪的两部法律教授的著作例证了这一反差。卡尔·卢埃林的著作《普通法传统:上诉决定》,出版于 1960 年,是法律现实主义的一个综合。这本 565 页的州上诉法院研究,努力且比较成功地协调了法律现实主义和一个无可置疑的事实,即普通法中有相当程度的可预测性;可以把卢埃林的著作视为一种可以上溯到霍姆斯直至边沁的法律现实主义传统的巅峰。我会在下一章,把本书对法律现实主义的散乱评论汇集起来,更多讨论这一传统。但

---

〔9〕 "Is It Possible to Teach the Meaning of Precedent in the Era of the Roberts Court?" *Dorf on Law*, July 9, 2007, http://michaeldorf.org/2007/07/is-it-possible-to-teach-meaning-of.html (visited Sept. 24, 2007).

在此,说卢埃林与大多数法官的波长一致就足够了。

与卢埃林的著作相比的是发表于 1986 年的邓肯·肯尼迪(Duncan Kennedy)的论文《审判中的自由和约束:一个批判的现象学研究》。[10] 这个副标题就透露出这 1/4 世纪给法律学术带来的差别。肯尼迪想象自己是位左右为难的法官,一边是"法律",赞同对罢工工人发出禁令,而另一边是法官的"社会正义"感,驱使法官寻求各种方式使他可以拒绝发出禁令。但法官并不像他想象的这样思考(尽管他们有时会说自己如此)。他们并不想,"这是一个可怕的规则但它还是法,因此我有一个两难——我能绕过它吗?"法官的公务就是执行法律。如果你不喜欢执行法律,你就不会是位幸福的法官,即你不会自我选择进入司法系统,或如果你不知怎么的发现自己是法官时(也许你不知道当法官是什么滋味或你像什么),你就可能辞职。

当一位法官确实扭曲规则以避免异常结果之际,他并不感到自己是在搞什么公民不服从;[11]他想的是,该规则并不真的要求得出这个异常结果。他会拒绝那种乖张的"法律"观,也许是下意识地(很少有法官会想很多诸如"何为法律?"这样一些法理问题),如果真采纳了这种法律观,美国法官的许多作为都会被归类为无法无天。法官并不在意肯尼迪认为存在于"法律"与"社会正义"之间的那种张力,他们并不认同肯尼迪头脑中的法官,就像他们不认同德沃金虚构的"法官赫尔克里斯"*一样。对于一篇有关法官清醒思维的论文——一篇现象学论文,从第一人称视角对自觉经验的研究,这是一个很有杀伤力的批评。

如果有人反驳我说邓肯·肯尼迪不是学界主流,那么我就退一步,转到安德利安·福缪尔(Andrian Vermeule),一位毋庸置疑的主流学者,也是肯尼迪在哈佛法学院的同事。我在本书第七章就提到过他概括布莱克斯东的制定法目的性解释为"制度性盲点"。即使像大法官斯格利亚这

---

〔10〕 Duncan Kennedy, "Freedom and Constraint in Adjudication: A Critical Phenomenology," 36 *Journal of Legal Education* 518 (1986).

〔11〕 不管怎么说,通常都不是如此;因为有人论辩说,美国法官有时确实是在搞公民不服从。请看,Paul Butler, "When Judges Lie (and When They Should)," 91 *Minnesota Law Review* 1785 (2007).

* 德沃金的著作《法律帝国》中虚构的理想法官。——译者

样的法条主义者也接受,对制定法作从严解读要有"荒谬例外"。[12] 福缪尔则不接受。他关心的是虚假肯定(认为某个其实不荒谬的制定法规定为荒谬)也许比虚假否定(执行一个荒谬的规定)更重要。[13] 对于荒谬的制定法解释,他敦促法官放弃目的性解释,因为有下面这种可能性,并且给了这一保证,即检察官的裁量、陪审团的慈悲、赦免权以及其他非司法回应可以给我们充分的保护。我认为这不令人信服。让我给出一个最新的例子,为什么说它不令人信服。1996 年的《儿童淫秽防范法》禁止知情占有儿童淫秽品[14],但为了起诉儿童淫秽品的作者,执法官员在没收后会一直知情占有这类淫秽品,直到指控结束再将之转交司法档案保管人;该法对此没有规定例外。依据福缪尔的制定法解释理论,可以恰当地理解该法规定了,所有这些"知情占有"都违反了该法,有罪,因此要接受该法规定的最高 10 年监禁的惩罚。当然要指控任何这样的执法者都不可能,但也不是毫无问题。例如,政府也许会怀疑,尽管不能证明,某调查员在指控进程中从联邦检察官办公室偷走了某些淫秽品。如果雇员填表时被问到这些"占有者"是否犯过重罪,那么依据福缪尔的理论逻辑就是,如果说没犯过,他就是在说谎。如果这就是适用福缪尔的理论导致的结果,法官就不会听他的理论。

　　福缪尔没提出证据表明,错误肯定——即法院错误认定某制定法规定的字面理解是荒谬的——的数量(无论用立法纠正的可能性或是其他

---

[12] 请看,例如,Green v. Bock Laundry Machine Co., 490 U.S. 504, 527-528 (1989) (Scalia, J., concurring); City of Columbus v. Ours Garage & Wrecker Service, Inc., 536 U.S. 424, 449 n. 4 (2002) (Scalia, J., dissenting); Antonin Scalia, "Judicial Deference to Administrative Interpretations of Law," 1989 *Duke Law Journal* 511, 515 (1989); John F. Manning, "The Absurdity Doctrine," 116 *Harvard Law Review* 2387, 2391, 2419-2420 (2003). 其他法官赞同这一教义,请看,例如,Lamie v. United States Trustee, 540 U.S. 526, 534 (2004); United States v. American Trucking Associations, Inc., 310 U.S. 534, 543-544 (1940); Krzalic v. Republic Title Co., 314 F.3d 875, 879-880 (7th Cir. 2002); United States v. Aerts, 121 F.3d 277, 280 (7th Cir. 1997). 曼宁教授本人拒绝这一教义,但还是得出了与接受这一教义的人相同的结论(包括布莱克斯东关注的波洛尼亚外科医生案)。请看,例如,Manning,同上,页 2461-2463。

[13] Adrian Vermeule, *Judging under Uncertainty: An Institutional Theory of Legal Interpretation* 57-59 (2006).

[14] 18 U.S.C. § 2252A (a) (5) (B).

什么来衡量,或是不衡量)超过了错误否定的数量(以同样方式衡量)。在有合众国之前,这里的法官就一直从事目的性解释。没有根据认为目的性解释会得出比不用脑子的字面解释——那种会惩罚波洛尼亚外科医生或惩罚为审判儿童淫秽而占有淫秽物品的检察官的解释——可能得出更糟结果。制定法常常有意过于宽泛,为的是防止有漏洞。要避免涵盖面太宽,立法机关把微调制定法的工作留给了法官,并不是仅仅留给了陪审团成员和行政部门的官员。

  法官一定要给出一个比福缪尔给他们的更好理由才能 180 度大转弯。福缪尔或是不了解什么才令法官信服,或是,尽管福缪尔在书中敦促法官急剧改变行为,但更可能只是一些修辞话语,法官实际上并不是他心中的受众,他的受众限于其他特喜欢悖论的法律教授。

  律师、立法者、法官以及其他认真从事司法活动的人,包括昔日法学院的教授,都现实地看待法官这个解释中介,并据此来调整自己对此的论证、规制以及其他。因为法官就这样,他们不大可能因教授的或——事实上,就这个问题而言——任何其他人的敦促而改变。一些并没认真介入司法的学人敦促法官改变,采取这种或那种进路,而这些进路通常都是用来别住法官手脚的。法官对别住自己手脚不感兴趣,但很高兴采用这些司法自制主义进路,作为修辞手段去说服他人:一些看似司法的武断其实是司法的服从。学人若真的希望法官有所改变,就一定要诉诸法官的自我利益。若是像福缪尔——实际上——那样地告诉法官,你们太蠢了,你们甚至处理不好字面解释的荒谬例外,因此你们应当缴械,这种话不会拨动法官回应的心弦。这是当代精英学界疏离司法部门的一个完美例证。

  学人已经指出,有些司法决定的后果,那些不太蠢的法官还是不理解;例如,反托拉斯法、信托投资法以及整个冲突法领域都因法律教授和其他学人——主要是经济学家——的敦促完全改变了。但要改变法官对审判的基本观点,而不是改变他们使用的特定教义,这就要求改变司法的环境,即影响司法行为的激励约束结构。要取得这种改变,学人的论证必须针对国会、白宫以及司法部这些人的利益,因为他们经营的制度可能改变司法的环境。给法官上课,讲他们有什么局限,不会有任何效果。

  法律学界同司法日益疏远,还有一个我没提到的因素是,法律学术的日益专门化。美国的法官还是通才,而法律教授已日益变成专才了。这部分是法律教授队伍扩大的结果,因为一个市场越大(指的是法律学术市场),专门化的空间就越大。这更多是法律教授的智识日益精深的结果,转而与之相联系的则是更多承认了社会科学,会同诸如历史和哲学这些人文学科,拥有许多理解和完善法律制度的钥匙。因此,自1960年代以来,法律学界与司法日益分离;尽管这耽误了移情理解和相互理解,却不一定会弱化学界对法官的批评。这不仅表现为本书第一章勾勒的司法行为的社会科学理论扩散了,而且表现在评估司法表现的量化文献上——一种对于分析司法行为并因此对本书都很关键的评论,而在传统法学界这是不会出现的。[15] 但请回想一下它的许多弱点:计算引证所测度的是影响而不是质量;必须根据不同法院、不同服务长度以及其他独立于法官质量但会影响法官排名的因素做出调整;要结合各种量化测度创造一个综合评价,就要求专断地给不同测度分派权重;排行只是序数测度(例如,如果第一名与第100名的差距很小,在这个范围内的细致排名就没有传递有用的信息);以及排名也许会诱发被排名者的行为不可欲的改变。

定量测度司法表现的局限表明需要一些定性测度。值得注意的是这类测度非常少,这就进一步解说了当代学界为什么同司法疏远。当然,法律教授会对一些具体司法决定表达同意或不同意,但这与评价某法官的全面表现是不同的,并且法官趋于不理睬这种评价,因为法官有一种感觉,法律教授根本不了解自己。司法传记也试图作评论,但它们的重点趋于某位法官职业生涯的叙事,挖掘其个人生活细节,特别是那些有趣的细节——而这些都只是他司法失败或成就的一面。[16] 我认为在我们体制中,法官有很大的裁量范围,行使裁量权注定会受个人经验、性格弱点等因素的影响;如果我是对的,那么传记细节也许有助于解说某位法官的司法决定。但这同样是对其表现的片面评价。注意,由于不同的经验、气质以及其他,两位法官会经常分歧,但这并不表明哪位法官干得更好,尽管这可能深入理解某些会影响法官司法决定的因素。

---

[15] 一个尽管令人不快的例外是哈特的"大法官时间表"。请看本书第十章。

[16] 关于法官传记的局限性,请看 Richard A. Posner, *Law and Literature* 357-377 (revised and enlarged ed. 1998).

如果学界评论想改变法官的行为,我们就需要批判性地研究法官[17],这一方面有别于传记[18],而另一方面有别于定量表现测度。而最具启发性的批判性研究会是,在某些值得注意的判例中,要把法官的司法意见同低层级法官的司法意见、案件记录以及律师的诉讼摘要和口头辩论作比较,还要同任何法官、他的同事或他的或他们的助理撰写的法院内部备忘录作比较。目的在于确定该法官的司法意见是否准确和完整;使用先例是否细心;他的司法意见给诉讼摘要和论证增加了什么价值,法官助理和其他法官对这一司法意见有什么贡献,并且什么是这一司法意见的原创性;以及它是否给学术理解增加了什么东西。法官与同事的互动会是一个重要的研究焦点,因为,用体育运动的话来说,同事对一位法官的表现会有决定性的影响:他们是支持性的还是竞争性的?他们对他的司法意见是吹毛求疵还是提了有益的建议?分配撰写司法意见的法官对他公道吗?他的同事与他在政治和方法论是否波长一致?在什么程度上他的司法意见其实是群体的作品?

一系列批判性的司法研究会深入洞悉法官的方法和质量。扩大考查大致同期在同一法庭任职的诸多法官,并因此纠正特定法院的和特定时间的不同法官间的差别,这样一个研究也会进一步精确司法评估。

所有这些都展示了结合法官定量评估与批评性研究可能会硕果累累。由于没有学过统计学方法,法官怀疑司法表现的定量测度。看到他们不认为是司法系统最杰出成员的法官在这种测度中排名很高,他们就更可能拒绝这一测度,而不是修改对这位法官的看法。一个有用的工作会是比较定性和定量评估,并通过批评性研究某法官的司法意见,努力解说对该法官的定量和定性研究为什么会有这一重大差别。我们由此会获得洞见,理解定量评估的优点和局限。

---

[17] 请看,同上,页 375-377。我尝试了这类研究,*Cardozo*: *A Study in Reputation* (1990)。又请看我的论文,"The Learned Hand Biography and the Question of Judicial Greatness," 104 *Yale Law Journal* 511 (1994)。当然,还有其他这类研究。请看,例如,Ben Field, *Activism in Pursuit of the Public Interest*: *The Jurisprudence of Chief Justice Roger J. Traynor* (2003); Robert Jerome Glennon, *The Iconoclast as Reformer*: *Jerome Frank's Impact on American Law*, ch. 5 (1985)。

[18] 或者有别于大多数传记。安德鲁·考夫曼(Andrew Kaufman)的篇幅长达 735 页的卡多佐传记就对卡多佐的司法意见做了全面且令人信服的评估。Kaufman, *Cardozo*, ch2. 12-22 (1998)。

我们的制度仍然是判例法，这个制度中，法官是核心玩家。但由于很少有教授如今还想努力理解什么东西推动法官如此行为，或是想努力完善这个司法的推动者——最高法院大法官的情况除外，学界讨论司法意见时甚至罕有说清撰写被讨论司法意见的法官都一一是谁，好像是在说法条主义君临天下，法官吗，实际上只是计算器，因此是可替代的。学界的评论因此加重了对司法行为的虚假理解。这对所有的律师和所有的法官都不利。法学院学生不大了解法官（大多数法律教师也不让学生了解，他们在判例教科书中读到的判例在多大程度上是由法官助理捉刀的）。因此，很少有律师，除了那些曾给法官或至少是给那些开放并坦诚的法官当过助理的律师，才知道如何最好地准备诉讼摘要和论辩案件。

学界法律人很擅长把一个司法决定的形式化根据一一拆开，而在大多数司法意见中这些根据占据了最多空间。但案件实际是如何决定的，决定某案的法官来自何方，以及什么是促使他们改变现存教义的真正——有别于他们给出的——因素，学界人士只有（或表现出）很少的理解。学界强调司法决定的形式化根据，这就给法学院学生和律师界传达了这样一种印象，即每个法官都是彻头彻尾的法条主义者，因此只有不断重复诸如"字面含义"这样的法条主义口号以及狂轰滥炸的判例引证才可能"够到"他。被司法意见的法条主义风格误导——混淆了风格和实质，混淆了解说的逻辑和司法决定自身的逻辑，又得不到有关司法决策的现实主义学术文献的帮助，因此，律师在诉讼摘要和案件辩论中都趋于止步于制定法和判例的文字。老派的法律教学采用的是诉讼律师的立场，也就这样教授善于辩论的学生，如何清除先例的碎片，如何富有想象力地解释法律文本，因为如果你要诉讼，你就必须掌握这些有时很隐晦的艺术。但这些老派教师没有提供任何东西来取代那些碎片，他们不教政策。现代教学提供了在老派教学中缺失的这些内容，但低估了碎片清理的功能，这样一来，学生们都太尊重先例和制定法的文字了。经济学话语不可能自动搬到法庭上来；学生们感到了这一点，但还没有获得一套修辞把经济学政策提供给饥不择食的法官。

有没有受众感，这是修辞有效与否的关键，并因此上诉辩护是否有效的关键是辩护者要设想自己是上诉法官。如果他这样做了，那么他马上会看到，上诉法官工作的巨大劣势是，他在每个案件上只能花很少时间，并且，对摆在他面前的大多数案件都缺乏专门知识。这些法官都极需出庭律师的帮助,而大多数出庭上诉法院辩论的律师,他们的工作假定都是法官和自己有同样的知识和观点。

试图说服法官判例法要求他们的判决有利于自己,这很少是有效的法庭辩论。因为如果这是有效的,那么这个案件很可能就不会闹到上诉阶段了(除非是刑事案件——刑事案件趋于无论有无道理都会上诉,因为通常说来,上诉人不承担上诉费用)。因此上诉审律师犯的第二大错误,在夸大了法官了解或法官愿意花费时间了解这一上诉背后的境况后,就是认为自己可以提醒法官别忘记先例并进而获胜。在先例不具支配性的案件中,辩护律师的工作就是说服法官,自己主张的立场更为合理,即使考虑到所有相关情况,包括判例法、制定法文本以及法律决策的其他常规材料,哪怕并没穷尽。

从本书第七章基于判例推理的讨论中,我们就应当清楚了,要辩论这样一个案件,最有效的方法是辨认相关法律原则背后的目的,然后展示支持该律师立场的司法决定何以可能推进这一目的。在做到这点后,他还必须展示自己这个立场并不违反已确立的法律,而这就要求进一步讨论这些判例。因此,在这一辩论中,先例会先后在两个阶段进入:作为支配原则的渊源之一,以及当手头案件很新颖之际,作为一个约束制约着实现这些原则的努力。然而,不论在哪个阶段,优秀的辩护律师都会辩论说自己主张的那个结果已在这个法律里了。

这些简单的原则应当是法律教育的核心。从阅读法官撰写的有关审判的文字,如同我们在下一章将看到的,并且确实从阅读卢埃林的著作,法学院学生可以对这些简单原则有所了解。但是法学院不教这些文字。对法学院学生也会很有帮助的是,判例教科书有时不仅公布某案的司法决定,而且公布双方律师的诉讼摘要,学生因此可以看到法官对此案的理解与律师对此案的理解何等相近或(更可能的是)何等相远;律师何以未能或成功同法官有效交流;以及法官的关切与律师的关切有多大的差别。这会让学生大开眼界。

通常以及在这种情况下,交流上的麻烦是双方的。法官不擅长告诉律师期望他们提供什么。在我们的制度中,这是法官的制度消极性的一个奇怪方面。法官与体育裁判员做的一件相同的事就是,裁判员不会告诉球员如何打得更好,法官也谢绝告诉律师如何把诉讼摘要和辩论做得更好。区别在于法官会——而裁判员不会——不时改变规则,以回应竞争者的敦促。法官并非消极的观察者,但他们行动起来常常好像是,眼看着律师单调乏味地走向失败。

法律教授在其教学和写作中未能承认司法意见为法官助理的代笔,这对于现实主义地理解审判特别有害。这种"未能"的根子也许在于,法律教授羞于把法官助理——这些律师新手一两年前还是学生——的文字当作法律来教授,或在于他们不想让可塑性很强的学生早早对法官玩世不恭。不管原因为何,结果是让人看不清这个司法过程了。法律现实主义、法律过程学派、态度理论的发现以及此类书中对司法过程的分析,在所有这一波又一波后,为什么一般说来司法意见还是同一个世纪之前那样法条主义,甚至比半个世纪前还要法条主义呢?因为今天大部分司法意见都是法官助理代笔,而一个世纪前不是这样,那时甚至只有很少的法官才有法官助理(有些有"法律秘书",但他们的大部分工作确实是秘书性的),几十年前也不大如此,那时法官的法官助理数量还较少,法律仍有一种写作文化。学生学会的处理司法意见的方式就是,把每个词都看成是名义作者——即法官——撰写的,结果是给他们灌输了一种法条主义观点,这个结果还被强化了,因为学生年轻(就像我在第六章提出的,与实用主义思考或立法性思考不同,年轻人比年长者与规则系统的思考方式更合拍),也因为学生的那种可理解的渴望——相信自己付给法学院的高昂学费给自己买了一套强有力的分析工具。等他们成了法律助手时,很自然地会撰写司法意见,为自己的法官投票提供法条主义的正当化理由。生生不息,他们贡献了下一代学生的司法神秘感。

如果在经历所有这些后,你仍然怀疑精英法律教授是否远离了法院,那我请你考虑一下,不少精英法律教授参与的一项诉讼,该诉讼最终导致最高法院在"拉姆斯菲尔德诉学界和制度权利论坛案"(*Rumsfeld v. Forum for Academic &Institutional Rights*, *Inc.* [*FAIR*])[19]中的8比0决定。这个涉及法学院如何回应军方歧视同性恋的决定,既不声势浩大也非未曾预期(决定相反,也会是这样),但这个诉讼其实是学界的一个项目,从中我们可以了解一些法官与法律教授的关系。

作为与创造"不问也不说"政策的克林顿总统在1993年的一个妥协结果,国防部不再禁止有同性恋倾向的人服务军方,除非是有明白无误的

---

[19] 126 S. Ct. 1297 (2006). 大法官艾利托没有参与此案决定。

同性恋"举动",而举动被宽泛地并有些奇怪地界定为:有同性恋的行为(act),一个此人是同性恋的正式声明,或与同性别者结婚或试图结婚。[20] 军方募兵者不再问申请人什么性倾向。但军方成员一旦暴露有同性恋倾向就会被从军中驱逐,哪怕是没人知道他有同性恋行为,他也没张扬自己是同性恋——例如争取同性婚姻。

大多数法学院对军方歧视同性恋的回应,始自1970年代,没因这个"不问也不说"妥协有所收敛,是拒绝给军法署(JAG)招募法学院学生提供某些协助,而法学院就业办公室对允诺不因性倾向歧视申请就业者的律所和其他潜在雇主提供了这样的协助。法学院并没仅仅针对军方招募者。对所有拒绝雇用同性恋的雇主,法学院都不提供这类协助。此外,也不禁止军法署招募者(以及其他歧视者)进入法学院校园。但法学院拒绝为这些招募者提供那些——这么说吧——发过誓的招募者能得到的广泛协助,其中包括"一次次'雇主见面晚会',或是一些校园聚会,学生和雇主代表在那里见面,亲切、没压力,更像是鸡尾酒会,而不是面试或见面会。"[21]

国会迅速作出了法律回应,即所谓的《所罗门修正案》,目前该法拒绝给予任何高等教育机构联邦资金,如果该机构的任何下属单位阻碍军方招募者"以招募为目的,以至少与给予其他雇主接近校园和学生的、同等质量和范围,接近校园或接近校内……学生。"[22] 法学院勉强服从了,以免它们所在大学失去联邦资金。但法学院和法律教授的一个联盟——学术和制度权利论坛(FAIR)——挑战该法的合宪性,认为该法给接受联邦资金强加了一个违宪的条件:要获得这些基金,法学院必须提供军方招募者某种友好,与提供给其他表态不歧视[同性恋]的雇主相同,而这就弱化了法学院反对歧视同性恋的声音。FAIR在地区法院败诉了,在上诉

---

[20] "Policy on Homosexual Conduct in the Armed Forces," Memorandum from Secretary of Defense Les Aspin to the Secretaries of the Army, Navy, and Air Force, and to the Chairman of the Joint Chiefs of Staff (July 19, 1993), http://dont.stanford.edu/regulations/lesaspinmemo.pdf (visited Sept. 24, 2007). 国会将这一政策纳入了法典,10 U.S.C. §654 (b)。

[21] Brief of NALP et al., 2005 U.S.S. Ct. Briefs LEXIS 622, at n. 12 (Sept. 20, 2005)(省略了脚注)。

[22] 10 U.S.C. §983 (Supp. 2005).

法院胜诉了[23]，然后在最高法院又败诉了。

一份代表很多哈佛法学院教授的法庭之友诉讼摘要，提出了一个不同于FAIR的反对理由。FAIR的理由是，只要法学院不是单单针对军方，而是拒绝协助所有不愿承诺不歧视同性恋者，就没违反《所罗门修正案》。但这份诉讼摘要反对认定《所罗门修正案》违宪，因为那"可能会鼓励搞歧视的雇主、教育机构或其他群体努力规避服从联邦民权立法，他们会断言，不考虑种族或性别而予以同等对待会传递一个他们不认同的'信息'。"[24]

最高法院拒绝了这一近乎荒唐的提议解释。正如最高法院指出的（记住包括四位自由派大法官在内的八位大法官都同意），这样的解释会挫败《所罗门修正案》的目的，因为这会允许法学院无需任何改变，继续它们把军方征募者排除在外的政策，因为哪有法学院会允许任何歧视同性恋的雇主获得征募优待呢？国会通过该法，会一无所获。令法律无效，这不是人们接受的制定法解释方法。

对于这个宪法性争议，即FAIR主张的以及上诉法院决定赞同的这个争议，最高法院说，"《所罗门修正案》既没有限制法学院可以说什么，也没有要求他们说什么。依据该制定法，法学院仍可以自由表达他们对国会规定的这项军方就业政策所持的任何观点，又继续保持获得联邦资金的资格。"[25]有人论辩说，法学院就业中心为服从其要求的雇主提供的协助包括有，"代表雇主发送电子邮件或在公共板张贴启示"，而这是一种被迫的言论。对于这个论点，最高法院回答说，国会"可以禁止雇主以种族为根据搞就业歧视。而这可以要求雇主不得有'只许白人申请'的标记；你很难说这个要求意味着应认定该法是在规制雇主的言论而不是其行为。"[26]

正如没有人会假定种族主义的雇主会改变心肠一样，因此也不会有人读到法学院就业中心发给学生或雇主的告示，就会认为法学院在表示自己认同这些未来雇主的政策。代表烟草公司或淫秽出版商的律所，那

---

[23] 390 F. 3d 219 (3d Cir. 2004).

[24] Brief of Professors William Alford et al., 2005 U. S. S. Ct. Briefs LEXIS 630, at n. 22 (Sept. 21, 2005)（省略了脚注）.

[25] 126 S. Ct. at 1308.

[26] 同上。

些污染空气、向第三世界独裁者出售军火、滥用实验动物或从刚果奴隶矿山购买黄金的巨型企业的法律部,联邦调查局和国防部的法律顾问办公室,右翼和左翼的公共利益律所,全被欢迎参加"雇主见面晚会"(这就提出了问题,为什么只拒绝歧视同性恋的人。回答是,法学院同性恋学生的忿怒对于法学院教职员工——在认知心理学的意义上——是"唾手可得",而其他潜在雇主的可质疑行为非也)。没有人,尤其是所有的法学院都没有人,会认为表示这种欢迎,就表示法学院或法学院员工赞同其雇主客人的政策。法学院对其学生预期雇主的友好姿态所"表达的"一切只是法学院渴望帮助学生获得好工作,既为了法学院的利益,也为了学生的利益(成功的毕业生趋于成为忠诚且慷慨的校友)。如果愿意,法学院可以断然表明,自己接待军法署招募者只因为自己必须这么做,否则大学就会失去联邦资金。最高法院指出他们自己就曾"裁断,高中学生就能理解学校支持的言论与学校因法律要求——依据同等接近的政策——而许可的言论之间的差别。等到进法学院的时候,学生也肯定没丧失这种能力。"〔27〕

其他七位参与这一司法决定的大法官全都加入了首席大法官对法律教授的谴责,认为他们的观点太离谱了:"在此案中,*FAIR* 试图把第一修正案的诸多教义牵强到这些教义不予保护的活动。"〔28〕*FAIR*"直白地夸大了[法学院这一]活动的表达性质和《所罗门修正案》对这一活动的冲击,同时夸大了我们的宪法第一修正案先例覆盖的范围。"〔29〕

这些哈佛教授(他们牵强了制定法解释的诸多原则)是对的,如果废除了《所罗门修正案》,就会因削减政府运用开销权防止歧视的权威而造成更多的教育机构歧视。那会让保守的法学院有权拒绝帮助那些不承诺不雇用同性恋的雇主。但这些教授的解决方案太牵强了,乃至让人质疑学界的正直与否。你雇来代表你的一位律师完全可以真诚地以你的名义提出任何论点,只要不是无关紧要就行。但这些教授并非拉姆斯菲尔德诉 *FAIR* 案的当事人,因此读过这份法庭之友诉讼摘要的人也许会预期,这里表达的观点代表了这些教授对《所罗门修正案》含义的最佳职业

〔27〕 同上,页 1310。
〔28〕 同上,页 1313。
〔29〕 同上。

判断。这份诉讼摘要也说清了这些都是哈佛法学院的全职教员,而不是关心此问题的普通公民,而你期待法律教授,当他们似乎以大主教身份发言之际,应表达他们的真实信念,而不是提出一个他们认为只有1%的可能说服某法院的陈旧论点。很难让人相信,在这份哈佛诉讼摘要下签名的所有教授都真的认为,一个会让《所罗门修正案》完全无效的解释是对该法的最佳解释,或很难让人相信他们是一些解释虚无主义者,即认为文本的含义全都在阅读者眼中。

对法律教授的这一批评不适用法学院本身和法学院协会(美国法学院协会,另一位法庭之友)。当然,一个法学院(及其大学)会愿意获得不附条件的联邦资金,特别是那些可能引发学院与强烈敌视军方同性恋政策的学生和教员之间争议的条件。美国法学院联合会论辩说,法学院获得联邦资金的代价是要它们"放弃反歧视的承诺"[30],或此案的争议在于大学的权利——就可以教授什么做出决定。[31] 但人们都理解,这只是律师为常规客户利益服务的修辞。

但对哈佛教授的法庭之友诉讼摘要,或是对以耶鲁法学院多数教员名义提交的诉讼摘要不能这么说。这份诉讼摘要以扩展形式重申了 *FAIR* 的宪法性论证,说《所罗门修正案》"削弱了[耶鲁法学院]教员的学术自由",迫使他们"帮助军方告诉耶鲁法学院学生:因为你们的性倾向,因此你们不适合在我国武装力量部门服务。"[32] 没有哪个学生会认为,因为耶鲁屈服于《所罗门修正案》了,该法学院的教员就同军方的同性恋政策沆瀣一气了。如果耶鲁医院收治了一位憎恶同性恋的癌症患者,这是否就表示耶鲁医学人员赞同憎恶同性恋?而这就是该诉讼摘要的逻辑。

为了支撑自己的夸张主张,这份耶鲁诉讼摘要引证了一个判例;在此案中,最高法院裁定,美国宪法第一修正案令美国有色人种促进会(NAACP)有权组织抵制歧视黑人的商人;[33] "克莱包恩(*Claiborne*)案

---

[30] Brief for the Association of American Law Schools, 2005 U. S. S. Ct. Briefs LEXIS 637, at n. 16 (Sept. 21, 2005).

[31] 同上,注 29-30。

[32] Brief Amici Curiae of Robert A. Burt et al., 2005 U. S. S. Ct. Briefs LEXIS 638, at nn. 2-3 (Sept. 21 2005).

[33] 同上,注 13-14,讨论了案件 National Association for the Advancement of Colored People v. Claiborne, 458 U.S. 886, 911, 913 (1982)。

决定明确表达了,美国宪法第一修正案完全保护教员不合作或协助、不交往并抗议军方歧视男、女同性恋和双性恋学生。"[34] 但 NAACP 并不想恩将仇报。耶鲁教授阅读克莱包恩决定时所用的逻辑是,如果耶鲁法学院拒绝联邦政府审计本院的联邦经费是如何使用的,理由是审计节省的钱也许会被挪用到伊拉克战争,那么依据美国宪法第一修正案,耶鲁就有权不让审计师审计但又扣下这些钱。政府有合法利益审计政府资金的使用,却没有合法利益歧视同性恋者;但这不是回答。歧视同性恋是合法的;耶鲁教授的诉讼摘要没有努力评价那些赞同这种歧视的理由,而这些理由并不完全像这些教授相信的那样,都是无知和邪恶的产物。他们也没有注意到一个抵消宪法第一修正案的理由。当歧视军方招募者时,法学院就是限制了学生了解与支配法学院社区的正统观点对立的军方的政策观点。如果《所罗门修正案》是事先审查,那么法学院歧视军方招募者也是。

哈佛和耶鲁法律教授的法庭之友诉讼摘要都是常规进路,推理很差,并且缺少建设性内容。除一个外[35],所有这些诉讼摘要,都不是教授亲自撰写的,而是雇了个律所做的。有人告诉我,至少在耶鲁教授的诉讼摘要中,法律教授有实质性贡献。但如果这种贡献是非实质性的,我还会安心一些。这个诉讼摘要不仅没什么优于从业律师的普通产品,而且提出了令人难堪的糟糕论点并且没有任何学术洞见。

这些法律教授,目前这批人中的顶尖,看起来一定都不了解该如何帮助法院决定一个案件。他们的劝说性诉讼摘要的观点就是,用一些尽管不适当但有助于其立场的语言宽泛的先例来威胁法官。他们认为在最高法院起作用的唯一修辞就是法条主义的修辞。他们不知道,过去几十年来,已经演化了一种独特的法律学术文化,不用冒犯上诉审的规范,就可以对大法官考量拉姆斯菲尔德诉 *FAIR* 案有突出贡献。在这些诉讼摘要

---

[34] Brief Amici Curiae of Robert A. Burt et al., 前注 32,其注 14。

[35] Brief for Amicus Curiae the American Association of University Professors, 2005 U. S. S. Ct. Briefs LEXIS 641, at nn. 2-3 (Sept. 21, 2005). 该诉讼摘要说,"教员有权做出学术判断,若协助拒绝雇用公开的同性恋学生的雇主,这在性质上就等于仅仅因某学生是同性恋就不让他通过课程。"同上,注 12。这就等于说,在一个有学生相信圣经绝对正确的班级教授进化论,这在性质上等于仅仅因学生是原教旨基督徒就会让他考试不及格。

中,你看不到为什么我军想继续禁止同性恋,而这已经为大多数我们认为与我们同等的国家放弃了,以及废除《所罗门修正案》对这种禁止、对军队质量以及对军方正义会产生什么影响。法官想了解的是这些问题。他们想理解这个案件的真正利害关系。他们希望律师帮助他们突破语义表层。也许军队有理由认为,取消所有的同性恋禁令会从根本上削弱军队的风纪,给征募带来麻烦,并进一步加大已经战线过长的军方负担。如果情况如此,就必须把这一信念同这一禁令对同性恋的伤害[36]放在一起掂量(事实上,这也是对军队本身的伤害)。军方被迫更多从那些一想到同性恋有权同自己一块为国服务就感到万分沮丧的人当中征募。而这种焦虑——尽管并不比无知的偏见好多少——是认真负责的行政当局必须掂量的东西,特别是当这个国家处于战争期间(我说的不是"反恐战争",这是一个既不精确也误导人的说法;我说的是美国在伊拉克和阿富汗的军事行动)。但是公众对同性恋的看法是不断变化的。废除这个禁令对美国军队风纪的影响也许不比在英国、以色列以及其他许多国家废除这种禁令对其军队的影响更大。

废除《所罗门修正案》的后果——本来也许可以期望学界,因为它是学界,对会此有独特的视角——之一是军方能雇用的精英法学院学生会更少,因为军法署会没有其他招募者能有的、接近这些学生的同等途径。受军方政策打击的学生中会有部分是同性恋。但同性恋者不会被军队完全清除;他们只是被迫藏起来不让他人知道(在"不问也不说"政策之前,其实就是这种情况,尽管在法律上并不等同)。今天很多同性恋者都不愿继续藏着,但有些还想藏着,甚至某些上了哈佛和耶鲁的还想藏着。如果他们招募进了军法官群体,也许会更快结束对同性恋的正式禁止。但更重要的是彼德·博克维茨(Peter Berkowitz)指出的,在这些法学院,大多数学生,无论性取向如何,都是自由派。[37] 越多征招他们为军法署服务,这个禁止就会越快崩溃。

支持还是废除《所罗门修正案》,其实际后果都是一些社会政治事

---

[36] "除非是这些人真的不适合——其实并非如此,那么告诉这些人,你们不适合为国服务,就非常糟糕。"Richard A. Posner, *Sex and Reason* 321 (1992).

[37] Peter Berkowitz, "U.S. Military: 8, Elite Law Schools: 0, How Many Professors Does It Take to Misunderstand the Law?" *Weekly Standard*, Mar. 20, 2006, p. 10.

实,学界有比从业律师更好的位置来调查这些事实。深入探讨,把结果提交法院,这会比雇用从业律师拷问先例,更能有效利用法律教授的时间。所有这些教授到了在从业律师的诉讼摘要上签字时,都有一种绵羊一样的特点(绵羊被山羊率领着)。人们本来希望他们当中某些人会发出自己的声音——表达某种个人观点。那么,哈佛或耶鲁的法律教授就写不出一份诉讼摘要了吗?怎么说呢;也许今天是不行了。但他可以做一些只有学界才能做成的研究,并让从业律师在诉讼摘要中传送这些研究结果。

也许在这份法庭之友诉讼摘要上签字的法律教授,或其中大多数,仅仅是屈服于学生的压力,或是要证明他们与自由派学生团结一心,在精英法学院中这类学生处于强大多数。但人们希望这是真的,并希望可以说服这些法律教授转变自己的思想,转到那些法官不可能回答但对于司法过程很根本的问题上来,诸如规则与标准之间或从严解读与从宽解读之间的利弊交换问题。法律教授如今有了比他们之前有的更好的工具,可以调查这些对法官而言急切重要的问题,但他们在同司法部门的交流和深度了解司法上则比之前更差了。在拉姆斯菲尔德诉 *FAIR* 案中,学界的这些诉讼摘要就反射出,在教学中没有现实主义地教学生了解法院。学术与教学这两个领域都把上诉当成是先例间的决斗;都不理解司法的思考;都不承认宪法性问题被政治化了以及有效辩护的后果。法官们感到教授与司法之间的裂缝在扩大。在拉姆斯菲尔德诉 *FAIR* 案中,我们就瞥见了这个裂缝有多宽。如果如同我认为的,根本原因是法律学人的日益专门化,那么这个裂缝也许还无法逾越。

第九章
实用主义审判不可避免？

描述我们司法各层级的一般美国法官,并最大洞悉其行为的最佳语词是"实用主义"[1](更精确地是"克制的实用主义",我后面会解说)。这并不是拒绝法条主义、极端态度理论以及强迫性全盘理论(因它们都不足以描述司法行为)后剩下的全部。但这已很多。布利安·塔马纳哈(Brian Tamanaha)估计,美国法官更符合实用主义标签而不是其他标签[2],

---

[1] 对我来说,这是一个老主题了;请看我的著作,*The Problems of Jurisprudence* (1990),特别是第 15 章;*Overcoming Law* (1995),特别是第 19 章;*The Problematics of Moral and Legal Theory*, ch. 4 (1999);*An Affair of State: The Investigation, Impeachment, and Trial of President Clinton* 217-230 (1999); *Breaking the Deadlock: The 2000 Election, the Constitution, and the Courts* 169-187 (2001);*Law, Pragmatism, and Democracy* (2003)。

[2] Brian Z. Tamanaha, "How an Instrumental View of Law Corrodes the Rule of Law," 56 *DePaul Law Review* 469, 490 (2007)("当代法官中有很大比例是司法实用主义者,这个猜测是公道的……今天的司法决定常规性地引述政策考量,考虑法律背后的目的,并且注意法律的社会后果")。一个新近的、有意思的承认,实用主义审判在最高法院也很流行,请看,Nelson Lund, "The Rehnquist Court's Pragmatic Approach to Civil Rights," 99 *Northwestern University Law Review* 249 (2004); Kenneth W. Starr, "The Court of Pragmatism and Internationalization: A Response to Professor Chemerinsky and Amann," 94 *Georgetown Law Journal* 1565 (2006)。我将在下一章讨论最高法院(时断时续)的实用主义。讨论各个法律领域内实用主义倾向的文献在增长,例证是,John R. Tennert, "Administrative Law as Pragmatism," 29 *International Journal of Public Administration* 1339 (2006),但本书要讨论这些文献会使我跑题太远。

但如果说大多数美国法官,在这些案件中是法条主义者,在另一些案件中是实用主义者,更为准确;因为要记住,法条主义是一种实用主义的战术,尽管需要的并不只是法条主义。而且,许多法官,无论何种倾向,都会遇到一些案件,什么技巧都不起作用了,或是用尽了法条主义技巧,还是不知道决定的结果,或是有一种强烈道德或情感反应既推翻了法条主义回应也推翻了对后果的关切。尽管如此,美国审判中的实用主义风格是广泛深厚的。

作为一种哲学思考风格,"实用主义"这个词首先在美国知识界广泛流传。三位美国哲学家创造了实用主义,查尔斯·山德斯·皮尔斯、威廉·詹姆斯和约翰·杜威,他们的生活时间相互重叠,几乎跨越一个世纪,从1860年代后期到1950年代早期,尽管其前辈可以回溯到古希腊智者学派和亚里士多德,更近一点可以追溯到休谟、密尔、爱默森、黑格尔和尼采。经典美国实用主义的观点和方法都很多样(并且只有杜威实际受过哲学学术训练),但它们同样背离了西方传统的哲学日程。这个日程是柏拉图确立的,主要关心的是探讨真理的含义和可能、知识的基础、推理的模式、实体(reality)的本质、生命的意义、自由和因果关系在人类行动中的作用以及道义(morality)的本质和诸多原则。实用主义者不仅背离了这些话题,而且背离了哲学主流的方法论,即强调概念、先验以及逻辑严密性。他们倡导一种激进的经验主义,根据命题的可观察后果,而不是根据其逻辑经历,来评判命题;换言之,他们提倡把科学方法扩展到所有的研究领域。杜威称自己的实用主义为"实验主义",而这个词传达了一种倾向性含义,即暂时的、反教条的以及一定程度反理论的观点,而这就是哲学实用主义的特点(和特色)——"一种对观念和制度的工具主义的或解决问题的进路。在某种实用主义看来,我们的观念、原则、实践和制度都只是在始终伴随不确定性的社会和政治世界中航行的工具。"[3]

实用主义是1870年代早期在马萨诸塞州堪布里奇一个非正式讨论群体中培植出来的。参与者不仅有皮尔斯和詹姆斯,而且还有,其他人除

---

[3] Jack Knight and James Johnson, "The Priority of Democracy: A Pragmatist Approach to Political-Economic Institutions and the Burden of Justification," 101 *American Political Science Review* 47, 49 (2007).

外，年轻的霍姆斯。霍姆斯究竟对哲学实用主义的诞生有什么贡献，并不清楚。但贯穿他的一生，霍姆斯的思想都有很强的实用主义标记。实用主义法律进路的宣告是《普通法》(1881)的著名开篇句（"法律的生命从来不是逻辑；一直都是经验"），并在这本著作中以及后来的一篇论文《法律的道路》有详细阐述。[4] 在这些和其他著作中，以及许多司法意见中，霍姆斯拒绝了当时的正统概念，法官可以从权威法律文本或一些启示了和包摄了这些文本的无人质疑的普世原则（"自然法"）给定的前提，以非常类似逻辑演绎的过程来决定疑难案件。霍姆斯论辩说，在疑难案件中，法官制定法律，参考司法决定的可能的社会和经济后果；法官对这些后果的直觉，而不是常规司法意见中展示的抽象道德原则和正式法律分析，推动了法律变化，并使法律成了今天这个样子。他不认为法官介入了无情的政策科学。他认为，法官的政治观点，诸如畏惧社会主义，是对司法决定的主要影响。

哲学实用主义与法律实用主义共同演化。约翰·杜威发表于1924年的名篇就大量汲取了霍姆斯的著述。[5] 当时法律现实主义刚刚起步，该文敦促法官和律师不要把法律决定视为从给定规则演绎出来的，而要转向理解法律决定的后果，并相应地塑造法律。杜威提倡一种向前看的、经验的甚至政治的——尽管是非党派意义的——进路，与常规法律思想家的向后看的三段论进路（以及其他神秘，诸如"法律类推"）完全不同。他与霍姆斯同步，而霍姆斯对法律和公共政策同样持一种非教义的、思想开放的、实验主义的进路。霍姆斯在当时的司法意见中就敦促最高法院不要以宪法权利的名义删减各州颁布的新式社会福利立法，他认为各州都是社会实验的实验室，最高法院应当允许其继续实验；霍姆斯还说了一些有关社会主义（而他是反对社会主义的）的话，"当然，我并不先天反对社会主义，就像我不先天反对多妻制一样。我们的公立学校和邮局就都是社会主义的；无论人们认为社会主义什么地方好，我都不否定；只是他

---

[4] Oliver Wendell Holmes, "The Path of the Law," 10 *Harvard Law Review* 457 (1897).

[5] John Dewey, "Logical Method and Law," 10 *Cornell Law Quarterly* 17 (1924).

们的这种想法可能错了。"[6]

1952年杜威去世,哲学实用主义变得暗淡了;直到20年后,经过哲学家理查德·罗蒂的努力,实用主义才再次走出暗淡。罗蒂的学术基础是维特根斯坦、奎因和戴维森,他们都与原初的实用主义有很强的亲和力。在过去1/4世纪中,哲学实用主义获得了复兴,并首次开始吸引一位欧洲追随者,突出的是尤根·哈贝马斯,他承认美国实用主义给他的启发。在哈贝马斯之前,欧洲唯一的实用主义哲学家就是F. S. C. 希勒(Schiller),而他的影响一直有限。

尽管法律现实主义运动在1940年代早期衰落了,但美国法律实用主义继续贯穿于整个哲学实用主义暗淡期,是法律思想中一个有高度影响力的趋势,并持续如此。只是近年来,它变得自觉了,法律实用主义倡导者正努力精细地界定它,将之同法律思想的其他流派,例如法律经济学分析,予以比较;定位它与其他社会思想流派——例如哲学实用主义——的关系;将之适用于具体的法律教义和决定,并评估其优点和局限。

我说了哲学实用主义与法律实用主义共同演化。但如果认为法律实用主义与哲学实用主义完全等同,或是认为前者依赖后者,并因此对哲学实用主义的批评必然是对法律实用主义的批评,那就是错了。法律实用主义的主张并非基于哲学论点,而是基于美国法律的需要和特性。在本章结束时我会提到,欧洲大陆司法的法律思考比美国的更不实用主义,就因为本书第五章讨论的美国司法制度与欧洲职业制司法之间有诸多制度差异。

我甚至不认为法律实用主义强烈地衍生于哲学实用主义。其源头更可能是19世纪失去了对自然法的信仰,而与之相联的是宗教信仰的丧失;在达尔文之后,随着科学作为理解和控制模式的不断成功,带来了科学世界观的崛起,许多知识分子都有过这样的经历。如果比今天显赫得多的19世纪的普通法都不是自然法在实证法中的翻译,或并非布莱克斯东和更后来哈耶克所敦促的那样是司法采纳的古老习惯,那么它就必定是法官一路制定出来的。它就一定意味着,在英美法传统中,法官其实是

---

[6] Letter from Oliver Wendell Holmes to Lewis Einstein, Nov. 24, 1912, in *The Essential Holmes: Selections from the Letters, Speeches, Judicial Opinions, and Other Writings of Oliver Wendell Holmes, Jr.* 66 (Richard A. Posner ed. 1992).

偶尔的立法者。而这就是霍姆斯的结论。〔7〕

哈耶克是一位简单的法条主义者；布莱克斯东的情况更复杂一些。在某种意义上，布氏是法律实用主义的奠基人。他声称普通法源自撒克逊，这是一个很有用的拟制，正当化了与18世纪思想气味相投的司法创造。他实际上许可了法官为普通法的改变辩解，说这样的改变才恢复了普通法的原初含义。〔8〕 这就是伪原旨主义的实用主义。并且我们还记得，布莱克斯东在回应波洛尼亚有关流血的制定法时，就采取了目的性的制定法解释理论，这是法律实用主义纲领中很关键的一条。

如果法官确实是偶尔的立法者，那么在案件决定进程中，法官颁发立法的渊源和内容是什么？撒克逊法律不可能成为答案。霍姆斯暗示的答案是意识形态〔9〕，而这也是1920和1930年代许多法律现实主义者给出的答案。有些人认为所有的法律都是狭窄的党派意义上的政治，谴责法官的反动政治，并敦促任命自由派为法官。但这一进路看起来暗示的是，应当用另一伙法官来取代篡权的法官；这个想法大大背离了霍姆斯的原现实主义（protorealism），也让那些赞同霍姆斯的、有影响的法官，例如卡多佐和汉德，深感不安。这些法官，会同一些认真思考的现实主义者，例如，菲利克斯·科恩（Felix Cohen）、麦克斯·拉丁以及卡尔·卢埃林，想让法官们"现实点"、务实点、想事而不是想词、承认法条主义的认识论局限。但他们不希望法官是政治的，狭义上指试图阻挠或（法律现实主义者热爱的工程）推动罗斯福新政。

这些法律现实主义者本可以指出，在政治同质的社会中，即使"政治化"的司法也没篡权。法律中贯穿了诸多政治价值，当广大公众赞同这些价值时，这些价值就为假设和前提提供了背景，而不是争论不休的战场。那些不受挑战的东西，看起来就像是自然的，而不是政治的。（我们不认为，不赞同食人或溺婴，这仅仅是一种政治看法。）今天有大块大块的普通

---

〔7〕 "我毫不犹豫地承认法官确实并且必须立法。"Southern Pacific Co. v. Jensen, 244 U.S. 205, 221 (1917) (dissenting opinion).

〔8〕 Richard A. Posner, *The Economics of Justice* 25-27 (1981).

〔9〕 Holmes, 前注 4, 页 466; Oliver Wendell Holmes, Jr., *The Common Law* 1 (1881); "法律的生命从来不是逻辑；一直是经验。被感知的时代必需、流行的道德和政治理论、公开表述的或无意识的公共政策直觉、甚至法官与其同胞分享的偏见，在决定何为应当支配人们的规则问题上，都比三段论的作用更大。"

法就是这种情况,而下面这种说法是虚假的:"现代社会日益异质化……非常不可能有某种社会共识,足以支撑普通法审判的任何伦理原则或政策目标。"[10]例如,合同法就充满资本主义的价值,一种政治理论和实践。然而,这也充满了财产法、侵权法、商事法、企业法以及反托拉斯和证券法;在其他许多领域,既有普通法也有制定法,合同法基本信条没争议就因为美国非常坚定地信奉资本主义。然而,在许多法律领域,包括刚才列举过的某些领域,在经济意识形态战斗中资本主义击败共产主义之前,在法律现实主义者撰文之际,就没有共识。法官不再愿意自己的角色尽耗于确定和适用先前的法律规则这类技术工作了,怎么办?除了参考自己的政治观点外,他何以解决那些不可能以常规法律推理解决的有政治后果的问题?这些法律现实主义者认为,答案是把社会科学的方法和洞见带进法律。但是,或是当时社会科学没能力承担这项工作,或是这些法律现实主义者没能力接受社会科学,直到法律现实主义消退数十年后,法律经济学运动掀起势头,社会科学才开始对法律实用主义做出了主要的实质性贡献。

  道德和政治观点的多样性给以单薄的程序主义为基础的争议解决施加了压力,程序主义回避实质性承诺,由此提供了共同场地,让实质性观点对立的人在此碰撞。[11] 这就是我们看到的继承法律现实主义的法律过程学派(会在第十章进一步讨论)。当然,这一学派恳求法官保持中立,还要耐心慎思,思想开放,在法官和陪审团、初审法院与上诉法院、法院和立法机关等之间依据制度的相对权能来分派管辖,因此要尊重其他制度(特别是立法机关和诸多行政机构;法律过程学派有某种进步时代和罗斯福新政的风味);还特别告诫法官不要忘记自己的知识局限以及可能的偏见来源,要将他们的决定建立在中立原则上而不是建立在这样或那

---

[10] Jack Knight and James Johnson, "Political Consequences of Pragmatism," 24 *Political Theory* 68, 78 (1996)(增加了着重号)。共识是否正当化了具体的普通法规则?在批评我为法律实用主义所作辩解时,奈特和约翰逊表示了怀疑,但这不是本章的关切。如果不考虑实用主义司法哲学的规范性是否充分(这与有无理由认为美国法官真的实践了实用主义有关)的话,本章关切的是美国法官是否实用主义者,而不是他们是否应当。

[11] 请看,Bernard Williams, "Modernity and the Substance of Ethical Life," in Williams, *In the Beginning Was the Deed: Realism and Moralism in Political Argument* 40, 48-49 (Geoffrey Hawthorne ed. 2005)。

样决定的社会后果上,或者建立在对诉讼人的后果上。但颂扬这些无内容的、看似技术性的戒律对于审判来说,就好比春训对于棒球赛季。这些戒律都是热身;要结束战斗还要在实质内容上达成一致。没有这些,中立原则的选择就无法决定。同法律现实主义相比,法律过程学派一方面不能为法条主义提供替代,另一方面也不能为政治和情感提供替代。

中立原则的观点反映了立法和判例法的混淆,对进步主义者或罗斯福新政者来说,这种混淆很自然,这是进步思想家赞美立法——在贯彻之前用一般性语言宣布权利和义务——高于普通法年代的产物。浸淫于普通法的价值和方法的法官被认为(但不是其理由)是反动的法官;证据是:司法敌视工会,司法以"契约自由"为名废除了一些社会立法,人们感到以侵权法作为安全规制机制很不充分,以及从严解释贬损普通法的制定法这样的解释原则。中立原则被用作政治决策的解毒剂。但当法院在决定某新颖案件进程中提出新原则时,情况更多是该陈述的语义范围超出了此案决定之必需。如果在后来案件中,法院以中立为名坚持执行原初命题的全部字面含义,不管后果如何,它就是拒绝总结经验。它就是在模仿立法机关,而不是运用从立法机关不曾预见的案件中获得的知识,微调这一立法规则。

随着法律学术的智识雄心日益增长,人们提出了各种就其特点而言是实质性的而不是程序性的全盘理论,来填充正统法律材料与当材料未能提出令人信服答案之际公平决定此案所必需之间的空白。这些理论主要是规范性的,但主张者总是从判例法中找到至少某些踪迹。大多数理论都是为宪法性法律提出来的,那是美国法律中最没规范的领域,我将在第三编作一番考察。最重要的理论是经济学,包容了但又不限于宪法性法律。经济学被用来解说某些法律领域内的法律教义和判例结构,主要但不仅仅在普通法领地,并用来指导其他领域的法律改革。[12] 作为一种规范理论,法律经济学分析争议很多。在法律的开放地带,法官选择用法律经济学得出某些结果,这是一种意识形态的选择,只有当有广泛共识认为经济学应当指导司法决定之际,才不是意识形态的选择;共识会抑制意识形态冲突。然而,作为一种实证理论,法律经济学分析在解说各种商事和非商事法律领域的法律教义时,包括很广泛的侵权、合同、刑法、知识

---

〔12〕 请看,Richard A. Posner, *Economic Analysis of Law* (7th ed. 2007).

产权、环境法、劳动法甚至宪法性法律,以及救济和程序法的许多主要部分,都很不错。但如果说美国法官是"经济学家",甚或是法律经济学分析者,会很怪异。他们中很少人有实质性经济学背景,并且只是在少数领域内,诸如反托拉斯法,才对扔给法官和陪审团的案件明确使用了经济学术语。经济学对于司法行为研究很重要,主要在于经济学与实用主义是一致的。[13] 经济学家,和实用主义者一样,感兴趣的是发现实践的后果,而不是对法律教义进行逻辑或语义的分析。

法条主义者称,如果法官在司法意见中没谈论经济学(他们确实很少谈),他们就不可能是在搞经济学。[14] 但这混淆了语义和实质。可以用一些并存不悖的语汇来讨论问题,例如意外伤害引发了赔偿请求时就是这样。一种语汇非常古老,是法律的;另一套则新得多,是经济学的。对普通法以及其他美国法律的经济学研究发现,法律分析与经济学分析之间有相当程度的同构。持续使用不同语汇例证了"语境的汇聚":法官继续使用传统的权利义务语汇,逐渐赋予了这些词以经济学含义。[15] 这就回应了霍姆斯在《普通法》以及《法律的道路》中的论点,普通法法官以非道学方式使用了所继承的道学术语。

但是法律实用主义真能干得更好吗,真的比法条主义(无法解决麻烦的案件)、法律现实主义(某些版本中,是太低俗的政治,而在另一些版本中,又太没内容了)、法律过程学派(太单薄的程序性)或是全盘理论(太多争议,并且与司法思维定式相距太远)更能解说美国法官的行为吗?

法律实用主义的核心是实用主义司法,而后者的核心是强调司法要关心后果,以及因此而来的基于后果而不是基于概念和一般性作出政策判断的倾向。但它并非特事特办的审判——意思是只考虑司法决定对眼前案件双方的后果——的同义词,理智的法律实用主义告诉法官要考虑

---

[13] 请看,Elissabeth Krecké, "Economic Analysis and Legal Pragmatism," 23 *International Review of Law and Economics* 421 (2004).

[14] 请看,例如,Stephen A. Smith, *Contract Theory* 132-136 (2004).

[15] 请看,Jody S. Kraus, "Transparency and Determinacy in Common Law Adjudication: A Philosophical Defense of Explanatory Economic Analysis," 93 *Virginia Law Review* 287 (2007); Nathan Oman, "Unity and Pluralism in Contract Law," 103 *Michigan Law Review* 1483, 1492-1498 (2005).

一个决定的包括制度在内的系统后果，以及对手头案件的后果。因此，法官必须考虑，不顾某个合同语词或不坚守某个已为商业社区依赖的法律先例，会如何影响商业活动。

应当区分理智的实用主义法官和短视的实用主义者，后者因个案公正而看不到决定的长期后果；对于后者，才应继续用"结果导向"这个贬义表达。想象有这样一位法官（实际还不是少数），他不认为销售或使用大麻应为非法，不认为应严厉处罚销售大麻者——像今天的联邦法律规定的那样。他也许倾向对被指控大麻违法者从轻处理。但是这种倾向会被一些东西抵消了，因为他理解在有关惩罚毒品交易的游击战中法官注定会输给国会，因为他关心有些赞同对大麻严厉适用毒品法的法官（人数不少）会以更严厉的惩罚来补偿他自己的从轻惩罚，因为他尊重分权带来的诸多好后果，因为他看到统一量刑比特事特办量刑更有政策的优点，甚至就因为他不能接受贪婪狂（pleonexia）——这是亚里士多德的术语，用来指总想得到多于应得的份额。这就是贪婪犯干的事，例如贩毒，他这样做已经偷偷占了守法者的先了。那些艰难度日但不违法的劳动者对那些招摇其珠宝和豪华轿车的贩毒者表示愤慨是很正当的。并且贩毒是贪婪犯罪，只能由严厉惩罚予以震慑，即使这种犯罪本身无论从实践立场上（对社会的伤害）还是从道德立场上看来都相当无足轻重。

与实用主义者形成反差的是，法条主义者趋于（或装作）大大看重司法决定的某些专断制度子集的后果。他们对不确定性特过敏；而从宽解读制定法和合同，寻找规则之目的并以此决定规则的范围和适用，在教义中加入政策，以及过度区分先例和推翻先例都会导致这种不确定性。实用主义者看不出片面强调实用主义审判的可能负面后果何以可能有道理。但更有意思的是，当代法条主义的正当性应像它做的那样，更多基于后果，而不是基于"法律"是什么或要求什么的主张。在美国政治文化中，实用主义思考非常普遍，乃至法条主义者被迫辩解说，严格规则和字面解释通常得到的盲目结果，要好于更完全了解案件事实，更愿把规则捏成标准以及更宽解释不考虑新案情况创造的规则得出的结果。

实用主义者认为所谓法条主义的社会后果更好的说法是教条的和不能成立的，而不是法条主义愿意看到被验证的假说。法条主义者论辩说，审判应当向后看，法官不应努力让法律与时俱进，在制定法问题上应当留待立法机关，在宪法性法律、任何需要的制定法或宪法更新问题上则留待修正过程,但他们没拿出什么事实支持其论点:面对立法过程的内在惰性,立法机关有能力更新立法,或持续修正宪法以确保与时俱进。他们没有努力显示,从伟大的从宽解读者约翰·马歇尔开始,美国法官如果始终如一坚守法条主义信条,今天美国法律和社会状况会如何。

法条主义者甚至毫无怨言地接受了一大块世人公认不确定的司法裁判领域。任何时候,当上诉审运用尊崇标准时,即只要初审法官的事实认定不是"明显错误"就予以支持,在证据认定上只要没"滥用裁量权"就予以支持,上诉法院的寓意是它也可以支持相反的判决。因为这个标准并没有说这一事实认定或证据判断是正确的(correct),只是说它们没超出合乎情理的范围。由于这个判决和相反判决不可能都正确,情况就是,由于法条主义不质疑对通常接受尊崇性复审的判决予以尊崇性上诉复审是否合适,法条主义一定默认了很多差错。

然而,法律实用主义看来也许与其前辈法律过程进路一样空洞,因为法律实用主义并没掂量决定的后果,甚至没明确指出应考虑哪些后果。后果是一些事实,是一些自身没有规范意义的事实。你不可能从"是"中推出"应当"。价值必须寄托在每个后果之中。但这个价值及其意义并不显然。要认为系列谋杀的后果"有害",你必须认定系列谋杀是坏事。但你不需要一套复杂精致的概念装置才能得出或正当化这个信念。你所需要的一切就是分享你所在社会的基本道德价值。

尽管这意味着,什么算作可接受的实用主义纠纷解决办法,相对于具体社会当时流行的规范。实用主义为司法行动提供了地方性的而不是普世的指导。并且这种地方有用性也取决于该社会的规范同质程度。同质性越高,对后果的好坏(以及多好多坏)意见越广泛一致,实用主义提供的指导作用就越大。一个粗陋的类比是,大多数美国人都认为(有某些限定),手表坏了就应修理。这种信念并非天经地义。也许有那么一个社会,那里的人们认为,修手表会倒霉。由于美国人的信念,手表坏了这个事实就是几乎每个人都同意修理手表的理由。这并非一个结论性理由,手表主人也许很高兴终于解脱了(这就是我上面提到的那些限定),因为修表也许比换块表费用还高,或这块表先前就不是用来计时的(也许只是作为古董珍视的)。但这里对相关考量若有足够的一致看法,对如何处理坏表,就能得出令人满意的实用主义判断。

类似地,即使在我们的政治和道德分裂的社会,在许多支撑法律原则的信念上还是有汇聚点的。例如,尽管我们缺乏为一般性评估规则与标准的相对效率所必需的信息,但在许多具体领域内,什么选择更好还是清楚的。我们一定不要让"最好"与"好"誓不两立。尽管实用主义审判很少得出足够的信息,不足以得出产生最佳社会收益的决定,但它常常还是产生了近似最佳的决定,就法律的目的而言,这已经足够好了。

图1格式化表现了这一概率。一项避免引发侵权诉讼之事故的安全措施,其边际收益(MB)和边际成本(MC)都是避免该事故发生的防范措施类型和数量的函数。防范措施的最佳水平(q^*)由这两个函数的交汇给定。在其左边,安全的额外支出会比该支出带来的收益更大;在其右边,安全的额外支出则会小于这一收益。假定这个 q^* 不可能用诉讼方式确定。法院也许还是对收益和费用有足够了解,能够创造由两条框内直线构成的"窗口"。[16] 窗口左边设定了进一步排除或防止事故之收益轻易超出其费用的边框。右边则相反。如果法官知道此案更接近窗口左边或右边,他就知道哪一方更有道理。他不必为做出正确决定而要有能力确定最佳防范水平。

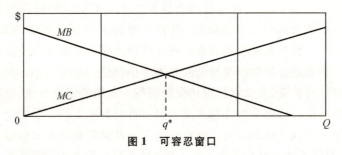

图1 可容忍窗口

法律实用主义要比法律过程学派的进路"更厚实",后者是浅薄的程序主义学派。告诫法官要公正、思想开放、中立等,这与告诫法官要根据后果来作决定是不一样的。因为这时法官至少必须关注后果了,这对法官如何处理案件、要求律师做什么、自己研究什么问题以及在其司法意见书中讨论什么都有重要寓意。这案件难办常常因为要求在两种利益之

----

[16] Ferenc L. Toth, "Climate Policy in Light of Climate Science: The ICLIPS Project," 56 *Climatic Change* 7 (2003). 又请看,Thomas Bruckner et al.,"Methodological Aspects of the Tolerable Windows Approach," 56 *Climatic Change* 73 (2003).

间,在两种社会价值之间,例如在公民自由与国家安全、智识创造与获取现有智识作品、妇女福利与胎儿生存、公平审判与公开审判以及私隐与知情之间达成平衡。也许没有客观方法评估相互竞争的利益。但如果实用主义地把问题变一下,不是哪种竞争性利益更有价值,而是此案这样或那样决定对每个利益会有什么后果,分析就更好把握了。如果一个结果涉及牺牲一个小得多的竞争性利益,那么除非这两种利益价值非常不同,否则的话,这个结果就会有更好的总体后果。这就是最高法院在若伊诉韦德案中采用的进路,它平衡了母亲的利益和州对胎儿生命的利益,尽管用的不好。

此外,实用主义分析有时会揭示,就像在利津案(请看本书第一章)那样,某个冲突是虚假的,生产商规定商品最低零售价想鼓励零售商提供消费者珍视的售前服务,却被误认为消费者和生产商有利益冲突。

实用主义法官对案件事实是否属于公认支配此案之规则的语义范围也感兴趣,但更感兴趣的是该规则目的是什么——该规则追求引发或阻止什么后果——以及此案这样决定或那样决定会如何影响这一目的和后果。新近的一个判例,"易诉斯德林冲突中心案"(*Yi v. Sterling Collision Centers, Inc.*)[17]就显示了实用主义进路的优点。此案争议是,被诉违反《公平劳动标准法》超时规定的被告是否可以视为该法的例外。地区法院裁断,符合一系列判例,被告没有提出"明确且肯定的证据"表明其有权享有例外。因为很多判例都引述了一个固定表述(formula),很自然律师和法官都把它当成真理了,追问被告是否提出了这样的证据。但他们这么做时,无视了霍姆斯的警告——"用一个固定表述做根据是一种延长了的、意味着死亡的休眠。"[18]因为"肯定的证据"可能指什么呢?并且,既然没人认为原告必须提出"明确且肯定的证据"以证明违反了《公平劳动标准法》,又为什么要求被告这么做以便证明他自己是该法的例外?为什么如此的不对称?

在易案中,上诉法院追溯了这一固定表述,追到源头,发现它首次出现在1984年的一个判例,但此判例没作解说,只是将之归结到两个更早

---

[17]　480 F. 3d 505 (7th Cir. 2007).

[18]　Oliver Wendell Holmes, "Ideals and Doubts," in Holmes, *Collected Legal Papers* 303, 306 (1920 [1915]).

的判例。一个判例只是说,被告承担自己属于例外的证明责任(当然是这样),另一个判例说的是被告"有责任肯定且明确地确定这个例外。"为支持这一命题,法院引述了一个判例,不过该判例还是没有给解释,要求破例的雇主"有责任肯定地展示[雇员]明确属于破例规定的范围。"更早些,另一判例提出了这一固定表述的变种,"上诉人有举证责任表明自己直白无误属于这些例外的规定和精神之内";而这转而是从1945年的一个决定中抄来的,在该决定中最高法院说:"对这一人道和救济性立法[即《公平劳动标准法》]的任何破例都必须予以狭窄解读,对制定法语言的字面含义以及国会意图要给予适度尊重。要把例外扩展到超出直白无误属于该法规定和精神以外的地方,就是滥用解释过程,也挫败了人民宣布的意志。"[19]

追踪到这里就停止了。但你看到发生了什么——当法官只想词不想事时常常会发生什么。早期司法意见使用"肯定地"和"明确地"或(等同的)"直白地"和"无误地",仅仅是用来指示,对例外要作狭义解释——这毫无疑问是最高法院司法意见(菲利普斯案[*Phillips*])中一段文字的含义——以及举证责任由原告承担,因为有权享有例外是一个肯定性辩解。这一短语被断章取义了("肯定性证据"隐含一定还有"否定性证据"的概念),然而不断重复,就忘了原初含义。

太笨了,居然这样运用熟悉的制定法解释规则——作为补救的破例应作狭义解释!但即使这样理解,这个"明确且肯定的证据"的固定表述也不令人满意,因为这个基本原则很神秘。为什么制定法的某项规定要优于另一规定?不应当。但如果你追溯到菲利普斯司法意见中的固定表述的源点——"要把例外扩展到超出直白无误地属于该法规定和精神以外的地方,就是滥用这一解释过程,也挫败了人民宣布的意志",你就会看到,最高法院只是在提醒,不要太宽泛地解释例外,乃至使该制定法的补救措施不起作用了,或是很容易规避。

许多上诉案件,你甚至可以说特别是这类案件,争议都涉及规则的范围和适用;在伊案中,争议是支配被告举证责任——证明自己有权破例豁免某项制定法义务——的规则。范围或适用有可能不确定;否则的话,这

---

[19] A. H. Phillips, Inc. v. Walling, 324 U.S. 490, 493 (1945).

个案件就可能没被提起,或即使提起了,也不可能到上诉审。[20] 有两种方式决定某个新案件是否适合某规则。第一是考察这一规则的外延,即确定什么事件落在其含义范围内(因为你会从词典加有关英文句法规则中获得含义,对语境则什么都不知道),然后确定手头此案的事实与这些事件是否对应。第二种办法是实用主义的,先确定该规则的目的——几乎总有可辨别的目的,然后挑选那些会实现这一目的的结果。一旦辨识了目的,就可以用实践术语而不是法条主义术语重新陈述这个规则。对目的的搜寻使法官走到了法律语词的背后,触及了法律试图塑造的社会现实。他当然必须努力不夸大该法的力度,不能忽视那些也许已弱化该法力度的立法性妥协。他必须保护该法不被未预见的意外败坏了,而不是完善它。

伊案中的问题是,被告是否属于例外:雇主支付雇员佣金而不是工资。答案要求辨识这种例外的目的,然后要确定被告对雇员的付酬方式是否实现了这一目的。对于这个政治上多样的审判庭(两位法官是共和党总统任命的,一位是民主党总统任命的),这两步都不特别有争议。

在今天的法律中,在许多有共识的领域,经济学分析为法官在干什么提供了很好的解说,而不论法官是否意识到自己干的是经济学。成本收益分析——经济学家用来确定该遵循何种行动进程的方法——简单说来就是一种规训,告诉你要权衡不同进程之后果,并选择好处减去坏处后可能得到最大剩余的进程。记住,当案件难以决定时,通常是因为该决定必须在两种合法利益——其中之一必须让步——之间达成平衡。在这些领域,实用主义比经济学更好描述了司法的行为,因为法官更可能从实用主义者的而不是经济学家的描述中看到自己,实用主义在美国大众文化和政治文化中实在是根深蒂固。

正因为法律实用主义整合了法律经济学分析,成为其方法之一,因此我们一定不要忘记,它也整合了法条主义,作为另一种方法。一个例子就是坚持精细的司法管辖,如果一个案件没满足有关起诉截止日期的精确有时还相当专断的要求,联邦法院就不审理此案(例如,要求之一是,若在

---

[20] 在民事案件中,而非在刑事案件中,更是这种情况,因为在大多数刑事案件中,被告就是上诉人,并且不用为律师付费,因此他没有经济压力放弃一个不大可能成功的上诉。

联邦上诉法院就联邦政府并非一方当事人的民事案件提出上诉，必须在地区法院最终判决 30 天之内提起）；案件要可司法，案件各方必须有某种具体利益关系（这是对"诉权"［standing］的要求）；案件要"成熟"（ripe）并且不是"没实际意义"（moot）；诸如此类。诉权、成熟、实际意义以及其他阻止按案件是非曲直做出司法决定的法条主义概念，其效果就是延迟司法对国家事务的干预，并因此为社会实验创造空间。法院以违宪或其他非法为名，在一个项目还没机会从经验上证明其价值之前就废除它，这会非常不实用主义。

  一个相关要点是，在某法律教义演化的早期，实用主义法官可能会更赞同基于狭窄而不是宽泛的根据决定案件。基于狭窄的根据决定案件，这是经验主义或实验主义导向的必定结果。根据越狭窄，法官对这一受质疑活动的干预就越少。根据越宽泛，法官从未来案件中获取与该活动后果有关的更多信息的范围就越小，因为这个决定会成为一个先例，除了被推翻或被区分外，这个规则就会支配属于其语义范围的、很可能大量的新案件。

  最后这点强调了实用主义与法律过程进路间的区别。法律过程进路始终坚持中立原则的规训效果——让法官信守防止他按自己政治偏好决定未来案件的立场（因此，宽泛先例就是中立原则的例子之一）。法律过程学派因此是法条主义为实用主义所用的又一范例。拒绝法律过程进路的实用主义者会接受中立原则的价值和先例教义的价值，但担心过早信奉某个立场，后果无法预测的。因此他不仅赞赏用区分先例作为从新案件揭示的新鲜事实中获取知识收益的方式，而且拒绝在系列案件的头一个案件就规定一个宽泛原则从而切断了进一步的研究。如果最高法院在布朗诉教育委员会案中直接裁决美国宪法不问肤色，因此公立制度永远不得用种族作为行动根据，因此没等有人提出积极补偿行动，就已经被否定了，更别说贯彻了，会不会比较明智呢？无论明智不明智，却都是非实用主义的。

  中立原则是自认为拒绝了法条主义其实只是中和了法律现实主义的一个学派（法律过程学派）中的法条主义踪迹。有了中立原则，就像有了原旨主义，就允许了往昔来支配目前和未来。中立原则是基于今天的知识确定的，却为明天立下了承诺，而明天人们会知道更多。由于司法决定的后果总在未来，因此法律实用主义是向前看的。恪守先例起到了重要的功能,但说到底,先例,并因此往昔,都是实用主义者的仆人而非主人。研究历史对于实用主义者的价值较少在于指导判断,更多在于辨认那些无法证明其正确而只能证明其门第的规则。就如同优越的贵族家庭的败家子,这些规则是供批评考察的对象并也许因考察而被取代。实用主义法官因此是反直觉主义意义上的历史主义者,他警醒于这种可能性,即目前的某个法律教义也许只是历史环境留下的痕迹,应当抛弃。历史探讨就像是作区分;它寻求差别而不是寻求相似。[21]

法律实用主义的一个关键信条是,不存在把法律推理同其他实践推理分开的一般性分析程序。法律有一套特定语汇、特定关注、特定传统。但是法官使用的分析方法就是普通的日常推理方法,这些方法关心的是实践收益和费用。易案就显示有些法官正走出语义,深入理解案件提出的诸多具体利益。在更深层次上,法律实用主义要求诉讼人及其律师,会同法官和法官助理,从论证——贬义的"修辞",即没有事实支撑的语词较量——走向数据:统计学、精细测度、照片、图表。

法官是法律人,他把律师夸大论证和语词力量的习惯也带进审判来解决分歧。但他们比律师更少为语词迷惑[22],因为他们必须在也许是精细平衡的对立论证之间做出选择。还有,他们并非在裁判一场辩论;他们是在寻找理智的解决方案,而这推动着他们要超出律师间的斗嘴,去看看具体的利益得失。

律师就像数学家,想操作符号,尽管是语词符号而不是数学符号,而不是想调查相关的现象——法律规制的社会互动。法律语言与非律师讨论社会和个人问题的语言之间分离越大,律师和法官就越容易认为自己的工作是操作符号而不是介入社会现实。布莱恩·嘎呐(Bryan Garner)珍贵的《红皮书》就是一个提醒——它列出了一堆"很贱的"词、夸张的

---

[21] 我在 *Frontiers of Legal Theory* (2001)一书第 4 章中进一步阐述了这一法律历史主义的概念。

[22] Coffey v. Northeast Regional Commuter Railroad Corp. , 479 F. 3d 472, 478 (7th Cir. 2007),评论说"即使在视觉证据和精确测度(英尺、英寸、磅等)远比语词描述更能说明情况时,许多律师也奇怪且令人可叹地厌恶视觉证据和精确测度。我们在先前一些案件中就提到过这种厌恶, *United States v. Boyd* , 475 F. 3d 875, 878 (7th Cir. 2007); *Miller v. Illinois Central R. R.* , 474 F. 3d 951, 954 (7th Cir. 2007); *United States v. Barnes* , 188 F. 3d 893, 895 (7th Cir. 1999)——一度评议[在巴尼斯案(*Barnes*)中]某些律师认为一个词胜过一千幅图片。"

短语、对偶词(例如"cease and desist"[停且止]、"free and clear"[净且洁])、可不用的法律用语("arguendo"、"gravamen"、"instant case"、"simpliciter"、"nexus")*以及其他常用但有特别法律含义的词(诸如"appearance"、"consideration"、"constructive"[23]、"presumption"、"servant"**等。)[24]——挣扎于这种措辞多么容易失去对现实的洞察呵。

我一定不要吹大了实用主义。实用主义并不是机器,能去芜存菁,得出可证明其正确的法律问题答案。它不能把政治性判断化解为政策科学。它不能把法官变成专家管理者,不能把法律变成成本收益分析。它承认,类似案件前后处理不一致常常不可避免,不仅因为,塑造法官前理解并因此塑造他对论证和证据之回应的个人背景、气质、训练、经验和意识形态不同,不同法官对后果权衡也会不同,而且因为,基于同样的上述理由,不同法官看到的后果也不同。法律实用主义接受态度学派的经验证据。并且,它不为法官确定更高的追求,只要求他的决定,鉴于这些案件的利益激烈对立,是合乎情理的,但合乎情理的决定并不必然是"正确的"(right)决定。

也许会有人问,除了依据相信这是正确决定外,法官何以可能依据任何其他决定案件呢?法律教授很容易提出这类问题。这样的问题忘记了亚里士多德的警告,不要要求研究的严格程度超出了这类研究的许可程度。法官并不自我选择案件审理,或选择提交审理的案件顺序,或做一个闲适的安排决定案件;法官与法律教授不一样,法律教授自己选择研究题目,不到一切都满意了,无需出手一篇论文。法条主义者对法官提出了非常不现实的要求。在我们的体制中,法官一定会(should)常有如履薄冰的不自在,而没有等到确定性降临后再作决定的奢侈。

---

* 其含义分别为"论点"、"控诉理由"、"本案"、"绝对地"、"联系"的法律表达短语或语词。

[23] 意思是"构建出来的":"构成性拥有"的意思是某人不实际拥有某物,但法律视其实际拥有。

** 其通常的基本含义分别为"表象"、"考虑"、"构成的"、"推测"、"仆人";但在法律上其含义则常常是,尽管不仅仅是"出庭"、"对价"、"推定的"、"假定"、"代理人"。

[24] Bryan Garner, with Jeff Newman and Tiger Jackson, *The Redbook: A Manual on Legal Style*, §11 (2d ed. 2006).

尽管我更多关心实用主义的描述是否充分,而不是其规范性魅力如何,我却不能完全不顾其规范性充分与否的问题,因为如果作为司法行动的基础,实用主义就像批判者声称的那么令人厌恶,就不可能言之成理地将它灌输给我们的法官。我不同意这些批判者,但不是因为我认为可以展示证明实用主义审判"正确"。考虑一下这个最不实用主义的司法决定,"克林顿诉琼斯案"(Clinton v. Jones)[25],此案中,最高法院拒绝给克林顿总统一个将持续到其任期结束的豁免,免于葆拉·琼斯提出的性骚扰诉讼。这些大法官本应知道,强迫总统就自己性不轨案提交言辞证据,这会是一包导火线已点燃的政治炸药,会干扰他履行职责的能力。后来情况自然就是如此。最高法院认定,宪法第二条中没有根据豁免在任总统因其就职前的行为而引发的诉讼,但你不能说最高法院就"错了"。共和政府的基本原则之一就是官员不高于法律;但承认政治现实,可能在多大程度上破坏这一原则? 这是一个判断问题,而不是常规意义上的法律分析问题。因此克林顿诉琼斯案决定并没"错"(wrong)。然而,由政治精明的大法官组成的最高法院就此案得出了另一结果,我想论辩,那也不能算"错"。

有批评家认为法律实用主义缺少道德真诚;认为它不能赋予言论自由这些珍贵法律价值以形而上的印记或普世性或"客观性"。[26] 说到底,理查德·罗蒂不就曾把实用主义界定为"有关规范判断相对于其服务目标的教义"吗?[27] 如果这样做会使司法决定更有效,那就没什么东西妨碍实用主义法官用道德实在论的修辞来包装他们有关言论自由的司法决定。但是批评法律实用主义的人不满足于这一回应。他们会论辩说,如果司法决策的真实情况是实用主义的,那么无论法官选择如何阐述其决定根据,也还是存在实用主义的竞争利益权衡无法捍卫基本价值的危险。

把这个问题带入焦点的是新近关于限制公民自由以回应恐怖主义威

---

[25] 520 U.S. 681 (1997).

[26] 请看,例如,R. George Wright, "Pragmatism and Freedom of Speech," 80 *North Dakota Law Review* 103 (2004).

[27] Richard Rorty, "Dewey between Hegel and Darwin," in *Rorty and Pragmatism: The Philosopher Responds to His Critics* 1, 15 (Herman J. Saatkamp, Jr., ed. 1995).

胁的争议，而 2001 年 9 月 11 日的攻击告诉我们这种威胁很尖锐。我曾说过，在大规模杀伤性武器的时代，恐怖主义危险增大了，有正当理由削减现有的公民自由，尽管削减要适度。[28] 但这样做，不在词典上给公民自由以优先，高于国家安全这类竞争性利益，实用主义者无法抵抗公民自由被逐渐削减，因为没有确定的结束点。实用主义者也许会回答说，如果我们要固守公民权利，不允许任何基于安全或其他关切的削减，适当的固守工具是新的宪法修正案，而不是《权利法案》的司法解释。但且不说时间来不及和可行性问题，设一道宪法性防线也可能矫枉过正，会给——在考虑了宪法当年修订之际未预见的紧急情况后——重新思考公民自由的恰当范围造成无法克服的障碍。

更好的回应是，想削减公民自由的法官手边有法条主义工具，与公民自由至上派所用的工具同样强大。美国宪法处处都有矛盾和含混，导致了无穷无尽的争论。在国家安全问题上，针对基于《权利法案》的文字论证，可以用基于宪法第二条语言的论证，这一条把本国外交事务处理、统帅武装力量的首要权威以及执行本国法律的义务都赋予了总统。法条主义不可能解决这些争议。要放逐实用主义，则一定失败，因为它无法放逐。努力放逐实用主义的唯一后果会是令法官比今天还不坦诚。

但是，实用主义缺少道德真诚，这种反驳要比我承认的更为深厚。一想到法官常常在不确信自己强烈意义上"正确"的情况下要做出生死决定（在死刑案件中，还真的如此），就可以同情理解这种反驳是一种烦恼。实用主义者对真理，特别是对待道德真理，态度似乎有些漫不经心，就像霍姆斯说的，所谓真就是他不得不相信，或真理的检验标准就看它在思想市场上"卖"得怎样。杰罗姆·弗兰克认为法官努力追求事实确定性太幼稚（请看本书第四章），他错了；对他人行使权力的正派人会非常希望认为自己公正行使权力，这时他自然会感到焦虑。但批评实用主义的人也没什么工具减少这种焦虑。他们能给法官提供的一切就是一种确定性修辞（这是另一种意义上的修辞，第三章提到的亚里士多德意义上的，是用以解决无法以精确研究予以解决之争议的方法；这与霍姆斯的实用主

---

[28] Richard A. Posner, *Not a Suicide Pact: The Constitution in a Time of National Emergency* (2006).

义意气相投,甚或是基础性的[29])。

有批评者论辩说,法律实用主义繁衍了对法律玩世不恭,转而诱发了学生、法律教授以及最可怕的是法官的智识懒惰。据说法律实用主义者不愿花费大量时间和精力学习法治和法律推理方法,因为他认为这些东西都不利于达到要点,即权衡后果。这种说法不正确。法学院学生一定要学会细心关注常规材料、专门术语以及在数百年间法律职业开发的其他资源和技巧。在通向超越这些东西的道路上,他必须学会这些东西。但他又一定要超越它们(或至少开始这一超越的过程)。他一定要去除一个错误概念:"法律"就是一套书上的命题加上如何学会在书中找到其正确位置的法律训练。那是外行人的想法,有些法官也装作这样想。在我们的制度中,法院执行的法律都是法官用法律命题为原材料创造出来的。律师必须学会在创造性活动中如何帮助法官。这要求的可不只是用制定法和司法意见中的法言法语(诸如"明确且肯定的证据")来挫败法官。

批评者说法律实用主义允许、邀请甚或赞美法官随其所欲决定案件。放松文本和教义的约束,这种批评继续说,实用主义把法官都变成了宽松的立法大炮并把司法不确定地带扩大到所有案件。并非如此。不认为自己仅仅是传送带,传递其他地方做出的决定,因此对任何丑恶后果都不承担责任,而是意识到自己在行使裁量权,这样的法官更少可能沉醉于权力。法条主义者,有时虚伪地,有时无意识地,把自己的政治偏好偷运进司法决定,却又辩解说法律让他这么干的,以此躲过对任何残酷或荒谬结果的批评指责。

立法反映了立法者的偏好,想想这些偏好是如何形成的(甚至先把选民压力放在一边)。是由各个立法者的价值、气质、生活经验以及对立法职能的范围和限度的理解形成的。法官的情况与立法者相似。但作为一种批评来说,这不仅忽视了在有共识的领域以冷静甚或可预测的方式权衡后果的可能,而且忽视了对实用主义法官和其他法官(更准确地说,对讲求务实的法官)起作用的物质、心理和制度约束。法官会因玩忽职守被迫离职;他们的决定可能被立法或宪法的修正案取消;选择法官的过程

---

[29] Robert Danisch, *Pragmatism, Democracy, and the Necessity of Rhetoric*, ch. 4 (2007).

趋于清除最渴望权力、最"政治"和离主流最远的法官；并且报酬制度和有关冲突利益的规则都让法官受制于"呆板的"激励，即这些激励与要求法官决定的具体案件结果不直接绑在一起，因此消除了强大的潜在偏见渊源。如果这样的法官是立法者，至少他是不计利害的立法者。

好的实用主义法官，我们知道，都不是短视的实用主义者。他不是哲学实用主义者。但他是受约束的实用主义者。我们从前几章就知道，在我们的制度中，法官同时在内在和外在约束下运作。法条主义法官如此，实用主义法官也如此。有许多司法决定的后果，实用主义法官不能恰当地纳入其考量。布什诉戈尔案（*Bush v. Gore*）就鲜明地聚焦了这个问题。[30] 假定某位大法官认为戈尔更有法律道理，但布什是更好的总统。这位大法官也许会结论认为，考虑到方方面面，布什获胜要比戈尔获胜，后果会更好。但这不合适，因为这位大法官考虑了布什和戈尔作为总统候选人的相对贤能，这违反了矫正正义的基本规则，决定案件一定"不考虑个人。"就像其他法官一样，实用主义法官一定要按照司法游戏规则来行动。这些规则允许考量某类后果，但禁止考量其他后果。以规则功利主义者类比，规则把这位法官限定为"规则实用主义者。"[31]

受约束和不受约束的实用主义者的差别在杰罗姆·弗兰克的双重角色中有很好的例证，他是狂轰滥炸的法律现实主义者，也是第二巡回区法官。当了法官后，他没有放弃法律现实主义，但是他约束了它；他的司法决定全都属于主流。[32]

法官迈克尔·麦克尼尔，我们在第七章遇到过这位原旨主义者，声称"[法条主义者与实用主义者]的真正分歧与法官多严或多宽理解[法条主义]约束条件有关，并与他们在剩余灰色地带尊崇民主判断或让自己的意识形态承诺起作用有关。"[33] 麦克尼尔说得对，"法官多严或多宽理解

---

[30] 531 U. S. 98（2000）。

[31] 请看，Melissa Armstrong, "Rule Pragmatism: Theory and Application to Qualified Immunity Analysis," 38 *Columbia Journal of Law and Social Problems* 107（2004）; Posner, *The Problematics of Moral and Legal Theory*, 前注1, 页241。

[32] 请看，Robert Jerome Glennon, *The Iconoclast as Reformer: Jerome Frank's Impact on American Law*, ch. 5（1985）。

[33] Michael W. McConnell, "Active Liberty: A Progressive Alternative to Textualism and Originalism?" 119 *Harvard Law Review* 2387, 2415（2006），评论了我在第十一章讨论的大法官布雷尔的著作《生动自由》（*Active Liberty*）。

[法条主义]约束条件"就是法条主义者和实用主义者的一个区别;例如,法条主义者更可能停留在制定法的语义层面,而不是努力判断其目的。但"在剩余灰色地带[法官]尊崇民主判断或让自己的意识形态承诺起作用"不是真正的区别。原旨主义的决胜手段并非民主(请看第十一章)。除了自欺者外,谁会相信法条主义者——例如最高法院四位最保守的大法官——的司法决定中,"意识形态承诺"所起的作用比在那些准实用主义大法官——例如大法官布雷尔——的决定中所起的作用小很多?[34]

即使有比我想到的更强有力反驳,在21世纪的美国也没法替代法律实用主义。美国的有司法执行力的宪法,它的普通法传统,它的没有规训的立法机关(部分是美国的政党太弱,还有部分是两院制加总统否决权的结果,集合起来使立法极难通过,除非是让立法很含混),美国法律制度非常复杂(50个州法律体制之上有整个联邦法,联邦制定法之上又有联邦宪法)——所有这些,再混上法官的异质性,以及与之相关的美国审判不是职业制,而是中年法律人干了多年从业律师、教授或检察官等职业后得以任命的岗位,这就创造了无法压缩的裁量性造法的巨大领域。并且,许多法官得以任命还由于他们的政治关系,至少也是在政治边缘。法条主义不是一件可以套在世俗法官身上的紧身衣,而且不管怎么说,也没有资源指导如何区分创制新法和确认旧法,因为后者否认了造法是法官的合法工作。

值得强调的是旁门制法官,它不仅是促成法官异质性的一个因素,而且也反映了美国法律职业生活和智识生活的流动性,这也培养了法律实用主义,就像它培养了哲学实用主义一样,并有助于把两者都标记为典型的美国运动。美国的法律职业并不各自封闭;律师自由迁徙于私人开业、政府服务、法律教学和审判之间。法律职业也没同其他美国智识生活完全隔绝。其他社会思想部门,例如经济学,都可以向它发展渗透。约

---

[34] Rorie Spill Solberg and Stefanie A. Lindquist, in "Activism, Ideology, and Federalism: Judicial Behavior in Constitutional Challenges before the Rehnquist Court, 1986-2000," 3 *Journal of Empirical Legal Studies* 237 (2006);他们发现保守派大法官的自我约束略高一点,但结论说,一般说来,"当自由派制定法受挑战时,无论是在州还是联邦层面,保守派都趋于更可能废除这些法律。而当受挑战的是保守派制定法时,情况则相反。"同上,页259-260。

翰·杜威以及其他实用主义哲学家能够把自然科学方法作为所有研究的模型，就因为美国思想不严格区隔。外部影响可以渗透到职业文化中来，这对狭隘的司法文化——法律是自给自足的思想体系，独立于法律实践、社会科学以及本国商业和政治生活之外——的发展是一剂解毒药。

司法的异质性鼓励了各种洞见的扩散并阻止了群体的两极对立，同时把法律更牢固地落实在长期的舆论上。这既导致了，也正当化了，对司法候选人的意识形态倾向以及族群和其他群体认同作详尽筛选，对其职业能力作筛选。但多样性也有代价。司法多样性越大，分歧、异议和案件区分就越多（并因此，更少坚守先例和更少法律确定性），并且上诉审更少统一性。必须把这些成本同多样性的认识论价值作个交换，或相等地，与限定于想法相近者的思考的成本作个交换。[35]

但说了所有这些之后，难道美国法官真的命中注定是实用主义者吗？我们能相信卡尔·卢埃林（请看第八章）吗，或者他只是找到了他想找的？支配性司法意见修辞都是法条主义的；态度学派发现美国审判中有广阔的政治纹理也说明不了问题，因为政治审判更可能是意识形态偏执者干的事，而不是实用主义者干的事。

从有关法官的批评性文献中，我们可以在这个问题上获得某些洞见。[36] 从中我们了解到，例如，布兰代兹的司法决定"并不由一套独特'法学家的'（juristic）价值，而是一般化的社会、经济和政治信念决定的，其中许多像学习法律那样，是从浏览文学、历史和社会科学中得到的"。[37] 并且了解到，即使在勒尼德·汉德令人尊敬的领导下，政治审判

---

[35] Harry T. Edwards, "The Effects of Collegiality on Judicial Decision Making," 151 *University of Pennsylvania Law Review* 1639, 1667 (2003). Cass R. Sunstein et al., *Are Judges Political? An Empirical Analysis of the Federal Judiciary* (2006)，强调了法官构成的多样性会增加洞察力和内部告发（whistleblowing），而法官统一化的成本是群体走极端以及意识形态扩展——因周围的人想法类似、信念从未受挑战、从未被迫批判性自我反思而导致过于自信。

[36] 典型的是，G. Edward White, *The American Judicial Tradition: Profiles of Leading American Judges* (expanded ed. 1988).

[37] Stephen W. Baskerville, *Of Laws and Limitations: An Intellectual Portrait of Louis Dembitz Brandeis* 274 (1994).

也是第二巡回区法院的特色。[38] 从法官传记以及有关最高法院的数量日益增加的长篇曝光,我们可以了解到(如果我们太天真乃至还没有认识到)所有层级的法官都太人性了。

我特别想强调但被忽视的是法官撰写的有关审判的文献。[39] 在上一章,我就引用了勒尼德·汉德关于审判的文字,这一章我又提到了霍姆斯的两篇著名作品;霍姆斯的其他著述,包括书信和司法意见,都有额外证据表明霍姆斯的司法实用主义。[40] 还有卡多佐关于审判的著述,最著名的是他的《司法过程的性质》(*The Nature of the Judicial Process*)(1921),是"对我们拥有的实用主义法理学的最完全表述。"[41] 还有法官哈钦森(Hutcheson)关于凭预感作决定的论文,从中我摘了本书绪论的引语;而新近在最高法院大法官安东尼·肯尼迪的访谈中,有令人吃惊的回应:

> 我们都知道,每个人都有个本能判断。你遇到一个人,你会说:"我相信这个人。我不相信这个人。我感到这个人有意思。我感到这个人没意思。"诸如此类。你迅速作出这些判断。这是你一生的生活方式。而法官干的也一样。并且我认为,如果这只是起点,就没错。但是,在你判断之后,还必须为你的判断提出理由,变成一个短句,变成一个语词固定表述。这时你必须看看是否有道理,是否合乎逻辑,是否公道,是否符合法律,是否符合美国宪法,是否符合自己的伦理道义感。在这一过程中,如果你感到自己任何一点错了,就必须回过头,重新走一遍。我认为,这不是法律独有的,其实任何谨慎的人都

---

[38] Marvin Schick, *Learned Hand's Court* (1970).

[39] 有关这类著述的一份全面书目,请看, *Judges on Judging*: *Views from the Bench* 305-323 (David M. O'Brien ed., 2d ed. 2004). 一部由法官和学人撰写的关于审判的大型著述选集,请看, Ruggero J. Aldisert, *The Judicial Process*: *Readings*, *Materials and Cases* (2d ed. 1996). 还有一些前法官助理的偶尔证言。请看,例如,Stephen L. Wasby, "'Why Clerk? What Did I Get out of It?'" 56 *Journal of Legal Education* 411, 426 (2006),评论说某"诉讼律师强烈相信'决定案件的更多是事实而不是法律'实际始于他担任法官助理期间,'那时我看到对事实适用法律比我之前想象的更为复杂、微妙和事实导向。'"

[40] 请看,*The Essential Holmes*,前注 6,以及前注 1 所引著作中参考的霍姆斯的文献。

[41] Richard A. Posner, *Cardozo*: *A Study in Reputation* 28 (1990).

这样行为……我认为,也许要有所成就,在我的领域中,与任何其他领域一样,所需要的品质并无不同,没太大的不同。第一,了解自己,诚实对待自己的缺点和弱点。第二,要理解你有这个机会来塑造这个国家的命运。宪法创制者要你来塑造这个国家的命运。他们没想为你塑造这个国家的命运。[42]

还有杰罗姆·弗兰克的著作,《初审法院:美国司法的神话和现实》(*Courts on Trail: Myth and Reality in American Justice*)(1949),这是他当了联邦上诉法院法官后撰写的,但他重复了自己早先最为人知的著作《法律与现代心智》(1930)中的许多现实主义邪说。弗兰克在第二巡回区的杰出冤家对头,查尔斯·克拉克(Charles Clark),阐述了一种实用主义的审判哲学,评论说"只有承认法官作为立法者的独自责任,承认其理解不可避免有主观性,我们才有望找到利用这种主观性为目前和未来社会服务的道路和手段。"[43] 其他杰出法官,包括沃尔特·夏菲(Walter Schaefer)[44]、亨利·弗兰德利[45]、奥博特·泰特(Albert Tate)[46]、罗杰·特纳诺[47]、以

---

[42] "Anthony Kennedy Interview," *Academy of Achievement: A Museum of Living History*, Oct. 22, 2006, www.achievement.org/autodoc/page/ken0int-3, int-5 (visited May 16, 2007)(增加了着重号)。

[43] Charles E. Clark and David M. Trubek, "The Creative Role of the Judge: Restraint and Freedom in the Common Law Tradition," 71 *Yale Law Journal* 255, 275-276 (1961). 又请看,*Procedure: The Handmaid of Justice: Essays of Judge Charles E. Clark* (Charles A. Wright and Harry M. Reasoner eds. 1965). Clark and Trubek, 同前,页267,敏锐地评论说,卡尔·卢埃林夸大了法官运用"现实主义"方法在疑难案件中可能获得的确定性。在第十二章中讨论戴维·贝蒂的现实主义法学时,我们还会遭遇类似的夸大。

[44] Walter V. Schaefer, "Precedent and Policy," 34 *University of Chicago Law Review* 3 (1966).

[45] Henry J. Friendly, *Benchmarks* (1967).

[46] Albert Tate, Jr., "The Law-Making Function of the Judge," 28 *Louisiana Law Review* 211 (1968); Tate, "Forum Juridicum: The Judge as a Person," 19 *Louisiana Law Review* 438 (1959).

[47] Roger J. Traynor, *The Traynor Reader: A Collection of Essays by the Honorable Roger J. Traynor* (1987).

及弗兰克·科菲(Frank Coffin),[48]都表达了类似的观点。大法官、后来的首席大法官哈兰·菲斯克·斯东(Harlan Fiske Stone)说过:"一边是制定法的命令,另一边是通常承认有约束力的先例和教义的约束,在由此构成的限制之内,法官有选择适用规则的自由,而他的选择会正当地取决于这些社会和经济利益的相对重量,这些利益最后会使这个判决的天平倾向这个规则而不是另一规则。在这一领域,他本质上履行的是立法者的职能,并且在一种实在的意义上,他造了法。"[49]

我希望,当下的大法官都像斯东那样坦诚,或像法官帕特夏·沃德(Patricia Wald)那样坦诚,她说:"我们的同事都是因政治才成了我们的同事。最高法院递交低层级法院的支配性先例反映的是最高法院的政治构成,并在很大程度上,这一构成是由提名和确认的政治过程决定的……在行使裁量权的领域里,法官选择时所依据的价值更多与他们先前生活经历的那一截政治频谱同步。"[50]戴维·克莱恩(David Klein)教授也汇集了与这些主线有关的更多参考文献;[51]而 J.伍德福特·霍华德(J. Woodford Howard),基于对联邦上诉法院法官的广泛访谈,提出了下面这段明智概括:"其缺点是,联邦的中层级法院趋于吸引政治性律师,因为使命和训练,他们在上诉审判中把政治和法律文化因素混杂起来了。"[52]

一位杰出的联邦上诉法院法官迈克尔·博丹(Michael Boudin),法官弗兰德利的前法官助理和好友,曾列数了弗兰德利之所以杰出的要素。

---

[48] 请看,Frank M. Coffin, *The Ways of a Judge: Reflections from the Federal Appellate Bench* (1980),以及一本更好的著作,Coffin, *On Appeal: Courts, Lawyering, and Judging* (1994),特别是第 13 和 14 章。

[49] Harlan F. Stone, "The Common Law in the United States," 50 *Harvard Law Review* 4, 20 (1936).

[50] Patricia M. Wald, "Some Real-Life Observations about Judging," 26 *Indiana Law Review* 173, 180 (1992).沃德法官毫不令人吃惊地描述自己是一位实用主义者。同上,页181。

[51] David E. Klein, *Making Law in the United States Court of Appeals* 15-16 (2002).克莱恩的出色著作中还有很多对联邦巡回区法官的访谈,受访法官是匿名的,因此可以推断他们会比通常更坦诚。另一部不错的著作,运用了同样的方法,请看,J. Woodford Howard, Jr., *Courts of Appeals in the Federal Judicial System: A Study of the Second, Fifth, and District of Columbia Circuits* (1981).

[52] Howard,前注 51,页 188。

他提到"[弗兰德利具有]花费了三十年处理真实世界问题的从业律师的经验",并且"与大法官罗伯特·杰克逊[一位伟大的实用主义法官]相匹敌,他能给读者一种感觉,即他的决定是基于现实的。"[53]博丹还引用了弗兰德利的建议,"就总体而言,最高法院别总想画出一条所有未来决定都必须与之符合的曲线,最好是先描出一些参考点,哪怕在很大程度上凭的是直觉,因为后来证明这些参考点不明智,还可以擦掉。"[54]博丹评论弗兰德利的观点说:"法官的第一反应常常是[面对案件给法官带来的各种压力的]直觉反应"——迫使他"符合先例,实现公正,实现某种对社会有用的结果。"那么什么塑造了弗兰德利审判的影响力?博丹的概括是,"他的史学训练以及尊重先例、有一点法律现实主义、对实用主义的结果兴趣、尊重法律过程、坚持机构的相对能力、对什么能成事的感觉以及担心司法手伸的太长。"[55]

这是对司法决策的制度性和实质性后果都很敏感的实用主义法官的肖像。并且,因为博丹提到了大法官杰克逊,就让我们回想一下第四章中弗里德里克·夏尔对杰罗姆·弗兰克牌号的法律现实主义的重新描述:"努力减少描述性与规定性的距离,减少在如何解决争议上作为普通人的法官与穿上法官袍的同一人的距离。"这一努力接近于法律实用主义的心脏,就像下面这段对大法官杰克逊的司法意见撰写风格的描述一样:"杰克逊在他的司法意见中看起来从来也没寻求什么恰当的'司法'姿态或口吻。毋宁说,他似乎很有能力扩展司法意见撰写的风格以包容自己的人性反应……,法官与普通人的距离突然缩短了。"[56]

卢埃林收集了许多不同时代的例子,都与司法自我反思的选择有关。我引用几个:"没有先例具有 *resoun*[正当感]的力量。"[57]"每个律师都知道,先前的某判例也许仍然'有效',全看法院的意志——因为该案判

---

[53] Michael Boudin, "Judge Henry Friendly and the Mirror of Constitutional Law" 11 (forthcoming in *New York University Law Review*).

[54] 同上,页 17,引用了 Henry J. Friendly, *The Dartmouth College Case and the Public-Private Penumbra* 31 (1969)。

[55] Boudin, 前注 53,页 23。

[56] White, 前注 36,页 232。该书第十一章极为出色地讨论了杰克逊大法官。

[57] Karl N. Llewellyn, *The Common Law Tradition: Deciding Appeals* 52 n. 46 (1960)。

决可归结的最窄一点,或因为此案的 *ratio deidendi*[决定理由]允许的最宽泛表述。"[58] "今天,司法思想中的新东西主要是过程坦诚。许多当年不说的,藏在表象之下的,如今都说出来了,公开了。从最久远的时代以来,律师在旧规则与当下利益冲突之际都感到有削减旧规则的冲动。差别在于,即使当他们服从这一冲动,他们习惯上也以比今天更大程度地掩盖自己的所作所为,甚至他们自己也藏着这种创新,完全真诚地宣告和先前完全一样。"[59] "在同这些[州]最高法院首席大法官谈话时,我[卢埃林]发现只有大约 1/3(包括——这让我宽慰——最年轻的 1/3 中的所有人,一人除外)能承认,自己真实表达了他们每天的所作所为。有位首席大法官甚至看到自己'一直做的,恰恰是他不想做的事';但他认为,很奇怪的是,自己会继续这样做下去。"[60] 这里有段文字很适合法条主义者:"一个强烈的看法[是],运用纯粹法律推理,法官将不可避免获得没有任何外行可能事先预见其结论的司法意见。"[61]

甚至可以回溯到 19 世纪早期最高法院的大法官约瑟夫·斯托里(Joseph Story),他劝告律师"要熟悉每种研究,以此完成自己的义务",他说律师"因此会被告知别相信理论,抓紧实际的善;更多依赖经验,而不是推理;更多依赖制度,而不是法律;更多依赖对恶习的约束,而不是道德的动机。他会变得……更明智、更坦诚、更宽容也更公平。"[62] 你还可以越洋跨海到其他英美法国家的法院,发现它们的法官也表达了类似的观点。[63]

---

[58] 同上,页 117。

[59] 同上,页 266-267,引用了卡多佐,Cardozo, "Jurisprudence," in *Selected Writings of Benjamin Nathan Cardozo*; *The Choice of Tyco Brahe* 7, 37 (Margaret E. Hall ed. 1947).

[60] Llewellyn, 前注 57, 页 392。

[61] 同上,页 39 注 31。

[62] Joseph Story, *Discourse Pronounced upon the Inauguration of the Author, as Dane Professor of Law in Harvard University* 34-35 (1829).

[63] 请看,例如,E. W. Thomas, *The Judicial Process: Realism, Pragmatism, Practical Reasoning and Principles* (2005); Tom Bingham, *The Business of Judging: Selected Essays and Speeches*, ch. 2 (2000); David Robertson, *Judicial Discretion in the House of Lords* (1998); John Bell, *Policy Arguments in Judicial Decisions* (1983).

特别值得注意的是,在古典美国法律形式主义时代,威廉·维色克(William Wiecek)将之定在1886年到1937年间[64],也有实用主义的血脉。我所谓的法条主义其实是对司法行为的官方和制度的理解。但布利安·塔马纳哈汇集了一套精彩的、当代的具有某种强烈怀疑主义底色的命题。[65]我们看到了,"当每个人都知道可以收集另外十来个判例来支持相反判决之际,从法律摘要中引证十几个判例来支持几乎每句话,这对法官来说就毫无用处……。他就此案法律撰写了——也许是——一篇漂亮的短文,但决定的真正根据被藏匿在引发该决定的事实陈述下面了。"[66]另一位被引证的法官说:"所谓法律感常常是最彻头彻尾的胡说八道"[67],而被引证的美国律师协会的主席则说:"一般说来,我们的法院几乎可以为任何命题都找到支持性先例。"[68]

第一条引语来自1881年发表的一篇文章,就在那一年,霍姆斯出版了《普通法》。霍姆斯批评法条主义的新颖之处在于,他认为法官不可避免地会成为偶尔的立法者而不是全职的规则适用者,因此不应特别予以谴责,尽管霍姆斯也认为如果法官更自觉意识到自己的所作所为,他们会更受约束。

值得注意的是我所引述或提到的这些法官大多很杰出,更值得注意的是,他们本应当供认自己是实用主义者,尽管能摆出事实区分者而不是法律创造者的姿态也很有诱惑,因为这种姿态更少争议,并且迎合了对法官应当做些什么抱着无知预期的外行。法官有关审判的著述,以及他们访谈中的言辞,特别是非正式的谈话[69],同法官罕有的法条主义声明相

---

[64] William M. Wiecek, *The Lost World of Classical Legal Thought: Law and Ideology in America*, 1886-1937 (1998).

[65] 随后的引文来自,Brian Z. Tamanaha, "The Realism of the 'Formalist' Age" (St. John's University School of Law, Aug. 2007).

[66] W. G. Hammond, "American Law Schools, Past, and Future," 7 *Southern Law Review* 400, 412-413 (1881). 作者是圣路易斯法学院院长。

[67] Seymour D. Thompson, "More Justice and Less Technicality," 23 *American Law Review* 22, 48 (1889).

[68] U. M. Rose, "American Bar Association," 64 *Albany Law Journal* 333, 336 (1902).

[69] 请看前注51。

比，很是惊人。当然，也有一些法条主义声明[70]，但其中许多都有一种火药味，有意唱反调，有时还有辩解和限定的口吻，就像大法官斯格利亚很具启示性的文章题目那样——"原旨主义：更小的恶"[71]。他供认自己是"怯懦的"原旨主义者，并向读者保证，哪怕是根据原旨主义解读，鞭刑并非残忍且不寻常的惩罚，他也不会纵容鞭刑[72]。在另一篇文章中，他进一步供认了这种怯懦："总体情况检验标准和分析的权衡模式会与我们永远相伴，并且由于我的原罪，我还可能运用它们来撰写某些司法意见。我所敦促的一切只是只要可能就避免使用这些分析模式。"[73]

也许，杰出法官要比其他法官更愿意供认自己的实用主义（即使只是偶尔的实用主义，就像大法官斯格利亚一样），因为杰出使他们免受了那些略有异端的法官可能招致的批评，或因为杰出法官比他的不太杰出的同事更可能是偶尔的立法者，并因此更可能意识到最急迫之际的审判就是一种实用主义的活动。

最后一个问题是，法律实用主义能走得多好呢？会同宪法性法律，它是美国对法理学的最（the）突出贡献吗（尽管有英国之根——英国哲学传统是经验主义；我们从英格兰得到的普通法是实用主义的；并请记住布莱克斯东对制定法解释的讨论）？也许不太好，至少一旦走出源于英国的法域。[74] 欧洲大陆法官就比美国或英国法官更法条主义。欧洲（民法）法系，以及更一般的欧洲政府制度，都是沿着大力限制司法裁量并防止背离法条主义的路线构建的。那里的司法职业制吸引的是更惬意于官僚

---

[70] 请看，例如，J. Harvie Wilkinson III, "The Role of Reason in the Rule of Law," 56 *University of Chicago Law Review* 779（1989）; Antonin Scalia, "The Rule of Law as a Law of Rules," 56 *University of Chicago Law Review* 1175（1989）; *Judges on Judging*，前注39，第13、15、16、18、20、22章。我已经提到了法官麦克尼尔；在下面几章，我会进一步讨论他以及其他法官的观点。

[71] Antonin Scalia, "Originalism: The Lesser Evil," 57 *University of Cincinnati Law School* 848（1989）.

[72] 同上，页861，864——在这一点上，斯格利亚受到了伊斯特布鲁克法官这位法官界的最不怯懦的法条主义捍卫者的批评。Frank H. Easterbrook, "Abstraction and Authority," 59 *University of Chicago Law Review* 349, 378 n.92（1992）.

[73] Scalia, 前注70，页1187（增加了着重号）。

[74] Robertson, 前注63，页401，强有力地辩论说，英格兰最高法院的"意识形态……是实用主义的意识形态，事实上是一种无法将之理解为意识形态的实用主义。"

体制的人，并且他们身上已培养出服从指令和其他权威文本的习惯。官僚化管理就是依据成文规则的政府。欧洲大陆没有普通法，直到晚近才有了对制定法的合宪性司法审查，因此法官的立法范围被严重压缩了。

欧洲政府还更趋于高度中心化。权力集中在议会，功能上看是一院制，并且颁发的法律典籍比我们的大多数制定法更为清楚。法律的空白、重叠、前后不一致以及含混之处都更少。大多数欧洲法院都是专业化的（劳动法院、刑事法院等），而专门家趋于分享分析和决定的前提，这使他们能够通过逻辑过程推演结论。专门法院也无需担心要调整某领域的法律规则和原则以适应另一领域。当下，美国法官正在搏斗，要让我们通常的刑事程序法适应国际反恐斗争提出的特别挑战。鉴于人们感受的危险在增加，美国法官正在重新权衡公共安全和公民权利。一个欧洲国家如果想，就可以建立专门法院来处理恐怖主义案件（我们也可以这么做，但这会背离我们美国的通事型法官传统）。这样一个法院的法官可以提出他们的专门管辖教义，而无需重新思考更宽泛的原则。

由于美国没有这些令职业制法官可行的制度，法条主义就不可能成为我们可用的总体司法战略。这是坏事？这个问题太大了。我们在第五章就看到，我们的法院对作为自由和繁荣基石的财产权保护和欧洲的法院相同。它们的法官比我们的法官更有纪律，监督更严密，但这些职业制法官不如我们的法官对商业和其他经济问题如鱼得水。专门化也许只是部分有效。可以推定，集中关注商业案件的专事化法官也会从司法职业生涯中了解很多专题领域，但这种了解也许不能作为从业律师直接参与国家商业生活的完美替代。[75] 另一方面，尽管缺乏很好的统计数据，无疑，美国法律制度的人均花费高于我们喜欢用作比较的那些国家。不幸的是，没有数据可以用来确定，我们的制度产生的收益是否超过了其巨大成本。能说的一切只是，如果法官在背景、政治、价值以及其他影响司法决定的个人特点上太多相似，当需要填补我们的宪法结构和政治文化造成的开放领域之空白时，实用主义判决就会建立在一个薄弱的知识和洞

---

[75] 关于支持和反对司法专事化的一般性讨论，请看一个彻底的分析，Edward K. Cheng, "The Myth of the Generalist Judge: An Empirical Study of Opinion Specialization in the Federal Courts of Appeals" (Brooklyn Law School, May 10, 2007).

见基础上,而如果法官相互间差别太大,他们的决定就不能创造一个稳定的、可以理解的格局,人民就只能猜测自己会有什么法律责任。人们可能希望严格筛选联邦司法候选人来压缩人格和意见的分布,足以保证必要的最低同质性,但压缩不能太多,乃至消除了有益的观点和经验的多样性。

第三编

最高法院大法官

第十章
最高法院是政治性法院

我已经说了,美国法官命中注定是实用主义者。但更能说明美国联邦最高法院大法官的一个描述是,特别是当决定宪法性法律争议时,他们都是政治性的法官。这就是我将论辩的,主要参引 2004 年度最高法院决定的案件,这也是该法院因罗伯茨和艾利托替换了冉奎斯特和奥康娜而改变之前的最后一个年度。但政治性法官也是实用主义者,如果推动他们的力量是,我认为主要是,他们司法决定的政治性后果的话。

关于最高法院的两极对立有不少讨论,我从一个被忽略的因素开始,即下层级法院决定与最高法院决定的比值非同寻常的增长。最高法院如今不再能够以偏窄的个案决定方式——普通法的耐心、渐进的方式——来控制下层级法院了。它被迫地以立法的方式行动。2003 年,联邦各上诉法院一共决定案件 56396 件,与 1960 年只有 3753 件形成了反差。2002 年各州终审法院共决定案件 25000 多件[1],其中可能有相当数量但具体比例不清楚的案件提出了一个联邦问题,而人们可以根据另一事实来判断,即在宪法问题并非无处不在的 1960 年代后期,各州最高法院的决定中有 13% 关系到刑事被告的联邦宪法性权利[2]。2003 年,各州

---

[1] Shauna M. Strickland, Court Statistics Project Staff, *State Court Caseload Statistics*, 2004 105 (2005) (tab. 1).

[2] Robert A. Kagan et al., "The Business of State Supreme Courts, 1870–1970," 30 *Stanford Law Review* 121, 147 n. 63 (1977).

270 　中层上诉法院决定的案件超过了 13 万件。其中有多大比例是终审决定，但由于提出了联邦法律问题，联邦最高法院可以复审？并不清楚。因此，人们无从说，各州法院在这两个时期决定的案件中，究竟有多少最高法院可以复审，并算出最高法院允许调案复审的比例。但可以比较一下 2004 年最高法院调案复审联邦法院案件的比例，0.11%（64÷56396），以及 1960 年的相应比例，1.6%（60÷3753）；这一对比显示了，以相对数看，最高法院 1960 年复审的联邦法院案件几乎是 2004 年的 15 倍。

　　当然，许多在联邦上诉法院终结的案件根本不可能获得进一步复审，因为明显的管辖缺陷都已统一了、放弃了或打回了。如果把关注限定在美国联邦法院管理局分类为"因案情是非"终结的案件或（1959 年相应但非等同的分类）"听审或提交仲裁后"终结的案件，上一段文字中的数字 56396 和 3753 就缩减到了 27009 和 2705 件，而这一调整就改变了最高法院复审联邦上诉法院决定的比例，从 2004 年和 1960 年分别为 0.13% 和 1.7% 上升到 0.27% 和 2.4%。尽管如此，这个差别还是惊人：以相对数看，最高法院 1960 年决定的联邦案件几乎是 2004 年决定的 9 倍。

　　最高法院长期强调自己的工作不是纠正下层级法院的差错；案件到了这里都至少经过了一个层级的上诉审。统计数据清楚表明，最高法院确实没管纠正差错，而这就是一个线索，它已经远远背离了常规的上诉审模式，我们应准备接受最高法院的基本的立法性质。如果最高法院努力以普通法方式制定法律，即渐进的碎步方式，这也是种立法的方式，但与立法机关的方式相距甚远，会导致对法律发展几乎失控；它作出的决定会太少，乃至无法为下层级法院提供重要指南。因此，最高法院努力利用其同意听审的少数案件为机缘，确定一些规则或标准，以此来控制大量的未来案件。〔3〕

271 　最高法院与下层级法院决定比的下降也许有另一个效果，进一步强化一个流传甚广但并不确切的感觉：最高法院如今决定的大部分案件都是宪法性案件。近年来，最高法院的案件中，主要涉及宪法问题的，比例

---

　　〔3〕 Frederick Schauer, "Freedom of Expression: Adjudication in Europe and the United States: A Case Study in Comparative Constitutional Architecture," in *European and U.S. Constitutionalism* 47, 60-61 (G. Nolte ed. 2005).

不超过50%。事实上,今天最高法院决定的宪法性案件的比例比1960年代后期和1970年代前期都要小。[4] 并因为总体上它听审的案件也更少,最高法院听审的宪法性案件数量也已显著下降。但这些案件会比数量更多的制定法案件获得更多的公众关注。它们不仅影响广泛;而且即使在最高法院内也更多争议。2004年,最高法院的主要是宪法性的决定中,80%有反对票;而其他类型的决定中,63%有反对票。[5] 有反对票的决定要比一致同意的决定更可能吸引眼球,部分是因为每案都激发了更多也更互不相让的司法意见。因此,尽管2004年最高法院的案件中只有38%主要是宪法性的,但大法官的意见(包括独立意见和反对意见)中有44%发表于此类案件。并且平均每个宪法性决定也要比先前争议更多,因为在如今最可能获得最高法院关注的争议问题上,诸如人工流产、积极补偿行动、国家安全、同性恋权利、死刑以及政府承认宗教的问题,这个国家在政治上日益两极对立。但为什么最高法院会像飞蛾扑火一样为之吸引,这还是个谜。政治上无能也许是一个因素,2004年度里,只有一位现任大法官,奥康娜,在就任最高法院前有过重要的政治阅历。但可能更为重要的是,这些争议趋于造成下层级法院分裂,引发的冲突需要最高法院出面。

随着最高法院决定的案件数相对于提出了联邦问题的下层级法院的案件总数减少了,看起来好像是最高法院正放弃很大一片联邦法地带,但当然不是联邦宪法问题,交给了下层级法院。对于这些领域的专才来说,最高法院是一个隐秘的上帝(*deus absconditus*)。

最高法院越是被视为全力关注"热点"宪法性案件,它看起来就越像是政治性机构,行使了在广度上与立法机关有一拼的裁量权。联邦宪法非常难修改,因此,一般说来,当最高法院决定宪法性案件时,就要比决定制定法案件,行使更多的权力;更重要的是,宪法一般都处理基本问题,这些问题比大多数制定法争议更能激发巨大情感,而情感可能使法官偏离不动声色的技术分析。并且,这都是些政治性争议,问题有关政治治理、政治价值、政治权利以及政治力量。宪法性规定一般还既古旧又含混,古

---

[4] 请看《哈佛法律评论》1955年至2003年11月号的表格,标题是"Subject Matter of Dispositions with Full Opinions"。

[5] 这也都是《哈佛法律评论》汇编的统计数据。

旧因为它不经常修正(部分因为其难以修正),而含混是因为当难以修正之际,语词精密的宪法规定就会变得难堪;它会不易弯曲以适应改变了的环境,而环境在长时段比在短时段中会有更大改变。

一个由非选举产生的终身任职的法官组成的宪法性法院,以一部非常古老、某些关键段落又非常含混而且还像美国宪法一样难以修改的宪法为指导,来决定这些既情感化又政治化的争议,那么这个法院就一定是个强有力的政治机构,除非大法官,尽管面对眼前的机会,还是试图像其他法官一样行为。但是,当他们几乎没什么宪法指导,却要求他们解决有重大政治意义的争议时,他们又何以可能呢?政治争议,从定义上看,就是不可能提交中立专家解决的。政治争议是对力量的考验,在这里,"少数派让步,不是因为他们知道自己错了,而是因为他们知道自己是少数"。〔6〕政治争议的解决只可能是力量,或是其文明化的替代品之一,比方说投票,包括在缺乏宪法文本指导因此自身政治偏好有可能决定其如何投票的案件中法官的投票。

美国联邦最高法院是裁量的大海。在若珀尔诉西蒙斯案(*Roper v. Simmons*)〔7〕中,要求该法院决定的是,对18岁以下的谋杀者处死刑是否合宪,最高法院就全放羊了。外部约束为零。大法官无需担心自己如果给"错了"答案会被更高层级的法院推翻,更不担心国会、总统或某些国家官员把他们赶出办公室或蔑视其决定。当然,你可以设想最高法院的决定引发宪法修正案,或挑起国会以预算或其他方式报复。你甚至可以设想,总统会拒绝执行某些司法决定,或引发弹劾某个法官的运动。历史上就有这样的反制先例。法官越是自以为是,那种限制其独立的压力就越大。〔8〕而因为尽管最高法院很强大,却不可能把手伸到政府权力的绝大多数层级,无需看得见的报复,国会和总统也常常有能力消除某个宪法性决定的刺痛。

若珀尔案没有挑起政府其他部门反弹的危险。但让我们考察一下同

---

〔6〕 James Fitzjames Stephen, *Liberty, Equality, Fraternity* 21 (1993 [1873]).

〔7〕 543 U.S. 551 (2005).

〔8〕 这是一个全球现象。请看,*Judicial Independence in the Age of Democracy: Critical Perspectives from around the World* (Peter H. Russell and David M. O'Brien eds. 2001).

样来自2004年的布克案（*Booker*）和科勒案（*Kelo*）决定。[9] 布克案决定扩大了联邦法官的量刑裁量权，并且国会议论纷纷，怀疑法官会不会用这种额外的裁量权判刑更宽厚。这种怀疑至今看来基本没有根据；自布克案以来，量刑实践和平均量刑期看来基本上没变[10]；但如果有改变，或者是就此而言在改变之前，国会可以反弹，它可以提高联邦刑事法律中规定的最低刑。科勒案则对土地征用权的"公共用途"标准作了扩大解释，引发了一场争议风暴，因此国会和各州都采取措施，剥夺了这一解释的意义，对土地征用权的使用作了限制。因此，最高法院即使在宪法性案件上也并非无所不能。但相反的说法，说司法部门是政府中"最弱的"部门也是误导人的。[11] 它还是相当强大的。

真实情况是，如同我在第五章中提到的，最高法院要比低层级联邦法院更多受制于舆论，因为它太显眼了，而这又因为其决定有更大影响力。一个上诉法院宣布，忠诚誓言中的短语"在上帝之下"违宪[12]，可能不引人关注，因为其决定只对这个国家的一个地区有约束力，甚或有约束力也只是在最高法院以技术性理由（没有诉权）推翻它之前，就像这一案件决定的情况那样，这使得，在这场有关宗教在公众生活中的作用的全国性大

---

[9] United States v. Booker, 543 U. S. 220 (2005); Kelo v. City of New London, 545 U. S. 469 (2005).

[10] 布克案决定后26个月里，61.6%的联邦量刑都在可适用量刑指南范围内，与之前10年的67.5%形成对比（依据美国量刑委员会网址上公布的数据计算，www.ussc.gov.）。美国量刑委员会记录了一个可忽略的对刑期长短的影响（尽管只是布克案决定后的头一年，更晚近的数据还没有），United States Sentencing Commission, *Final Report on the Impact of United States v. Booker on Federal Sentencing*, ch. 4 (Mar. 2006). 又请看，Michael W. McConnell, "The Booker Mess," 83 *Denver University Law Review* 665, 676 (2006). 参看，John F. Pfaff, "The Continued Vitality of Structured Sentencing Following *Blakely*: The Effectiveness of Voluntary Guidelines," 54 *UCLA Law Review* 235 (2006).

[11] 请看，例如，United States v. Hatter, 532 U. S. 557, 567 (2001), 引证了 *Federalist No. 78* (Hamilton), in *The Federalist Papers* 226, 227 (Roy P. Fairfield ed., 2d ed. 1966).

[12] Newdow v. United States Congress, 292 F. 3d 597, 612 (9th Cir. 2002).

辩论中,最高法院躲过了双方的忿怒。[13] 最高法院的极其不受欢迎的决定可能会比低层级法院的相同决定激起更快也更猛烈的报复。试想一下,创造同性恋婚姻的宪法性权利的,如果是美国联邦最高法院,而不是马萨诸塞州最高法院,情况会如何。

这就是一个线索,理解美国联邦最高法院是一个何等非同寻常的司法机构。通常的司法裁量外部约束,除舆论外,都已严重弱化了,而舆论对最高法院的影响要比对普通法院的影响更强烈。然而,那也是麻烦问题最多的法官外部约束之一。宪法本来想让立法者受制于舆论,而要求法官的是不理睬舆论。

而且还没有任何内在约束来缩小大法官在若珀尔案中的裁量权。自己无视支配性文本搞出了这么个结果,这些大法官却无须担心某人或某事(他们自己的司法良知,或许)会来为难他们。宪法第八修正案禁止"残忍且不寻常的惩罚"是块海绵。你也许会认为,如果不是宪法第八修正案的文本,那么或许该修正案的历史,可以消除这一术语的含义模糊。但这个历史会马上要了年轻的西蒙斯的命。但最高法院频繁不顾宪法的规定,其根据也有道理,即含混的规定(甚至是某些相当确定的规定)应参照当下的价值而不是18世纪的价值来解释。即使是斯格利亚大法官,我们可以回想一下,也不认为鞭挞罪犯符合今天的宪法第八修正案的标准,而在18世纪那是符合的。[14]

海绵不是约束;但在最高法院,先例也不是。在若珀尔案中,最高法院就根本不理睬"斯坦福诉肯塔基州案"(*Stanford v. Kentucky*)[15],此案曾认定对16或17岁的人(西蒙斯犯罪时是17岁)执行死刑不违反禁止残忍且不寻常惩罚的禁令。最高法院不愿推翻先前的决定,但这种不愿是出于审慎,而不是因为有法律的规定。与低层级法院不同,最高法院总是可以选择是否遵循某个先例。如果最高法院遵循了某个先例那是因为它恰好赞同它,这个先例没有独立的力量,没有比该法院碰巧赞同的某篇法律评论论文可能具有的权威性更高的"权威性"。还有,即使大法官承诺坚定不移遵循先例,因为这样他们会撰写更狭窄的司法决定并狭义

---

[13] Elk Grove Unified School District v. Newdow, 542 U. S. 1, 17-18 (2004).

[14] 请看,Ex Parte Wilson, 114 U. S. 417, 427-428 (1885).

[15] 492 U. S. 361 (1989).

解释前辈的决定，以免先前决定的死亡之手阻碍法律适应改变了的条件，但这类由先例规定后果的案件数量也许很少。

而且，符合先例也并不使一个决定在一种强健的意义上"正确"。这个先例也许错了，而最高法院还是决定遵循它。假定最高法院作出了一个决定 A，多年之后，来了一件无法区分的案件 B 要求决定（事实上，这种情况不大可能发生，因为在提出 B 案的下层级法院就会适用 A，因此最高法院就不会有机会听审 B 案。但不管这一点，尽管这是一个理由怀疑先例是否决定了最高法院的许多决定）。即使所有在任大法官都不同意 A，该法院也许还是决定重申 A——或许是为了创造这样一个印象，最高法院受规则约束而不是没有指针，或许是因为人们已经依赖并适应了 A。因此，最高法院以同样的方式决定了 B。如果后来，又来了 C 案，与 A 和 B 无法区分，如果 C 案按最高法院喜欢的方式来决定，就要同时推翻 A 和 B，那么这就成了一个更强有力的理由，以与前两案相同的方式决定 C 案。在这个漫长的先例主线中，没有什么表明 C 案决定有与制度性适当不同的"正确"。

在"宾州东南部计划生育组织诉凯西案"（*Planned Parenthood of Southeastern Pennsylvania v. Casey*）中，大法官奥康娜、肯尼迪和苏特，在一份联合司法意见中，不管假面具了，并且在多数大法官意见中得到他们赞同的那一部分，明确将恪守先例的政策基于对最高法院的政治有效性的关切："对可以言之成理地归咎于先前最高法院的错误，在数量上要有限度。如果超出了限度，先前决定中的麻烦就会被当成证据，正当的对原则的重新考察要让步给在短期内追求某些具体结果。最高法院频繁摇摆不定，它的合法性就会慢慢消失。"[16] 这些大法官的意思不大可能是，"不能言之成理地"说先前的最高法院大法官要对重大差错负责。关于这一点没什么不能言之成理；完全可能，基于一些完全言之成理的理由，而不同意最高法院创造的宪法性法律的巨大范围——包括运用宪法第十四修正案使《权利法案》（有一些小小例外）对各州也适用，而这一动作曾引发数千个司法决定。并且想一想，当年最高法院推翻了斯威夫特

---

[16] 505 U. S. 833，866（1992）.

诉泰森案（*Swift v. Tyson*）[17]后，所有作废的决定。很可能，这三位大法官的意思只是，无论最高法院对之前的具体决定看法如何，都一定要坚守其中大多数，以免公众突然察觉最高法院在毫无辩解的美国宪法文本上建立起来的宪法性法律在认识论上非常浅陋。正因为最高法院有如此多的决定很容易受质疑，因此除了非常偶尔外，一定别认错。

不管先例是否强健，就赞美先例，这就给法律带来了路径依赖：你结束于何方，在很大程度上取决于你始于何处。今天的法律如此，也许不是因为今天的需要，而是因为许多年前司法的意外任命导致了一些今天无人认同但法院出于审慎而继续让其成立的决定。凯西案中联合司法意见的作者们清楚表明，他们认为自己重申的（其实仅仅是其核心）那个著名判例，若伊诉韦德案（*Roe v. Wade*），当年决定不正确。无疑，今天最高法院的大多数都不同意在动荡的1960年代由非常自由派的最高法院提交的很多决定。一位新任命的最高法院大法官即使不喜欢该法院先前决定所依据的政策，也许口头上还是会尊重其中大多数决定。但他会狭窄地解释这些决定，以便将其影响最小化。而当他发现自己，因为他常常如此，身处开放领域，常规的法律渊源，诸如可适用的明确先例，都用完了，他就不感到受这些政策约束了。因此，如果他可以获得法院多数，法律就会转向一个新方向。最终，这些古老先例会被解释成死了，或最终被明确推翻了。

让不讨人喜欢的先例逐渐死去，这个过程被粗暴地称为"水煮青蛙"；作为例证的是最高法院2006年度"海因诉无宗教基金会案"（*Hein v. Freedom From Religion Foundation, Inc.*）[18]的相对多数意见，撰写者是最高法院的最新成员（艾利托）。如果你想煮一只青蛙，把它放在温水里，然后逐渐升温；如果一开始把青蛙放在开水里，它会跳出来，你还必须把它放回去，而这一次你要抓紧。无论哪种方式，青蛙都会死，尽管第一种过程较慢，而大法官艾利托的温水司法意见则可能预示了挑战宗教机构的纳税人诉权的最终死亡。

---

〔17〕 41 U. S.（16 Pet.）1（1842），overruled by Erie R. R. v. Tompkins, 304 U. S. 64, 71-78（1938）.

〔18〕 127 S. Ct. 2553（2007）. 这一司法意见从大法官斯格利亚那里汲取了一个强有力的反对，斯格利亚不相信这种"温水煮青蛙"处理先例的方式，情愿直接推翻先例。

我概括为政治的和战略性决策过程,听起来也许很像普通法的方法。法官们一路走来制定了普通法,但普通法决策就是立法性质的活动。它充满了反映了政治判断的政策(例如,偏向资本主义),但在一些重要方面与宪法性法律不同。普通法是一个分权的、准竞争性的造法体制,因为美国 50 个州中任何州在普通法领域都至高无上。普通法可以被立法推翻。它主要处理的是有相当程度政治共识的问题(谁反对强制执行合同或为事故受害人提供救济呢?),因此,决定一个案件不要求做出一个政治选择。并且普通法法官逐步前行,非常重视先例,不大愿意规定宽泛的一刀切的规则。由于这种种因素,普通法比宪法性法律更受规训也更可预测,更少个人性和政治性;乃至于,事实上,做"普通法的宪法性解释"[19]已成了一种矛盾修辞。

政治对最高法院的宪法性审判有强大影响,有关证据随处可见。想想,在受任大法官确认听证中强调人选的意识形态,乃至不管他有无法律能力。在确认约翰·罗伯茨为最高法院首席大法官的听证中,给他的问题中居然没有一个考察他在法律上是否敏锐。如今,要求有某种最低程度的称职(而且也确实有人对他的出色资质给予了些许尊重)。但在这一层面上,竞争者是比对手更能干的法律分析家,几乎没什么加分,有时他们得的还是负分。这就是罗伯特·鲍克的命运,他的杰出智识被用来反对他,因为那使他更危险。[20]

法官确认的激战并不只是政客的姿态,他们不懂最高法院大法官与他们的不同。想想最高法院的一个决定,在萨缪尔·艾利托取代桑德拉·戴·奥康娜不久,该决定支持了联邦的部分出生人工流产法。[21] 该决定实际推翻了"斯登伯格诉卡哈特案"(Stenberg v. Carhart)[22],数年前最高法院在该案中废除了本质上与该联邦法完全相同的一个州法。曾在斯登伯格案表示异议的大法官肯尼迪是这个新决定的多数意见作

---

[19] 这是一篇非常有名的论文的题目,请看,David A. Strauss, "Common Law Constitutional Interpretation," 63 *University of Chicago Law Review* 877 (1996).

[20] Lawrence C. Marshall, "Intellectual Feasts and Intellectual Responsibility," 84 *Northwestern University Law Review* 832, 833, 836-837 (1990).

[21] Gonzales v. Carhart, 127 S. Ct. 1610 (2007).

[22] 530 U.S. 914 (2000).

者,而很明显的是,这两个案件结果不同并不来自这两个制定法有什么细微差别,而只是更保守的艾利托取代了奥康娜(她加入了斯登伯格案5比4的多数派意见),这给了肯尼迪必须的第五票。肯尼迪努力区分斯登伯格案,但太不令人信服了,这使你不得不认为,当他在凯西案中说推翻先例会削弱最高法院时,他的意思是只有公开承认的推翻才会削弱。

或者让我们回头浏览一下50年来《哈佛法律评论》最高法院年度评论的杰出前言,并扪心自问其敦促的立场可否认为是一种尊崇意义的解释——解释作为揭示含义,与强加于人相对立——而不是立法。例如,当哈佛法学教授弗兰克·米歇尔曼(Frank Michelman)提议同等保护条款应解释为要为穷人提供最低福利收益时[23],他可能想到自己的建议是对同等保护之含义的揭示吗?他低声(sotto voce)说的是,我是一位自由派,我想看到最高法院为穷人做些什么,而最高法院可以做,只要用一点我的前言中展开的同等保护修辞,就不会被人嘲笑得太厉害。但如果你不是福利国家自由派,米歇尔曼的论证——其实是他的信仰——就歇气了,即使你会佩服这个很有说服力的论证——还真从同等保护条款中发现了福利权。找不到这样的论证。

在若珀尔案中,最高法院并非在解释一个指导性文本,或恪守一个令人信服的对美国宪法的历史理解,或运用遵循先例的或普通法审判的非政治原则。它做的事就是要求立法机关允许对17岁谋杀者执行死刑时所做的事:做出一个政治性判断。最高法院的大多数宪法性决定都是如此,即使现代最轰动的宪法决定,"布朗诉教育委员会案"(*Brown v. Board of Education*)[24],也非例外。基于法条主义的立场,布朗案本可以没有丝毫牵强的、通过解释同等保护条款和尊重"普莱西诉弗格森案"(*Plessy v. Ferguson*)[25]而决定赞同该校董事会,因为普莱西决定在布

---

[23] Frank I. Michelman, "The Supreme Court, 1968 Term: Foreword: On Protecting the Poor through the Fourteenth Amendment," 83 *Harvard Law Review* 7 (1969). 关于宪法性法律文献的政治性支撑,请看,Barry Friedman, "The Cycles of Constitutional Theory," *Law and Contemporary Problems*, Summer 2004, pp. 149, 151-157.

[24] 347 U. S. 483 (1954).

[25] 163 U. S. 537 (1896).

朗案半个世纪前支持了"隔离但平等",南方各州依据普莱西决定已形成了他们的公立学校体制。[26] 布朗案的"正确"(rightness)与法条主义分析完全无关,接受它,也许主要因为追随此案而来的马丁·路德·金领导的民权革命。

布朗案决定未言明的立场是,最高法院不认同地承认,美国南方的公用设施隔离旨在保持美国黑人的受奴役状态,隔离但不平等,被迫隔离标记了他们是劣等种族("狗与黑人不得入内")。这一体制与美国理念相悖,是没有理由的残酷,在与国际共产主义的冲突中让美国很丢脸。这个体制还基于一些并不准确的信念,有关黑人的能力,而要显示一项政策的根据是事实错误的,这是一种特别强有力的——因其客观——批评。这也是为什么老于世故的现代宗教会避免提出可以经验证伪的主张,比方说,向活火山口扔只山羊就会下雨等。

针对布朗案决定,人们可以论辩说,第一,如果最高法院不是禁止公立学校隔离,而是坚持要求实行种族隔离的各州在每个黑人学生身上花的钱要与每个白人学生相同,保持并行公立学校体制的费用也许比最高法院的实际决定迫使它们更快整合,后一决定几十年后还没有得到完全贯彻。[27] 第二,若是以其希望的方式来决定布朗案,最高法院就不得不推翻一个长期确立的决定,实行种族隔离的各州曾严重依赖该决定塑造了他们的诸多建制,教育的以及其他,并且推翻还面临证据问题,即同等保护条款的创制者和批准者当年都只意图保护黑人获得不少于白人获得

---

[26] 赫伯特·韦切斯勒就非常著名地怀疑布朗案决定是否正确。Herbert Wechsler, "Toward Neutral Principles of Constitutional Law," 73 *Harvard Law Review* 1, 31-34 (1959)。勒尼德·汉德则认为这一决定错了。Hand, *The Bill of Rights* 54-55 (1958)。

[27] 在 1951-1952 年间,在南方白人公立学校每个小学生平均花费 132.38 美元,相比之下黑人公立学校是 90.20 美元。Truman M. Pierce et al., *White and Negro Schools in the South: An Analysis of Biracial Education* 165 (1955) (tab. 29)。又请看,Robert A. Margo, *Race and Schooling in the South 1880-1950: An Economic History* 24-26 (1990)。瑟古德·马歇尔(Thurgood Marshall,美国最高法院大法官,布朗案中代表黑人的出庭律师。——译者)"希望黑人儿童有权上白人学校,并以此作为一个启动点,克服管理这些学校的种族隔离主义者带偏见的财政支出格局。"Juan Williams, "Don't Mourn Brown v. Board of Education," *New York Times*, June 29, 2007, p. A29.

的标准治安保护,因此黑人不会成为字面含义上的法律之外的人。[28] 第三,出于斯文,最高法院还不愿直截了当地说种族隔离就是种族主义,而是不令人信服地引证了有关隔离教育的心理后果的社会科学证据。但这第二和第三个批评恰恰指出了布朗案是政治性决定,而这份司法意见是份政治性文件。这是个政治上坚实的决定,也是一份政治上坚实的司法意见,很明显这就足够好了,因为如今已经不再有负责任的最高法院批评者质疑布朗案决定坚实与否了。

布朗案取得了很高的地位,乃至在新近一个削减公立学校积极补偿行动的决定中,最高法院大法官的相对多数意见暗示说(相对多数意见中有位大法官托马斯则直白地说),布朗案认定美国宪法是"无关肤色的";也就是说,美国宪法同样禁止区别对待黑人和其他少数群体,无论是对他们有利还是不利。[29] 不论对同等保护的这种"无关肤色"解释有何利弊,但要把这一点归结到布朗案,都是不真诚的(而且就像我在第九章中提出的,也不实用主义)。布朗案的大法官想的不是积极补偿行动,而是黑人在当时南方(以及某些南北交界处)各州通行的种族隔离制度下的悲惨境遇。在这一新近判例中布朗案只是做了遮羞布。

正是在这个非同寻常的宪法性案件中,每个人都同意放弃法条主义的反对论点,看到这确实是个基于诸多政治立场的决定,但这些政治立场都很好,要求再高就有点迂腐了。就此看来,普莱西诉弗格森案与另一被推翻的决定,"洛克纳诉纽约案"(*Lochner v. New York*)[30]是不同的。尽管有不少令人尊敬的法律学者认为,洛克纳案中废除的最长工作时间

---

[28] David P. Currie, *The Constitution in the Supreme Court: The First Hundred Years, 1789-1888* 348-349 and n. 143 (1985). 下一章对这些观点会有更多讨论。

[29] Parents Involved in Community Schools v. Seattle School District No. 1, 127 S. Ct. 2738 (2007). 对这些司法意见的深入批评,请看,Stuart Taylor, Jr., "Is There a Middle Ground on Race?" *National Journal*, July 9, 2007, http://nationaljournal.com/taylor.htm (visited July 13, 2007).

[30] 198 U.S. 45 (1905).

法是糟糕的制定法,理所当然应废除[31],却没有人想复辟种族隔离。通常,像对洛克纳案一样,某个著名的(或臭名昭著的)宪法性决定政治上是否可欲,人们会一直意见分歧,而正是这个分歧导致无法形成该决定正确与否的共识。

尽管布朗案是个经典的立法性决定,却有一些判例,大法官投票赞同的结果并非如果他们是立法者并且选民允许他们自由选择时他们会支持的结果。2004 年度最高法院的例子就是"佛罗里达州诉尼克松案" (*Florida v. Nixon*)[32]以及(不那么确定的)"伊利诺伊州诉卡巴勒斯案"(*Illinois v. Caballes*)[33]。在前一案中,大法官金斯伯格撰写了法院的判决意见,恢复了某州最高法院基于诸多联邦宪法立场推翻的一个死刑判决;在后一案中,大法官斯蒂文斯撰写了法院意见,认定在合法的停车检查期间进行警犬嗅闻并非一个搜查,因为这只会发现有某种非法物品而不会暴露任何其他,因此未侵入合法的私隐利益。

大法官偶尔地,有时还真的,发表一些声明,说他们投票赞同的某个具体结果不是他们作为立法者会投票赞成的。大法官斯格利亚说,他投票认定焚烧美国国旗是政治表达,是宪法特权[34],这与他的立法偏好是抵牾的;[35]我相信他说的是真话。大法官托马斯说他不会投票赞同将同性恋肛交定罪的法律,即使他投票反对废除这种法律的司法决定;[36]我

---

[31] 请看,例如,Randy E. Barnett, *Restoring the Lost Constitution*: *The Presumption of Liberty* 211-218, 222-223 (2004); Richard A. Epstein, *Takings*: *Private Property and the Power of Eminent Domain* 128-129, 279-282 (1985); Bernard H. Siegan, "Protecting Economic Liberties," 6 *Chapman Law Review* 43, 91-96, 100-101 (2003);以及一些参考文献引证,见于,David E. Bernstein, "Lochner Era Revisionism, Revised: *Lochner* and the Origins of Fundamental Rights Constitutionalism," 92 *Georgetown Law Journal* 1, 6 nn. 16, 18 (2003).

[32] 543 U.S. 175 (2004).

[33] 543 U.S. 405 (2005).

[34] United States v. Eichman, 496 U.S. 310 (1990); Texas v. Johnson, 491 U.S. 397 (1989).

[35] 请看,例如,Frank Sikora, "Justice Scalia: Constitution Allows 'Really Stupid' Things," *Birmingham News*, Apr. 14, 1999, p. 3D; Margaret Talbot, "Supreme Confidence: The Jurisprudence of Justice Antonin Scalia," *New Yorker*, Mar. 28, 2005, pp. 40, 42-43.

[36] Lawrence v. Texas, 539 U.S. 558, 605 (2003) (dissenting opinion).

也相信。但这种个人立场与司法立场的分离通常关涉的是相当琐细的争议，在这里司法立场也许支持了该大法官的一个更重要，尽管不必然是更少个人性的议程。除了老兵外，不会有人可能因焚烧国旗而激动起来（并且很肯定，在决定焚烧国旗案时，最高法院中的三位退伍军人，尽管政治观点不同，全都表示反对；大法官奥康娜同他们站在了一起）。不仅焚烧国旗很罕见，而且没什么后果，如果不受惩罚，这种事可能会更罕见，因为这时焚烧国旗者没风险了，并且由于他的行动对他自己都毫无费用，就不能向他人传递深刻的信念，因而失去了其象征性和劝告性意义。（如果没有基督教烈士，基督教今天又何以存在？）并且只有某些对同性恋不安的人才会悲叹禁止肛交法的消逝，因为等到最高法院宣布这些法律违宪时，大多数州都已基于州法立场撤销了或在司法上废除了这些法律，其他州也几乎不再执行了，尽管那些极度敌视同性恋的人也许会因象征性表达而珍视这些法律。对于大法官斯格利亚来说，重要的事是推动一种宪法进路，如果采纳了，就会导致最终推翻若伊诉韦德案以及其他他深刻不同意的决定。对大法官托马斯（对斯格利亚也如此）来说，重要的事是反对大法官肯尼迪在诸多同性恋权利案中展示的那种"活宪法"修辞[37]，这种修辞邀请"进步的"法律人让宪法性法律符合他们的个人偏好。实际上，大法官斯格利亚和托马斯都用较小的偏好换得了更大的偏好。

但对斯格利亚在焚烧国旗案中的投票，这还不是令人满意的解说。在美国宪法文本中，在18世纪对言论自由的理解中，都没什么支持这样的命题，即禁止焚烧国旗就损害了言论自由。宪法第一修正案禁止国会颁布法律损害"言论自由"。但这一术语并未界定，也不能作字面理解，因为那会使最高法院曾认定不受宪法特权保护的行为获得宪法特权的保护，例如文字诽谤、口头诽谤、征集犯罪、出卖军事机密、电视黄金时段播放下流作品、儿童色情、虚假广告、公布窃得的商业秘密、侵犯版权、公共雇员在就业范围内的言论以及在拥挤的影院谎称"失火了"等。从字面意义看，焚烧国旗甚至不是"言论"。因此，不会冒犯文本主义者或原旨主义者，最高法院本可以判定，就像暗杀某人的政治对手，或为了推动裸体主义而街头裸游一样，焚烧国旗不是"言论"，尽管那也可能是高度

---

[37] 请看，例如，同上注，页579（"由于美国宪法的持久，因此每一代人都可以诉诸宪法原则来自我追求更大的自由"）。

表达性的。

因此,大法官斯格利亚也许并非真的是文本主义者,或原旨主义者。或许可以认为文本主义/原旨主义都是一种更宽泛的法条主义概念的组成部分,想为先例原则腾出一块场地。这会是一个很不容易的联盟,因为宪法性法律的大多数经纬都是非原旨主义的先例。不管怎样说,都无法用恪守先例来解说斯格利亚在焚烧国旗案中的投票。正如持异议的大法官解说的,这里没有判决的先例。先前有一个宪法教义,在宪法第一修正案的文本中根基薄弱,大致是,任何公开的表达性活动都有特权,除非它造成了重大伤害。这个教义很不明确;并且斯格利亚更喜欢规则,而不是标准,这种偏好在法条主义者中很常见,如同我们所知道的,因为这扩大了法条主义决策的领域。但这不是一种可以用法条主义技巧推演出来的偏好,所有这些技巧在焚烧国旗案中都倒向了持异议的大法官。

布克案把联邦量刑指南的地位从强制性降到了建议性;斯格利亚在此案的投票看起来也许比他在国旗焚烧案中的投票更与他的立法偏好尖锐对立。然而,无论是布克案还是斯格利亚喜欢的那种形式(这不会要求哪怕是有限恪守量刑指南,尽管大法官布雷尔的多数意见要求如此)都有可能降低刑事量刑的平均严厉程度(我们先前看到它显然没产生这种结果)。量刑指南缩小了法官相互间的量刑差别,但是这种缩小并没有令一般被告的状况恶化(除非他是风险偏好者)。在实行强制性量刑指南期间,联邦量刑的平均严厉程度没有上升。[38] 但这是因为量刑委员会在挑选具体量刑时作了选择,不是因为量刑指南要求量刑必须基于司法的事实发现,有别于往日基于司法者的意志(whim)。不管怎么说,国会对如何严厉惩罚联邦犯罪最后说了算,并且斯格利亚也不拒绝允许法官在国会确定的最低刑和最高刑之间选择刑期的量刑方案。也许可以预期像斯格利亚大法官这样的"法治"迷会反对增加量刑法官的裁量权,但一些打包的裁量权——例如量刑和陪审团审判——很少令那些偏爱规则胜过标准的法官不安。

在争议决定中,投赞同票的大法官说自己的投票并非"情愿",这种

---

[38] United States Sentencing Commission, *Fifteen Years of Guidelines Sentencing: An Assessment of How Well the Federal Criminal Justice System Is Achieving the Goals of Sentencing Reform* 42-43 and fig. 2.2 (2004).

说法不足以回应批评。人们的"情愿"多种多样,常常相互冲突,他们在做决定时一定会权衡利弊,这就是第一章讨论的布坎南诉瓦利案的教训。某位大法官也许情愿惩罚焚烧国旗,但更情愿诸如言论自由这样的宪法标准被塑造成规则,只有很少的例外。大法官斯格利亚肯定不赞同给侵权原告过量的惩罚性赔偿金,但他更不赞同他的同事用实质性正当程序概念对惩罚性赔偿金施加宪法限制。[39] 这种教义信念同渴望某个具体结果一样,是个人性的、政治的;它们都不是服从宪法文本或其他常规法律指南渊源(尽管法官也许认为它们都是)之要求的结果,因为在我讨论的这些案件中,都没有这样的要求。常规的"左"、"右"意识形态并非最高法院大法官认为唯一重要的事。但其他在他们看来重要的不一定是职业性法律规范,特别不是那些无法用来指导决策的职业性法律规范,因为要运用这些规范就要求有清楚的宪法文本或有约束力的先例——而请记住,最高法院从不受先例约束。

更重要的是,有时,看似违背自己偏好的行为涉及的也许是一个算计,即表面讲"原则"在修辞和政治上都很有效。它能蒙人。因此,当恪守原则对法官的实质性目标损耗很小时,就值得恪守原则。

我不想把大法官描绘成玩世不恭的人,清醒地进行我说的这种交换。我认为他们都接受法律约束法官的常规理解,也相信自己遵守了这种理解。否则的话,他们会很不惬意,他们会感到认知不谐。大多数工作者都相信自己工作表现挺符合雇主的预期;但许多人都错了。

在最高法院工作的(以及在其他低层级法院工作的)法官助理的作用扩大已经造成了司法者惬意程度的自然增加。最高法院的法官助理要比先前数量更多,经验更丰富(因为如今他们来最高法院之前至少有一年低层级法院助理的经验)。[40] 平均说来他们也都多少更能干了,因为法

---

[39] 请看,TXO Production Corp. v. Alliance Resources Corp., 509 U. S. 443, 470 (1993) (Scalia, J., concurring); BMW of North America Inc. v. Gore, 517 U. S. 559, 598 (1996) (Scalia, J., dissenting); State Farm Mutual Automobile Ins. Co. v. Campbell, 538 U. S. 408, 429 (2003) (Scalia, J., dissenting).

[40] 请看,Todd C. Peppers, *Courtiers of the Marble Palace*: *The Rise and Influence of the Supreme Court Law Clerk* (2006); Artemus Ward and David L. Weiden, *Sorcerers' Apprentices*: *100 Years of Law Clerks at the United States Supreme Court* (2006).

学院比先前吸引了平均起来更高质量的申请人[41],可能由于精英律师收入的天文数字。对于真正高技能的法律分析者来说,几乎没有什么法律后果不能用某种职业性装饰涵盖。因此一位最高法院大法官,无论他在某具体案件的立场看来多么成问题,都无需提笔或触动计算机键盘,只要招来他的助理,就可以保证以足够的职业性装饰为他希望坚持的立场辩护,让批评者无从下手。法官助理不会告诉他的大法官说"这写不出来"——那是作者有自律效果的标志。那等于承认自己能力不足。因此,"将起草司法意见的职能委托给法官助理也许增加了大法官完全基于自己的政策偏好决定案件的倾向。"[42]这一职能越是委托了(因为有更多和更好的法官助理),就可以预期这种倾向的支配力越大。

确实,有些宪法性案件可以用常规的法条主义技能来决定,只要把事实同宪法文本放在一起就行了。但这些案件一般都是虚构的而不是真实的。如果国会通过一个法律,要求所有书籍提交总统审查委员会审查通过,其中有对任何联邦官员的任何批评都将扣压,判决这一制定法违宪不会要求大法官作政治性判断。但是明确的案件不常出现,当其出现时,也很少到达最高法院。而在法条主义意义上不明确的案件很少在政治意义上是明确的。布朗案是个例外。最高法院的许多里程碑决定都是投票不相上下,并且如果最高法院的大法官不同,即使能力不次,决定也会相反。即使一致同意的布朗案,如果当年首席大法官不是厄尔·沃伦,决定或许也会不同。[43]

如果宪法性法律充满了政治性判断,大法官就有选择,或者是衷心接受宪法性审判的政治特点,并大致以立法者投票法案的方式在案件中投票,或者是羞于当披着法袍的政客,以很高的标准要求自己投票,以宪法性根据废除另一政府部门的行动。第一种是"进取型法官"的进路("司

---

[41] William D. Henderson and Andrew P. Morriss, "Student Quality as Measured by LSAT Scores: Migration Patterns in the U. S. News Rankings Era," 81 *Indiana Law Journal* 163 (2006).

[42] David R. Stras, "The Supreme Court's Gatekeepers: The Role of Law Clerks in the Certiorari Process," 85 *Texas Law Review* 947, 961-962 (2007). 又请看,Stras, "The Incentives Approach to Judicial Retirement," 90 *Minnesota Law Review* 1417, 1422 n. 22 (2006).

[43] Michael J. Klarman, *From Jim Crow to Civil Rights: The Supreme Court and the Struggle for Racial Equality* 302 (2004).

法能动主义"),扩大了最高法院相对于政府其他部门的权威(法官喜欢称这些部门为"政治性部门",好像联邦司法部门本身不是政府的一个政治强有力的部门)。第二种是"温和派法官"的进路("司法自制"),告诉最高法院在决定废除政府其他部门的行动之前要确确实实认真考虑。

但我们一定要区分两种意义的"司法能动主义"。意义之一是我刚才使用该术语的意义,指以牺牲政府(包括联邦和州)其他部门的权力为代价来扩大司法的权力。[44] 在另一种但误导的意义上,它指的是法条主义的自欺,认为自己决定案件的技巧把很多权力,在某种程度上,回传给了选举产生的官员(不仅是立法者,而且有批准美国宪法的各州制宪会议的成员)从而最小化了司法的权力,法官被认为通过从宽的宪法解释从这些官员那里抢了这些权。这两种意义也许看起来相同,两者都努力驾驭法官。但并不相同。法条主义通过对制定法和美国宪法的字面(文本主义)或历史(原旨主义)解释来贯彻其进路。而这种解释尽管名义上回溯到选举产生的官员,但效果常常是削减了非司法部门的权力。想一想对贸易条款、宪法第一修正案言论自由条款,或是宪法第二修正案持枪权的字面解释,那会对政府保持军事秘密、惩罚教唆犯罪、州内或国内交通通讯规制以及禁止向私人销售重武器的能力产生何等影响。1787 年美国宪法想象的是一个比我们如今小得多的联邦政府,那时还可以用法条主义技能把政府切割到它在 18 世纪的规模。"被流放的美国宪法",这一学派的法条主义者认为美国宪法作为整体是严重执法不到位,而小布什政府的法条主义者则认为美国宪法第二条(总统权力)是严重执法不到位。

司法节制或自制被理解为,拒绝牺牲政府其他部门来抬高司法的能动主义,这不是法条主义理念,而是实用主义理念。霍姆斯和布兰代兹认为各州都是社会实验的实验室,这种观点既是典型实用主义的,即把实验的地位提得高于预判,也是司法节制政策的根本原理,尽管在那些基于宪法理由质疑制定法限制了实验的案件中,例如最高法院支持联邦禁止成型胎儿流产的判例,你可以认为实用主义建议了司法能动主义。

各种版本的司法节制包括了,泰耶尔的原则,制定法只有违背对宪法

---

[44] Richard A. Posner, *The Federal Courts: Challenge and Reform* 318 (1996).

文本任何合乎情理之理解之际才应废除,[45]以及霍姆斯的"不得不"[46]或"呕吐"标准——制定法只有令你呕吐之际才违宪[47]。霍姆斯说的当然不是字面意思;他的意思只是,仅仅相信这里有差错还不够,它必须让人厌恶。但这两种进路有一个区别。泰耶尔的进路是单向的,而霍姆斯的进路是双向的。泰耶尔的进路限制了——它从来不扩展——司法审查。霍姆斯的进路则允许法官在必须避免极端不正义时牵强一下宪法文本。霍姆斯的美国宪法是没有空缺的,值得注意的是,霍姆斯的宪法性司法意见中引述宪法文本是何等稀少。

他们的进路之间的差别很是说明了"格里斯沃德诉康涅狄格州案"(*Griswold v. Connecticut*)。[48] 此案决定废除了康涅狄格州的一个制定法,1965年已不合时宜而今天完全无法理解的制定法,该法禁止使用避孕用品,即使已婚夫妇也不例外。泰耶尔派人士会不赞同这一决定,因为该法之违宪并非不存在合乎情理之怀疑;事实上,你很难在有关避孕用品的判例中找到某个沾点边的宪法规定。但霍姆斯派人士也许会发现,该制定法实在太蠢了(不仅因为其神学气味,而且因为其唯一的实践后果就是,不允许生育控制诊所运转,拒绝贫穷的已婚夫妇获得除避孕套外的其他避孕用品[49]),乃至他会投票废除该法,尽管很难在宪法文本中为此投票找到根据。霍姆斯派人士对"哈梅林诉密歇根州案"(*Harmelin v. Michigan*)[50]也许会有类似的反应;在此案中最高法院拒绝撤销一个因持有少量可卡因而施加的无期徒刑。事实上,这个案件有比废除格里斯沃德案的制定法更大的宪法把柄来撤销这一量刑,即宪法第八修正案的残酷且不寻常的惩罚条款。

在这种节制的角色中,大法官仍然是政客,但是位胆小的政客。他希

---

[45]　James B. Thayer, "The Origin and Scope of the American Doctrine of Constitutional Law," 7 *Harvard Law Review* 129, 138-152 (1893).

[46]　*Holmes-Laski Letters The Correspondence of Mr. Justice Holmes and Harold J. Laski*, vol. 2, p.1124 (Mark De Wolfe Howe ed. 1953).

[47]　同上注,页888。

[48]　381 U.S. 479 (1965).

[49]　允许使用避孕套,理由是目的是防止性病传播——这当然只是其目的之一。关于这一被废除的制定法的讨论,请看,Richard A. Posner, *Sex and Reason*, 324-328 (1992).

[50]　501 U.S. 957 (1991).

望最高法院扮演一个角色,有点像权威萎缩了的英国上院,只能延迟英国下院投票通过的立法。最高法院抓着骰子不投就只能拖那么久;如果舆论是压倒性的,大法官就必须让路,就像任何政客不得不做的那样。

如果大法官承认自己的大部分宪法性决定都有个人的、主观的、政治的以及从法条主义立场上看专断的性质,那么,他们就无法用"法律要我这么做"为其权力行使作理性化辩解,也许会比现在更少咄咄逼人地破坏政治规划。但是,这种要求可能太高了,因为不可能有"如果"。要法官哪怕只是自我承认自己的角色有政治维度,也会在他们工作的正式描述与实际工作之间留下心理不安的空缺。承认自己做政治性选择还会从根本上削弱对自己坚实决定的确信,因为参照其职业背景或训练无法正当化法官的政治选择。在决定困难案件时,法官不喜欢感觉自己是在表达某种业余的个人观点。一些法官为自己的决定"痛苦不堪";大多数则不;但是这两种法官都有认定自己作出了正确决定的心理强迫(某些法官认为,就因为自己是法官了,自己的决定就一定正确,至少与其他法官的决定同样正确)。法官到提交决定时还对自己不自在,他此后也许会因此一直受折磨,怀疑自己的决定是否正确。没有谁喜欢受折磨,因此法官都不回头看,不操心自己的数千次司法投票有多大可能错了。随着时光流逝,他们变得日益自信,因为他们身后已经留下了日益增多的系列决定,不怀疑其是否坚实。至于自我折磨,我接受这种观点,大法官布莱克曼一路走来都不快乐。[51] 但是他的决定一点不比对自己司法义务态度更轻松的大法官的决定更不可预见,主张司法权时也不更少些咄咄逼人。

在最高法院,司法节制也不是今天的常规。我已经举过若珀尔案为例了;还有个例子就是已经提及的布克案。[52] 立法机关一般都为每个罪明确一个最低刑和一个最高刑,常常相差很大并因此有宽大的量刑范围,法官在此范围内对具体被告选择施加任何刑期。强制性量刑指南削减了

---

[51] Linda Greenhouse, *Becoming Justice Blackmun: Harry Blackmun's Supreme Court Journey* (2005).

[52] 请看,United States v. Booker, 543 U.S. 220, 229-234 (2005) (Justice Stevens's opinion for the Court);同上,页 244-247 (Justice Breyer's opinion for the Court)。斯蒂文斯和布雷尔各自撰写了一个多数派意见,斯蒂文斯强调该指南作为强制性量刑指南的违宪,布雷尔强调其作为建议性指南时不违宪。

法官的量刑裁量，布克案恢复了这一裁量权，尽管没有全部恢复，因为最高法院判定，法官仍然必须计算被告的指导性刑期，而在考虑了《量刑改革法》[53]中确定的各个量刑要素后，任何背离都必须合乎情理。

量刑指南要求量刑不仅要依据陪审团认定不存在合乎情理之怀疑的被告行为事实，而且要依据量刑听审时法官仅仅凭优势证据发现的事实。被告也许受控持有并有意分发两公斤可卡因，被定有罪，但如果在量刑听审时政府以优势证据说服了法官，被告曾实际持有并有意分发 200 公斤可卡因，法官对被告的量刑就必须符合适用后一种情况的指南。

然而，在没有大法官认为违宪的前量刑指南体制下，量刑程序曾更为宽松。量刑法官可以判定法定最高刑，听审中完全无需提出任何有关被告实际持有量超出陪审团认定的法定最低量的证据。

为什么应当认为量刑指南的强制性违反了专门用来保护刑事被告的宪法第六修正案呢，这令人不可思议。使量刑与基于证据的事实认定相符，这给了刑事被告比有量刑指南前更多的程序性权利，之前在确定刑期时法官可以在法定量刑范围内作任何选择。因为那时法官的裁量权更大（因此量刑变化的幅度也更大），被告的权利更少，因为请求法官行使裁量权从轻判处，这是在请求法官仁慈，而不是一个权利主张——除非是法官裁量权受到严格限制，但在前量刑指南体制中并无这个限制。

废除了量刑指南的强制性，并没有解决量刑中的程序不规范问题。如果知道某法官不同情某类违法者而被告就属于这类人，那么政府还是可以把一件干巴巴的案件套上件什么，指望法官判一个严厉刑期。并且，这位法官还是必须计算量刑指南的刑期，刑期还是可能很长因为有量刑听证阶段才首次出示的证据。尽管法官不必定要判那个刑期，但判这个刑期，会最少非议，因为与该刑期的任何背离都必须向上诉法院说清其"合乎情理"，而上诉法院会推定依据指南的刑期是合乎情理的。[54]

无论当初宪法第六修正案的这一争议是如何解决的，最高法院的这一决定都反映了大法官布雷尔的这个很有创意的妥协，根据这个妥协，尽管这一指南降到了建议性地位（换种说法，这才真正是"指南"了），却还

---

[53] 18 U.S.C. § 3553(a).
[54] Rita v. United States, 127 S. Ct. 2456 (2007).

保持着相当的震慑。量刑法官还是必须,如同我提到过的,计算量刑指南的刑期,尽管最后可以给出不同的刑期。但量刑委员会原来就允许与量刑指南的刑期有某些背离[55],因此,最高法院所做的一切,说到底,就是让这个约束更宽松一点——而这样一来地区法官要干的事也更多了。《量刑改革法》中有一个清单,列举了法官在法定限度内挑选刑期时应当考虑的诸多要素。[56] 在布克案之前,量刑法官可以使用的因素都受该制定法的严厉限定,为的是保证量刑指南的强制性。[57] 由于如今法官还是必须计算量刑指南的刑期,但还必须考虑诸多法定量刑要素,因此最高法院加重了量刑的负担,而收益在哪儿却看不清楚。不能认为强制性量刑体制与合乎情理理解的宪法第六修正案有矛盾;前者也不令人憎恶。因此,强制性量刑体制就既不是不符合泰耶尔的违宪标准,也没不符合霍姆斯的。一位节制的法官本应投票拒绝对量刑指南的违宪质疑。

还有,我注意到,有些宪法性争议可以基于既非法条主义的也非政治的(在这两个词没有争议的意义上)理由令人满意地解决。这里就有个例子,尽管是虚构的。美国宪法第一条第九款,"暂停条款",授权国会在外敌入侵或内部反叛时暂停人身保护令。在美国宪法颁布的18世纪,人身保护令保护一个人在未有司法默认拘捕的情况下不被政府拘捕的功能很有限。人身保护令使被拘者可以要求政府,必须让法官认定政府有拘捕他的法定权利。因此,如果他是被定罪的罪犯,政府必须证明的一切只是,有管辖权审理他的法院已认定他有罪。[58] 但后来,国会扩大了联邦人身保护令,今天,它成了被定罪的罪犯的手段,在用尽直接上诉手段之后,基于诸多宪法性理由,他们可以用它来挑战对自己的定罪或监禁量刑。

现在假定,尽管没有内部反叛也无外敌入侵,国会削减了甚或废除了

---

[55] 请看,例如,United States Sentencing Commission, *U. S. Sentencing Guidelines Manual* §§3B1.2, 3E1.1, 4A1.3 (2004).

[56] 18 U.S.C. §3553(a).

[57] 18 U.S.C. §3553(b).

[58] 请看,例如,Henry J. Friendly, "Is Innocence Irrelevant? Collateral Attack on Criminal Convictions," 38 *University of Chicago Law Review* 142, 170-171 (1970).

以联邦人身保护令作为定罪后的救济手段。这算违反暂停条款吗？原旨主义者会说，没有；"鲜活宪法"的爱好者则会说，是的；文本主义者（这说明了文本主义/原旨主义学派之间有裂缝）也不得不说，是的（人身保护令就是人身保护令）。但你并不需要有理论才能承认，某法官判定的"对制定法权利选择性扩展予以削减违反了暂停条款，会造成非理性的棘轮。人身保护令可以总是扩展，但一旦扩展了，非经宪法修正，就不可能回归先前不太宽松的范围了。一旦理解了这一点，就很少会有进一步的扩展，如果还有的话。"[59] 如果因此人身保护令的扩展只能通过对暂停条款的宪法性修订才能撤销，这就意味着国会可以固守制定法不让撤销，就好像是人身保护令的这一扩展已获得宪法修正案的授权。其效果会是国会权力的扩大，超出了宪法第一条为其设定的边界，并且绕过了宪法第四条关于修改宪法具体规定的程序。

还是可以挑战国会废除所有定罪后救济手段的决定。但恰当的理由是正当程序条款而不是暂停条款，后者限制的是一种更可怕的政府活动形式——完全绕过法院的行政或军事拘押。然而，尽管有政治意义，也有法条主义和实用主义的正当理由，拒绝基于暂停条款的主张却不是"政治的"，因为自由派和保守派应当都能够同意这个结果。

还有，在最高法院，这个装着政治上争论不休同时法条主义上不确定案件的大箱子，长年来一直是满满的。因此，毫不奇怪，寻求把最高法院作为政治机关的替代性理解，是过去半个世纪来《哈佛法律评论》每年出版《最高法院前言》的一件要务。最有意思的事情之一是亨利·哈特撰写的前言。[60] 它集中关注了案件总量对最高法院司法过程的影响。哈特通常被认为是法律过程学派的鼓吹者。但要说他是某种意义上的进步派改革者会更为准确，这会把他同下面这些不同人物和运动联系起来，例如马克斯·韦伯、伍德罗·威尔逊、刘易斯·布兰代兹以及罗斯福新政，并因此同大力鼓吹专家技能，同美国社会赞美行政机构是法律理性化、专业化和现代化的缩影，甚至同法律现实主义运动联系起来了。我认为，在其前言中，哈特努力说的是，只要最高法院以理想化行政机构的极度理性

---

〔59〕 LaGuerre v. Reno, 164 F.3d 1035, 1038 (7th Cir. 1998).

〔60〕 Henry M. Hart, Jr., "The Supreme Court, 1958 Term: Foreword: The Time Chart of the Justices," 73 *Harvard Law Review* 84 (1959).

方式行事,那么其决定的合法性就不是这些决定的门第(对昔日的政治协定——例如美国宪法——的坚实解释),而是作决定者的专业知识。最高法院就会是一个超级立法机构,因为它超级。但它不会是通常意义上的政治性机构,不像立法机关那样;其模特会是政治中立的公务员,受理性而不是受舆论指导。大法官杰克逊的著名断言[61]就会倒过来:最高法院最后说了算,因为它从不犯错。那么什么妨碍了最高法院呢? 哈特认为,是它没有明智地配置其时间。大法官没有花费足够时间来彻底讨论案件,因为他们奢侈地同意了许多调案复审,听审了太多无关紧要的案件。哈特的梦想就是进步运动的梦想,想通过程序来彻底清除政策中的政治。

实际是,一番痴心。离开半个世纪后,哈特的前言看起来要么是天真到几乎完全没影的程度,要么就是智识上不诚实,居然论辩说妨碍大法官实现进步运动议程的是他们未能有效率地使用时间。他看起来好像是一点都不知道法官,包括最高法院大法官,如何实际用掉(以及利用)他们时间的。"撰写司法意见[曾是]所有司法工作中最耗费时间的,也是最不容易获得法官助理有效协助的工作"[62],即使哈特撰文之际,也不是这种情况。今天,就我们所知,绝大多数司法意见,包括许多最高法院的意见,都是法官助理的捉刀。尽管在 1950 年代,哈特撰文之际,每位法官(或大法官)的助理更少一些,大法官的许多司法意见也都是助理捉刀,而哈特要么不知道,要么是装作不知道。他也许没有意识到,对大多数法官来说,撰写司法意见是份苦差,而不是娱乐,因此有了急于从法官肩上接过这份苦差的法官助理后,法官就有大量时间相互讨论案件了——如果他们想讨论的话。

一个巨大的"如果"。现实主义法学家瑟曼·阿诺德(Thurman Arnold)当时就说哈特的"时间表"(他把大法官用于各种司法工作的时间制了表,令自己满意地证明了大法官没有时间充分慎思)很傻很天真。他粗鲁地精确评估了哈特的前言——"这里没有这样的[集体思考成熟]过

---

[61] Brown v. Allen, 344 U. S. 443, 540 (1953) (concurring opinion) ("我们说了算不是因为我们不出错,我们不出错只因为我们说了算")。

[62] Hart,前注 60,页 91。

程,也从来没有过;有观点的人经过[司法]会商只是强化了观点";[63]但被哈特的院长厄文·格里斯沃德简单打发了。[64] 阿诺德文章的粗鲁口气和一目了然的政治动机使他的酷评很容易贬低。但他的中心观点是正确的。

格里斯沃德写道,"最高法院工作量惊人",大法官忙着"阅读很长的庭审记录"并"撰写反思性司法意见。"[65]这些在当年撰文时不实,今天仍然不实。大法官并不阅读案件的全部记录——案件的许多、有时则是全部记录都无关,而相关部分在下层级法院司法意见中大多已经提炼出来了。大法官把撰写司法意见的许多工作都委托了他人。司法意见也很少是"反思性的";都是支持此案决定的一些摘要。

格里斯沃德承认,在最高法院这一层,审判过程"并不仅仅是机械活"(他的意思是,不是法条主义的)。[66] 但他描述的是"有严密指导的过程。各个决定的范围都宽窄适宜。"[67]这也不真实;大法官行使着巨大裁量权,在渺无人迹的荒野来回驰骋。格里斯沃德继续以英雄般的色彩描绘着这个司法过程,极端诣媚法官,令公众神秘不解:

> 这是一个过程,它要求伟大的智识力量,一个开放、探寻和足智多谋

---

[63] "Professor Hart's Theology," 73 *Harvard Law Review* 1298, 1312 (1960). 阿诺德继续写道:

> 没法让我的智慧同哈特教授的汇聚,让我们两人的智慧"成功汇集","超越我们任何一人的智慧"。理由是,我不认为他的智慧真是智慧,而且我肯定他对我也看法相同。要把我们两人关在一间屋子里,通过我们的"集体思考""成熟"过程,直到我最终同意哈特教授的目的论,才放了我们,这对我俩都会是未经正当法律程序而被判终身监禁。

同上。阿诺德是正确的。他比哈特的优势在于曾担任过上诉法官,尽管时间很短。

[64] Erwin N. Griswold, "The Supreme Court, 1959 Term: Foreword: Of Time and Attitudes: Professor Hart and Judge Arnold," 74 *Harvard Law Review* 91 (1960).

[65] 同上,页84。

[66] 后来,格里斯沃德成为司法部副部长,他明确认为存在一个开放地带,在那里,法官的"政治和哲学前理解以及世界观会不可避免地,并且也有道理,会非常重要。"Erwin N. Griswold, *The Judicial Process* 24 (1973).

[67] Griswold, 前注64,页92。

的大脑,常常还要有勇气,特别是智识勇气,以及有超越自身的力量。甚至智识敏锐都还不够,它还要求智识的超然和淡泊无私,这是一些只有持续意识到其无从捉摸却持续努力追求才能得以亲近的罕有品质。[68]

这些特点都是可欲的,但它们都不是必备的;它们并非工作描述的组成部分。很少有大法官有"伟大的智识力量",这些力量通常也不与"一个开放、探寻"的大脑或"超越自身的力量"联手。大法官霍姆斯、布兰代兹和杰克逊都是无可争议的伟大法官,但谁会认为他们智识上是超然和淡泊无私的呢(霍姆斯在情感上是超然的),或是在"努力追求"这些品质?

和格里斯沃德一样,哈特也不承认一般的大法官有局限,而这样一来,最高法院司法意见的平庸(他是这样看的)就得有个解释了。他给的解释是,大法官听审案子太多了,实在没足够时间相互讨论,因此没能让激励思考的力量拯救他们不犯错误。他没有提到英国法院就没有慎思(请看本书第五章),尽管在他撰文的1950年代,哪怕英国人拒绝集体思考,美国法律思想家还是很崇拜英国司法。

哈特想精确确定大法官用于慎思的时间,他的努力流产了,因为他不知道(重复一遍,我不知道是真的还是装出来的)大法官的工作条件以及,更重要的是,不知道司法决策的性质。他看起来好像认为最高法院同意审理决定的典型案件都是复杂的谜团,即使非常聪明的人也需要很长时间才能解开。大多数案件都——大多数宪法性案件则肯定——不是这样的。到达司法金字塔顶端的案件,通常特点是不确定,而这与复杂性不是一回事。这就是政治与科学的差别。

至于那些确实复杂的案件,通常是无法获得的或至少还没获得数据,使这些案件如谜团一样解开,因此不可能以类似解开谜团或设计操作系统的方法来作出司法决定。例如,若珀尔诉西蒙斯案,就有一个"可能获得但没有获得"的维度——涉及一些大法官无法(或许只是不愿)处理的经验数据,这表明他们没打算成为哈特版审判的专家管理者。在此案中

---

[68] 同上,页94。

大法官无视有关死刑有震慑效果的统计学文献[69]，这些文献支持了一个常识性命题，死刑确有这样一种递增的效果。由于在这里谋杀案受害人的利益变得更清晰了，本来大法官也许会多想一会。但大法官对统计学理论和方法都不大自在，因此也就不指望这些并非结论性的统计学研究，因为有关死刑震慑效果的研究确实还不具结论性。[70] 他们担心上当。

他们对依赖统计学研究不自信也许很对。但如果如此，他们就应该始终如一。在若珀尔案中，多数大法官就不应当依据一些他们错误相信的心理学文献，这些文献说人不足18岁就无法成熟地进行道德反思。[71] 不必是社会科学家，你也能知道这种推论不可能正确。自然年龄并不同精神或情感成熟完全一致；18岁并非转折点，到了，年轻人就猛然获得了

---

〔69〕 请看，Hashem Dezhbakhsh and Paul H. Rubin, "From the 'Econometrics of Capital Punishment' to the 'Capital Punishments' of Econometrics: On the Use and Abuse of Sensitivity Analysis" (Emory University, Sept. 2007)，及其引证的研究（大多发现有震慑效果，有些发现没有）; Dezhbakhsh et al., "Does Capital Punishment Have a Deterrent Effect? New Evidence from Postmoratorium Panel Data," 5 *American Law and Economics Review* 344, 364-365 (2003); Joanna M. Shepherd, "Murders of Passion, Execution Delays, and the Deterrence of Capital Punishment," 33 *Journal of Legal Studies* 283, 305 (2004); 以及其他研究引证于 Paul Rubin, "Statistical Evidence on Capital Punishment and the Deterrence of Homicide: Written Testimony for the Senate Judiciary Committee on the Constitution, Civil Rights, and Property Rights," Feb. 1, 2006, http://judiciary. senate. gov/testimony. cfm? id = 1745&wit_id = 4991 (visited June 13, 2007).

〔70〕 请看，例如，John Donohue and Justin J. Wolfers, "A Reply to Rubin on the Death Penalty," *Economists' Voice*, Apr. 2006, http://bpp. wharton. upenn. edu/jwolfers/Press/Death% 20Penalty (BEPressReply). pdf (visited May 13, 2007); Craig J. Albert, "Challenging Deterrence: New Insights on Capital Punishment Derived from Panel Data," 60 *University of Pittsburgh Law Review* 321, 363 (1999); Ruth D. Peterson and William C. Bailey, "Is Capital Punishment an Effective Deterrent for Murder? An Examination of Social Science Research," in *America's Experiment with Capital Punishment: Reflections on the Past, Present and Future of the Ultimate Penal Sanction* 251, 274-277 (James R. Acker et al. eds., 2d ed. 2003).

〔71〕 Roper v. Simmons, 前注7，页568—575。

成人的道德行为能力。最高法院依据的这些研究都承认自己的发现,即 16 或 17 岁人更少可能像 18 岁人那样作出成熟判断,这些研究是统计学的发现而不是个体意义上的[72],它们并不支持将 16 和 17 岁人一律排除在成熟者行列之外。这些研究最多也就是说,要仔细考察被指控死刑谋杀的年轻人的成熟程度。最高法院认定陪审团没能力完成这样的考察——但如果真是这样,陪审团也就永远没能力决定什么时候谋杀者太坏该处死,或是还好就放他一马。

最高法院引用的那份主要研究也承认,"有决定意义的心理发展研究还没有展开,[并且]在我们还没有更好也更有决定意义的数据时,还是应当审慎,宁可失于谨慎。"[73] 谨慎也许完全可以被认为是主张——就像这一被引研究的作者认为的那样——不要支持认定对 16 和 17 岁人执行死刑违法,而是支持把判断留给各州,但对于认为死刑太于心不忍的大法官来说,谨慎也许意味着,只要对死刑恰当与否有一丝怀疑就禁止死刑。

---

[72] 请看,Jeffrey Arnett, "Reckless Behavior in Adolescence: A Developmental Perspective," 12 *Developmental Review* 339, 344 (1992)("这里说的并不是所有青少年都鲁莽,只是作为群体来说,青少年更多行为鲁莽")。阿内特没有区分年龄在 18 岁以下和以上的人;事实上,他界定青少年为"从发育期一直延伸到 20 出头。"同上,页 340。他也没有直接讨论谋杀或其他严重犯罪。一项最高法院没有引证但两位学者引证的研究,Laurence Steinberg and Elizabeth S. Scott in "Less Guilty by Reason of Adolescence: Developmental Immaturity, Diminished Responsibility, and the Juvenile Death Penalty," 58 *American Psychologist* 1009 (2003),附带讨论了"十来岁的人",但和阿内特一样,却按年龄对他们作了分类。请看,Baruch Fischhoff, "Risk Taking: A Developmental Perspective," in *Risk-Taking Behavior* 133, 142, 148 (J. Frank Yates ed. 1992)。

[73] Steinberg and Scott, 前注 72, 页 1017。又请看,同上,页 1012-1014。这一研究的共同作者之一是法学教授伊丽莎白·斯科特,此文是一篇呼吁性论文。该文的最后一句话是:"美国应加入世界多数国家行列,禁止对不足 18 岁的犯罪个体执行死刑。"同上,页 1017。除阿内特和斯坦伯格/斯科特论文外,最高法院引证的唯一"研究"完全不是个研究,而是一本陈旧的、玄想性的著作,Erik H. Erikson, *Identity: Youth and Crisis* (1968)。最高法院没有引证任何结论认为未成年人"在有关风险行为的决策能力方面也许同成人一样"的研究。Lita Furby and Ruth Beyth-Marom, "Risk Taking in Adolescence: A Decision-Making Perspective," 12 *Developmental Review* 1, 36 (1992)。其他有关小心谨慎的短文,请看,Fischhoff, 前注 72, 页 148、152、157。

除非是这些大法官对社会科学很天真(然而,他们也许就是如此),这些研究就不应出现在决定中,这与最高法院在这一决定中的主张完全不同。

这幅图画是,最高法院大法官细心研究了深奥难懂的学术论文然后作出了决定;但这幅图画不现实。这个最高法院审判的专家管理者模型错误理解了法官是如何得出结论的。有经验的上诉法官会阅读某案诉讼摘要,同自己的法官助理讨论案件,听取口头辩论,或许在这儿在那儿深入研究记录,也许还会读些二手文献,会商中与其他法官简单交流此案,并且用基于经验、气质以及其他个人因素的先见把从这些渊源中获得的信息和洞见都过滤一遍,最后他们打定主意。这不是一个持久的过程,除非这位法官打不定主意,但这是一种心理特质而不表明他有良知。

因此,情况就不可能是,如果更少决定案件,因此每个案件上花费时间更多些,大法官工作就能做得更好一些。但我们无需停留于猜想。有一个自然实验的结果。如今大法官确实决定案件更少了,因此有了更多时间讨论每个案件——如果他们希望如此的话。尽管自1958年以来,收费调案复审诉求的数量翻了一番(不付费的——贫民上诉(in forma pauperis)——诉求大多是鸡毛蒜皮并轻易打发了),法官助理人数也翻番了,还采用了一种处理调案复审诉求的很有创意的"合伙"制度,大法官可以把大多数案件筛选职能都委托给助理(不是每个助理为自己的大法官撰写一份调案备忘录,而是一位助理为这个合伙中的所有八位大法官撰写一份调案备忘录[74])。最重要的是,最高法院决定的案件越来越少,如今每年只就大约70个案件发表司法意见,而在1958年是129件。2006年度,只决定了68个案件。

司法决定的数量并非法院工作量的唯一测度。案件可能变得更棘手了,而这也许会反映为更长的司法意见或更多分别的司法意见。但是最高法院决定数量的减少并没有为分别(即,反对的和独立的)意见的增加所抵消。不仅决定的总量,而且司法意见的总量,都下降了。这些减少也没有为司法意见长度的重大增长(自1970年代早期开始)所抵消。因此,

---

[74] 斯蒂文斯大法官是拒绝合作者。

大法官的语词总产出已经随司法意见的数量一起下降了。[75]

为什么最高法院的工作量和产出都降低了，这是一个不解之谜（这一降低又碰上了大法官助理的质量数量增加，这对官僚化的产出影响是个令人不安的按语）。确实，最高法院的强制管辖，已被国会削减了；最高法院过去一直听审一些如果没有调卷复审诉求就不会听取的上诉，这就是为什么这种管辖被削减了。但这不是它工作量减少的主要因素，[76]因为在国会采取行动前，最高法院就已经"自己动手改写了这一制定法，把大多数上诉视同调卷复审诉求，只接受裁量性复审。"[77]不管怎么说，最高法院因强制管辖削减获得的任何宽松，也许又会被填满，只要它接受更多的、当年最高法院因强制管辖所累没时间复审的重要案件。

最高法院没这样做。一个理由也许是，下层级法院更少偏离最高法院的指示了——或许因为最高法院特别喜欢定规则，明确用以指导下层级法院，或因为数量更多经验更丰富的助理、计算机化搜寻以及更细致筛选下层级法官候选人导致了下层级法院的职业主义增长。而在此，我们也许从更为严格的参议院审查的乌云中看到一道银边，而自1980年代早期里根总统用任命来努力改变上诉法院的意识形态轮廓以来，所有受任联邦上诉法院的候选人都要经受这种审查。这种审查在动机和特性上都主要是政治的，并趋于把在政治钟形曲线分布图两端的候选人排除出去。因此上诉法院要比以往更靠中间一些了，而它们越是靠中间，因它们造成的各巡回区之间的并要求最高法院出面解决的冲突也就越少了，要由最高法院驾驭的狂野背离也越少了。

最高法院的产出减少为哈特的工作量假说提供了一个检验——结果是不支持这一假说。没有证据表明自1980年代以来大法官工作量的急剧减少导致了更好的司法决定。这些决定也许更好了，或因为大法官的

---

[75] 关于统计数据和来源，请看，Richard A. Posner, "The Supreme Court, 2004 Term: Foreword: A Political Court," 119 *Harvard Law Review* 31, 35-39 (2005).

[76] Margaret Meriwether Cordray and Richard Cordray, "The Supreme Court's Plenary Docket," 58 *Washington and Lee Law Review* 737, 751-758 (2001); Arthur D. Hellman, "The Shrunken Docket of the Rehnquist Court," 1996 *Supreme Court Review* 403, 410-412.

[77] Erwin N. Griswold, "Rationing Justice—The Supreme Court's Caseload and What the Court Does Not Do," 60 *Cornell Law Review* 335, 346 (1975).

平均质量增加了,或是因为其助理的数量质量增加了——司法意见一般说来比往昔更精美了,外观上也更"职业了"——却不是因为大法官会商更多了。从所有的报道来看,他们会商更少了,因为首席大法官冉奎斯特主持会商要比他的前任沃伦·伯格更干脆(据报道,首席大法官罗伯茨要比冉奎斯特更少耐心)。在这里,努力的回报是递减的。即使在哈特时代,可能就可以得出这一点,即各案上更深的司法努力不会产生相应的收益。

哈特的信徒也许会回应说,哈特的全部意思只是说,如果大法官更多慎思,他们就会产出更好的司法意见,而不是说,如果他们有时间,他们就会更多慎思。但这并非哈特的前言的要点。其要点是,只要大法官停止对琐碎案件的调卷复审(诸如依据《联邦雇主责任法》发生的案件,这类案件中唯一的问题就是原告有无足够证据证明被告过失导致了某个伤害),大法官就会更多慎思。哈特看来认定的是,不缺少意愿,缺少的是时间。

这是错的。但哈特更有意思的差错在于,他认为,只要大法官更细致地摊开分歧,司法决策质量就会急速完善。哈特不仅对宪法性争论的特点,而且对推理的性质,都很糊涂。这一点在下面这段著名的华美文字中就很明显,他说:

> 从长期来看,注定最高法院的不仅是英美法惊心动魄的传统,而且是因为它在美国制度结构中作为一种理性之声的位置,它承担了重新区分以及阐明和发展宪法性法律的非个人和持久原则的创造性职能。[78]

在日常用法上,"理性之声"指的是对某一情境的合乎情理的回应——平静、公道、审慎、可行——而不是为"原则"承诺驱动的回应。用一种更技术化的语汇说,我们也许可以说解决问题——即从一些共同前提开始推理——就是"工具理性"。看来哈特想过,只要大法官愿意花时间说清他们的分歧,那么上面各种意义上中的任何一种"理性"(他心里也许没有这些区分)都会带来宪法性教义的聚合。

哈特的上诉过程模式是学界很自然想到的研讨班模式。哈特说大法

---

[78] Hart,前注60,页99。

官没花足够时间讨论,让人听到了大法官弗兰克福特以及更早间大法官布兰代兹的类似抱怨[79],这并不意外。这三位都是善长言辞的卓越智识者;有两位还是杰出的教授。对这些卓越者来说,居然说服不了智识不如自己的人,这太郁闷了,自然的反应就是花更多时间来说服,因为他们知道自己能够驳倒那些不太擅长言辞的同事。他们是智识者并因此会夸大论证辩驳的力量,但他们也许不知道,当论辩者没有共同前提时,论辩是没有结果的,以及——两者其实是关联的——人们并不仅因为自己不如嘲笑者机智就放弃自己深厚的信念(罗伯特·鲍克的杰出智识并没有让他的对手缴械投降)。这种情况下,论辩的主要后果就是,就像瑟曼·阿诺德提到并为群体行为心理学文献确认的[80],论战双方相距更远,或至少让他们更站稳自己的脚跟。

决定一个事项时,当前提共享,工具推理就可能引出令所有参与者和观察者都信服的结论;并且集体慎思也许会有助促成从共同前提演绎出结论。经验验证保证了这个过程的诚实:新设计的飞机究竟能不能飞。但在大多数宪法性争执中,争议者并没依据共同前提来辩论。你认为公共安全比被控犯罪的人的权利更重要;他认为相反。你从犯罪的潜在受害人的眼中看警方的行动,而他则是从被错误指控者的眼中看。你担心的是各种微妙的性骚扰;而他(都是男性)则担心被错误指控性骚扰。你认为积极补偿行动是赤裸裸的歧视;而他认为这是社会正义和政治必要。你认为在公共生活中放逐宗教是渎神和道德贬损;而他担心,若政府同宗教不清不白,宗教就会渗透并颠覆政府,把美国变成一个神权国家;而我担心宗教同政府扯不清,不论多么轻微,都会伤害宗教。你从不幸的胎儿立场看人工流产,他则从不能终止意外怀孕的女性的立场看。你珍视各州是社会实验的实验室;他则认为州政府作为地方和当地政府比村霸好不到哪儿去。你主张泰耶尔的司法审查观;他则坚持大法官布冉南的。大法官要么是看轻了这些也许会缩小这类分裂的社会科学研究,要么是,

---

[79] Dennis J. Hutchinson, "Felix Frankfurter and the Business of the Supreme Court, O. T. 1946-O. T. 1961," 1980 *Supreme Court Review* 143 (1980).

[80] 请看,例如,Cass R. Sunstein, "Deliberative Trouble? Why Groups Go to Extremes," 110 *Yale Law Journal* 71 (2000); Daniel J. Isenberg, "Group Polarization: A Critical Review and Meta-Analysis," 50 *Journal of Personality and Social Psychology* 1141 (1986).

就像我们在若珀尔案看到的,有偏见地使用了这类研究。

最高法院大法官对待慎思态度如何呢?可以看看首席大法官冉奎斯特。那是2004年秋他病重时,他决定在身体状况好转前,只参与决定那些他将是关键票的案件。这就说明了最高法院审理是一种投票模式,而不是一种慎思模式。在慎思模式中,最高法院全体成员参与每个案件都很重要,不仅因为在慎思模式中大法官被假定是准备接受说服的,而且因为在哪怕是意见一致的决定中每位大法官都能尽其最佳努力为司法意见的定形做出贡献。在投票模式中,如果某人的票不是决定性的,那么参与就不重要。

冉奎斯特的行为与其性格一致。他曾撰文说明在最高法院慎思过程的性质,与哈特想象的(或他声称自己想象的)形式差距巨大:

> 当我第一次来到最高法院时,我既感到吃惊也感到失望,在案件的会商过程中,大法官之间互动太少了。每个人都说说自己的观点,资历浅的大法官可能会表示同意或不同意先前讨论中比他资深的某位大法官的观点,但谈不上是对话;资浅大法官的观点几乎没人评论,因为此前就已经按照资历依次投完票了。在我之前,可能大多数资浅的大法官一定都有我的感觉,他们都曾有某些非常重要的话要说,但都很失望自己看上去几乎无法影响任何人,因为人们并不因他们——这些资浅的大法官——持相反观点而改变他们的投票。当时,我感到,在每个人都表达了自己的观点后,我们就相关问题更多圆桌讨论,会是好事。如今,我在这里会商几乎30年了,在资历上也从末位升到了第一,我才意识到——从未有过的明确——作为资浅大法官,我的思想,尽管抽象看挺好,可能对实际不会有多少贡献,而且不管怎么说,也都为资深大法官自然恪守的这个论资排辈的体制注定了。
>
> ……如果当年真有这样的前景,延长讨论会导致最高法院某位或几位成员的立场发生关键性改变,那会是支持这种类型讨论——哪怕很耗费时间——的强大理由。但我在最高法院的这些年已经让我信服,就论辩的案件会商讨论,真正目的并不是要以热烈的主张说服你的同事改变观点,而是,相反,通过听取每位大法官表达自己的观点,从中确认最高法院的多数观点。这并不是说会商中思想一成不变;肯定会变。但这在更大程度上是个例外,不是规则,而且如果

你想过这个问题,就不应当为此吃惊。[81]

他的描述与传统的不予慎思的英国司法决策模式令人可怕的接近。

尽管其前言有所有这些不足,亨利·哈特说大法官的制度"环境"(surround)也许会约束(更是非约束,如同我一直强调的)他们的司法表现,这是正确的。即使最高法院在大多数宪法性案件中,真的就是一个立法机关,但大法官的挑选方法,他们就业的期限和条件,由此而来的大法官的质量和态度,以及他们在立法中使用的方法,都不同于对应的立法者的方法和境况。这些差别也许足够重大,乃至其产品即使在某种意义上是立法性的,也与正式立法机关的典型产品非常不同——有更多的纪律约束、非个人性、推理、非党派性——乃至这些产品是"类似法律的"(lawlike),与尽管也是立法性质的而不是解释性质的普通法的类似法律意义相同。也许在考虑了最高法院作为制度的所有这些特点之后,特别是大法官在说理的司法意见(尽管基本都是由乳臭未干的法官助理起草的辩论型产品,却还是反映了一定程度的慎思以及信守了最低程度的融贯性,而这是立法机关不要求的)中努力正当化他们的决定,那么正确的结论就是大法官的立法性裁量权行使其实还是相当局促的。也许哈特的错误只是过窄地集中关注了案件数量对司法行为的影响。

当然,态度学派的诸多发现,会同本书考察过的其他证据,指向了不同的结论。然而,不应让态度学派的那些发现模糊了最高法院与(其他)立法者的一个主要区别,这个区别来自这样一个事实,即立法者是选举出来的,任期很短且固定,而大法官是任命的且终身任职,也还来自于对政客和法官的角色预期不同。由于这些差别,结果之一就是,大法官不像选举产生的官员那样有党派性,也即,更少在情感和智识上与某个具体政党绑在一起。民主党人和共和党人大法官总是比选举产生的官职对应者更不像民主党人和共和党人,常常令任命大法官的总统懊悔。终身任职的位置,这种任命把联邦法官从党派承诺中解放出来了。

与意识形态中立不一样,非党派性是可以达到的理想;事实上,这几乎是大法官无需助选、祈求政客或是祈求任何其他人而自动发生的后果。但"非党派性"不等于"非政治性"。一个人可以是前者但不是后者,甚至可以是后者但不是前者,因为有些人对某个政党的认同与某种政治偏好

---

[81] William H. Rehnquist, *The Supreme Court* 254-255, 258 (2001).

无关联，是家庭传统或个人友谊问题而不是政治确信问题。还有，在两党体制下，由于政党都是联盟，由此导致缺乏智识的融贯性，因此最高法院大法官有动机和机会为自己打造一个融贯的、独立于党派的政治身份。他们还是政治的，但他们要比"官方的"政客更为超然，思考更为全面。因此，也许——这是许多宪法学者还有部分大法官的隐含观点——大法官是比国会和各州立法机关成员更好的立法者，而且如果制度环境能变得更有利于慎思的话，他们还会更好（在这一建议中，听到了亨利·哈特的回应）。

然而，这一建议是难以令人信服地辩解的，因为法官与官方立法者的诸多差别无法支持法官在立法上更占优势的主张。除了大法官托马斯外，目前最高法院的大法官都在特权环境中长大，并没与民众打成一片。他们是受庇护、受宠爱的中上阶层的一员，他们大多数都相当富有，选举产生的官员要比这些大法官更能代表美国公众。这些大法官还缺乏便利渠道获得许多信息，而选举产生的官员在工作进程中常规性地获得这些信息。他们的工作团队要小得多，也少了些专业化，作为法律人他们有些可能扭曲立法性判断的职业偏见和前见。藏身于自己的大理石法庭，有谄媚的工作人员关照着，无论走到哪里人们都极其恭顺，最高法院大法官的风险在于听到的都是关于他们能力和品格的赞誉。在一个规模和复杂性都巨大的民主社会中，很难给出正当理由为什么要赋予由法律贵族组成的这一委员会这种权力——不只是发现或适用法律并制作足够法律来填补他们接手时的法律空白，而且要凭空或凭着他们的勇气编造大量实际上他们独自就可以改变的法律。

最高法院作为立法机构，其重大弱点在于，它没有自己的人手掌握足够的权力杠杆来实现这些宏大设计（这当然也可以视为其优点——最高法院就是捣蛋但不是权力太大）。最高法院能够清除官方实行种族隔离教育制度的污名，但不能清除种族隔离本身。它可以为刑事被告创造新的程序性权利，这是 1960 年代最高法院的一个主要工程，但立法机关可以并且确实通过增加刑事量刑的严厉程度抵消了这些效果。也许无辜者被定罪的人更少了，但那些定了罪的人就要服更长的刑期;[82] 错误定罪者的苦难总量没有减少。最高法院要求各州立法机关上院下院都要依据人口数量来分配,改变了各州立法机关的结构,但对各州立法的内容可能没有影响。[83] 最高法院创造了人工流产的权利,但在人工流产不受欢迎的各州内,各种各样的法律的和法律之外的压力,在30多年之后,继续让许多妇女没有人工流产的渠道。[84]

哈特理解的最高法院是技术官僚的,而与之相对的另一极端观点是最高法院是道德先锋。在讨论把最高法院作政治性法院理解的各种替代性理解中,评价这种道德先锋的观点看来也许不合适;但这个观点看起来也许是最典型的政治性理解。我倾向于同意,但反对派不接受这种观点。相信自然法是实在法渊源之一或限制的人,不认为自己在把法律政治化。亚历山大·比克尔(Alexander Bickle)也不认为自己如此;哈特的前言发表两年后,比克尔在其很有影响的前言中,按照世俗摩西的角色塑造了最高法院,希望它带领美国人民走出他们的道德荒原。[85]

和哈特一样,比克尔也很关心"原则"。他俩使用"原则"这个术语的

----

〔82〕 在1960年代,联邦罪犯的平均刑期是34.4个月。这个数字1970年代上升到了40.4个月而在1994至2003年间到了59.6个月。Bureau of Justice Statistics, U.S. Department of Justice, *Sourcebook of Criminal Justice Statistics*— 2003 424-425 (1996) (tab. 5.23).

〔83〕 Stephen Ansolabehere and James M. Snyder, Jr., "Reapportionment and Party Realignment in the American States," 153 *University of Pennsylvania Law Review* 433, 434 (2004); William H. Riker, "Democracy and Representation: A Reconciliation of *Ball v. James* and *Reynolds v. Sims*," 1 *Supreme Court Economic Review* 39, 41-55 (1982). 但请看, Jeffrey R. Lax and Mathew D. McCubbins, "Courts, Congress, and Public Policy, Part II: The Impact of the Reapportionment Revolution on Congress and State Legislatures," 15 *Journal of Contemporary Legal Issues* 199 (2006).

〔84〕 2000年,34%的年龄在15至44岁的妇女生活在美国87%的没有人工流产诊所或其他人工流产提供者的县中,这个国家的276个都市地区中有86个没有人工流产提供者。Lawrence B. Finer and Stanley K. Henshaw, "Abortion Incidence and Services in the United States in 2000," 35 *Perspectives on Sexual and Reproductive Health* 6 (2003). 又请看, Guttmacher Institute, "State Policies in Brief: An Overview of Abortion Laws," Sept. 2007, http://guttmacher.org/statecenter/spibs/spib_OAL.pdf (visited Sept. 11, 2007).

〔85〕 Alexander M. Bickel, "The Supreme Court, 1960 Term: Foreword: The Passive Virtues," 75 *Harvard Law Review* 40, 77 (1961).

意思,都追随了赫伯特·韦切斯勒,[86]模仿了亚里士多德渊源的法治观念及其某些现代衍生物,比方说,法律同等保护的观念以及与之相关的立法应普遍和可预期的观念。防止法官基于不恰当理由挑拣诉讼人的方法之一就是要求,法律规则的适用是普遍的,而不是精确定位指向特定个人或群体,这就如同要求立法可预期使立法机关难以瞄准对手一样。但这并没有告诉我们这些规则的内容应当为何。阅读比克尔的前言,你会意识到他对美国的公共政策应当向何处去有确定的观点,并意识到这些观点就是他的"原则"。这些都是政治的观点,并且比克尔意识到,要把观点强加于这个国家,最高法院必须精心行动,因为其他制度机构都会反击的。对比克尔以及他的司法化身——吉多·卡拉布雷西(Guido Calabreisi)——来说,最高法院不是(那么)政治的(它是"有原则的"),但它与其他选举性制度机构处于紧张的政治竞争中。[87]

比克尔的前言中有一种居高临下的味道:最高法院有"教育功能",履行方式是"就这个或那个措施、就这个或那个妥协的必要性,与其他制度机构以及作为整体的社会进行苏格拉底式的对话"。[88] 在这种解说中,谁是苏格拉底,而谁是苏格拉底的弟子?谁是法学教授,而谁又是法学院学生?一目了然。就像在哈特的前言中一样,这里也多次崇敬地提及大法官弗兰克福特,当时最高法院中唯一的教授(比克尔曾当过弗兰克福特的法官助理)。

这种实质性方向感,我们也许可以称之为目的论程式,哈特——进步党的、技术官僚的哈特——学派没有(从来也不非常清楚哈特究竟拥抱什么实质性原则)。比克尔的工程穿上了原则的外衣,但这层外衣是朦胧的。他希望最高法院的光芒让美国更加文明,但又意识到,由于权力受限,它只有政治上非常机灵才可能实现这个目标。这就要求最高法院回

---

[86] Wechsler,前注 26,页 15-20。

[87] 请看,例如,Quill v. Vacco, 80 F.3d 716, 738-742 (2d Cir. 1996) (Calabresi, J., concurring), reversed, 521 U.S. 793 (1997); United States v. Then, 56 F.3d 464, 469 (2d Cir. 1995) (Calabresi, J., concurring); Guido Calabresi, "The Supreme Court, 1990 Term: Foreword: Antidiscrimination and Constitutional Accountability (What the Bork-Brennan Debate Ignores)," 105 *Harvard Law Review* 80, 103-108 (1991).

[88] Bickel,前注 85,页 50。又请看,同上,页 64。

避给出"糟糕的"立法,即最高法院别冒险认定出版审查许可是否违宪(最高法院应当用裁量性权力拒绝听审这个案件,无知的普通人会认为这是一种认可),而让立法机关进入强制性"对话"[89](因此这里模仿了哈特对慎思的确信,但很模糊,因为比克尔的对话是单方的)。糟糕的州立法应当基于狭窄的理由予以废除,给各州留下一种错觉,如果它们更好阐述支撑这些立法的关切,或至少更强有力地表达他们对这些立法的渴望,这些州立法也许会存活下来。[90] 但这是一个比克尔式的最高法院的希望:立法者在听完最高法院的指教后都开了眼、想明白了,或是重新颁布这些法律的努力会因立法的惰性而告吹。

比克尔的前言详细讨论了后来在格里斯沃德决定中被废除的康涅狄格州的反避孕制定法。他注意到美国宪法中或是最高法院之前的决定中都没有什么看来与这个制定法有关联;有关家庭和性的法律一直被认为是各州的专有权。但是比克尔不想让最高法院肯定这样一个糟糕的制定法合宪,并因此支援该法,因此他建议说,最高法院可以基于狭窄的理由废除它,即该法没有被强制执行,因此应视同放弃了。[91] 这样的判决允许该州重新颁布它。但由于颁布制定法比纸上留着该法不执行(或松弱地执行,就像这个康涅狄格州制定法的情况一样)难度大得多,很可能该法不会被重新颁布,因此比克尔的目标也就实现了,却不会与州对避孕品的规制权力正面冲突。

比克尔例证了这种宪法理论的道德先锋学派(他实际上赞同地提到"最高法院有界定政府之道德目标的功能"[92]),尽管这一派运用了法律这一行的所有把戏来实现其意志。这一学派隐含地把最高法院理解为一个随心所欲的立法机构,尽管是更开明的而不是"真正的"立法机构;事

---

[89] 同上,页 47-58。

[90] 同上,页 58-64。

[91] "最高法院可以一种设置,把赞同和反对该制定法当下目标的冲击力转向立法机构,而起始决定权应当属于那里,并且目前通行的看法[Poe v. Ullman, 367 U. S. 497 (1961)]也隐含了这一点。这就是衰废(desuetude)的概念。"Bickel, 前注 85,页 61。但最高法院废除了康涅狄格州的这一制定法,理由不是衰废,而是它侵犯了一种宪法性私隐权(这是一个伊索寓言式术语,意思是性自由)。Griswold v. Connecticut, 381 U. S. 479, 485-486 (1965)。事实上,这一制定法并不是完全不起作用;它防止了创立生育控制诊所。Posner, 前注 49,页 205。

[92] Bickel,前注 85,页 79。

实上是把最高法院理解为一个有一流围栏的立法机关,在那里,由于舌头没有被党派承诺捆住,它可以嘹亮地向大众布道。但由于更为开明,它也不得不用微妙部署来教化选举产生的官员和舆论:

> 修辞的资源和回避的技巧使最高法院能够行使巨大影响力。它可以解说并赞美这一起作用的原则;它可以捍卫其完整。最高法院可以要求负责任的政治性决定来确认这一对抗的必要,正视并在决定时意识到这一决定对该原则的冲击。最高法院甚至可以,有可能,……要求作出第二个决定。[93]

最高法院是差班的一位教师,班上学生就是人民和他们选举的代表。

尽管以原则作伪装,我们应当标记一下比克尔的道德先锋主义与霍姆斯的积极的"不得不"或"呕吐"标准之间的家族相似。两者都是延迟性的游戏,意思是如果舆论坚决赞同大法官不接受的某些政策,最终他们就不得不让路。如果没人追随,那么这个道德先锋就必须停止进军。但是两者之间有重要差别。比克尔认为,大法官可能教育民众赞同自己的优越洞察。而霍姆斯从没抱这种希望,他会说这是幻想,因为他很怀疑道德伦理的力量。

今天在最高法院,道德先锋主义的领军者是大法官肯尼迪。但他忽视了比克尔对大法官的警告,别做手脚。肯尼迪是司法的罗纳德·德沃金,后者也不愿伪装。他们两人的口号可以借用军方先前的征兵口号"为你之所能"(Be All That You Can Be),即"为宪法之所能"。鉴于奥康娜退休后,如今他作为唯一摇摆票的重要性,可以用一个更新的军方口号,"一人成军"(An Army of One),来描述大法官肯尼迪的法院。在2006年度最高法院全部24个5比4的决定中,肯尼迪全属于多数派。

在劳伦斯诉德克萨斯案[94](同性恋肛交案)和若珀尔诉西蒙斯案中,大法官肯尼迪的司法意见都只做了有限努力,以常规法律材料作为决定的基础。这两个司法意见也只能如此,因为处理的是一些无指导性的宪法规定,并且都有相反先例的威胁。两者都诉诸了一些大量美国人不认同或认为无法适用于同性恋和未成年谋杀者的道德原则。然而,这一

---

[93] 同上,页77。
[94] 539 U.S. 558 (2003)。

311 进路与我在第九章中引述的大法官肯尼迪访谈中表达的司法哲学是一致的。他说"我们都知道,每个人都有个本能判断……你迅速做出这些判断……而法官干的事也一样。……但是,在你判断之后,这时你必须看看……是否符合自己的伦理道义感。……[你必须理解]你有这个机会来塑造这个国家的命运。宪法创制者要你来塑造这个国家的命运。他们没想为你塑造这个国家的命运。"这是美国最有权重的法官在说话,而且,根据他的决定来判断,他是当真的——美国宪法的创制者要安东尼·肯尼迪按照他的伦理道义感来塑造这个国家的命运,但这会让许多人感到太怪了。[95]

肯尼迪有一种传教士品质,与有关法官的常规理解不大协调。看看在劳伦斯案和若珀尔案决定中,他对外国法院决定的依赖。我会在第十二章讨论这种依据的利弊;决定轻率,表现在它引发了惊人的反感[96]——惊人因为普通出版界很少注意司法意见中的引证。但更有意思的是引证外国司法决定与道德先锋主义的关系。看起来,肯尼迪是一位自然法学者,相信存在着促成——并约束——实在法的普世道德原则(他"自己的伦理道义感"的来源)。如果这些原则确实是普世的,也许可以期待它们会在外国法院决定中留下一些踪迹。

312 扯下若珀尔诉西蒙斯案的遮羞布:它错用的心理学文献、它指向的全球共识、它通过认定废除死刑的各州都已决定未成年人有不被处死的特

---

〔95〕 看看在成型胎儿流产案(*Gonzales v. Carhart*,前注21,页1634)中,肯尼迪代表最高法院的司法意见中的这段奇怪文字:"尊重生命在母子之爱中得到了最终表现。"爱你的孩子并因此希望他活下去并不表示对生命的普遍尊重。大多数纳粹都爱孩子。并且这与成型胎儿流产又有什么关系?做人工流产的大多数妇女都不认为自己在杀死一个孩子。如果那就是她们的所为,那么寓意(我肯定大法官肯尼迪不会接受)就是,不将人工流产定罪就是在法律同等保护的原初意义上拒绝法律的同等保护:这是系统地并有意地不保护很大一批孩子。这告诉了我们什么呢,有关这四位最保守的最高法院大法官信奉的法条主义——他们本应当加入这样一个疯狂的司法意见?

〔96〕 请看,例如,Dana Milbank, "And the Verdict on Justice Kennedy Is: Guilty," *Washington Post*, Apr. 9, 2005, p. A3; Dennis Byrne, "Trampling All Over State Legislatures," *Chicago Tribune*, Mar. 7, 2005, P. 15; Ed Feulner, "Courting Trouble," *Washington Times*, Mar. 16, 2005, p. A18; Jonathan Gurwitz, "If It Pleases the Court, Law by Consensus," *San Antonio Express-News*, Mar. 13, 2005, P. 3H.

别主张（这等于说这些州已经决定 80 岁以上的人都应给予特别死刑豁免）而捏造出来的全国性共识，你就揭示了一个赤裸裸的政治性决定。一个司法决定，在公众大致按政党路线分裂且无法通过专家分析——更不说只靠常规的法律论证了——予以解决的道德争议上表态，这就是政治性决定。

就像我说过的，一个法院可以是政治性但不实用主义的法院，但它也可以是政治性的和实用主义的。"泽尔曼诉西蒙斯-哈里斯案"决定（*Zelman v. Simmons-Harris*）[97]认定，以给予父母学券用来支付子女学费的方式将公共资金注入私人学校是合宪的。许多私人学校都是天主教教区学校。尽管这一决定不可避免有政治性，因为它在一个分裂民主和共和两党的争议上表了态，但它是实用主义的。人们对美国公立教育有非常多的不满。学券制度会鼓励公立教育竞争，并可以期望竞争改善教育，或者直接把最糟的教育管理赶出市场，或是间接地激发新的教育方式，或两者皆备。但是，如果宣布学券制度违宪，就不可能实现这些收益。这种宣告会把一种有价值的社会实验扼杀在摇篮里。

反对派认为学券是对天主教会的公共补贴。如果真有那种效果（其实不大可能，因为学券为父母提供了绕开公立学校转向世俗和宗教私立学校的手段，因此会激励创建新的世俗学校），也有足够的时间来废除它们。因为最高法院大法官不可能培养出社会科学鉴别力，因此社会实验对于累积明智的宪法性决定所必需的数据就必不可少。[98] 但就算这种说法有道理，司法决定也会创造依赖，甚至会造就维护这些决定的利益群体——以校车作为教育种族隔离的救济措施就获得了制造或出租校车的公司的热烈支持。因此如果学券如野火很快蔓延开来，最高法院也许很难扑灭它。

但泽尔曼案五年之后，既没有学券体制快速增长的证据，也没有异议法官曾担心的、激发宗教竞争的证据。然而，如果某人想要挑战支持学券决定的论证，根据无论是对最高法院先前决定的理解，哪怕对教区学校的间接财政支持也是一种"创设"宗教，还是学券制度会致命性弱化公立教

---

[97] 536 U. S. 639（2002）.

[98] Michael C. Dorf, "The Supreme Court, 1997 Term: Foreword: The Limits of Socratic Deliberation," 112 *Harvard Law Review* 4, 60-69（1998）.

育并从根本上削弱各种公民价值,都没有致命的还击武器。尽管学券制度会影响公立学校和一般教育绩效,这是一个经验争议,最高法院却没法在这个制度实行之前确定其是否成立。

可以用泽尔曼案同"西雅图校区案"(*Seattle School District*)作个比较,后者否决了公立学校的积极补偿行动项目。[99] 西雅图校区案决定是能动主义的和非实用主义的,与泽尔曼决定的精神冲突。它不是鼓励在我们麻烦多多的教育体制中进行实验,而是让一个捣蛋鬼来阻挠公立学校应对长期困扰的种族争议的努力。西雅图校区案的相对多数意见最不实用主义地伪称说,废除这些积极补偿行动项目是神圣的布朗诉教育委员会先例的必然,因此大法官不必考虑该决定的实际后果。尽管这些大法官对布朗案的理解是宽泛的,但对该法院先前那些实际涉及积极补偿行动(当然,因为布朗案没涉及)的决定的理解却是狭窄的。持异议的四位自由派大法官高声反对。但他们的行为却像是另一种境况下的保守派大法官。泽尔曼案和西雅图校区案都是值得态度学派好好研究的材料。两案都涉及司法干预学校经营。在泽尔曼案中,保守派大法官偏向私立教育和宗教,不喜欢积极补偿行动,他们投票反对司法干预,而自由派大法官投票赞同。在西雅图校区案中,自由派大法官偏向公立教育和积极补偿行动,不希望同宗教有联系,他们投票反对司法干预,而保守派大法官投票赞同。

从实用主义立场上看,泽尔曼案是个好决定,因为它允许了社会实验,西雅图校区案是个糟决定,因为它基于法条主义理由,不考虑干预后的可能后果,就中断了社会实验。[100] 介于其间的则是"科勒诉新伦敦市案"(*Kelo v. City of New London*),此决定认定征用私人地产用于市区发展是一种"公共用途",因此属于该州征用权范围,即使被征用地产要转让给项目的私人开发商。[101] 最高法院认定,这个项目也许有利于公众,而不只是有利于这位私人开发商和诸多(新)所有者,给出的唯一理由是"该[这一开发项目位于康涅狄格州新伦敦市中心河滨地带]地区太

---

〔99〕 前注 29。

〔100〕 在第九章,我给出了另一个最高法院的不实用主义决定的例子——克林顿诉琼斯案。

〔101〕 545 U. S. 469 (2005)。

贫困了,足以正当化这个经济复苏项目。"[102] 这种回避实质问题的正当化("太贫困"),为大法官奥康娜在反对意见中的可怕后果大游行开了道,从中我们读到了"征用的幽灵在所有地产上盘旋"。[103] 如果"经济复苏"是公共用途,如果可以表明新所有者愿意为本地各种食品和服务支付足够的钱,并以地产税和其他地方税冲抵以市场价补偿这些被征地产人的费用,那么用什么来防止城市征用下层中产阶级家庭住宅,并将它们免费赠送给千万亿万富翁呢?

法院多数意见和反对意见争吵的是"公共用途"这一术语的原始含义,以及对先前一些判例——质疑征用地产向私人实体转让——的正确解释(而在这种来来往往的交手中,多数派的论证更好些)。他们没问一些很实在的问题:抽象征用权的道理何在?新伦敦开发计划符合这个道理吗?这种开发项目的经济和社会后果是什么?

征用权乍看起来好像是一种惊人的专断征税手段。当使用这一权力时,只要求征用者支付被征地产的市场价。一般说来,业主的主观价值都要超过其地产的市场价值,因为这一地产特别符合他的需要和口味,或是因为换地产的费用太高。否则的话,他可能早就卖掉了。因此,一个人想要这块地产,他就不得不支付比市场价值高很多的价格来补偿地产人失去的地产特定价值。知道有这些价值,就可以解说为什么,当合同涉及土地买卖而不是可替代财产买卖时,法院更可能认为违约损害赔偿还不够,因此会命令特别履行。征用权允许政府支付市场价值获取地产,这么做就消灭了这些特异价值;事实上,这些价值被征收了以帮助获得这一地产。如果某被征地产的市场价是 10 万美元,其全部价值(包括特异价值)是 12.5 万美元,征用实际上是政府为获得这块地产从金库里拿出 10 万美元,又从所有者钱包中掏走了 2.5 万美元。

支持这种形式征税的唯一正当理由就是存在拒卖(holdout)问题,这个问题的最佳例证是运用征用权,无论为了政府(例如高速公路的情况)利益,还是为了私人企业(诸如铁路、电话公司以及输油管道公司等提供点对点服务的企业)的利益。例如,铁路能否在两点之间经营,这取决于

---

[102] 同上,页 483。

[103] 同上,页 503。注意它呼应了——可能是故意的,一位有幽默感的法官助理干的活?——《共产党宣言》的头一句话:"一个幽灵正在欧洲徘徊,共产主义的幽灵。" Karl Marx and Friedrich Engels, *The Communist Manifesto* 1 (1998 [1848])。

他从铁路穿过的每个地主那里都获得通行权,并且他知道每个地主都会等候一个非常高的价格。在这些情况下,征用权就是一种反垄断手段。[104]

拒卖问题并不限于通行权。只要某人想获得一大片土地,而土地被分成多人各自拥有的小块,就会出现拒卖。因此,一个实用主义者会问一下,在新伦敦市的情况是否如此;如果不是,这就是个不错的情况给公共用途概念加个限制。但从此案的司法意见中很难了解这一点。这个城市想重新开发一块90英亩的地块,而辉瑞公司(Pfizer)已决定在旁边一块地上建一个大型研究机构设施。原告在这地块上拥有15小块土地,或打算开发为办公用地,希望靠紧邻辉瑞公司来吸引其他业务,或打算用作停车、游客零售店、附近游艇船埠的辅助设施或其他这类混合用途。可以理解,让原告的15所住宅留着不动,散落这里,就会出现新伦敦诉讼摘要精彩概括的"斑点猎豹"问题,就很难按照意图开发使用这一地区;可以想象停车场中间点缀了几栋住宅。如果如此,原告有这种拒卖权,也许正当化了以征用权来获得其地产。

最高法院只是顺带提到了这个拒卖问题。各个司法意见中都没哪怕是暗示了原告的地块大小或是包含这些地块的两块土地(被征收的90英亩这块地由7小块构成)的大小,但从诉讼摘要中你可以了解其中一块地是2.4英亩大小,并且原告的小块地占了0.76英亩,几乎是这块土地全部的1/3,因此也许确实提出拒卖问题。但是我很快就会提到,并且最高法院也简单承认了[105],不能确定的是私人开发商是否真的需要用征用权来帮助解决这些拒卖问题。

多数意见并没认为,改变土地使用是否好事与征用权是否这一改变的合适方法不是同一个问题。如果财产换一种用法会更值钱,并且没有拒卖妨碍与现有业主的交易,那么市场就会把事办了,会把这一财产转作更有价值的用途;不需要政府协助。

多数意见对拒卖只给了最少的关注,尽管诉讼摘要中有详细讨论,口

---

[104] 有关征用权的简单经济学,请看,Richard A. Posner, *Economic Analysis of Law* §3.7, pp.55-61 (7th ed. 2007); Steven Shavell, *Foundations of Economic Analysis of Law* 123-136 (2004).

[105] 545 U.S. at 489 n. 24.

头辩论中也提到了;[106]但就是这个问题支持了大法官奥康娜的关切,即这一决定意味着放弃对"公共用途"的任何限制,征用权威机构必须诚实行为除外。但如果她给出了一些非想象的滥用征用权实例,她的论辩会更令人信服。她没给,只是以典型的律师风格引证了几个判例,一件诉讼摘要,以及一个她未加评价的单一研究,尽管这个研究是一份客观性可疑的主张征用的文件。[107] 如果从这些贫瘠文件中得出的推论是,征用权滥用并不频繁(支持这一推论的是在有关城市开发的文献中很少提到征用权[108]),允许市政继续行使征用权就不大可能引发愤怒。可以暂不限定这种权力行使,而是等候一个明显滥用征用权的案件。

奥康娜本可以但没有提到的观点是,想汇集一大片完整土地的私人开发商一般似乎都可以通过"稻草人"购买者来完成。[109] 说政府就很难以必要的秘密方式如此运作,这是支持允许政府代表私人开发商行使征用权的一个糟糕论证;应当让开发商自行保密。

对科勒案的一个政治性解释是,当政府与财产权对立之际,自由派大法官把心存疑惑的好处给了政府,而征用权因其蔑视了财产权而成为保

---

[106] 口头辩论记录稿,pp. 39- 40, www. supremecourtus. gov/oral _ arguments/argument_transcripts/04-108. pdf (visited May 2, 2007).

[107] 545 U. S. at 503. 代表私人开发商的这一研究细致考察了大量新近的征用权案件审理。Dana Berlinger, "Public Power, Private Gain: A Five-Year, State-by-State Report Examining the Abuse of Eminent Domain" (2003), www. castle-coalition. org/pdf/report/ED_report. pdf (visited May 2, 2007). 在其讨论的许多案件中,法院都驳斥了运用征用权的企图。在其他案件中,尽管使用征用权看上去有问题,但这个报告的表达是一边倒的,很难对该权力使用是否合乎情理做出判断。这个报告没有讨论拒卖问题。

[108] 注意,例如,很少有索引提到征用权,*Revitalizing Urban Neighborhoods* 276 (W. Dennis Keating et al. eds. 1996),另一本书中也没有这类参考文献。Charles C. Euchner and Stephen J. McGovern, *Urban Policy Reconsidered: Dialogues on the Problems and Prospects of American Cities* 343 (2003). 甚至敌视城市开发项目的学者也很少提到征用权。请看,例如,James V. DeLong, *Property Matters: How Property Rights Are under Assault—and Why You Should Care* 378 (1997).

[109] Daniel B. Kelly, "The 'Public Use' Requirement in Eminent Domain Law: A Rationale Based on Secret Purchases and Private Influence," 92 *Cornell Law Review* 1, 20-24 (2006).

守派的心头大忌。四位自由派大法官,在大法官肯尼迪的参与下,组成了法院的多数。尽管肯尼迪参与了大法官斯蒂文斯的法庭意见,却还是撰写了一份独立意见表示其对征用权有某些保留,而那没有出现在斯蒂文斯的意见中。三位最保守的大法官,冉奎斯特、斯格利亚和托马斯,表示反对,获得了奥康娜的参与,而她的意见证明了她对财产权的关切。

对此案结果的另一种解说很简单,就是最高法院的多数法官审慎地不愿卷入城市开发的细节。一条干脆反对征用——结果会是被征土地最终落入私人公司手中——的规则会没有道理,并且反对派大法官也没有这个要求。一份代表美国农业联盟(American Farm Bureau Federation)的专家意见给出了许多例子,看来都是愚蠢、浪费和剥削性的再开发计划。不清楚这些例子有多大代表性,然而不令人吃惊的是,发现大多数再开发计划都是不动产业与地方政客之间的肮脏合谋。但如果如此,最高法院也没什么办法。最高法院给被征土地的私人开发施加限制越多,政府在开发中就会变得越积极。如果新伦敦市在这块被征土地上建了办公楼、停车场诸如之类的,基于"公共用途"限制的挑战就不大可能成功——除非最高法院把"公共用途"仅限于拒卖,并且准备努力在个案基础上决定是否真的存在拒卖。但最高法院没打算进入这个灌木丛,"艾厥德诉艾希克洛夫特案"(*Eldred v. Ashcroft*)[110]就是证据,此决定认定《版权期延长法》(Sonny Bono Copyright Term Extension Act)合宪,拒绝了下面的观点:将版权期从死后50年延长到死后70年,与宪法规定国会授权对版权予以"有限时间"保护不一致。当时是不一致,但法院没有智识工具来决定版权保护应当持续多久。

科勒案中最高法院未予评点的另一复杂问题是,收紧公共用途限制,并因此削减政府行使征用权的权力,会增加政府获取地产的费用。更高的费用,除了会遏制获取土地外,会带来更高税收,这也许与征用权行使对特异土地价值征税一样会是一种专断的负担。压缩公共用途概念还有诱发政府自己开发土地的可能,此外,削减征用权带来的不可预见的税收效果例证了,最高法院在不掌握全系列公共政策手段之际,很难带来持久的社会变化。最高法院不可能规制征税权或不让政府从事不动产开发。

---

[110] 537 U.S. 186 (2003).

第十章　最高法院是政治性法院

吊诡的是,公众和立法机关对科勒案决定的强烈非难[111]都证明这个决定很是实用主义的坚实。当最高法院谢绝废除某种不受欢迎的政府权力时,它就是把这个争议抛回到了民主的场地。反对宽泛解释"公共用途"的人,这下子知道了,不可能从最高法院得到他们想要的胜利了。他们不得不挽起衣袖,在国会和各州立法机关干仗了——在那里他们也许完全会赢。业主和产权倡导者不是束手无策、边缘化的少数。他们有颇多的政治实力,可以随便使用,因为这里没有宪法性障碍令政府谢绝行使美国宪法——依据最高法院的解释——允许它行使的全部权力。国会和各州的回应将构成一系列社会实验,从中会学到很多有关征用权的恰当限制。

因此科勒决定的结果在实用主义意义上也许是可辩解的,但最高法院没有提出实用主义辩解。这是典型的,是引用外国司法决定作为权威这种做法的反面。实用主义的理由听起来不很像法律,而引证司法机构——任何司法机构——的决定,在一个判例法体制中,即美国体制中,听起来都是典型的法律。更重要的是,要跳出最简单的实用主义推理,例如,让我们绕过这片荆棘,这就要求最高法院培养一种对经验研究的鉴赏力。和大多数法官一样,(受他们的助理怂恿,这些助理也还有待经验来抹去法学院教育留给他们那层法条主义底色)最高法院大法官都更惬意于在争议语义层面兜圈子——例如"公共用途"或"残酷且不寻常的惩罚"这类弹性术语的含义,而不是采取这一含义非另一含义的后果——的司法意见。更重要的,这还有政治价值,即掩盖最高法院决策的政治

---

[111] 请看,例如,John Ryskamp, *The Eminent Domain Revolt*: *Changing Perceptions in a New Constitutional Epoch* (2007); Daniel H. Cole, "Why *Kelo* Is Not Good News for Local Planners and Developers," 22 *Georgia State University Law Review* 803 (2006); Abraham Bell and Gideon Parchomovsky, "The Uselessness of Public Use," 106 *Columbia Law Review* 1412, 1413-1426 (2006); Donald E. Sanders and Patricia Pattison, "The Aftermath of *Kelo*," 34 *Real Estate Law Journal* 157 (2005); Timothy Egan, "Ruling Sets Off Tug of War over Private Property," *New York Times*, July 30, 2005, p. A1; Kenneth R. Harney, "Eminent Domain Ruling Has Strong Repercussions," *Washington Post*, July 23, 2005, p. F1. 根据全国各州立法机关大会对征用权立法的追踪,www.ncsl.org/progarms/natres/EMINDOMAIN.htm (visited Oct. 4, 2007),科勒案已经引发32个州颁布了立法。

性质。

大法官布雷尔(下一章我会更多谈论他)一般被视为是目前最高法院成员中最实用主义的。然而他在泽尔曼案中持异议,参加了"克林顿诉琼斯案"(Clinton v. Jones)的决定(尽管撰写了一份艰难的独立意见,他感到以后会有麻烦),热心引证外国司法决定(但至少他熟练掌握法语),并且加入了科勒案大法官斯蒂文斯的多数意见且没有独自撰写意见探讨有关的重大利益。但他在"凡·奥登诉佩里案"(Van Orden v. Perry)[112]中的投票和独立意见都补救了自己,这是最高法院 2004 年度最后一天发布的两个有关十诫的决定之一。在另一有关十诫的案件中,"麦克里县诉美国公民自由联盟案"(McCreary County v. ACLU)[113],包括布雷尔在内的五位大法官多数意见认定某县法庭展示十诫不合法。在凡·奥登案中他转到了另一边,创造了五位大法官多数允许刻有十诫的纪念碑继续在德克萨斯州议会大厦广场展示。这个多数意见其实只是赞同这个结果,因为大法官布雷尔并没有加入首席大法官冉奎斯特的意见。在这个意见中,有些段落,我想,会让布雷尔震惊而不只是不顺耳,突出的是这样一个命题:"承认上帝在我们这个国家遗产中的作用还反映在我们的诸多决定中。"[114]上帝在这个国家的历史上是否实际扮演了角色,这是个神学问题;答案首先取决于是否有上帝;以及如果有,上帝是否插手了这个国家的生活以及对美国是否有某些特别偏爱。但或许,所谓"上帝",首席大法官的全部意思就是诉诸上帝,而所谓"遗产",他的全部意思就是这个国家的文化。

冉奎斯特列了一些美国公众生活中无数次诉诸神的例子,包括多次正面提及十诫;他确有坚实的根据。他推断说,"十诫纪念碑纳入"德克萨斯州议会大厦广场,"对宗教,对政府,都具有持久的意义。"[115]在这个广场内,有各种各样的碑,有人甚至会说(尽管没有不敬的意思)是一个杂乱的碑林,敬献给从"三角杨英雄"(当然了)到德克萨斯牛仔,德克萨斯学龄儿童,自愿救火队以及美国内战时期南方联盟的士兵。[116]

---

[112]　545 U. S. 677 (2005).
[113]　545 U. S. 844 (2005).
[114]　545 U. S. 第 687 页。
[115]　同上,页 692。
[116]　同上,页 681 注 1。

其寓意是，世俗目的可以救赎宗教展示，即使这个世俗目的并不至高无上，而布雷尔不打算走得那么远。他转而查看了这块十诫纪念碑的历史，发现，它是由一个基本世俗的组织，山鹰兄弟会（Fraternal Order of Eagles），捐赠给德克萨斯州的，该组织"寻求凸显十诫在塑造公民道德中的作用，以此作为该组织努力反击未成年人违法的一部分。"[117] 根据这一以及其他事实，包括四十年后才有人指责该州支持了宗教展示，布雷尔结论认为，该碑的主要目的是传达关于德克萨斯人历史理想的世俗信息。

提到许多年都没人提出诉讼，乍看起来，这有点走调了，这岂不是号召美国公民自由联盟一旦得知公共建筑上有任何十诫新展示马上就提出诉讼吗？但是，如同布雷尔解说的，很少有人抱怨，这一点"有助于我们理解，作为一个实际的程度问题，这种展示不大可能是分裂性的，"而"得出一个相反的结论……很可能会激发一些纠纷，关系到从全国公共建筑上消除长期存在的十诫铭言。而这就可能制造宪法建立宗教条款力求避免的那种基于宗教的分裂。"[118] 换言之，如同凡·奥登案中持异议的大法官认为的那样，如果宪法禁止任何和所有"政府展示神圣宗教文本"的话[119]，这个决定就会引发一个由美国公民自由联盟率领的运动，清除美国全部公共建筑展示的随处可见的十诫。很难想象，这不仅会更具分裂性，而且是更加教条甚至荒唐的工程，朦胧中，令人想起1930年代墨西哥、西班牙共和国和苏联打击本国教会的运动，更不用说18世纪拜占庭反偶像崇拜者对宗教形象的毁灭了。

凡·奥登决定的反对者没有提到十诫有宗教/世俗双重性，这类似于圣诞节的宗教/世俗双重性，乃至在大多数场合诉诸十诫都无关痛痒，尽管或许不像凡·奥登案相对多数意见认为的那样，在所有场合都无关痛痒。圣诞节对基督教徒来说是宗教节日。但它也还是全国性节日，对儿童、购物者和零售商，甚至对大多数无神论者（他们是购物者，并且其中有些甚至是儿童）都是世俗节日。这个世俗维度如此突出，因此要有相当特别的努力，才能让人们意识圣诞节的宗教意义。十诫同样有多重面孔。对信奉十诫的基督徒和犹太人来说，它是一套宗教训诫，一套道德命令

---

〔117〕 同上，页701。
〔118〕 同上，页704（原作者的着重号）。
〔119〕 同上，页735（Stevens, J., dissenting）。

(你不得杀人,你不得作伪证等),对信者和不信者都有约束力,是道德义务的文字再现,一部好莱坞巨片[120],西方智识传统中的一座里程碑,而对愤世嫉俗者来说,它们是老生常谈和不合时宜(诸如不要贪求你邻居的牲口),是对义务的情绪性夸大。大多数训诫都不明确是宗教的,而那些宗教的,又最少为人关注——除了塔利班近来谁曾担心雕像呢,甚或担心轻慢地提及上帝的名字?大法官苏特在凡·奥登案中持异议,其精神让人想起洁本书和(字面意义的)遮羞布。因为,只有当把摩西同诸如柏拉图、贝多芬或正义神像——最好还有训诫文本——等其他非宗教人物放在一起,从而把十诫世俗化之际,苏特才允许十诫在公共建筑上展示,这很像一座用无花果树叶遮住羞处的雕像。[121]

要对凡·奥登案中布雷尔的决定做一点明显的批评,那就是,它没有阐明一条规则,使下层级法院以及支持和反对十诫的势力能够决定,在公共建筑上展示十诫问题上,政府能走多远。但一旦你承认了宪法性审判的政治性后,这就不是个好批评。妥协是民主执政的精髓,并因此也是处理充满政治激情的不确定法律问题的理智进路——这是比克尔的审慎减去比克尔的目的论。要把展示十诫说成是"创立"宗教,从宪法第一修正案创立条款的文本或原始含义的立场上看太牵强了。从其表面,也从其历史来看,该条款只是禁止国会创造一个已确立的教会,例如英国的教会。要从这里延伸到禁止德克萨斯州在其议会大厦广场展示与三角杨英雄相伴的十诫,甚或禁止肯塔基州在法庭中展示十诫,这就要求复杂的链状推理,会有太多智识屡弱的环节,不能令质疑者信服。在这类情况下,要给辩论的世俗一方(或就此而言给宗教一方)完全的胜利,会同时被认为是傲慢、无礼并且是没有必要的火上浇油。如果当最高法院决定宪法性案件时,它不可避免地是一个政治性法院,那么我们也许至少希望它在行使权力之际会受到约束,承认其宪法性法理的主观性和基础不牢靠:

---

[120] 塞西尔·B. 戴米尔(Cecil B. DeMille)的《十诫》电影收入帮助了这个山鹰会项目,这也是戴米尔本人鼓励的项目,要在全美建立十诫纪念碑。请看,"Supreme Court Issues Rulings on Ten Commandments Cases," *Ten Commandments News*, June 15, 2005, http://10commandments.biz/biz/newsletter/2005/june/suprem_court_ten_commandments.php (visited May 2, 2007). 一遇到与建立宗教条款有关的争议,商业玷污就成了宗教的可取之处了。

[121] 545 U.S. at 740-741 and n. 4.

……呵,太棒了
拥有巨人的力量,但暴虐的是
如同巨人那样去使用这个力量。[122]

这是供最高法院大法官,并且事实是供所有法官,细致思考的一个忠告。

---

[122] William Shakespeare, *Measure for Measure*, act 2, sc. 2, ll. 107-109.

第十一章
全盘性宪法理论

我在前几章中提到,在司法决定的正统法律材料耗尽的地方,作为消除案件决定不确定的一种方式,全盘性理论颇有诱惑。在宪法性法律中特别有提出这类理论的压力,因为在这里正统材料的不充分最明显。最新加入这一拥挤的是大法官布雷尔的理论,在其著作《生动自由》[1]中提出来的。用布雷尔的书来例证全盘性宪法理论的局限,这有点不公道。一位最高法院大法官写作宪法性理论,就好比一只狗站起来走路;惊人的不是走得还不错,而是它竟然这样走。狗的走路要受限于解剖学的局限,而大法官会受限于政治的局限。最高法院大法官都是强有力的政治人物;写作不可能有小人物的那种自由和坦诚。然而,我的主题是法官,以及一本在任最高法院大法官阐述自己的、与这一主题有重要关系的司法哲学著作。

自1970年代以来,宪法性辩论的发起权传到了保守派手中。他们提出了,并且,很大程度归功于几次任命事件,显著实现了击退自由派教义(突出的是有关各州的权利、警方行为以及行政权)和一些从宽解读的方法,这些方法曾使自由派大法官可以为其教义提出言之成理的正当理由。在诸如同性恋权利以及死刑这些领域,自由派还继续获得一定份额的胜

---

[1] Stephen Breyer, *Active Liberty: Interpreting Our Democratic Constitution* (2005).

利，但就大多数情况来说，他们处于防卫[2]：防卫沃伦法院和若伊诉韦德案，对一般性贸易条款和国会权力的宽泛解释以及对宪法第二修正案和总统专有权的狭窄解释。布雷尔是自由派，但他希望不只是一件件为自由派司法决定辩护。他希望有个包罗万象的进路来抵制司法对手的文本主义和原旨主义，但得比罗纳德·德沃金的道德性宪法法律理论更为温和和民主，不那么精英主义和学术，不那么脱离司法过程实际情况。布雷尔的著作会有广泛的读者。他的著作针对的是斯格利亚的一本小书[3]，这本小书引证了一千多篇法律评论文章。但布雷尔的著作做不到的是，说服同事或其他法官。保守派法官的诸多胜利并非因为他们思想的力量，而是因为共和党人的选举成功，这一成功引发了司法任命的政治色彩，以及美国舆论的普遍右转。

布雷尔沿袭了本杰明·贡斯当（Benjamin Constant）区分的"古人的自由"和"今人的自由"，并将"生动自由"同前者联系起来。他没有注意到贡斯当的文章是赞同"今人的自由"，反对卢梭介绍到法国并带来悲剧性结果的"古人的自由"。[4] 对贡斯当来说，古人的自由意味着主权的集体存在，没有针对国家的个体权利概念。[5] 那是一种我们如今称为"直接民主"的极端形式，例证就是加利福尼亚州和瑞士的公民投票以及新英格兰的市政会议。相比之下，"今人的自由"是不受国家压迫的自由；也就是伊萨亚·柏林所谓的"消极自由。"[6] 这是雅典公民和大革命时期法国公民缺乏的。其工具包括了代议民主制（不像古雅典那样是直

---

〔2〕 "司法自由派近40年来一直在防御。"Linda Greenhouse, "On the Wrong Side of 5 to 4, Liberals Talk Tactics," *New York Times*, July 8, 2007, §4, p.3.

〔3〕 Antonin Scalia, *A Matter of Interpretation: Federal Courts and the Law* (1997). 不错，这是一本小书，但这并非真是他的小书。他的贡献限于一篇引导性论述，"Common-Law Courts in a Civil-Law System: The Role of United States Federal Courts in Interpreting the Constitution and Laws," 同上，页3，以及他对批评者的一篇回应，同上，页129。

〔4〕 Benjamin Constant, "The Liberty of the Ancients Compared with That of the Moderns," in *Political Writings* 306 (Biancamaria Fontan trans. 1988). 关于他提到卢梭，请看同上，页319-320。

〔5〕 同上，页311-312。

〔6〕 Isaiah Berlin, "Two Concepts of Liberty", in *Liberty* 175 (Henry Hardy ed. 2002 [1958]).

接民主)、分权、联邦主义以及见之于《权利法案》的针对政府并可法律执行的那种权利。

布雷尔理解的"古人的自由"是公元前5和4世纪大部分时期雅典公民享有的那种自由[7],因为他们的城市是民主制。贡斯当则相反,认为雅典是"最像现代国家"的古代国家,而斯巴达是古人自由的更好范例。[8] 然而雅典人也突出体现了古人的自由。所有公民都属于雅典公民大会,大会有绝对的权力;除出席会议的公民本身外,没有其他立法者。为防止出现一个政治阶层,主要通过抓阄方式选择执行官,任期一年,尽管有些人当选后还可以再次当选。[9] 类似地,那里也没有法官,只随机挑选部分公民作为陪审员,他们投票但不慎思,没有陪审团指示作为指导,因为没有法官给出这种指示。就此而言,那里没有法律职业,但有诸如德摩斯梯尼(Demosthenes)这样的雄辩者,为诉讼人起草演讲词,审判时宣读。那里有很多诉讼,但没有可以针对国家予以执行的生命权、自由权或财产权。唯一的司法就是大众司法。

布雷尔希望最高法院做的不只是推进"古人的生动自由"[10],他还特别强调说"'生动自由'……与伊萨亚·柏林的'积极自由'有些相似之处"。[11] 积极自由,是柏林用来替代"古人的自由"的术语,是卢梭复活并在柏林看来由现代极权主义者发展的![12] 当然,布雷尔并不真想依据古雅典模式或任何其他模式把美国变成直接民主制。他说,"'委托民主制'不一定代表了对民主原则的重大背离"[13],而所谓"委托民主"说的

---

[7] Josiah Ober, *The Athenian Revolution: Essays on Ancient Greek Democracy and Political Theory* 31 (1996); R. K. Sinclair, *Democracy and Participation in Athens* 68, 80 (1988). 在这一时期,有些其他古希腊城邦也是民主制。

[8] Constant,前注4,页309-312、314、316。

[9] Sinclair,前注7,页68-69、80;John V. A. Fine, *The Ancient Greeks: A Critical History* 390-402(1983). 因此,即使古雅典人也从直接民主的全部寓意面前后撤了。Sinclair,前注7,页193-195;Richard A. Posner, *Law, Pragmatism, and Democracy* 154 (2003)。

[10] Breyer,前注1,页5。他甚至对比了"生动自由"与"现代自由"。同上,页40-41。

[11] 同上,页137,注6。

[12] Berlin,前注6。

[13] Breyer,前注1,页23。

就是代议民主。这种"古人的自由"是一个历史珍品,鉴于布雷尔并非古典学者或智识历史家,他应当把这类问题留给专家。这些在他的书中没起到什么作用;是政治项目理论化努力的一个失败。这个项目与约翰·哈特·伊利的非常相似,伊利论辩说沃伦法院的主要努力已经使美国政府更民主了[14],但不是直接民主意义上的民主。布雷尔和伊利一样希望展示,我们的司法部门尽管是寡头制,但即使在其最咄咄逼人之际,也是支持民主的力量(在下一章,我们会看到,以色列前最高法院大法官阿隆·巴拉克(Aharon Barak)甚至更强有力地推进了这个悖论)。布雷尔强调的具体争议与伊利不同,但这主要反映了在两本著作相隔的1/4世纪间政策日程的改变。

考虑到伊利理论对布雷尔的影响,因此看来奇怪的是,布雷尔居然只捎带着提到了伊利。[15] 布雷尔并非要抢伊利的功劳;那完全不是布雷尔的性格。我认为,他是不愿承认自己的理论原产于学界。大法官都不希望从学界得到提示,这是我在第八章讨论过的学界与司法疏远的一个方面。大法官斯格利亚是最有影响的最高法院理论家,但他的理论完全是自产的。尽管和布雷尔一样,斯格利亚先前也是学人,他倡导的原旨主义宪法解释理论却不来自某个学术门第。宪法理论的矫揉造作日益增长[16],很令法官讨厌。并且还有不少理由认为,如果大法官是身着法袍的政客,那么这些宪法理论家就是身着学位服的政客(这种观点有事实根据,除其他外,这就是拉姆斯菲尔德诉 *FAIR* 案中学人提交的诉讼摘要)。自由派法官和律师都迫不及待地要挑战斯格利亚,并且在斯格利亚的地盘上,方法则是把自己重新打扮成文本主义/原旨主义者,然后论辩说,宪

---

[14] John Hart Ely, *Democracy and Distrust: A Theory of Judicial Review* (1980).

[15] Breyer,前注 1,页 146 注 14。

[16] 很好的说明,请看,Akhil Reed Amar, "America's Constitution and the Yale School of Constitutional Interpretation," 115 *Yale Law Journal* 1997 (2006),以及 Akhil Reed Amar and Jed Rubenfeld, "A Dialogue," 115 *Yale Law Journal* 2015 (2006). 阿玛尔赞美的"宪法解释的耶鲁学派"就是完全不受制于文本和先例;这就是我在第四章提到的"坏男孩"现实主义法学在当下的体现。有关的批评,请看,Laurence H. Tribe, "Taking Text and Structure Seriously: Reflections on Free-Form Method in Constitutional Interpretation," 108 *Harvard Law Review* 1221, 1230-1249 (1995).

法文本的原初含义就是希望法官成为非原旨主义的解释者。[17] 这是一种政治驱动的修辞策略。

作为最高法院大法官,在受公众严格审查的强光下写作,布雷尔不可能承认想把自己的"生动自由"概念强加给美国宪法。常规要求他必须从那高贵的羊皮纸文件中找到这个概念。[18] 他很吃力。他承认,这是一条上山路:"宪法政府结构首先是民主性质,这不总是很明显。"[19] 其实不是,并且有出色的理由,这一结构并非"首先是民主"。它是共和的,有民主的成分。美国宪法拒绝了君主制(没有国王)、贵族制(没有贵族名称)以及全国性教会(没有任职的宗教誓言),这都具有革命性。但它创造的政府结构与古雅典政府结构没有相似之处,它曾经是,并且一直是,不完全民主的。

联邦政府的主要成分是由总统、副总统以及其他高官构成的执行部门;司法部门;参议院;以及众议院。其中只有众参两院由人民选举产生。但由于美国宪法并不直接赋予投票权,而是允许各州规定选民成为众议员的资格标准(只是标准必须与该州规定的、选民成为本州立法下院成员的标准完全相同),各州可以限制普选权,给投票施加财产限制或其他限制。总统和副总统都由选举团挑选,该团成员转而由各州依据本州立法机关颁布的规则挑选;当年也没要求选举团成员由民众选举。其他执行部门官员则由总统或由联邦法官任命。参议员由各州立法机关任命,联邦宪法也没要求各州立法机关成员经选举产生。最高法院大法官(以及其他联邦法官,当国会行使美国宪法赋予的选择权创造了除最高法院以外的其他联邦法院时)由总统任命,受制于参议院的确认,任职终身。那时没想到会有政党;当时期望由一些最好的人(*hoi aristoi*——贤人)而不是政党竞争的存活者来统治。1787年的美国宪法中没有直接民主的痕迹,也就没有关于提议权、公民投票或确认权的规定。创制者自认为在

---

〔17〕 请看,例如,Jack M. Balkin, "Abortion and Original Meaning" (forthcoming in *Constitutional Commentary*).

〔18〕 "法官的工作是解释而不是制定法律,这种信念仍然有相当的共鸣。这也许是为什么大法官从来不为他们的行为提出道理。若公开宣布自己在做什么,那等于给有关最高法院能动主义合法性的争论火上浇油。"Robert H. Bork, "Enforcing a 'Mood'" *New Criterion*, Feb. 2006, p.63.

〔19〕 Breyer, 前注1, 页21。

代表"我们这个民族"(We the People)说话,就像宪法序言中表达的,但当以全民来采纳这个非民主体制时并没有创新;问的是拿破仑。即使美国宪法要经各州批准也是由各州制宪大会批准,而不是各州民众直接投票。美国宪法向各州保证的是一个共和(也就是说,一个非君主制的)形式的政府,而不是一个民主政府。

如果宪法创制者"确信民主制是对政府的压迫性倾向的最高制约"[20]的话,那么为什么他们撰写的这个文件中几乎没有民主,而完全没有直接民主呢?确实,《权利法案》增加了些许直接民主,保证在刑事案件和某些民事案件中有陪审权(但与古雅典的陪审团不一样,美国的陪审团要受职业法官的监督)。但是《权利法案》的要害不是限制立法权和行政权——将自由与民主对立起来——并为"今人的自由"辩护,美国宪法中没有布雷尔声称找到的那种古人的自由。

从我们的18世纪宪法的结构中看到的,不是对雅典的呼应,而是修改英国18世纪的君主制适应共和意识形态。总统与国王对应;他行使传统君主的专有权,赦免、外交事务、任命行政官员和法官并统帅武装力量。他当然不由直接选举产生。联邦参议院和最高法院对应了贵族院(大不列颠的最高法院就是英国上院上诉委员会[21]),众议院则对应了平民院:都由选举产生,但经由一种受限普选。随后的修正案以及习惯和制度的改变使美国宪法更民主了,但布雷尔坚持认为,原初的宪法,1787年宪法,受到了伯利克里精神的激发。一位反原旨主义者努力给自己的反原旨主义进路找到一个历史门第,这是反讽。对美国宪法的背景和实际纹路,布雷尔都缺少兴趣,这与他的著作和司法意见倡导的从宽解释进路是一致的。

布雷尔给出了一系列例子,想说的是,如果接受了生动自由作为美国宪法的精神,会如何如何塑造宪法性法律。他从言论自由开讲。他比较了政治和商业言论,说前者有权得到大得多的保护,因为这是民主的中心。但他也为限制政治宣传的竞选融资法辩解,针对那些基于自由言论的反对意见。

---

[20] 同上,页23。
[21] 或者说,先前是;2005年英国创立了一个最高法院取代上院的上诉委员会。Gary Slapper and David Kelly, *The English Legal System* 133-134 (8th ed. 2006)。

政治言论自由首要性这个观念很常见,但这误导人且无所助益。布雷尔忽略了对法律实用主义者完全适用的、理性决策理论的一个原则:应在边际评估后果。问题不是在禁止一切政治言论比禁止一切商业言论更糟糕的意义上讨论政治言论是否比商业言论更有价值。这从来不是问题。问题总是,边际性限制某个价值带来的伤害与这一限制带来的另一价值之收益之间的比较。你很容易想出一些例子,限制政治言论比限制商业言论伤害更小;比较一下禁止提倡自杀式炸弹,与禁止一切商业广告。而且,科学和艺术表现,在布雷尔的言论范畴等级体制中位置又何在?他没说但特别容易想象的是,对科学探讨的限制比起对政治表达的细微限制给这个国家的力量和繁荣带来的损害要大得多。

布雷尔认为,不应认定限制政治竞选捐助是侵犯言论自由。他承认,禁止某人花费 100 万美元购买电视广告吹捧某位候选人,是削减了表达。但他认为,限制富人购买竞选广告的权利可以因这个限制给生动自由带来的贡献得以正当化。宪法第一修正案硬是被理解为"追求便利普通公民间的对话,这会鼓励他们知情参与选举过程",诸多有关竞选融资的法律也有"类似的目标。它们都追求把金钱可能带来的与选举过程有关的影响予以民主化,因此培育公众对选举过程的信任,扩大候选人有意义的资金支持基础,鼓励更大的公众参与。"[22] 他担心的是,如果对个体竞选捐助不加限制,候选人就会把筹资限定在一小撮大款身上,普通人就会同政治过程疏远,因为他们会认为政策是由富人利益塑造的,就会听不到人民的声音。

对这个不能成立的想象,布雷尔没提供任何证据。富人不是铁板一块;他们的利益和看法都有冲突。此外,因为富人实在不多,他们也就没多少选票左右选举,因此政治广告针对的都是一般人。想法很奇怪的是,认为政治广告越少,政治参与总量就越大。更进一步的是,如果某些候选人迎合富人,其他人就会受激励向不富有者筹钱——互联网已经使这事更容易了。

我不是说布雷尔认定竞选融资法不违反宪法第一修正案错了。如果没有证据表明这些法律推进了民主,那么就有可能也没证据证明它们削减了足够多的言论自由乃至削弱了民主制的根本,或对社会有任何其他

---

[22] Breyer,前注 1,页 46-47。

伤害。而关切私人为政治竞选花钱的可能恶果,这也很难说微不足道,因为否则的话,就会允许选民出售自己的选票。但就解决竞选融资法面临的挑战而言,建议其合宪标准应当是"比例原则",这无所助益。布雷尔希望权衡一下该法"对希望更多参与选举交流的、主要是比较富裕的公民的负面冲击"与该法"对公众对选举过程的信心和通过这一过程的公众交流能力的正面冲击;……这一制定法是否在选举言论限制与言论强化结果之间达成了合乎情理的平衡? 或者,依据其对选举和言论相关的收益来测度,并考虑到这些收益的种类、重要性和程度以及为保证它们所需的限制,它是否没有对言论施加不成比例的限制?"〔23〕"这一探讨是复杂的",布雷尔写道。〔24〕 非也,是不确定的。

问题并不在于他要求法院来掂量这些无法估量的东西。因为尽管"掂量无法估量的东西"听起来像是一种矛盾修辞("无法估量的东西"来自拉丁文 *ponderare*,意思是"掂量"),其实非也。尽管没法量化,一位法官还是常常能够知道,某案涉及的某个利益比另一种利益更有分量。在一个过失事故案件中,无论是预防措施的费用,还是如果没采取预防措施发生事故的概率和程度都不能量化,甚或无法量化,但也许还是很明显,有本可避免的严重事故重大的风险(过失),或预防措施费用与某轻微事故的小小风险不成比例(无过失)。这就是我在第九章倡导的"可容忍窗口"进路。但布雷尔标准中的一些关键术语,例如"对公众对选举过程的信心和通过这一过程的公众交流能力的冲击",某个受质疑法律的"选举和言论有关的收益"的"重要性"等,都如此朦胧乃至完全不可能相互权衡。像"民主"和"生动自由"这样的高度抽象概念,在宪法性问题的任何一方都可以同样言之成理的排列。它们都是充数的。司法决定以宪法根据废除某制定法,也许看起来不民主,但即使它不是一个强化民主的决定(就像人们广泛认为如此的选区重划决定一样),却还是可以说这适用了体现在美国宪法中的"更高民主",并为之辩解。因此原旨主义者与从宽解释主义者一样,都是民主派。同样,联邦党人想信守各州和各地方层级的民主选择,而国家主义者(nationalists)想信守联邦层级的民主选择。

布雷尔是国家主义者,尽管他承认像美国这样人口众多的国家需要

---

〔23〕 同上,页49(原作者的着重号)。

〔24〕 同上,页50。

联邦体制,以便给公民一种政治生活的完全参与感,因为州和地方层级的争议常常比涉及全国政府的争议对人民更重要也更容易理解。布雷尔不赞同他的大多数同事[25],他论辩说,应当允许联邦政府强迫各州官员协助执行联邦法律,例如,要求地方执法官检查联邦枪支控制办法的执法情况。他认为,如果联邦政府不能迫使各州官员协助管理联邦的项目,就需要一个更大的官僚体制,并会扩张,以州和地方政府为代价。联邦指挥各州官员,更可能出现的后果之一会是有更多联邦项目,因为联邦项目的某些成本支付会从联邦财政部转移到各州。州官员就会被抓差,成为半个联邦雇员。这与联邦主义是对立的。

继续以国家主义的口吻,布雷尔质疑了最高法院的一些决定,这些决定界定的州际贸易比 1930 年代以来的界定更狭窄,从而限制了联邦规制。[26] 他论辩说,基于扩大理解州际贸易的联邦法律是民主的,因为"公众已在全国层面参与了这一立法过程。"[27] 但请记住,他承认了,政治参与在全国层面比在州的层面更少,承认这一点就与他前面批评最高法院压缩联邦规制范围扩展州层面的政治参与范围不一致了。[28] 考虑到他信奉的是给法律加入民主,就奇怪了,他居然没有评论这样一个事实,我在第五章提到过,即州政府比我们的全国政府更民主。

与他作为实用主义法官的名声(但不完全是挣来的,我们在本书第十章看到)相一致,布雷尔敦促他的同事"了解一下决策对联邦主义寻求推进的生动自由的后果"以及"考虑解释宪法联邦主义原则的决定对地方民主自治的实际影响。"[29] 但是当只能猜想后果时,法官就完全放羊了。什么时候你能知道某个法律损害了诸如"生动自由"或"地方民主自治"这些如此难以捉摸的现象呢?

布雷尔赞同亚历山大·比克尔和更晚近吉多·卡拉布雷西为推进法

---

[25] Printz v. United States, 521 U. S. 898, 935 (1997); New York v. United States, 505 U. S. 144, 149 (1992).

[26] United States v. Morrison, 529 U. S. 598 (2000); United States v. Lopez, 514 U. S. 549 (1995).

[27] Breyer, 前注 1,页 62。

[28] 在评论布雷尔的著作时,迈克尔·麦克尼尔表明,布雷尔系统地偏爱联邦政府,而不是州和地方政府;麦克尼尔还论辩说这种偏爱与"生动自由"不一致。McConnell, "Book Review," 119 *Harvard Law Review* 2387, 2394-2397 (2006).

[29] Breyer, 前注 1,页 63。

院与立法机关"对话"(请看第十章)提出的进路。下面是布雷尔的版本:

> 提出一个严厉的要求,比方说,让最高法院同国会交流,最高法院究竟遇到了什么宪法难题,而无需永久性废除有争议的制定法。在重新颁布该制定法中,国会会重新研究这个问题,回应最高法院的关切。一条明确陈述的规则就会让最高法院要求国会对某政策方案的精确边界和范围提供毫不含糊的阐述。这些教义会使最高法院集中关注立法机关对某个问题的考虑是否彻底。[30]

这个单方对话会把国会和州立法机关死死捆住了。作为布雷尔向民主选举的政府部门伸出的橄榄枝,这会扩大司法的权力,通过废除立法来牺牲立法机关的权力,因为该立法没有满足彻底、明澈和精确的标准。

在该书另一部分,布雷尔指出新技术已改变私隐的景观。当有太多不确定性和太快变化时,他敦促法官放弃提出界定性答案。而是,应当允许答案在"最好描述为某种形式的参与民主"过程中"从底层冒出来"。[31] 布雷尔以自己加入的一个司法决定作为例子。在此决定中,最高法院认定,某联邦制定法违反了宪法第一修正案,因其禁止广播一段私人手机对话,那是位不知名者用扫掠天线截获并送给某广播电台的。[32] 布雷尔撰写了独立意见,强调了三点,并暗示,如果缺少其中任何一点,他的投票就会不同:该广播电台是这个非法截获的对话录音的无辜接受者;对话在两位工会官员之间,关乎公众利益,因其中包含了损害财产的威胁;以及这一谈话有关公事,而不是个人私密问题,因此播放这一对话,对私隐的侵犯少于本来可能具有的严重性。

所有这些都与"参与性民主"(1960年代激进分子的空洞口号)或,就此案而言,与新技术,没什么关系,该决定让会话私隐从属于媒体传播公众想了解的问题的利益。主要后果也许是不鼓励用模拟信号手机(这比有线电话更容易被侦听,并且不管怎样也正退出市场——这是一种已经过时的新技术)讨论敏感问题。反讽在于,媒体完全知道通讯私隐对自己的价值,报纸和其他新媒体都在拼命避免发生必须明确其记者秘密信息来源的情况,却不尊重这个故事的主人有同样的私隐利益。不保护通讯

---

[30] 同上,页64-65。
[31] 同上,页70。
[32] Bartnicki v. Vopper, 532 U.S. 514 (2001).

私隐的决定会导致更少的通讯，导致言论自由的损失，并因此，你也许会认为，生动自由的损失。

在有关积极补偿行动的一个讨论中，布雷尔宣布同意大法官奥康娜代表最高法院在格鲁特诉勃林格案（*Grutter vv. Bollinger*）[33]司法意见中提到的某些确定的"现实考量"。[34] 该决定肯定了密西根法学院的积极补偿行动。这些因素是，美国商业和军方认为积极补偿行动对于其运作很重要，将某个群体有效整合进本国公民生活，要求"通向领导地位的路明确为每个种族、族群中有才华且达标的个体开放。"[35]奥康娜说的是，尽管你必须从字里行间中读出来，在美国，黑人一般说来远远落后于白人，需要扶持——把提高他们的地位，让他们感到自己就是美国社会的一部分，而不是变成了愤愤不满的底层。

用这种实用主义呼吁作为理由支持积极补偿行动是可以，但这与民主完全无关。排斥下层的雅典也是繁荣的。那里的人口中大多数是妇女、奴隶以及外邦人，他们都没有公民权；雅典公民不超过成人人口的20%甚或只有10%。[36] 我本不想说这一点的，只是布雷尔在一系列修辞性提问中作了一种卢梭式的暗示，把奥康娜的分析同生动自由捆在一起："除了诉诸团结的原则、博爱的原则、生动自由的原则外，这些论证还有意义吗？"[37]团结和博爱，是的；这些都是雅典社会的，也是法国大革命的理想。但是它们不是，如同布雷尔隐含的，民主的理想。不民主社会常常团结程度很高，有时，就像在纳粹德国的情况那样，有种族主义政策的辅助。

布雷尔的著作提出了一些不错的论证，反对从严解释，赞同用制定法的文字和其他线索来推断制定法的目的，然后用这一目的指导解释。但是他没有展开最强有力的论证，反对目的主义进路——这种进路一般都

---

[33] 539 U. S. 306 (2003).

[34] Breyer，前注1，页81。

[35] 前注33，页332，引于Breyer，前注1，页82。

[36] 有关各种估测，请看，M. I. Finley, *Democracy Ancient and Modern* 51 (1985); A. W. Gomme, *The Population of Athens in the Fifth and Fourth Centuries B. C.* 26 (1933) (tab. 1); Mogens Herman Hansen, *The Athenian Democracy in the Age of Demosthenes: Structure, Principles, and Ideology* 93-94 (1999 [1991]).

[37] Breyer，前注1，页82（原作者的着重号）。

蔑视立法妥协（他还轻视了与之相关的、有多重目的的可能性，而这些目的也许相互冲突〔38〕）。一部制定法的原初或支撑性目的也许足够清楚，但在立法草案中这个目的也许钝化了，为了获得多数人的支持。如果情况如此，那么用原初目的来解决含混问题也许会让该法支持者得到了比他们在立法过程中能够得到的更多。那会是不民主。

布雷尔究竟是信奉民主，还只是信奉他刚好赞同的政策呢？他说："对某制定法作趋于贯彻立法者意图的解释，会有助于贯彻公众的意志，并因此与宪法的民主目的一致。"〔39〕这话说漏了嘴；表明他说的是一位单一的立法者，而不是这个立法机关。要通过立法，就得勉强组成一个常常代表不同利益的、由派别化立法者组成的多数。妥协不可避免并可能模糊想法单一的目的。公众并非单一的。

这不是说目的主义进路错了。制定法中的大多数空缺都并非故意，而不反思该制定法看起来追求什么，就没法明智地填补这些空缺。但，这是寻求明智，与民主完全无关（布莱克斯东不是民主派，亚里士多德也不是，他在两千多年前就提出了同样的观点〔40〕）。进一步显示这一点的是布雷尔的提议，贯彻这种目的主义进路的最佳方式就是采纳"拟制"的"合乎情理的立法者。"〔41〕解释者追问的不是实际的立法者想了什么，而是一位"合乎情理的"立法者（还是单数）会想些什么？由法官决定何谓"合乎情理"，因为，请记住，这个"合乎情理的"立法者是拟制的。他说这种进路会"把大众意志转换成坚实的政策"〔42〕，这种说法实在太英雄了，即使你跳过埋在"大众意志"概念中的诸多不确定性。这个"合乎情理的立法者"概念是一个工具，为在制定法解释中最大化法官的裁量权，因为法官注定会认为自己"合乎情理"，因此他知道合乎情理的立法者会

---

〔38〕 McConnell，前注 28，页 2405；Cass R. Sunstein, "Justice Breyer's Democratic Pragmatism," 115 *Yale Law Journal* 1719, 1731-1736 (2006)。

〔39〕 Breyer，前注 1，页 99。

〔40〕 请看，Aristotle, *Rhetoric*, bk. 1, §13; W. G., "On Construing Statutes by Equity," 6 *American Law Register* 513 (1858)。

〔41〕 Breyer，前注 1，页 97-101。布雷尔这里借用的是，Henry M. Hart, Jr., and Albert M. Sacks, *The Legal Process*: *Basic Problems in the Making and Application of Law* 1378 (William N. Eskridge, Jr., and Philip P. Frickey, eds. 1994 [1958])。

〔42〕 Breyer，前注 1，页 101。

怎样。

　　真实并且重要的是，这些立法者也许会很满足于有司法机关把"合乎情理"的解释强加于他们亲手立的法；否则的话，这些立法者会不得不花费很多时间来修改自己以及前辈的立法。文本主义者并不偏向立法机关，因为他们坚持认为制定法已说得很清楚了；立法过程的条件，特别是为了法令通过所需的妥协，都使立法机关不可能颁布毫不含糊的制定法。法官跟在立法者后面清理干净，可行，甚至在某种意义上是民主的。

　　当布雷尔转向行政法时，这个合乎情理的立法者概念又来了。美国雪佛龙公司诉保护自然资源公会案（*Chevron U. S. A. v. Natural Resources Defense Council, Inc.*）[43]判定，当规制性制定法含混之际，法院应尊重规制机构的制定法解释——只要该解释合乎情理；而背后的理论是，在这类案件中，尽管制定法解释本质上是司法工作，但国会已经授权执行该法的机构仅接受轻微的司法审查。布雷尔提出，在具体案件中，要决定是否有这一授权，法官应当"追问，鉴于该制定法的目标和环境，一位设想的国会议员［即，一位合乎情理的国会议员］在立法时是否可能希望司法在此情况下尊崇［执法机关的决定］"[44]，或是相反的，希望司法机关自己决定。这是个错问题。按此设想，该制定法是含混的；那么国会要么没作决定，或如果是作了决定，我们不知道是什么。因此，这里的问题是，即使当初国会想要法院或规制机构来解决这个含混，司法是否接受国会的决定。对这个问题的回答，可说的一切只是，如果此案争议是技术问题，那就属于该机构而不是法官的专业范畴，法院也许就要尊崇；否则的话，就不。雪佛龙决定中的"授权"概念是个虚构。尽管雪佛龙决定被大量引证，但它是否改变了司法对行政行为的复审，很可疑。[45]

　　文本主义者（或文本主义/原旨主义者），例如，频繁与布雷尔开战的搭档斯格利亚，论辩说，就像布雷尔提到的，布雷尔主张的那种从宽解释

---

　　[43]　467 U. S. 837 (1984).
　　[44]　Breyer，前注1，页106。
　　[45]　William N. Eskridge, Jr., and Lauren E. Baer, "The Supreme Court's Deference Continuum: An Empirical Analysis (from *Chevron* to *Hamdan*)" (forthcoming in *Georgetown Law Journal*). 两位作者发现，围绕制定法的解释，政府几乎总是赢家，特别是在机构拥有相关专业知识而法官不拥有的领域。

进路"为主观性敞开了大门。"[46]确实如此,而唯一的出色回应是,文本主义或原旨主义和"生动自由"一样也变化不定。布雷尔没有这样回答。他的回答是"强调后果的法官,不比任何他人更少理解司法决定会影响对法律先例、规则、标准、习惯和制度的了解。"[47]但"理解"的意思不是"信奉"。布雷尔加入了劳伦斯诉德克萨斯州案的决定(请看第十章),推翻了鲍尔斯诉哈德威克决定(*Bowers v. Hardwick*)[48],也加入了若珀尔诉西蒙斯案决定,就像我们在第十章看到的,推翻了斯坦福诉肯塔基州案决定。劳伦斯和若珀尔两决定都是"自由派"的勇敢决定。两个决定都没有表现出对后果的仔细关注。在劳伦斯决定中被否弃的反肛交制定法实际上没有效果,因为到此案决定时,该法几乎从来没有执行过。它大致已成了一个声明,这个社会不赞同同性恋,但也没人听;而最高法院用自己更"开明的"道德观置换了它。还让我们想想,若珀尔决定给出的那些显示未成年人道德不成熟不能理解谋杀之意味的心理学研究,就为最高法院误解了。

布雷尔为自己在泽尔曼案即学券案(请看第十章)中持异议作了辩解。他在自己的书中说:"从支持宗教教育的大量财政补助项目管理中,[他]看到了潜在的宗教倾轧。"[49]这种"看到了潜在"其实是一个猜想,如果不允许实际执行这些学券项目,这个猜想是既无法确认也无法证伪的。这与洛克纳决定很类似。1905年决定洛克纳案时,很多令人尊敬的看法都认为,用法律限制工作时间,这是开明的措施,会以小小的社会费用改善工人阶级的福利。当时最高法院的问题是,是否要废除这些措施,根据是,该法剥夺了雇主的"契约自由"——一个不见于宪法的术语——并在这种境况下构成了否认"法律正当程序",又一个并不显然与法律内容有关、而与其形式有关或是与其颁发的环境有关的术语。霍姆斯在其反对意见中指出,要废除纽约州最长工作时间法,就要求最高法院在经济

---

[46] Breyer,前注1,页118。对文本主义的系统辩解,请看,John f. Manning, "What Divides Textualists from Purposivists?" 106 *Columbia Law Review* 70 (2006); Caleb Nelson, "What Is Textualism?" 91 *Virginia Law Review* 247 (2005).

[47] Breyer,前注1,页118-119。

[48] 478 U.S. 186 (1986).

[49] Breyer,前注1,页121-122。

学理论中作选择,因为很难认为宪法创制者已经为这些大法官作了选择。最高法院打倒了该法,也就杀死了这个社会实验。

取消选举产生的立法机关采纳的社会实验,不仅不实用主义,也不民主。布雷尔比他的保守派同事更多投票支持联邦制定法,但是他的民主资质和他对联邦主义的信奉,都因他加入了劳伦斯和若帕尔案决定以及他在泽尔曼案决定中的异议而令人生疑;在前两个决定中,最高法院否决了州的立法。他还热情支持引证外国宪法决定,而这就是精英主义,因为外国法院的决定都不是美国民主中的事件。[50]

边缘模糊是布雷尔宪法教义的一个突出特点,他在书中为此辩解,说"始终坚持明确规则可能需要支付高昂的宪法性代价。"[51]他追问可能导致罪犯被判终身监禁的"三次出局"规则可否认定是残酷且不寻常的惩罚——即使第三次只是犯了轻罪,比方说偷了高尔夫球杆或录像带。最高法院认为不能。[52] 布雷尔持异议。他在书中承认,他在异议中主张的立场"会使最高法院没有清楚的规则"[53]。人们由此会想到他在艾厥德诉艾希克洛夫特案中的异议(请看第十章);在那里,他提出延长版权期的制定法缺乏宪法的必要理性支撑,"(1)如果该法授予的重大收益是私人的,而不是公众的;(2)如果它严重威胁性地削弱宪法版权条款体现的表达价值;以及(3)如果它不能从与该条款相关的任何重要目标中找到正当理由。"[54]这是一个让标准蒙羞的标准。而这提醒了人们,如果法官想当个偶尔的立法者,最高法院大法官想当位频繁的立法者,他们就必须有能力提出规则和标准,提供明确立法所提供的那种指南。

尽管布雷尔是最了解一般性知识产权特别是版权的大法官,他在艾

---

[50] 请看本书第十二章。麦克尼尔(前注28,页2399)评论说:"我假定那些生动自由出了争议的'人民'就是美国人民。要么最高法院引证的外国法院决定与我们法律中表达的'[美国]人民的意志一致',要么与美国人民的意志不一致,在前一种情况下,参引外国决定就多余,而在后一种情况下,赋予这些决定并非无关紧要的分量,从大法官布雷尔的观点看,就很成问题。"单引号所引文字是来自,Breyer,前注1,页115。

[51] Breyer,前注1,页128。

[52] Lockyer v. Andrade, 538 U. S. 63 (2003); Ewing v. California, 538 U. S. 11 (2003)。

[53] Breyer,前注1,页129。

[54] 同上,页245。

厌德案中的异议没有获得任何同事的支持;另一位异议者,大法官斯蒂文斯也没有加入布雷尔的异议。布雷尔承认自己没法说服同事接受他的经济规制观[55],而这与知识产权一样是他有而他的同事缺乏专业知识的领域。他把自己的无能部分归结为同事更偏爱法律的"显著界限规则",而他认为,这同经济学推理很难协调,因为"经济学常常关心分级,由于分级带来的或多或少的后果……,我趋向不赞同绝对的法律界限。生活通常太复杂,不适合用绝对规则。"[56]但复杂性就是要有规则的理由之一。有意忽视规则的经济俭省性,这不实用主义。

布雷尔说,司法"独立是一种思想状态。它反映了对不恰当压力无动于衷,决心依据法律决定每个案件。"[57]我不质疑他信奉司法独立的真诚,但我确有疑问的是,"法律"这个词对他意味着什么。除非你可能——没人可能——把他从美国宪法中演绎出"生动自由"的努力当真,并认为布雷尔可以从"生动自由"中演绎出他的全部司法投票,并因此赋予这些投票一个宪法门第——这也很成问题,那么对布雷尔而言,"法律"或至少是宪法性法律,看起来就更多是他自己的创造,而不是外在于他个人观点的一套思想。我想说他是一个善于将就者(*bricoleur*),即"运用周围可以找到的各种工具[的人]……,这些工具设计时都没特别考虑用途,也没有以试错法而特别调适,而只是看来必须,就毫不犹豫地改换工具"。[58]布雷尔的工具不仅有古雅典人的直接民主和现代美国的实用主义,而且还有伊利的宪法审判"代表强化"论、亨利·哈特的"合乎情理立法者"制定法解释论、罗纳德·德沃金的宪法和制定法条款解释应

---

[55] Stephen Breyer, "Economic Reasoning and Judicial Review: AEI-Brooking Joint Center 2003 Distinguished Lecture" 2 (AEI-Brookings Joint Center for Regulatory Studies, 2004).

[56] 同上,页 6-7。

[57] Stephen Breyer, "Judicial Independence: Remarks by Justice Breyer," 95 *Georgetown Law Journal* 903, 904 (2007).

[58] Jacques Derrida, *Writing and Difference* 285 (1978). 借用外国法律(请看下一章)已被描绘为某种形式的"将就"(bricolage)。请看,例如,David Schneiderman, "Exchanging Constitutions: Constitutional *Bricolage* in Canada," 40 *Osgoode Hall Law Journal* 401 (2002),以及此文中引用的文献。大法官布雷尔是一位热情引用外国决定作为美国法律权威的人。

成为政治道德最佳陈述的主张[59]、经济学分析以及尊崇先例和制定法文本这些常规法律材料。这样的折衷主义给法官留下完全的自由，沉溺于自己的政治本能——自由派的、保守派的或温和派的，因为它可以包容法官可能想获得的任何结果，因为一些他也许不愿公开承认的理由：内心不喜欢死刑、人工流产、积极补偿行动或公共领域内的宗教等。

布雷尔是非教条自由派，这意味着，顺便说一句，在他的书中找不到某些自由派法学教授向往的那种宪法"愿景"。[60] 你是否同意他的司法进路，这可能取决于你是否同意他的政治，然而，这也同样适用于你是否同意他的对手，以及最高法院的他和他们的前辈，一直上溯到约翰·马歇尔。

法官麦克尼尔不赞同布雷尔"更强调'目的'和'可能的后果'而不是强调语言、历史和传统。"[61] "他强调'可操作的结构'和'真实世界的后果'，他认为自己的进路会避免'严重有害的后果'，显然都基于他对费用和收益的权衡，所有这些都趋于认定大法官布雷尔是实用主义者。"[62] 事实上，布雷尔是时断时续的实用主义者，他的实用主义很有些自由派政治信奉的意味，这种组合标记了他是现实主义法学的后裔。布雷尔是戴着面具阐述一种全盘理论；而当在保守派偏爱的理论地带与保守派竞争时，这样比较好。

但保守派也戴了面具，尽管原旨主义及其兄弟文本主义，与实用主义类似，但与生动自由不同（或像我在第四章中提到的"政府中立"意识形态，霍华德·吉利曼[Howard Gillman]将之归结到洛克纳时代的最高法院大法官），本质上都不是政治的，尽管其动机我认为是政治的，意思是其可能产生的后果总体上都会符合这位理论家的政治偏好，否则就不会采用。原旨主义很容易摘下面具。这里就有一个例子，表明多么容易。对于原旨主义者来说，特别是那些正当着或渴望成为法官、因此不敢像有终身任职的学人那么敢放肆的人来说，一个可能非常重大的难堪是，你若毫不动摇地接受原旨主义，你就要推翻已经获得正典地位的许多判例。法

---

[59] Ronald Dworkin, *Freedom's Law: The Moral Reading of the American Constitution* (1996).

[60] 请看，Greehouse，前注 2。

[61] McConnell，前注 28，页 2390，引证了 Breyer，前注 1，页 8。

[62] McConnell，前注 28，页 2408，引证了 Breyer，前注 1，页 115-116、129。

官麦克尼尔,一位自称的文本主义/原旨主义者,就敏锐地意识到这个问题。他提出了一些似是而非的例子,说这些教义违反了他的原旨主义原则:"依据同等保护条款反对性别歧视,对联邦政府适用同等保护原则,扩展商业条款允许联邦规制州内商业或禁止州立法区选民比例重大失调。"[63]但是,他说,这些有问题的决定都已神圣化了,因为"有压倒性的公众接受,……这种压倒性公共接受构成了某种形式的民众批准,使得这些决定合法化了并成了权威。"[64]他引用了詹姆斯·麦迪逊的观点,麦迪逊承认自己关于创造全国银行是否违宪的观点改变了,因为他把"最广大人民的默许……视为这个国家给宪法增添的建筑。"

换言之,美国宪法可以由流行的舆论来修正,这种观点与政治家意气相投,但人们会认为与原旨主义者不合适。对这个奇谈怪论,既没有文本支持,而且就我知道,也没有相关的历史支持(麦迪逊写作几乎在制宪大会40年以后)。更重要的是,它实际上允许了政治性判决。因为它对法官说:如果你认为你理解舆论正朝什么方向前进,那就走在这个队伍的前沿,决定此案,不必参看原旨主义的教条,如果你的政治本能正确,那么你的决定就会被接受——包括为原旨主义者接受!

注意,麦克尼尔没有提对公立学校种族隔离运用同等保护条款,没有把这作为判决违反原旨主义信条的例子。尽管他承认"在这个碎裂的宪法性法律学科中,有种非常接近于共识的观点,即布朗决定与对宪法第十四修正案的原旨主义理解不一致"[65],麦克尼尔打算证明这种共识错了,他完全意识到这对于原旨主义在政治和学术上的可接受性利害关系很大。[66]然而,他提出的唯一证据只是,1870年就贯彻宪法第十四修正案

---

[63] McConnell,前注28,页2417。

[64] 同上。

[65] Michael W. McConell, "Originalism and the Desegregation Decisions," 81 *Virginia Law Review* 947, 952 (1995). 又请看,McConell, "The Originalist Justification for *Brown*: A Reply to Professor Klarman," 81 *Virginia Law Review* 1937 (1995). 克拉曼对麦克尼尔文章的回应包括了对作为宪法解释理论的原旨主义的一个有力批评。Michael J. Klarman, "*Brown*, Originalism, and Constitutional Theory: A Response to Professor McConnell," 81 *Virginia Law Review* 1881, 1915-1928 (1995).

[66] Michael W. McConell, "The Originalist Case for Brown v. Board of Education," 19 *Harvard Journal of Law and Public Policy* 457 (1996).

的民权立法辩论时,大多数共和党国会议员都说过,他们认为这一修正案确实授权白人儿童上黑人学校和黑人儿童上白人学校。但是,在立法史这个靠不住的竞争场所中,最靠不住的就是法律颁布后的历史,在那里,立法竞争场的输家希望说服法院最后给他们以胜利(你已经听过赢家的历史了。这是输家的历史)。如果可以用法律颁布后的历史来消除某制定法或某个宪法规定的含混,法院就有巨大的解释裁量权。法官麦克尼尔或许是某种新的、后原旨主义者。

始终如一的原旨主义者会说,如果宪法第十四修正案要求公立学校种族整合,它会这么说的。在"同等保护"这个术语中,看来没什么禁止隔离,即使依据的理由通常看来是令人厌恶的性别和种族。例如,当男女洗手间隔离,或监狱为防止种族骚乱而采取种族隔离。在这样的场合,"隔离但平等"就不是矛盾修辞。要证明学校种族隔离等于专断地不给黑人法律保护,这要有证据,但布朗案原告没给出多少证据。每个人当然都知道隔离的社会含义,但这不是法条主义者,包括——人们会这样认为——文本主义者/原旨主义者,感到惬意的"证据"(也不是麦克尼尔依据的证据)。麦克尼尔的文章发表后,一位种族法律史的研究者,迈克尔·克拉曼(Michael Klarman)撰文结论认为,"对宪法第十四修正案的原初理解明明白白地允许学校种族隔离……对于那些最信奉传统法律渊源——诸如文本、原初意图、先例以及习惯——的大法官来说,布朗案本应当是很容易的案件——支持学校的种族隔离。"[67]

麦克尼尔的布朗案分析中最奇怪的是他承认,当宪法第十四修正案通过时,"无论南方还是北方的白人都非常不喜欢废除学校种族隔离,并且实际上学校种族隔离也非常常见",但"这不是通常的年代";在这个"年代,政治上的少数,以南北内战的胜利威望并用军事控制南方叛乱各州政治机器为武器,把宪法性改变作为南北重新联合的代价强加给了这个国家,基本没管民众的看法。"[68]原旨主义者为原旨主义辩护说,这保护了民主,防止了法院以宪法名义篡夺立法权威;并请回想麦克尼尔的辩解,说当民众默许批准时,在民主意义上这些非原旨主义先例也就合法

---

[67] Michael J. Klarman, *From Jim Crow to Civil Rights: The Supreme Court and the Struggle for Racial Equality* 26, 447 (2004) (原作者的着重号)。

[68] McConell, "Reply to Professor Klarman," 前注65,页1938-1939(添加了着重号)。

了。但在他的描述中,当被解释为禁止学校种族隔离之际,宪法第十四修正案就是篡权的而不是民主的。他为这一解释辩解时说这与民主偏好无关。而你在这里看到的是,这位理论家围着一个政治律令——大声接受布朗决定的正确性——来整修其理论。

就限制司法侵蚀政府其他部门权力的意义而言,原旨主义并不是司法自制的理论。[69] 并且,它的可塑性也使人们甚至怀疑原旨主义的核心主张:原旨主义会减少司法裁量。还有进一步的理由怀疑它。在判例法体制中,为获得合乎情理的确定性,有两种基本的法条主义工具:一是宪法和制定法的文本;另一是先例。但这二者有冲突。一位原旨主义者必定要怀疑先例,因为最好的先例也只是司法对权威文本的解说,而最坏则是司法的凭空(ab nihilo)创造。大法官斯格利亚就公开宣称,他接受先例是实用主义的。在原旨主义支配的世界,就像在民法法系中(细致的法典使文本主义在民法法系中要比在我们的体制中是更可行的战略),先例作为稳定法律的力量就会衰减。实用主义者、从宽解释主义者以及喜爱"活宪法"的人,都拒绝权威文本的字面解释,都把文本语言从属于他们的目的。但是他们趋于比原旨主义者更尊重先例,因为对他们来说,宪法性法律是先例的而不是文本的创造物。为强调这一区别,我们可以夸大地说,一个学派在文本中寻求确定性,贬低先例,而另一学派在先例中寻求确定性而贬低文本。第一派是方法论上的新教徒(尽管这一方法论的许多实践者是天主教徒),第二派是方法论上的天主教徒(尽管其大多数实践者是新教徒或犹太教徒)。不清楚的是,哪个学派比另一学派为宪法性法律提供了更多的确定性、可预测性或稳定性。美国最高法院目前是4比4分裂成两派,而大法官肯尼迪在两派间不可预测地来回穿梭。

因此,有谁可能把原旨主义或任何宪法解释的全盘理论当真吗?回答这一问题的方式之一会是,比较一下司法哲学不同但政治结盟的法官的投票,比方说布雷尔(生动自由)、斯蒂文斯(没有可辨认的司法哲学,但倾向实用主义)与苏特(没有可辨认的司法哲学,但不是很实用主义);斯格利亚(原旨主义者)与冉奎斯特(没有可辨认的司法哲学);卡拉布雷西(比克尔派)与他的同事琼·纽曼(也没有可辨认的司法哲学);麦克尼

---

[69] Keith E. Whittington, "The New Originalism," 2 *Georgetown Journal of Law and Public Policy* 599, 609 (2004).

尔(原旨主义者)与他在第十巡回区的任何同事;伊斯特布鲁克(强烈的原旨主义者[70])与波斯纳(实用主义者)。我的印象是,政治思维相像的法官通常投票方式相同,尽管他们的司法哲学不同。大法官斯格利亚在本书第一章中引用的文字中就提出,有不同哲学的法官仍然趋于在许多案件中意见一致,因为法官都是"温和派"[71]。这种提法确实值得称道。但更重要的因素是,司法哲学基本没什么因果有效性。它们不会弱化政治偏好的力量。它们没有提供"可行动的"理由,而是为基于其他理由而已经采取的行动提供正当化。但要更完全的验证这一命题,则要求比较司法哲学类似但政治倾向不同的法官(例如大法官斯格利亚和金斯伯格——两人都是法条主义者),并追问他们的决定是否趋于聚合,或是如同我预测的,趋于分裂。

---

[70] 请看,例如,Frank H. Easterbrook, "Foreign Sources and the American Constitution," 30 *Harvard Journal of Law and Public Policy* 223 (2006); Easterbrook, "Abstraction and Authority," 59 *University of Chicago Law Review* 349, 372-378 (1992).

[71] Antonin Scalia, "Originalism: The Lesser Evil," 57 *University of Cincinnati Law Review* 849, 862 (1989). 请看第一章的注 60。

第十二章
司法世界主义

当下司法和学术界正展开一场激烈辩论,关于是否,或更准确地说在什么情况下,为什么目标,为什么结果,最高法院应当引证国际法院或其他外国法院的决定。[1] 这些限定至关重要。作为与审理某案的有关信息渊源之一,可以引用任何东西。假定一位法官刚好读了德国宪法法院

---

[1] 请看, Austen L. Parrish, "Storm in a Teacup: The U. S. Supreme Court's Use of Foreign Law," 2007 *Illinois Law Review* 637 (2007); Mark C. Rahdert, "Comparative Constitutional Advocacy," 56 *American University Law Review* 553 (2007); John O. McGinnis and Ilya Somin, "Should International Law Be Part of Our Law?" 59 *Stanford Law Review* 1175 (2007); James Allan, "Jeremy Waldron and the Philosopher's Stone" (University of Queensland Faculty of Law, Feb. 2007, forthcoming in *San Diego Law Review*); Mark Tushnet, "When Is Knowing Less Better Than Knowing More? Unpacking the Controversy over Supreme Court Reference to Non-U. S. Law," 90 *Minnesota Law Review* 1275 (2006); James Allan and Grant Huscroft, "Constitutional Rights Coming Home to Roost? Rights Internationalism in American Courts," 43 *San Diego Law Review* 1 (2006); Jeremy Waldron, "Foreign Law and the Modern *Ius Gentium*," 119 *Harvard Law Review* 129 (2005); David S. Law, "Generic Constitutional Law," 89 *Minnesota Law Review* 652 (2005); Roger P. Alford, "In Search of a Theory for Constitutional Comparativism," 52 *UCLA Law Review* 639 (2005); Ken I. Kersch, "The New Legal Transnationalism, the Globalized Judiciary, and the Rule of Law," 4 *Washington University Global Studies Law Review* 345 (2005).

的一个与人工流产权有关的决定,发现其中有他先前没见过的很有说服力的反人工流产的论点(或许一些有关人工流产的动机或程序的事实);并且假定他是想给予其应得的赞许,或只是想指明来源,因为法官,和其他大多数法律人一样,都是过度的引证者(这是一种条件反射,专门用来隐藏许多法律推理没有根基的特点)。或者这个外国决定也许有重要的法律意义,例如,因为在美国引发诉讼的某合同特别规定了合同解释要符合某外国的法律。这就属于外国法为美国案件提供了司法决定之规则的情况。

受外国司法决定影响甚或为其创造的国际法,在美国法院中也可能成为某个主张或辩解的根据之一。美国宪法第一条第八款授权国会"界定和惩罚违反国际法(Law of Nations)的行为",并且,《外国人侵权主张法》授权在联邦法院提出诉讼,执行因违反国际法而发生的侵权主张。[2]海商法就是我们联邦法院执行的一套国际法。也许还会用一个英国18世纪的决定来确认美国宪法第八修正案中"残酷且非寻常惩罚"的原初含义;这会是关注外国法与美国法谱系关系的一个例子。

无从指摘这些引证外国决定的例子。但时下的争论有关另一些数量相对很少[3]的案件,法官(特别是最高法院大法官)在某个美国宪法性法律争议上寻求一种全球共识,引证某个外国决定,因为该决定的先例效果。这种追求是最晚近的无望努力,试图把争议不断的最高法院判决基于某些比大法官的政治偏好更为客观的东西上。早先几代人从自然法中寻求法律的固定性,认为自然法是普世的,因此超政治。这种追求失败了,因为什么是自然法的原则,或在具体案件中它们至少要具备些什么,人们有无法跨越的分歧。某种全球司法共识看来也许最合乎情理地近似这类自然法原则。

但这意味着把外国决定视为美国法院的权威决定——即它的说服力仅因为它是一些有名有姓的法庭的决定,而不关心该法庭的推理说服力有多大。大法官奥康娜说:"某些外国和国际社区得出的结论,有

---

〔2〕 28 U.S.C. §1350.

〔3〕 David Zaring, "The Use of Foreign Decisions by Federal Courts: An Empirical Analysis," 3 *Journal of Empirical Legal Studies* 297 (2006).

时候,应当在美国法院构成有说服力的权威"[4],这时,她承认的就是这一点。

然而,我们需要区分支配性权威和非支配性权威。同一司法制度中某更高层级法院的司法决定,取决于法院接受的精确先例原则,一定要遵循,而不论目前这些法官是否认为那个决定合理。没人认为外国决定应具有这种权威。但法院也常常引证某个没有这种强烈意义的权威决定,因为该决定是不同法域的某法院提交的(例如,也许是另一个州的最高法院或另一联邦上诉法院的决定),该法院也会赋予这个决定某种分量,仅仅因为它是由一个假定分享了类似价值、传统和观点的兄弟法院决定的。除了这一决定的内在说服力外,仅仅它是这样一个法院的决定这个事实就有某种分量。如果许多兄弟法院在某个具体规则或教义上都聚合了,那么"聚合"这一事实就会推动首次遇到这个问题的法院得出同样的结果,除非是它有强烈的相反感觉。

但对此有一些重大反驳意见,反对引证外国决定作为哪怕是弱意义上的权威。有些拒绝切入到问题核心,即美国法官是否应当寻求全球共识,像大法官肯尼迪在劳伦斯决定和若珀尔决定中那样。但我从一个更世俗的反对意见开始。即促成这种引证习惯是一些很偶然的机会。把这一反对意见变成司法关注焦点的是通常的司法实践——限制许可引证某类判例作为先例。在美国许多法院都不允许某个辩护人,作为先例,引证未在官方法律报告中发布的司法意见(如今主要是由西方出版公司发布的系列判例报告)。法官对这些司法意见的关注不如对他们决定发表的那些司法意见仔细,因此,允许引证它们作为先例就会增加律师和法官的研究量,却不会导致更好的司法决定。为了节省时间,最高法院就不太看重联邦上诉法院以及各州最高法院的决定。除表明最高法院干预的是哪个州的案件外,这类决定罕被引证。然而美国的司法体制相对统一,其产品很容易获得,世界其他国家的司法体制差别巨大(世界上除美国外,还有192个国家),它们的大多数决定,就可行性而言,都难以为我们只懂英语的法官和法官助理获得。如果可以自由引证外国决定,任何法官想有

---

[4] Sandra Day O'Connor, "Proceedings of the Ninety-Sixth Annual Meeting of the American Society of International Law: Keynote Address." 96 *American Society of International Law Proceedings* 348, 350 (2002).

支持性引证,就只需在世界法律大全中把线放得足够长,就能钓到,尽管你完全可以怀疑他钓到的究竟是什么。或许大法官斯格利亚不再谴责自己的法院引证外国决定了,他会转而撒开自己的网,足够宽大,打捞出一些先例,支持他对同性恋、人工流产、死刑以及公共生活中宗教角色的观点。

特别应当反对的是,在美国法院中引证外国决定作为一种新的司法遮羞布,而这种做法我们已经足够多了。很少有法官的观点是非常世界主义的,乃至希望从外国人那里获得启示。在那些充满政治意味的案件中,诸如劳伦斯决定和若帕尔决定,法官从自己的个人经验、价值、直觉、气质、舆论考察以及意识形态中获得启示。影响最高层级审判的这些因素,没有哪种是由研究外国司法决定塑造的。某些外国给肛交定罪;有些则不。能够认为劳伦斯决定中的大法官已经掂量了其他国家有关肛交定罪的论证吗?

法官引证外国决定与他们偏爱引证先前的决定而不是重新表述某个立场有可能原因相同:他们不大敢说出自己的声音,以免把法律正义搞得看上去太个人化了。他们总是从先前的判例中发掘引文和引证先例,创造出一种感觉,他们实际上未遵循先例而采纳的立场不可避免。深度搜寻司法意见通常是在法官投票——尽管是暂时的——结果出来之后而不是之前。引证外国决定则是审判过程进一步神秘化的努力,也进一步隐藏了最高法院的宪法法理核心中司法决定的政治特点。一个法院越是政治的,它就越努力看上去是非政治的。

因此,大法官斯格利亚坚持反对引证外国决定和立法史是始终如一的。这两种引证都是形式上的外部装饰。〔5〕 去掉这些外部装饰后,还剩下些什么呢?斯格利亚认为剩下的就是原旨主义。事实上,它不止是外部装饰。引证外国决定,和引证立法史一样,还有一种很浪费的"军备竞赛"特点。如果一位法官开始引证这些材料,反对派法官就有了压力,要

---

〔5〕 有关立法史,请看,例如,R. Shep Melnick, *Between the Lines: Interpreting Welfare Rights* 253 (1994)("略高于外观装饰")。这令人想起下面这个笑话。一位虔诚的犹太人路过当地莫赫尔(依据犹太法律执行割礼的人)的办公地,吃惊地看到窗上展示着成盒的手表。他进去问道:"莫赫尔,为什么你在窗户上展示手表呢?"这位莫赫尔回答说:"那你想让我展示什么呢?"

从同样渊源中开掘出抵消性引证。这对作出坚实的司法决定,净贡献也许是零。但是引证立法史创造了额外的、也许是严肃的军备竞赛问题:立法者会有意生产有争议的立法史,以便稍稍左右一下以后的司法解释,而他们的努力会引发希望司法解释向另一方向前进的立法者做出回应。

更进一步,外国的司法决定出现在一个复杂的社会、政治、历史以及制度背景中,我们大多数法官和大法官对其一无所知。[6] 要知道在人工流产案件中应给予德国宪法法院的决定多大分量,你会想知道该国法官是如何任命的以及他们如何理解自己的角色,特别是德国历史的特别之处如何塑造了德国人对人工流产的态度,突出的如魏玛共和国有关人工流产的法理,有人认为这一时期的法理为纳粹德国的法律暴行——例如非自愿安乐死[7]——作了铺垫。主张美国废除死刑的人引证欧洲人拒绝死刑,证明国际性共识正在浮现,应当影响我们的最高法院;但欧洲拒绝死刑既与欧洲各国以往过度使用死刑(想想英国18世纪对小偷小摸也执行死刑、法国的恐怖统治以及纳粹德国和苏联的死刑泛滥),也与欧洲政治更少民主的特点有关,欧洲政治使精英的看法在那里要比在美国更可能压倒公众的看法。

引证外国法作为权威还异想天开地假定全世界的法官构成了一个单一的智慧和良心共同体。这就是美国最高法院大法官说"对全人类的看法给予像样的尊重"[8],努力为引证外国司法决定作为权威正当化时采取的立场;而这是从《独立宣言》中断章取义的一个短语,因此也就颠覆

---

[6] 正如有学者辩论的,请看,Ruti Teitel, "Comparative Constitutional Law in a Global Age," 117 *Harvard Law Review* 2570 (2004),被评的著作是,Norman Dorsen et al., *Comparative Constitutionalism*: *Cases and Materials* (2003).

[7] Richard E. Levy and Alexander Somek, "Paradoxical Parallels in the American and German Abortion Decisions," 9 *Tulane Journal of International and Comparative Law* 109, 115-116 (2001),该文讨论了,在一些涉及人工流产的案件中,德国宪法法院"反复强调""纳粹德国树立了负面例子。"

[8] 请看,例如,Knight v. Florida, 528 U.S. 990, 997 (1999) (Breyer, J., dissenting from denial of certiorari).

了其含义。[9] 最高法院大法官，或至少是那些喜欢引证外国法院的大法官，都是很有城府的世界主义者，他们对外国做法了解多少自然会影响他们。但试图以我们的18世纪宪法为名，把他们的世界主义价值强加于美国人，这是否傲慢，甚或篡权了？

美国最高法院与外国的宪法法院之间一个被忽略的制度差别是，其他大多数国家都比较容易以宪法修正案方式废除某个宪法法院的判决。通常满足立法多数就可以了。[10] 这些国家罕有什么东西对应废除我们最高法院宪法决定的最大障碍——国会两院都以2/3多数投票赞成某宪法修正案草案后，还得有3/4州的批准。通过修宪推翻宪法决定越是容易，宪法法院就可能越少谨慎，越少尊重舆论并有强烈分歧。就像篱笆后的狗叫得更凶一样，如果法官知道自己说了最后也不算，他们就会更放纵炫耀个人观点。想想大法官布莱克和道格拉斯，如果他们的反对派立场——淫秽品也受美国宪法第一修正案的完全保护——获得多数大法官的同意，他们就会发现自己处于很不自在的立场。如果我们的大法官认

---

[9] 如同尤金·孔多拉维奇（Eugene Kontorovich）解说的，

《独立宣言》实际说的是"对人类意见予以一种像样尊重，这要求他们应当宣布迫使他们分离的原因。"换言之，美国应当给出其行动的理由。《独立宣言》是一份公关文件，是用来解说这些殖民者的行动并为之正当化的。这与国际主义律师给这份文件打的标记是相反的，这些律师说这显示了我们"学习了他人。"或者说，《独立宣言》寻求教育其他国家……在1776年，要摆脱主权君主的统治，国际法上没有根据。这样做与各国的支配性观点都是矛盾的，因为这些国家本身都是君主国。如果这些殖民者采用了这个法院［在若珀尔诉西蒙斯决定］的进路，他们就会说："好的，其他人也都纳了税而没有代表，这一定有什么道理。"

Kontorovich, "The Opinion of Mankind," *New York Sun*, July 1, 2005, p. 9. 又请看，Kontorovich, "Disrespecting the 'Opinions of Mankind': International Law in Constitutional Interpretation," 8 *Green Bag* (2d ser.) 261 (2005).

[10] 在47个有宪法法院并可以得到有关必要数据的国家中，79%允许立法机构以2/3多数票推翻宪法法院的决定。请看，Venice Commission, "Decisions of Constitutional Courts and Equivalent Bodies and Their Execution," March 9-10, 2001, www/venice. coe. int/docs/2001/CDL-INF (2001) 009-e. asp (visited May 2, 2007)，还有其他网站的补足，例如 University of Richmond's Constitution Finder, http://confinder. richmond. edu (visited May 2, 2007)，该网站包含了外国宪法的文本。

为,如果外国宪法法官拥有美国大法官拥有的那种权力,他们还会同样表达自己所有极端进步的看法,那我们的大法官就上当了。

反对引证外国司法决定作为权威的最具决定性的反驳意见是,这种做法不民主。即使其他民主国家的法官,或这些国家任职于国际法院的法官,提交的司法决定,也都在美国的民主制范围之外。这一点被遮蔽了,因为我们认为,我们的法院是"不民主的"制度。这种说法其实不准确。不仅美国大多数州法院法官选举产生,而且联邦法官也由选举产生的官员,即总统和参议院成员,任命和确认。因此,即使我们的联邦法官也有一定的民主合法性。外国法官,不论这些国家多么民主,在美国都没有民主的合法性。外国选民的投票不是我们这个民主体制中的事件。

我不是说,我们的法官应眼界狭窄,无视其他国家人民的所思所为。正如我们的各州都是社会实验的实验室,其他州和联邦政府可以从中有所获益,那么外国也是实验室,我们也可以从它们的法律实验中学到些什么。问题不是向国外学习;问题是把外国司法决定当作美国案件的权威,好像全世界是单一的法律共同体一样。

热情引证外国司法决定是一个可谓"司法世界主义"运动的构成部分,这个运动把整个世界当成似乎是一个司法法域。但这种进路有问题,远远超出引证;有两本专著对此有很好的说明。一本是加拿大法律教授戴维·贝蒂(David Beatty)写的;另一本是以色列法官阿隆·巴拉克(Aharon Barak)写的;我将讨论。但在批评司法世界主义时,我不会对哲学的世界主义概念坚持什么立场,司法世界主义概念很容易与之混淆。这个哲学概念有漫长且杰出的血统,从犬儒学派的提奥奇尼斯(Diogenes the Cynic)到玛莎·纳斯鲍姆(Martha Nussbaum),之前经过了斯多噶学派、西塞罗、格劳休斯、康德以及其他许多名人。其集中体现就是提奥奇尼斯的术语"世界公民",它告知我们,对他人的责任不止步于国界;我们共同的人性超越了忠诚于家庭、朋友、族人、国人以及其他与其有"地方性"联系的人,或至少正当地与之竞争,尽管这些关系在心理上和政治上都很重要。[11] 如今,世界主义最常被作为论点之一提出来支持富国慷慨

---

[11] 有关哲学世界主义,请看,例如,*The Political Philosophy of Cosmopolitanism* (Gillian Brock and Harry Brighouse eds. 2005); Martha C. Nussbaum, "Duties of Justice, Duties of Material Aid: Cicero's Problematic Legacy," 8 *Journal of Political Philosophy* 176 (2000).

援助外国。[12] 即使真的如康德这样的世界主义哲学家相信的,说我们的共同人性支撑了一种应指导法院的普世自然法[13],这与美国法官是否应当从外国法官那里获得启示也完全无关。不管自然法的渊源或内容是什么,但认为它是最高法院的适当依靠之一或认为外国司法决定证明了它的存在,这一步就迈得太大了,哲学世界主义中没有什么可以将这一步正当化的。康德关切的"世界主义权利——一个人愿意按照与其他人分享有限世界的一般原则要求来行动"[14]——和国际慈善一样,远离了当下的司法世界主义争议。

戴维·贝蒂为司法世界主义辩护的著作题名《最终的法治》[15],而这个形容词让我们期待一种扩大了的法治概念。如同我们知道的,传统上,法治这个术语指的是两种不同但相关的东西:依据诉讼人各自的法律是非而不是依据个人贤能来决定法律案件(这就是法律的非个人性以及法官的无偏私义务);以及即使社会最高层官员也受制于而不是高于(豁免于)法律。在第二种意义上,一个必然结论是,如果法律不是合乎情理的明确,乃至可以指导法官适用它,并为监督司法是否符合法律提供一个基础,法官就会被迫在某些非法条主义基础上决定案件。法官就会成为国家的统治者而不是法律的仆人。法律不明确对法治的威胁在宪法审判中会特别尖锐,这时最高层级的法官行使最终权威,却没有外在于他们个人意愿的关于如何行使这一权威的宪法文本或其他渊源的指导。

贝蒂知道问题所在,并提出令人吃惊的解决办法如下:法官在处理宪法性争议时不要关注宪法文本、先例("在宪法性案件中,先例在最佳情况下也多余"[16])或类比。他们完全不要想象自己的任务是解释。他们要关注的全部就是案件事实。贝蒂论辩说,尽管各国宪法差别很大,但

---

〔12〕 请看,例如,Gillian Brock, "Egalitarianism, Ideals, and Cosmopolitan Justice," 36 *Philosophical Forum* 1 (2005).

〔13〕 David Held, "Principles of Cosmopolitan Order," in *The Political Philosophy of Cosmopolitanism*,前注 11,页 25-27。一般性介绍,请看,*Perpetual Peace: Essays on Kant's Cosmopolitan Ideal* (James Bohman and Matthias Lutz-Bachmann eds. 1997).

〔14〕 Jeremy Waldron, "What Is Cosmopolitan?" 8 *Journal of Political Philosophy* 227, 242 (2000).

〔15〕 David M. Beatty, *The Ultimate Rule of Law* (2004).

〔16〕 同上,页 90。

"宪法文本的丰富变化……不会对法官思考这些有意为男性提供了比为女性提供了更多训练和就业机会的法律的方式有任何影响。对于谈判和起草宪法和国际人权条约的人非常重要的所有细节和装饰都与这些案件如何解决绝对没有关系。"[17]贝蒂不感到不安,因为"当法官都准备真诚且公正考察案件的全部事实时,他们不难看出并做正确的事情"[18]——而他说的是法律上的正确。

贝蒂认为自己的进路是一种实用主义,但他更喜欢的术语是"均衡"(proportionality):"均衡使实用主义成为可能的最佳"[19]。这并不是一种奇特的新命名;美国之外许多法院通常适用的一个标准就是"均衡"[20],并且我们也记得大法官布雷尔,我们的最世界主义的最高法院大法官,也挪用了它。要想符合宪法的要求,贝蒂说,法律必须表现出对人们感受的社会需求有均衡的而不是过度的回应。这样理解的均衡是无法同实用主义的典型技巧——平衡竞争性利益——区分的。

贝蒂主张,基于事实的审判会就宪法性争议得出一个客观的解决办法,意思是解决办法不受意识形态或情感的影响。"当法官对某案中利益攸关的实质性价值保持完全超然,并认真对待展示某法对受影响最大的人们意味如何的所有证据时,这些案件都表明,正确答案通常相当清楚。"[21]他因此看不上旨在获得实质性后果的宪法理论创造,相信有事实作指导法官或多或少会自动聚合于他认同的案件结果。关于"原旨主义",他尖酸地评论说,"指导法官,根据200年前生活的人们对宪法的理解,来解决当下社区中社会冲突的爆发点,结果是,让法官自由选择站在

---

〔17〕 同上,页81。

〔18〕 同上,页112。或者如同他在其他地方表达的,"当这些法院将决定建立在对诸多事实的贴近和细致评估时,要比法院花费大部分精力试图从文本语词中猜测答案,会更好实现每个人的利益。"同上,页57。

〔19〕 同上,页187。

〔20〕 请看,例如,Vicki C. Jackson, "Ambivalent Resistance and Comparative Constitutionalism: Opening Up the Conversation on 'Proportionality,' Rights and Federalism," 1 *University of Pennsylvania Journal of Constitutional Law* 583 (1999); Gregory C. Alexander, *The Global Debate over Constitutional Property: Lessons for American Takings Jurisprudence* 189-294 (2006)。

〔21〕 Beatty,前注15,页98。

自己良心告诉他们是正确的任何一边。"[22] 他指出,用德沃金的宪法解释道德理论会让"人民对社区的道德发展失控,失控于职业精英。"[23] 有了这些例子的帮助,贝蒂令人信服地辩论说,不可能通过证明有一个正确的宪法理论而让宪法审判变得客观、非个人性和非政治性。

因此法官不要想从理论家那里获得点化,所有这些理论家都很容易驳倒,他们要从自身实践中获得点化;而他们的实践主要涉及的就是,贝蒂坚持认为,发现事实。他以普通法为例:"这一古老法律传统的伟大天才之处就在于它自下而上地追求理论和主导原则。"[24] 这就是"归纳的方法"[25]。他争辩说,这不仅仅是法官应当如何进入,而且是法官确实如何进入宪法审判的方法。贝蒂带着读者在全世界的宪法法院走了一圈,看看证据,他论辩说,尽管宪法文本的措辞、法律文化、教义和先例以及其他方面有诸多不同,但这些法院都令人赞叹地提出了统一的结果,尽管美国最高法院常常在外围。这些案件的一切共同点就是事实相近,因此他结论认为,一定是事实推动着结果。

贝蒂因此是法律现实主义者的后辈,当年他们就认为事实是推动司法决定的全部。然而,贝蒂很清楚这种进路引发的"实然/应然"问题。光研究事实,无论多么彻底和谨慎,如果没有一个规范的框架,又何以可能得出一个结论,某案一方当事人的立场正确,而另一方错了?他从未直接回答这个问题。但他看起来认为,均衡恰好是全球司法共同体汇聚于此的法律规范。但这个世界相当大,贝蒂从全世界 193 国家中只引证了 15 个(加上 2 个欧洲法院的决定和一个联合国法院的决定)。其中还有 11 个是前英国殖民地。这并非世界司法意见的有代表性的抽样。

然而,他也许是正确的,即大多数国家的最高层级法官都相对不大关注本国宪法实际上说了些什么。美国就是这样一个国家。但承认这种司法漫不经心的人们通常认为,这些法官都越界了,都忘记了他们比政府的立法和行政部门更少民主合法性。然而,贝蒂沉迷于这样一个事实(如果这是一个事实的话),即"世界人民都已选择了法院作为其政府体制的中

---

[22] 同上,页 9。
[23] 同上,页 33(省略了脚注)。
[24] 同上,页 34。
[25] 同上。

心。"[26] 他喜欢这一点是因为，尽管解释主义实践起来，就像他令人信服地论辩的那样，也许相当无拘无束[27]，但基于事实的审判却并非无拘无束，因为对他来说，这里总是有个事实吧，一旦事实发现了，案件就解决了。这个事实就是州应当为宗教学校提供财政支持，州一定要承认同性恋婚姻，等等。既然法官做的一切就是发现事实，他们的活动就是非政治的。当他们以宪法名义——但仅仅是名义——废除选举产生的官员之立法时，他们也就不是同这些选举出来的官员竞争。

这些事实对贝蒂说的要比对许多读者说的话更清楚，因为他认为是事实的，其他人会认为是看法。例如，他称赞德国宪法法院的一个判决，该判决认定巴伐利亚州"如果允许自愿祈祷者在学校祈祷，没错，但如果允许在教室墙上贴耶稣受难像就错了，"因为"对非基督徒学生来说，十字架的宗教性以及学生无法挣脱的耶稣的注视都使这一图像的强力大大超出自愿祈祷者的承受。"[28] 没有该法院的更多细致分析，贝蒂没提供，这听起来像是个专断的判断，危险地落脚在"注视"，选用这个奇怪的词来描述耶稣受难图的外观。

贝蒂欢呼日本最高法院允许地方政府在财政上支持公共体育馆的神道开工典礼。[29] 他评论说，"大多数人，包括市政厅的人都投票赞同这笔支出，认为这主要是一种世俗仪式，为了体育馆的安全建设，没什么重要的宗教含义。"[30] 换言之，日本法院否认这一仪式有宗教含义，就像一个美国法院趋于否认吟诵"上帝保护美国和这一光荣的法院"然后开庭有宗教含义一样。然而，在美国语境中，同意用公共开支庆祝宗教典礼，则会令人吃惊。这个神道案件把美国读者带到了一个让他们失去方向感的不同的政治文化中。这个开工典礼由该市市长发起，四位神道僧人主持，涉及神道祭坛以及其他神道圣物，还有与鬼魂有关的斋戒仪式，持续了

---

[26] 同上，页35。

[27] 他称其"深厚地不民主"因为它"实际上对法官裁量权没有任何约束——没有纪律性规则。"同上，页56。而这是五十步笑百步。

[28] 同上，页46—47。

[29] Kakunaga v. Sekiguchi (1977)，英译并重印于，Lawrence W. Beer and Hiroshi Itoh, *The Constitutional Case Law of Japan, 1970 through 1990* 478-491 (1996).

[30] Beatty，前注15，页68。所谓"世俗仪式"，我认为他的意思是相当于向国旗宣誓或歌唱"星条旗永不落"。

40分钟。

在美国在"二战"结束之际占领日本之前,神道一直是日本的国家宗教,并且一直不宽容其他宗教。尽管有这一历史,也尽管这一开工典礼有明确无误的宗教性质,日本最高法院还是判决认为,因为"一般日本人对宗教没什么兴趣,也没什么意识"(其中许多人确实同时相信神道和佛教,因此"他们的宗教意识有些杂乱"),并且因为神道不要求改宗皈依,"也就不大可能,神道的开工典礼,即使由神道僧人主持,会提升出席仪式者或一般民众的宗教意识,或以任何方式鼓励和推动了神道。"[31]很明显,这一决定取决于日本文化的一些特点,而不是取决于美国或加拿大法院也许可以汲取的某些一般原则。

贝蒂确信基于事实的审判的客观性,源自一种信念,即"事实主张可以验证,它们究竟多么精确符合独立的和确实存在的经验世界。"[32]但在审判语境中罕有这样做的,也没法做。你也许在这里已经感到贝蒂对经验验证有一种相当随意的态度,和做出他讨论过的司法决定的那些法院一样。他批评一些法官"夸大了事实的重要性"[33]并"判定哪些事实最重要"[34]——好像不用作出相关判断就可以基于事实审判;但他并不比这些法官高明。在为美国最高法院的一个决定辩解时,贝蒂自己就这么做了,该决定认为"需求,而不是居住时限,是分配[福利]的恰当标准"[35],并据此推翻了某州关于有权获得福利收益的居住时间要件。但贝蒂忽视了这样一个事实,即认定居住要件为非法可能引发的后果,否认了就会诱使提供慷慨福利收益的州减少这些福利,以免引来其他州的穷人。

贝蒂愿意通过举证责任转移,转移到他不赞同的一方,来解决宪法争议,就像他赞同地提到:"当不可能展现那些规制人们如何工作的法律在某种重要方面推进了社区福利之际,更可能发现缺乏这些法律"[36],或者"从没人提供支持下列主张的证据,如果男女同性恋拥有与异性恋夫妇同

---

[31] Beer and Itoh,前注29,页483。
[32] Beatty,前注15,页73。
[33] 同上,页107。
[34] 同上,页108。
[35] 同上,页142。
[36] 同上,页131。

等的权利和自由……该社区的道德特性特别是那里的年轻人会受到任何形式的威胁。"[37]他没有解释为什么提供令人信服的证据的责任应落在维护受质疑的婚姻法的人身上,而不是落在质疑者身上。

在讨论一个废除同性恋不得从军的判例时,贝蒂赞同地评论说,该法院"注意到了,没有'具体'和'实在或重要的'证据表明,允许男同性恋进入军队会以任何方式损害其士气、战斗力或有效运行。"[38]但他不要求有"具体"和"实在或重要的"证据证明,因不让他们从军,同性恋就受伤害了。而且,他说"建立广播系统的法律[一定要]保证能听到该社区的全部意见,"[39]他就不担心不具体了。什么是"全部"意见,又由谁来决定?要让每个疯子都能进入广播电台?贝蒂辩论说,政府有宪法性义务补贴宗教学校,但"也许可以附条件,即宗教学校同意采纳政府经营的学校所采纳的同样课程。"[40]如果课程完全等同,那在什么意义上,这还是宗教学校呢?他还说,"均衡提供资金保持谨慎的中立,就像世俗多数与宗教少数相互竞争的教育哲学一样。"[41]但是,如果宗教学校必须教公立学校规定的课程,它就不可能贯彻自己的教育哲学了。

贝蒂论辩说,"没有法律基础允许传统婚姻法继续[禁止同性婚姻],哪怕只是延长一天,"因为认可同性婚姻的"证据"是"一边倒的"就像认可同性肛交的证据一样。[42]但他给出的唯一"证据"只是"再也不能辩解说,允许[同性恋]就婚姻发誓会对任何他人的福利或幸福有某种可见的影响。"[43]但有看不见的影响怎么办?记住,贝蒂坚持认为,法官决定宪法案件时不应考虑任何实质性价值。约翰·斯图加特·密尔的宽容哲学是,要宽容那些尽管可能令人反感却未对第三人造成可见伤害的行为,而这一哲学是实质性的并且是有争议的。

贝蒂对具体案件结果的评价不是通过可验证的事实主张得出的,而

---

[37] 同上,页110。碰巧的是,尽管贯穿全书有许多关于"权利"的讨论,贝蒂主张,"均衡"这个概念"让权利概念几乎无关了。"同上,页160。

[38] 同上,页113。

[39] 同上,页145(省略了脚注)。

[40] 同上,页179。

[41] 同上,页180。

[42] 同上,页114-115。

[43] 同上,页114。

是通过下面的意识形态断言获得的,在法律上,"自由和平等……意味的是一个东西。无论抨击某法律是基于平等还是自由的大旗,该法律的合法性和生命都取决于它能否通过依均衡原则对其结果、手段以及效果的严格评价,均衡原则把这三点统一起来了。"〔44〕(注意,隐含在"严格"这个词中的举证责任转移。)确实,他主张:"自由、平等和博爱全都意味着同一个东西。"〔45〕用了不到一页纸断言:"[在宪法案件中]伦理的和审慎的论点没有意义",他把"均衡"等同于"分配正义的普世原则,该原则在所有宪政民主制度中都是支配性的,并且是所有人权中最决定性的。"〔46〕在其他地方,他提议说,"均衡"意味的是"对立法规定的任何东西,都有权享有公道的份额。"〔47〕然而,他又承认,"什么是公正,什么是恰当比例,在任何案件中都具体于各自社区。"〔48〕因此,在爱尔兰人工流产限制比在日本更严格是适当的。〔49〕但这样一来,为什么在阿拉巴马州限制同性婚姻而在马萨诸塞州不限制就不适当了?

　　实用主义的法官会同意贝蒂:后果应当位于审判过程的前沿和中心;但不会同意贝蒂:唯一值得考虑的后果就是对直接受司法决定影响的人的后果。制度后果也应当考量,这包括了对民主过程和对法律稳定性的损害;而全心全意接受贝蒂基于事实、法律无关的宪法性审判的项目就会伤害这两者。这里会有惊人的司法权力扩张,被牺牲的则是宪法起草者和批准者、立法者、其他官员以及广大公众的权力。而且,由于法官只会因信奉公正的事实追求才受约束,而不受任何文本(宪法的,立法的或司法的)约束,由于审判的可行性限度阻碍了司法深入理解与宪法争议有关的事实,以及由于无法预见这些事实在各案的不同,律师和低层级法院法官在努力筹划如何解决未来纠纷之际就会彻底茫然无措。

　　尽管如此,贝蒂对宪法理论家的批评仍然切中要害。而且,在一定数量的具体案件讨论中,他证明了他对司法处理事实的权力或至少是潜在

〔44〕　同上,页116。
〔45〕　同上,页158。
〔46〕　同上,页116-117。
〔47〕　同上,页113。又请看,同上,页144-158。
〔48〕　同上,页167。
〔49〕　同上,页168。

权力的确信是正当的。因此,他指出,在洛克纳诉纽约州案[50]决定中被废除的最长工作时间法,曾被用来意图让一些未参加工会的小面包商店出局。[51] 他还注意到,尽管"就业部诉史密斯案"(*Employment Division v. Smith*)[52]认定宗教自由不包括美国印第安人在宗教仪式中使用佩奥特仙人掌(peyote),有些州还是在其反毒品法规定了例外,允许使用配奥特仙人掌,而天也没塌。[53]

但是贝蒂的书最有意思的在其他地方,在于其无意图的告诫功能。该书是一个警告,不要把法律实用主义分解成"只有事实,女士"的审判。法律实用主义受到规范与教义结构的约束,通常表现为一些标准,例如过失、诚信以及言论自由,它们告诉法官可以考虑什么后果以及如何考虑(例如,相互间关系如何)。去掉这个框架,法官的所为就不值得称为"法律"了。贝蒂的书醒目地瞄了一眼这个正在浮现的、咄咄逼人的干预主义宪法法官的全球共同体,它警告我们不要急急忙忙跳上这辆世界法的马车。

在外国咄咄逼人的干预主义法官中最显著的一位就是阿隆·巴拉克,一位长期任职、新近退休的以色列最高法院的大法官(最后成为首席大法官)。他是一位世界著名的法官,他完全支配了他的法院,就像约翰·马歇尔当年支配了我们的最高法院一样。如果世界上有法律诺贝尔奖,巴拉克可能会是一位较早的荣获者。然而,他的有关审判的著作[54]作为头号证据证明了,为什么美国法官应当谨慎引证外国司法决定,或更宽泛地说,谨慎从外国法官那里获得点化——基于下面这种理论,就像美国各州最高法院大法官构成的共同体那样,所有文明国家最高法院的法官也构成了一个弱共同体。尽管巴拉克熟悉美国的司法制度,并且他自认为在某种程度上与美国自由派法官同步,但他实际上居住在一个完全不同的,并且对于一位美国人来说是不可思议地不同的司法世界中。

罗伯特·鲍克曾说过,巴拉克"创了司法傲慢的世界纪录"。[55] 巴

---

[50] 198 U. S. 45 (1905).
[51] Beatty,前注 15,页 135-136。
[52] 494 U. S. 872 (1990).
[53] Beatty,前注 15,页 52。
[54] Aharon Barak, *The Judge in a Democracy* (2006).
[55] Robert H. Bork, "Barak's Rule," *Azure*, Winter 2007, pp. 125, 131.

拉克是没宪法可解说的约翰·马歇尔。以色列没有一部通常意义的宪法。科尼塞(The Knesset)(以色列议会)通过了几部"基本法",其中之一是《基本法:人的尊严和自由》,规定了"任何人的生命、身体或尊严都不受侵犯"和"每个人都有权获得对其生命、身体和尊严的保护。"[56] 尽管如果以色列国会愿意,也会称某些为"基本的"法律,但疑问很大的是,它有无授权来颁布宪法的以及普通制定法的规定。[57] 这也许是为什么巴拉克在书中几乎没有参引任何"宪法"文本。

尽管没有稳定的宪法基础,巴拉克还是创造了一个令我们最咂咂逼人的最高法院大法官做梦也想不到的司法权力。他会令马歇尔也感逊色,马歇尔是努力少做事(他从马歇尔那里借用了这种花招,先在某案宣布一个新规则,结论时又说,该规则不适用,以此在该法生效之前就让人们习惯了这一规则)。在巴拉克以司法意见为工具创造的以色列法律规则有,任何公民都可以要求法院中止政府官员的非法行动,即使该公民本人未受其影响(也即,即使他缺少美国意义上的"诉权");任何"不合乎情理的"政府行动就是非法的("简单说来,行政部门必须行动合乎情理,因为不合情理的行动就是非法的行动"[58]);法院可以禁止政府任命犯了罪但已赦免或是受其他伦理指责的官员,并可以因内阁部长面临刑事程序而下令将之免职;以"人的尊严"的名义,法院可以命令政府临时救助无家可归者和贫困者;[59] 以及法院可以撤销军事命令,决定"不释放某恐怖主义者是否属于某个政治'一揽子交易'范围"[60],并指导政府撤除防止自杀式炸弹从约旦河西岸进入以色列的安全墙。[61] 这些都是一个国家可能授予法官的权力。例如,许多欧洲国家,甚至某些美国的州都授权"抽象"宪法审查,也就是,由司法来决定一部制定法是否违宪,而无需等待某人因该法实际受伤而提起诉讼。但只是在以色列(就我所知),法官自我赋予了这种抽象审查权,没有一条宪法规定或立法规定的帮助。人

---

〔56〕 Barak,前注54,页85注154。

〔57〕 Joshua Segev, "Who Needs a Constitution? In Defense of the Non-Decision Constitution-Making Tactic in Israel," 70 *Albany Law Review* 409 (2007).

〔58〕 Barak,前注54,页248。

〔59〕 同上,页85-88。

〔60〕 同上,页180。

〔61〕 同上,页284。

们想起了从教皇手中拿过皇冠自己带上的拿破仑。

巴拉克把自己对司法权威的理解建立在一些抽象的原则上，在他手中，这些原则都只是语词游戏。第一个抽象概念（让人想起了布雷尔的《生动自由》）是"民主。"政治民主在现代意义上意味的是一种政治制度，在这种制度中，重要官员在较短间隔中站出来选举，因此要对全体公民问责。一个能自由推翻其他官员决定的司法部门，因此是限制了民主。然而，对巴拉克来说，民主有某种"实质性"成分，也就是说一套由司法部门执行的权利（"人权"不限于那些支持民主制的政治权利，诸如批评公职官员的权利），是要别住选举产生的官员的翅膀。[62] 这不是支持高度活跃的司法部门的正当理由，只是对它的重新界定。注意，这很类似大法官布雷尔在他的"生动自由"、"古代人的自由"以及我们的"民主宪法"概念中对自由民主的融合。

巴拉克滥用的另一个混成词是"解释"。对他来说，解释与寻求立法作者想到的含义相距遥远。他说，立法机关颁布制定法的工作就是"沟通法律与社会之间的差距"，而法官解释制定法的工作就是"保证该法实际沟通了法律与社会。"[63] 这非常奇怪，制定法难道不是法律，而只是法律与社会间的中介？他的意思似乎是，就如他的命题"无论谁执行制定法，就是在执行整个法律制度"[64] 提出的那样，对制定法的解释应当与视为整体的法律制度的精神或价值相和谐。另一种说法是，法官应当考虑该法的"客观目的……去实现民主的基本价值，"[65] 而所谓"客观"与立法者意图完全无关。因此，有个规定授权军方事先审查出版物，审查"认为有可能损害国家安全、公共安全或公共和平"的出版物，巴拉克法院解释说这是指"会给国家安全、公共安全或公共和平造成近乎确定的重大伤害。"[66] 该法院把制定法视同法案，因此法官可以自由重写。

巴拉克诉诸了"分权"来进一步支持他对司法角色的理解。这个术语对他来说意思就是行政和立法部门不能控制司法部门。而对我们来说分权是指，就司法权威而言，美国的被称为司法的那些权力已经委托给了

---

[62]　同上，页 25-26。"人权是实质性民主的核心。"同上，页 xi。
[63]　同上，页 17。
[64]　同上。
[65]　同上，页 138。
[66]　同上，页 6。

司法部门。分权并不意味这个部门独立于其他部门。如果每个权力(行政、立法和司法)都由完全独立的部门管理,因此可以不理睬其他部门,结果会是混沌世界。这些部门必须相互依靠以便形成合作。因此"分权"隐含了"制衡,"并且司法部门必须受其他部门的约束而不只是约束他人。总统提名和参议院确认(或拒绝确认)联邦法官,以及国会规定法官薪水和法院的预算、规定最高法院的上诉管辖、决定是否创设其他联邦法院以及可以通过弹劾来免职法官。美国司法权力只能在诉讼中行使,诉讼须由有诉权的个人提出,而诉权的意思是有可见的、可由法院救济的伤害。并且,由于司法权并非唯一的联邦权力,还有有同等宪法尊严的行政权和立法权,司法部门就不可能告诉总统该任命谁进入内阁。

"民主"、"解释"、"分权"、"客观"、"合乎情理"(巴拉克会用这个"合乎情理"概念来审断有关释放恐怖主义者的"一揽子交易")以及(当然啦)"正义"("我努力让我的北极星即正义指导我。我努力让法律和正义聚合,因此大法官会实现正义"[67]),有了这样一些抽象概念为军备,司法部门自身就是法律了。

巴拉克的法理看起来也许不会让美国人感兴趣,除了证明这个世界的多样性外。实际上它与美国法官是否应引证外国判例作为权威这个问题有重要关系。我们有些法官,我们知道,认为只要外国法院已经以某种方式决定了某案,这一点就赋予了该决定,在决定有类似事实的美国案件之际,有某些尽管并不很大的分量。但从巴拉克著作中我们了解到的是,某些外国法律制度,即使是美国非常亲近盟友的民主国家的法律制度,也与我们的制度如此相异,乃至我们的法院给予该决定的分量应为零。美国法官会区分,如果自己是立法者对某法案会如何投票和该法是否违宪;他们也许会认为这是个糟糕的制定法,但还是认定其合宪。但在巴拉克式的法院,就不可能说清判定违宪是否更多是法官的看法:认为该法是个愚蠢的制定法,如果他们是颁布该法的立法机关成员就会投票反对。在我们的体制中,这种看法对是否合宪的争议是没有意义的。

当鲍克说巴拉克"司法傲慢"之际,鲍克用的是美国制度尺子。许多

---

[67] 同上,页107。

以色列人也认为巴拉克傲慢自大[68],但在以色列的环境中巴拉克是或不是,与鲍克的判断无关。鲍克所说的一切只是,一个法官思考问题若是像巴拉克那样,就超出了美国法官工作的边界。美国也有很多傲慢自大的司法决定,但这些决定的作者都会找根绳子把这些决定与正统法律材料,比方说,宪法文本拴在一起。这根绳子常常太长并且磨损严重,当法官认定给人工流产定罪或拒绝颁发同性结婚证就是未经正当法律程序剥夺了自由,或以母爱集中体现了尊重生命为由而支持某个反人工流产法,就属于这种情况。因此,人们有这样一种感觉,巴拉克不过是把在美国各州最高法院的一些决定中已经露出端倪的倾向带到了其逻辑极致。但在某些问题上,程度的差别完全有理由认为就是类型的差别。

巴拉克的书并非内省的。他意图从我提到的这些抽象概念中衍生出他的司法进路,但它们不可能是这一进路的真正渊源。因为这些都是些空洞的措辞,就像巴拉克说的"[政府]其他部门追求效率;法院则追求法制(legality)。"[69] 或在另一时刻,在为 1991 年海湾战争期间的一个司法决定——要求以色列军方向约旦河西岸居民分发更多防毒面具——辩解之际,巴拉克说,"我们[该法院]并没有干预军事考量,有关那方面的专业知识和责任都在行政部门。我们干预的是平等考量,有关这方面的专业知识和责任落在了司法部门。"[70] 在书中其他地方,他为由司法来平衡竞争性利益做了辩解,很显然,在这个防毒面具案中,针对平等的考量,法院必须平衡军方关于在约旦河西岸比以色列更少分发防毒面具的任何军事理由,例如伊拉克更可能把导弹对准犹太人而不是对准阿拉伯人等。在用了几页纸讨论了防毒面具后,巴拉克前后不一致地说,当决定是否要废除一个安全措施之际,"法院要问的是,一个负责安全的合乎情理的人

---

[68] 请看,例如,Caroline B. Glick, "Israel's Judicial Tyranny," *Jerusalem Post*, Nov. 18, 2005, p. 24; Jonathan Rosenblum, "Drunk with Arrogance," *Hamodia*, Jan. 18, 2002, www.jewishmediaresources.com/article/326(visited May 2, 2007). 关于为巴拉克的能动主义的辩护,请看,Barak Medina, "Four Myths of Judicial Review: A Response to Richard Posner's Criticism of Aharon Barak's Judicial Activism," 49 *Harvard International Law Journal Online* 1 (2007), www.harvardilj.org/online/116(visited Oct. 6, 2007).

[69] Barak,前注 54,页 216。

[70] 同上,页 289。

是否会慎重地采取这些已采取的安全措施。"[71]

所有这些都不是说巴拉克是位糟糕的法官，或是位糟糕的宪法理论家。因为，尽管和大多数法律理论家一样，他意图讨论一般的法律，而不是本地的法律，但也与大多数理论家一样，他讨论的其实是后者。法律思考不很容易跨出国界[72]——这是本章的要点。巴拉克从各个方面来看都是卓越的，也是严肃和品格高尚的，他是以色列的加图（Cato）*。以色列是一个尚未成熟的民主国家，治理很差；它的政治阶层平庸且腐败；它危险地漂流在一片致命、敌对的穆斯林大海上；并且以色列本可以采用却没有一部宪法。巴拉克踏进的是政治和法律的真空，他带着相当程度的创造性，得出了一系列，用劳伦斯·却伯（Laurence Tribe）在巴拉克著作的护封上的话来说，"令人吃惊的适意结果。"巴拉克是法律冒险家——而那也许就是以色列当时需要的，或许当下仍然需要[73] 当然，这本书没有致谢。巴拉克撰写此书时不仅没有自我怀疑，而且没有这样一种感觉，即他的法理也许只反映了本地的甚或相当个人的条件和经验。作为一个儿童，他在立陶宛逃过了纳粹大屠杀。这可能有助于我们理解他赞同一部以色列法律，而该法在美国则会被认为不能接受的不自由：不允许任何反民主政党候选人参加以色列国会选举——因为纳粹党在德国就是以民主方式上台的。和我们的法官一样，阿隆·巴拉克也是他阅历的囚徒。

---

[71]　同上，页305。

[72]　这一点是我在讨论罗纳德·德沃金、H. L. A.哈特和尤根·哈贝马斯的法理之际提出来的，见于我的著作，*The Problematics of Moral and Legal Theory*, ch. 2 (1999)。

*　（公元前234—149）古罗马政治家，曾任执政官、监察官等。——译者

[73]　请看，除了前注68所引Medina的文章外，Eli M. Salzberger, "Judicial Appointments and Promotions in Israel: Constitution, Law, and Politics," in *Appointing Judges in an Age of Judicial Power: Critical Perspectives from around the World* 241 (Kate Malleson and Peter H. Russell eds. 2006)。要我提出看法，以色列应如何构造其司法部门，那会很无礼。

结　语

　　我在本书中努力提出一个有关司法决策的实证理论,它始于这样一个关键事实:美国法官——包括联邦初审法官、居间的上诉法官以及美国联邦最高法院的大法官——的决策中都有突出的政治因素。相关证据是压倒性的,尽管法官自己趋于拒绝理会。拒绝理会是因为他们知道自己不是民主党或共和党的雇员。这样一来,他们就没能理解那些展现审判是"政治性的"文献——你无需把这个词仅仅理解为对政党政治的彻底承诺。一位法官也许是坚定的保守派,但他并不自问:"任命我的乔治·W.布什,对此案会如何投票?"法官甚至不愿承认,他们在政治上并非完全是太监,不只是像棒球裁判一样对他们发现的事实适用非他们创造的规则。他们中许多人完全真诚地相信,自己的政治倾向丝毫没影响自己的司法决定。这种广泛分布的真诚信念也许最强有力地抵制了有关政治性审判的证据。但贝叶斯定理改变了这一点,该定理展示了前见(preconception)会如何影响决定。前见常常是无意识的。许多思考,包括必须在不确定性下做出决定的繁忙法官的思考,都是压缩了的思考,情感的、直觉的或常识性的思考,而不是从明确前提一步步推进的,这就为无意识的前见发挥作用提供了广大的空间。贝叶斯使法官摆脱了"太虚伪"的指控。

　　审判因此是政治性的。但它也是"个人性的",意思是法官的个人特点,包括种族和性别的背景特征、威权人格特点以及是否当过检察官或是否在动乱年代长大这类职业的和生活的阅历都会影响审判。这些个人特点有直接影响,也有间接影响,它们会促使某个法官的意识形态和政治倾向的形成,进而影响其司法决定。但审判并不只是个人性的和政治的。它还是非个人性的和非政治的;这意思是说,有许多,其实是大多数,司法决定实际出自中性地面对一些公道发现的事实,适用并非专为这一刻制定的某些规则。这些决定典型表现出通常所谓的"法律形式主义",尽管我更喜欢的词是"法条主义。"但这通常决定的都是些常规案件。

在法官身上和各法院系统中,审判中的个人性、政治性和法条性因素的平衡会不同,决定这些因素平衡的是司法劳动力的市场。本书讨论的中心问题就是,这个市场的情况如何?要得出答案,这就要求考察不同司法体制影响法官的动力和约束,包括私人司法体制(例如商业仲裁)、选举产生的司法以及欧洲大陆民法法系国家的职业制司法。我只是简单讨论了其他这些体制,主要是要检验我的一些结论,有关影响美国联邦法官的诸多决定因素。这些法官才是我的首要关注。

法官都是雇员,雇主会用各种胡萝卜和大棒来促使这些雇员成为自己的忠诚代理人。但由于独立的联邦司法有巨大的社会和政治价值,就一直没有允许这个雇主(美国——具体说来,就是总统和参议院)有多少可以用来调动司法雇员的通常的胡萝卜和大棒。政府手中最大的胡萝卜,很吊诡地,就是允诺其独立,这使得法官职位很是诱人;而政府手中最大的大棒是一些利益冲突规则(禁止法官审理自身有财务利益的案件,不论这个利益多小),这就公道地迫使法官独立,给他们强加了一种几乎是僧侣般的孤独,远离各种可能的诱惑,以免他们为了其他个人好处放弃了独立。美国联邦司法体制与其他类型司法体制在这些方面的反差是深厚的,并且对司法行为产生了人们期望的效果。

除了这些外,对联邦法官还有两个更多是外部的推动司法独立的影响,一根胡萝卜是晋升,而大棒就是上级法院撤销判决。这影响都不大;但即使联邦法官行为完全不受外部影响,司法决策也不是任意的。有一堆司法行为的内在约束会塑造司法的决策,当法官无论以何种方式做决定都看不到有什么外在奖惩等着他时,这些东西就推动了法官的行动。对大多数法官来说,对其审判的最大内在约束是,第一,渴望自尊,以及来自其他法官和一般法律职业的尊重,而只有做个好法官才能获得这份尊重;以及第二(并且紧密相关),审判的内在满足,好法官通常比糟法官更能从审判中获得满足。这一点很是让某些法条主义者惊喜,他们论辩说好法官就是遵循规则而不是制定规则的法官,制定规则是立法者的工作,因此好法官说到底一定是法条主义者,并且要断然放弃个人性的和政治性的东西。但法条主义法官并不比其他法官更能超越前见,而前见可能会扭曲他们对规则的解释和对事实争议的解决,还会影响他们对事实适用规则得出的决定。法条主义者其实是躲在深闺的实用主义者。

在更深的层面,法条主义没能驳倒这样一个假说,即个人性的和政治性的倾向会影响司法的决定。在我们的复杂得令人可怕、充满不确定性的法律制度中——其特点是一部古老的宪法、联邦与州法律重叠、不强大的政党、麻烦且没规矩的立法机构以及行政/立法的相互牵制(这与议会制情况不一样)——发生的许多案件,都不能直接适用先前存在的规则做出决定。某个规则的最初表达,无论是在立法、宪法还是一个创造先例的司法决定中,通常只是刚刚开始规制属于这一表达普通含义范围的活动。此后,法官会微调这一规则,无论是解释立法还是区分先例,目的都在于让该规则适合某个具体情形,但这不是基于逻辑的操作,也不是基于对起草规则时所预见事实直接适用规则。

法条主义者创造了一些解释法则(canons of construction)(解释的原则);区分了法官的意见(dictum)和裁决(holding);拥抱了制定法和宪法的字面主义但又对字面理解会导致荒唐结果的情况开了些小小的口子;抬高规则,压低标准;采纳上诉复审的尊崇原则;用杂乱的事实争议来解脱自己;以及以各种方式把法条主义的范围扩展到演绎推理的核心以外。一些人赞美作为法律技巧的"法律类推",错误地认为这就可以保证判例法不受政策和政治的玷污。但是所有这些类推扩展都要求有立法性质的判断,因此要求行使裁量权;结果是,在时下最有影响的法条主义实践中,裁量权行使都有下面这个政治性判断的指导:如今法律上可强制执行的权利太多了。今天对法条主义的吹捧,在很大程度上是政治保守派法律思想家——包括一些杰出法官——的一个反动,他们反对权利和责任的扩张,特别是扩张侵权(包括民权)原告、违约被告、囚犯、消费者、工人以及刑事被告的权利,而这种权利扩张是1960年代沃伦法院司法能动主义者和一直持续到1970年代的后继者——他们发出了更进一步的能动主义司法决定,突出的是若伊诉韦德决定——以及他们在各州法院的对应者造就的。有人说,法院的天平太多倾向于赞同权利了,并且在涉及死刑和同性恋权利的案件中,它们仍在这么干;这个说法完全合乎情理,但这不是一个政治性的说法。因为保守派发现,说这些能动主义自由派的决定"无法无天",比说它们"太自由了",更有修辞效果,法条主义已经成了改革法律的面具,而那些不谙世故的人谴责政治性判断,他们推荐法条主义,说这会给法律带来稳定性。其实支持司法自制的更好的、实用主义的论证就是简单地不想干预社会实验,因为不了解这些实验会产生什么结果,社会持久改革的前景如何就不完整。

即使法官希望发誓弃绝任何立法性的、政治性的角色,就当法律"神谕者",只传达指示而不是给予指导,就目前所处环境而言,他们也做不到。诸多结构和文化要素的结合给我们的法官强加了一个他们无法逃避的立法角色。因此,问题就成了,什么才能防止司法部门堕落成不受约束的裁量权的司法地狱,别让法律变得太不确定和太不可预期,乃至不再是法律,而只是一些名为法官的政客行使原始的政治权力?一个糟糕的答案是,要避免这个地狱,法官自身必须信奉一个全盘理论——诸如经济学、原旨主义(就其不同于法条主义而言)、道德理论或大法官布雷尔的"生动自由"——指导他们的司法决定。所有这些理论在司法系统都没获得共识,因为它们都建立在有争议的意识形态之上,并且,精明的法官很容易摆布并围绕意识形态来塑造它们。它们在法律学术界也没获得共识。这就弱化了学界批评法官行为的效果(这本是对审判行为的一个潜在有效的约束,它精心挡住了那些让一般雇员和其他代理人服从的更强大的激励和约束),尽管学术批评有效性的更大弱化是因为我在第八章描述的学界与法庭的脱节。

趋向稳定司法决策的首要力量是,在一些法律领域要有有限度的、领域特定的意识形态共识,例如在整个合同法和商法,侵权、财产法以及破产法的很大部分,在反托拉斯法的大部分,以及在知识产权法的某些部分。法官对司法决定的前提看法一致,他们就可以按自己的方式推理得出结果,反映并扩张一个融贯的教义学说。在某些案件中,他们用了三段论推理。在其他一些案件中,他们则进行未受意识形态玷污的政策分析——更准确地说,是未被有竞争的意识形态玷污,因为当一种意识形态未有竞争,人们甚至不会感到它是意识形态而会把它当成常识。在美国法律的一些领域内,在那些法律实用主义——实践的、政策导向的推理——可以得出因无意识形态争议而结果合乎情理地可预测的领域内,在法条主义技巧可以令人满意地处理大量常规案件的领域内,已经获得了必要的最低限度的融贯、稳定和"客观性"(意思是,客观的命题就是获得了在其他方面观点对立的人们的认同)。

这种法官可以用逻辑或工具理性决定案件的共识也许建立在一种社会共识之上,例如,当下美国精英以及一般大众的共识,都是赞同自由市场。或者,它也可能只是建立在法官观点统一这一偶然的巧合上,也许因为他们都来自某个狭窄的社会阶层或职业阶层,其成员在相关问题上想法很相似。[1] 我们的法官就社会来源而言比较多样化。但参议院确认之前的筛选过程以及被提名人必须经历的确认煎熬(以及与之相应的对州法官的过滤)一结合,就把那些主流之外的法官都赶出了申请法官职位的行列。因此,在这种共识的背后,我辨认出,稳定我们并不规则的美国法律的首要力量是这个法官选择过程,它保证了一定程度的共识。

在如同我们这样一个大量依赖判例法的法律制度中,没有任何领域的法律有可能百分之百的可预期。当法律完全可预期时,就不会出现司法案件,所有的法律争议都会解决了,因此先例就不会与时俱进;结果之一是,当社会改变、往日先例不再适合之际,法律就变得不可预期了,就会引发诉讼并因此引发了新先例。更重要的是,一个多样化的法官军团做出的决定注定不如统一的法官军团做出的决定更可预期。但前者在认识论上会更为生动强健。它的众多决定会更聪明,因为这些法官集合起来比他们的智识完全相同时有更多的知识和洞察。在好法律与确定的法律之间有一种张力,而这是批评这个法律制度、指责法律不确定的人没看到的。

在最高法院,特别是在宪法性案件中,这种共识的稳定性比在下层级法院更弱。法条主义没用了,因为案件的选择(容易的案件在低层级联邦法院就可能令人满意地决定了);因为美国宪法比大多数制定法更含混,某些方面还陈旧得令人羞愧;因为最高法院决定的案件比例太少,对低层级联邦法院的控制很有限(这些法院因此趋于走自己的路,由此形成的冲

---

[1] 结果是,这一直是 1950 年代"法律过程"学派的秘密,坚持"避开实质性价值,"但失足于"面对正浮现的界定了 1960 年代的诸多社会冲突。"William M. Wiecek, *The Birth of the Modern Constitution*: *The United States Supreme Court*, *1941-1953* 460-461 (2006). 正如在评论维塞克的出色著作时,布冉农·P. 邓宁(Brannon P. Denning)对大法官弗兰克福特这位法律过程运动的宗师的很到位的评论,"弗兰克福特开出的司法约束药方……全都是个人的,几乎是个人癖好的,它取决于法官知道何时行动以及何时住手。"99 *Law Library Journal* 621, 624 (2007).

突，也许多年后联邦最高法院才有机会处理）；因为大法官不受联邦最高法院的先例约束，或是没有更高层级的法院来复审他们；以及因为美国宪法集中关注基本政治权利和结构，宪法性案件提出的永远是要求联邦最高法院解决的有争议的政治问题。这种争议不仅废了法条主义的武功，而且，在许多案件中，也废了工具性推理（从一致同意的前提推理）的武功。结果是，联邦最高法院不仅不是法条主义的法院；它就是一个政治性的法院。我们在 2007 年春天就看到了这一点，当时联邦最高法院在一系列 5 比 4 的司法决定中猛然右转，原因是一位极端保守的大法官替换了一位温和保守的大法官。实用主义仍然起作用。但是，看起来这些大法官感兴趣的主要还是政治性后果，尽管他们口头上不愿承认，甚或心里也不愿承认。

　　大法官不大集体审议案件；他们只是投票。宪法性法律并不是常规法律分析或无偏私政策分析的函数，而是意识形态的函数，反映了决定任命谁到联邦最高法院的那种政治力量平衡和舆论对行政和立法部门的影响，以及通过这两个部门对任命过程的影响。不断有人试图以全盘性理论来稳定宪法决策，结果却是令人羞愧的失败。最晚近的例子是在诸如死刑问题上寻求全球性司法共识。这种寻求肯定失败，因为全世界法律体制多样，并且美国人对外国文化，包括法律文化，很无知。这种追求是用空间来替代时间。当方向转了，法官可以用"让美国宪法性法律符合作为整体的全世界的最佳法律思考"这样的托辞来替代法官只是执行先前的政治协定这样的托辞。

　　这些东西全都约束不了大法官；约束他们的是一种清醒或不清醒的意识，即他们走得"太远"就会招来在公众愤怒刺激下政府部门的报复。因此他们收回了自己的拳头，对先例给予足够的尊重，以便表现自己是"真正的"法官，而并非偶尔的立法者，尽管后者才是他们的真面目。

　　在联邦最高法院，政治性判决穿上外衣，就表现为宪法性审判，这个问题对于宪法性法律或对联邦最高法院并非独一无二。25 年前，这个问题在反托拉斯法中就很尖锐，说不定还会再次如此。尽管很古老了，1890 年的《谢尔曼法》如今还是联邦反托拉斯法的首要宪章。但该法太含混了，联邦反托拉斯法实际是法院创造的，主要是联邦最高法院。[2] 一直到 1950 年代，即使在法学院和经济学系，对反托拉斯的经济学理解都很糟，此外，人们普遍认为，分配正义甚至政治自由很重要，这也是反托拉斯法应服务的价值。到处都有技术上的无知和意识形态的分歧，司法教义也受了感染。最终，由于经济学分析的进步，伴随着更多保守派受任联邦最高法院和其他联邦法院，也伴随着苏联和大多数共产主义社会倒台以及因此加速的有关自由市场的舆论改变，创造了一种共识，即反托拉斯法只应关心经济效率，这带来了相当程度的意见一致，即什么样的反托拉斯原则会最好地促进效率。这几乎耗费了一个世纪，反托拉斯法才获得了托马斯·库恩会称其为"常规科学"的条件。在宪法性法律的大多数领域，联邦最高法院还没有获得可与反托拉斯法领域相媲美的共识，尽管在某些领域已经取得了（主要与经济规制——洛克纳案时代已在我们身后渐行渐远——以及与非死刑案的某些刑事程序有关），结果是这类争议已很少了。

反托拉斯法的进步与法条主义毫无关系。法官和大法官再仔细阅读《谢尔曼法》也学不到什么。相反，他们更多懂得了经济如何运作。当法律被理解为一个自给自足的学科时，改善就不可能。反托拉斯法的演变是实用主义的一次凯旋。但实用主义并非医治美国法律麻烦的万能药，或是政治性审判的解毒剂。它告诉法官要看重教义和决定的后果，但告诉不了法官该如何掂量这些后果。这种掂量是诸多推理方式（分析、直觉、情感、常识、判断）、政治和意识形态倾向、人格特征、其他个人特点、个人和职业经验以及隐含于司法"游戏"规则中的诸多约束相互复杂互动——神秘的、与每个法官个人有关——的结果。在审判中，相对于心理学——一种研究不够的影响司法行为的力量——而言，逻辑只扮演了有限的角色，特别是在上诉审层级，而那也主要是在常规案件中。

美国的法律非常昂贵，就同美国的医疗一样。但正如医疗的情况一样，压力迫使你想做些什么降低这些费用，而不是通过合理降低成本来降低其质量。即使是如此明显的一场改革，例如大幅度提高法官薪水，以尽可能吸引高质量法官，就如同我们看到的，也会适得其反。学界开发了一

---

[2] 除了本书引论的参考文献外，又请看，Daniel A. Farber and Brett H. McDonnell, "'Is there a Text in This Class'? The Conflict between Textualism and Antitrust," 14 *Journal of Contemporary Legal Issues* 619 (2005).

些有关法官司法表现的测度,这种努力值得鼓励,并且我建议把开发这类测度的量化方法同对法官的批判性研究结合起来。但我们距离获得有关司法表现的全面客观测度还距离遥远。然而,也许更强烈承认"法条主义并非改革之路"会引出更重要的自觉:改革之路在于实用主义,而不在法条主义。有了这种意识,也许会带来一些建设性努力来改善实用主义的审判。

然而,要让这种承认能够成立,就要求改变法学院教授法律的方法。法学院教育完全缺乏对法官的现实理解。法律教学的结果似乎是,法官都是些二流教授,是失意落魄的教授,是缺乏法律教授的专长知识的法律分析者;忽略了对法官起作用的诸多动机和约束以及由此导致的司法心理状态,似乎法官就是些计算机,而不是航行在不确定的大海上的人类有限理智;因此,也就没有教会学生如何以一种会拨动法官心灵回应的方式向法官提交案件。法官早已习惯于只决定让他们决定的任何案件,而不主动干预其他,由此带来的令人奇怪的司法消极,已让法官不好意思告诉律师:你们该如何如何提交案件才会达到最佳效果,你们该如何通过帮助法官来帮助你们自己。这个国家在法庭和律师之间需要一座更好的桥梁,而建筑这座桥梁,在很大程度上,一定是法学院的工作。

致　谢

我整合了我的下列文章中的材料,尽管作了很多修改和充实:"The Role of the Judge in the Twenty-first Century," 86 *Boston University Law Review* 1049（2006）（第3、4章）;"Judicial Behavior and Performance: An Economic Approach," 32 *Florida State University Law Review* 1259（2005）（第5章）;"Reasoning by Analogy," 91 *Cornell Law Review* 761（2005）（第7章）;"A Note On Rumsfeld v. FAIR and the Legal Academy," 2006 *Supreme Court Review* 47（2007）（第8章）;"The Supreme Court, 2004 Term: Foreword: A Political Court," 119 *Harvard Law Review* 31（2005）（第10章）;"Justice Breyer Throws Down the Gauntlet," 115 *Yale Law Journal* 1699（2006）（第11章）;"No Thanks, We Already Have Our Own Laws," *Legal Affairs*, July/Aug. 2004, p. 40（第12章）;"Constitutional Law from a Pragmatic Perspective," 55 *University of Toronto Law Journal* 300（2005）（第12章）;"Enlightened Despot," *New Republic*, Apr. 23, 2007, p. 53（第12章）。

　　我感谢 Heather Afra, Max Barker, Alicia Beyer, Justin Donoho, Justin Ellis, Jonathan Fackler, Nevin Gewertz, Brandon Hale, Allison Handy, Zachary Holmstead, Matthew Johnson, Tara Kadioglu, Meghan Maloney, Shine Tu, 以及 Michael Welsh,谢谢他们的出色研究协助以及他们精细的引证检查;感谢 Michael Aronson,任职哈佛大学出版社的我的编辑,感谢他的鼓励和建议。感谢 Scott Baker, Michael

Boudin、Lee Epstein、William Eskridge、Ward Farnsworth、Barry Friedman、Mitu Gulati、Brian Leiter、Jonathan Lewinsohn、Barak Medina、Shelley Murphy、Frederick Schafer、Andrei Heifer，以及 Cass Sunstein，感谢他们对稿件诸多部分给予了许多有帮助的评论。特别应感谢 Dennis Hutchinson 对全部书稿仔细的批评性阅读。我还要深深感谢法官博丹（Boudin），与他的讨论在重要方面改变了我的分析；以及希莱菲（Shleifer）教授，他质疑了我在揭示司法行为之谜时为什么总是以法官为中心。

索 引

注：页码为原书页码，即本书边码。

A

A. H. Phillips, Inc. v. Walling
菲利普公司诉沃林案 244-245

Abelson, Robert
罗伯特·阿贝森 97n

Abortion
人工流产 13-14

Adams v. New Jersey Steamboat Co.
亚当斯诉新泽西汽船公司案 180-186

Adorno, Theodor
西奥多·阿多诺 98-99, 115

Agency costs
代理费用 39-40, 125-127, 142
in government bureaucracies compared to private firms 官僚与私营企业比较 130-133

Alito, Samuel
萨缪尔·艾利托 1, 161n, 172n, 277-278

Allport, Gordon
高登·奥伯特 98-99, 115

Altman, Scott
斯科特·奥特曼 120-121

Amar, Akhil
艾克·阿玛尔 327n

American Law Institute
美国法学会 208
Analogy 类比。请看, Reasoning by analogy

Appellate advocacy
上诉 119, 219-220, 248-249

Appellate review
上诉审 113-114, 142, 240

Arbitration
仲裁 4-5, 127-129, 167

Aristotle
亚里士多德 88n, 90, 231, 239, 252, 307, 337

Arnold, Thurman
瑟曼·阿诺德 294-295, 302

Artificial intelligence
人工智能 5

Attitudinal model of judicial behavior
司法行为的态度模型 19-32, 42-43, 47, 305-306

Authoritarian personality
威权人格 98-105, 120

B

Baker, Scott
斯科特·贝克 171

Barak, Aharon
阿隆·巴拉克 327, 362-368

Baskerville, Stephen
斯蒂芬·巴斯克威尔 256n

Bayesian decision theory
贝叶斯决策理论 11, 65-70, 72, 74-75, 109, 369

Beatty, David
戴维·毕提 354-362

Bell Atlantic Corp. v. Twombly
贝尔亚特兰大公司诉托布利案 53-54

Bentham, Jeremy
杰罗米·边沁 213

Berkowitz, Peter
皮特·贝克维茨 229

Berlin, Isaiah
伊萨卡·柏林 325-326

Bickel, Alexander
亚历山大·比克尔 307-310, 323, 334

Black, Hugo
雨果·布莱克 353

Blackmun, Harry
哈里·布莱克曼 61-62, 119, 290

Blackstone, William
威廉·布莱克斯东 199, 214, 234, 263, 337

Bork, Robert
罗伯特·鲍克 146, 302, 328n, 363, 367

Boudin, Michael
迈克尔·博丹 259-260, 379

Bowers v. Hardwick
鲍尔斯诉哈德威克案 339

Braman, Donald
唐纳德·布拉曼 116

Brandeis, Louis
路易·布兰代兹 30, 63, 161, 208, 256, 288, 293, 302

Brennan, William
威廉·布冉南 303

Brewer, Scott
斯科特·布茹尔 180-181

Breyer, Stephen
斯蒂芬·布雷尔 104, 161n, 172n, 254, 284, 290n, 291, 320, 322-342, 346, 356

Brown v. Board of Education
布朗诉教育委员会案 247, 279-281, 286, 313, 343-345

Buchanan v. Warley
布坎南诉瓦利案 27, 284

Buck v. Bell
巴克诉贝尔案 30

Buck v. Jewell-LaSalle Realty Co.
巴克诉居拉萨房产公司案 188-189

Burger, Warren
沃伦·伯格 301

Bush v. Gore
布什诉戈尔案 30, 253-254

Byrne, James
詹姆斯·伯尔尼 165

C

Calabresi, Guido
吉多·卡拉布雷西 196, 308, 334, 346

Cardozo, Benjamin
本杰明·卡多佐 40, 63-64, 68, 81n, 152, 158, 208, 217n, 235, 257

Case law 判例法。请看，under Law

Chevron U. S. A. v. Natural Resources De-

fense Council
美国雪弗莱诉包围自然资源委员会案 337-338

Choi, Stephen
斯蒂芬·乔 147, 151-152

Civil liberties
公民自由 250-251, 264, 364-368

Clark, Charles
查尔斯·克拉克 258

Clinton v. Jones
克林顿诉琼斯案 250, 320

Codification
法典化 132, 144-145, 154, 263

Coffin, Frank
弗兰克·科菲 258

Cohen, Felix
菲利克斯·科恩 235

Common law
普通法 48, 82-84, 153, 235-237, 270, 277

common law statutes 普通法制定法 5, 48-49 / versus case law 与判例法之争 83. 又请看, Contract law

Common sense
常识 116-118, 381

Conformism
因循守旧 34

Congress, U.S.
美国国会 156-157, 169
又请看, Senate, U.S.

Conley v. Gibson
康利诉吉布森案 53

Constant, Benjamin
本杰明·贡斯当 325-326

Constitution
《美国宪法》 154, 156-157, 250-251, 255, 272, 276

abstract constitutional review 抽象的宪法审查 364 / absurdity of if read literally 抠字眼的荒谬 202, 287 / affirmative action 积极补偿行动 280-281, 313-314, 335-336 / Article III 宪法第 3 条 139n, 156 / Bill of Rights 权利法案 157, 251, 276, 329 / campaign finance regulation 竞选融资规制 330-332 / Eighth Amendment 宪法第八修正案 274, 348 / in exile 287 / and federalism 以及联邦主义 332-334 / federal regulation of interstate commerce 联邦对州际贸易的规制 333 / Fourteenth Amendment 宪法第十四修正案 343-345 / Fourth Amendment 宪法第四修正案 190-191, 200-201 / free speech 言论自由 177-178, 250, 282-284, 287, 330-332, 334 / habeas corpus suspension clause 人身保护令暂停条款 292-293 / religion clauses 宗教条款 312-313, 320-323, 359 / republican not democratic 共和但非民主的 328-330 / separation of powers 分权 156, 365-366 / Sixth Amendment 第六修正案 291 / structure of Constitution of 1787 1787 年美国宪法的结构 328-330. 又请看, Constitutional courts (foreign); Constitutional theory; Supreme Court

Constitutional courts (foreign)
外国宪法法院 160, 347-368

German constitutional court 德国宪法法院 347, 351, 358 / Israeli Supreme Court 以色列最高法院 363-368

Constitutional theory
宪法理论 324-346, 362, 372-373

active liberty 积极自由 324-342 / fact-based 基于事实的 355-362 / limitations of balancing approach 权衡的局限 332-334 / moral vanguardism 道德先锋派 309-312 / Yale School of Constitutional Interpretation 宪法解释的耶鲁学派 327n. 又请看, Bickel, Alexander; Hart, Henry; Originalism; Textualism

Contract law
合同法 87, 203, 235

Corrective justice
校正司法 88-90

Cosmopolitanism, judicial
世界主义,司法的 353-362, 368, 375
philosophical 哲学的 353-354

Critical legal studies
批判法学 112, 209

Cross, Frank
弗兰克·克罗斯 43n, 45-46, 161n

D

Declaration of Independence
独立宣言 352

Deliberation, judicial
司法审议 2-3, 34, 296, 302-304, 308, 375
又请看, Hart, Henry

Democracy
民主
Aharon Barak's conception of 阿隆·巴拉克的理解 364-365 / democratic objection to citing foreign decisions 反对引证外国决定的民主理由 353 / direct 直接民主 325-326, 329 / at federal versus state level 联邦层面的民主与州层面的民主之争 138-139, 333 / Justice Breyer's conception of 大法官布雷尔的理解 325-330 / participatory 参与性民主 334-335 / representative 代议民主 327

Denning, Brannon
布拉农·登宁 374n

Deutsch, Jan
简·道奇 94-95

Dewey, John
约翰·杜威 231-233, 255

Diogenes of Sinope
提奥奇尼斯 354

Discretion, judicial
司法裁量 43-44, 48, 86-87, 124, 174, 240, 345
又请看, Sentencing

Dissent
异议 115
dissent aversion 异议厌恶 32-34 / in Supreme Court 最高法院的异议厌恶 51

Dorf, Michael
迈克尔·道夫 212-213

Douglas, William O.
威廉·道格拉斯 113, 119, 353

Dr. Miles Medical Co. v. John D. Park & Sons Co.
麦尤斯医疗公司诉约翰·帕克公司案 54

Dworkin, Ronald
罗纳德·德沃金 175, 188, 310, 341, 356, 368n

E

Easterbrook, Frank
弗兰克·易斯特布鲁克 346

Economic theory of judicial behavior
司法行为的经济学理论 35-40
judicial utility function 司法的效用函数 35-38, 59-65, 71, 77, 88-92, 140-141, 144, 166-171

Economics: cheaper cost avoider
经济学:更低费用回避者 182
economic analysis of law 法律的经济学分析 208-209, 212, 237-238 / of eminent domain 征用权的经济学 314-319 / last period problem 末期问题 159 / role of, in law 经济学在法律中的角色 77. 又请看, Agency costs; Economic theory of judicial behavior

Eldred v. Ashcroft
艾厥德诉艾希克洛夫特案 318, 340

Elk Grove Unified School District v. Newdow
格罗夫学区诉纽道案 274n

Ely, John Hart
约翰·哈特·伊利 327, 341

索 引 | 351

Evidence, rules of
证据规则 176
又请看, Bayesian decision theory

F

Federalism
联邦主义 332-334

Federalist No. 78
联邦党人文集第78篇 42n, 157

Ferejohn, John
约翰·费雷约翰 160

Flag-burning cases
焚烧国旗案 282-284

Florida v. Nixon
佛罗里达诉尼克松案 281

Foreign decisions, citation of by U.S. courts
美国法院引证外国司法决定 14, 340, 347-353

Formalism
形式主义
请看, Legalism

Fortas, Abe
艾比·福塔斯 165

Fortnightly Corp. v. United Artists Television, Inc.
福特奈特利公司诉统一艺术电视公司案 189-190

Frank, Jerome
杰罗姆·弗兰克 99, 112-113, 115, 118-119, 251, 254, 257-258, 260

Frankfurter, Felix
菲利克斯·弗兰克福特 194, 208, 302, 308, 373n

Friendly, Henry
亨利·弗莱德利 64, 72n, 144, 161, 208, 258-260

G

Garner, Bryan
布莱恩·嘎纳 248-249

Gibson, James
詹姆斯·吉布森 7n

Gillman, Howard
霍华德·吉尔曼 115n, 342

Ginsburg, Ruth
茹斯·金斯伯格 281, 346

Goldberg, Arthur
阿瑟·戈德伯格 165

Gonzales v. Carhart
冈萨雷斯诉卡哈特案 278n, 311n

Government of laws, not men
法律的而非人的统治 41-42, 250

Graber, Mark
马克·格拉伯 28

Green, Michael
迈克尔·格林 112n

Grey, Thomas
汤姆斯·格雷 8n

Griswold, Erwin
厄文·格里斯沃德 295-296, 300n

Griswold v. Connecticut
格里斯沃德诉康涅狄格州案 288-289, 309

Group polarization
群体两极化 31, 256n

Grutter v. Bolinger
格鲁特诉柏林格案 335

Gulati, Mitu
米图·古拉提 147, 151-152

H

Habermas, Jurgen

尤根・哈贝马斯 233, 368n

Hamilton, Alexander
亚历山大・汉密尔顿 157
又请看, Federalist No. 78

Hammond, W. G.
哈芒德 262n

Hand, Learned
勒尼德・汉德 64, 75, 143-144, 157, 161, 194, 208, 235, 256-257, 279n

Hansford, Thomas
汤姆斯・汉斯福特 49

Hanssen, F. Andrew
安德鲁・汉森 58n

Harmelin v. Michigan
哈梅林诉密执安州案 289

Hart, Henry
亨利・哈特 2n, 196, 208, 217n, 293-296, 300-303, 305, 307-308, 341

Hayek, Friedrich
弗里德里希・哈耶克 38, 42n, 67-68, 234

Hein v. Freedom From Religion Foundation Inc.
海因诉自由宗教基金会案 277

Hodgson, David
戴维・哈吉森 85n

Holmes, Oliver Wendell
奥利弗・温德尔・霍姆斯 25, 30, 64, 75, 84n, 103, 119-120, 152, 161, 197, 208, 213, 232-233, 238, 243, 251, 257, 262, 288-289, 292, 310, 339

Howard, J. Woodford
伍德福特・霍华德 259

Hunch theory of judging
判决的预感理论 113

Hutcheson, Joseph
约瑟夫・哈奇森 1, 112-113, 257

Hutchinson, Dennis
丹尼斯・哈钦森 379

I

Ideology: conservative
意识形态, 保守主义的 100-101
judicial 司法的 94-105 / meaning of 意识形态的含义 94, 97 / right-wing authoritarianism 右翼威权主义 101n / social dominance orientation 社会主宰倾向 101n。又请看, Politics

Illinois v. Caballes
伊利诺斯州诉卡巴勒斯案 281-282

J

Jackson, Robert
罗伯特・杰克逊 260, 294

Japanese Supreme Court
日本最高法院 356-357

Johnson, James
詹姆斯・约翰逊 231n, 235

Johnson, Ronald
罗纳德・约翰逊 130n

Jost, John
约翰・尤斯特 100-101

Judges: academic criticism of
法官: 学界对法官的批评 204-219
age at appointment 任职时年龄 129 / bankruptcy and magistrate judges 破产和治安法官 139n, 158, 163-164 / biographies of 法官自传 217 / compared to artists 同艺术家相比 62-65 / cost-of-living adjustments 生活费用微调 161, 172-173 / critical studies of 对法官的批判性研究 217-218 / effect of age on performance 年龄对法官履职的影响 160-161 / effect of personal characteristics (background, experience, etc.), 个人特点 (背景、经验等) 的影响 46, 73-76, 94-96, 155 / elected 选举产生的法官 134-139 /

索引 | 353

federal 联邦法官 60-61, 137n, 138-140, 158-173 / federal appellate 联邦上诉法官 63-64, 143-150 / federal district 联邦地区法官 36-37, 140-143 / female 女性法官 46, 75 / how judges differ from law professors 法官与法学教授的不同 204-221 / judicial performance criteria 司法履职标准 38-39, 138-139, 146-150, 162, 216-218 / labor-market analysis of 对法官的劳动力市场分析 162-173 / leisure preference of 法官的休闲偏好（请看, Economic theory of judicial behavior, judicial utility function）; Logrolling by, 法官的互助合作 143 / motivations 动力（请看, Economic theory of judicial behavior, judicial utility function）; outside income 外部收入 165-166 / private 私人法官（请看, Arbitration）; promotion of 晋升 132-134, 163 / promotion of district judges to court of appeals 地方法院法官晋升到上诉法院 142 / resignations by federal 联邦法官的辞职 164-165, 170-171 / reversals of 为法官撤销 45, 70-71, 131, 141, 148-149, 161n / salaries 工资、薪水 161-173 / senior status in federal system 联邦法院系统中的资深地位 37n, 60, 139, 159-160, 165 / specialization of 法官专长化 264 / state 州法院法官 20, 134-139 / tenure of 法官的任期 138, 147, 158-161 / term limits 任期限定 158-162 / turnover of federal 联邦法官的更替 164-165 / utility function of 法官的效用函数（请看, Economic theory of judicial behavior）; writing by, on judging）, 法官有关审判的写作 256-263, 324-342. 又请看, Common law; Discretion; Ideology; Judiciary; Judicial psychology; Law clerks; Legislation; Panel composition effects; Retirement; Senate, U. S.; Supreme Court

Judicial activism
司法能动 287

Judicial citations
判决引证 147-148, 154n
又请看, Foreign decisions; Judges, judicial performance criteria

Judicial independence
司法独立 37-38, 136-137, 152-153, 174

Judicial opinions
司法意见 110-111, 146-148, 186, 221, 260
又请看, Law clerks

Judicial psychology
司法心理学 95-109, 289-290
good judgment 好判决 107, 117 / introspection 内省 120-121 / intuition compared to conscious reasoning 直觉与清醒推理之比较 107-112, 114, 116-117 / psychological theory of judicial behavior 司法行为的心理学理论 35 / role of emotion 情感的作用 105-107 / role of sympathy for individual litigants 移情对诉讼个体的作用 119

Judicial reasoning
司法推理
请看, Judicial psychology; Reasoning by analogy; Statutory interpretation

Judicial self-restraint
司法自律 287-290, 345
Holmes's conception compared to Thayer's 霍姆斯的理解与泰尔的理解 288, 292 / legalist conception of 法条主义的理解 287

Judiciary: civil law versus Anglo-American
司法部门，民法法系与英美法系之争 129-134, 137, 144-145, 152-154, 161, 163, 198, 263-264
English 2-3, 154-156, 162, 263, 329n / independent 司法独立（请看, Judicial independence）。又请看, Constitutional courts（foreign）

Juries
陪审团 34, 68

Jurisprudence constante
法理恒量 145

K

Kahan, Dan

丹·卡汉 116

Kakunaga v. Sekiguchi
358-359

Kant, Immanuel
伊曼努尔·康德 67-68, 354

Katz v. United States
卡兹诉合众国案 190-191, 201

Keeton, Robert
罗伯特·克易滕 2n

Kelo v. City of New London
科勒诉新伦敦案 273, 314-320

Kennedy, Anthony
安东尼·肯尼迪 96n, 257, 275, 278, 283, 310-311, 346, 348

Kennedy, Duncan
邓肯·肯尼迪 213-214

Kipling, Rudyard
茹德亚·科普林 105

Klarman, Michael
迈克尔·克拉曼 344

Klein, David
戴维·克莱因 259

Knight, Jack
杰克·奈特 231n, 235

Kontorovich, Eugene
尤金·孔托洛维奇 352n

Kraus, Jody
居迪·克劳斯 238n

L

Law: case law
法律：判例法 83, 210-211

in developing countries 在发展中国家 197 / growth of specialization 法律的日益专长化 216-217 / law and economics movement 法律经济学运动 77, 208-209 / meaning of word "law" "法律"的含义 43-44, 175, 213-214, 252 / private practice of 法律私人开业 167-170, 208-209（又请看, Law professors）; unwritten 不成文法 210。又请看, Common law; Judges; Judiciary; Rule of law

Law clerks
法律助理 24n, 61n, 144n, 221, 256n, 285-286, 294, 319-320

Law firms
律所
请看, Law, private practice of

Law professors
法律教授 204-229

growing alienation of, from judges and practitioners 与法官和法律从业者日益疏离 208-229, 327 / preoccupation of, with Supreme Court 法律教授只关注最高法院 146

Lawrence v. Texas
劳伦斯诉德克萨斯州案 310-311, 338-339, 350

Leegin Creative Leather Products, Inc. v. PSKS, Inc.
利津皮品公司诉 PSKS 公司案 5n, 54, 77, 243

Legal education
法律教育 204-229, 252

in appellate advocacy 在上诉中 219-220。又请看, Law professors

Legalism
法条主义 7-9

in career (civil-law) judiciaries 在（民法法系的）职业制司法中 132-133, 263-264 / classic era of American 美国的古典时期 261-262 / fostered by law clerks 法律助理培养了法条主义 221 / in interpretation of statutes 在制定法解释中 201-202 / legalist concept of judicial self-restraint 对司法自律的法条主义理解 287 / legalist model of judicial behavior described and critiqued 对法条主义司法行为模型的描述和批判 41-56, 77, 79, 84-86, 111, 117, 161, 168-169, 175-176, 179, 230-231, 254-255, 371-373 / pragmatic justifications for 对法条主义的实用主义正当化 239-240 / as pragmatic strategy 法条主义作为实用主义的战略 80-81，197-198，230，246 / reasoning by analogy as technique of 类推作为法条主义技能 180 / relation of, to democracy 法条主义与民主的关系 254 / role of precedent in 先例在法条主义中的作用 283，345-346。又请看，Originalism；Rules，versus standards；Textualism

Legal process school of legal thought
法律程序学派 236-237，242，247，293，373n

Legal realism
法律现实主义、现实主义法学 112-113，184-185，213，234-236，247，260，327n，357

Legal scholarship
法学文献
请看，Law professors

Legislation：collective intent
立法：集体意图 194-195
judge as disinterested legislator 法官作为无利害的立法者 253 / judges as occasional legislators 法官作为偶尔的立法者 81-92，161，198-199，253，304-306 / legislative history 立法史 350 / in parliamentary systems versus United States 在议会制国家与在美国 133-134，153-154，198-199，263 / process of enactment 法律颁布的过程 201。又请看，Bickel，Alexander；Calabresi，Guido；Congress，U.S.；Statutory interpretation

Libecap，Gary
加里·利博凯 130n

Liberty：active
积极自由 324-342
of the ancients 古代的自由 325-327 / of the moderns 现代自由 325 / negative 否定性自由 325 / positive 积极自由 326。又请看，Democracy

Lindquist，Stefanie
斯蒂芬尼·林德克斯特 43n

Llewellyn，Karl
卡尔·卢埃林 213，220，235，256，258n，260-261

Lochner v. New York
洛克纳诉纽约州案 25，114-115，281，339，342

Loubser v. Thacker
罗伯斯特诉塔克案 54n

Luttig，Michael
迈克尔·路提格 146

M

Madison，James
詹姆斯·麦迪逊 343

Mahoney，Paul
保罗·麦汉尼 153

Marshall，John
约翰·马歇尔 240，363

Martin，Wayne
维尼·马丁 85

McConnell，Michael
迈克尔·麦克尼尔 105，254，333n，340n，342-346

McCreary County v. ACLU
麦克里县诉 ACLU 案 320

Mediation
调解 167

Merryman，John
约翰·梅里曼 133n

Michelman，Frank
弗兰克·迈克尔曼 278-279

N

National Association for the Advancement of Colored People v. Claiborne
NAACP 诉克莱堡案 226-227

National Society of Professional Engineers v.

United States
全国职业工程师协会诉合众国案
48n

Natural law
自然法 232, 234, 307, 311

Neutral principles
中立原则
请看, Legal process school of legal thought

New Deal
罗斯福新政 235-236, 293

Newdow v. United States Congress
纽道诉美国国会案 274

Newman, Jon
琼·纽曼 346

New York Times Co. v. Sullivan
纽约时报诉萨利文案 178

Nussbaum, Martha
玛莎·努斯鲍姆 354

O

O'Connor, Sandra
桑德拉·奥康娜 1, 151-152, 271, 275, 278, 282, 310, 314, 316-317, 335-336, 348

Olmstead v. United States
奥姆斯蒂德诉合众国案 190-191, 200-201

Organization theory, applied to judges
组织理论适用于法官 39-40, 76-77
influence activities 影响行为 133 / management by exception 例外管理 76。又请看, Agency costs

Originalism
原旨主义 103-105, 192, 193, 195, 234, 283, 287, 292, 342-346
embarrassment regarding precedent 羞对先例 343-345 / nonoriginalist originalism 非原旨主义的原旨主义 328。又请看, Textualism

P

Panel composition effects
合议庭组合效应 31-34

Parents Involved in Community Schools v. Seattle School District No. 1
父母参与社区学校诉西雅图学区第一案 280-281, 313-314

Pasquino, Pasquale
帕斯瓜尔·帕斯岿诺 160

Peirce, Charles Sanders
查尔斯·桑德斯·皮尔斯 231-232

Phenomenology
现象学 40
of judicial decisionmaking 司法决策的现象学 40, 85

Planned Parenthood of Southeastern Pennsylvania v. Casey
东南宾州计划生育会诉凯西案 275-276

Plessy v. Ferguson
普莱西诉弗格森案 27, 105, 279, 281

Polarization
两极化
请看, Group polarization

Political science
政治科学 47, 212
又请看, Attitudinal model of judicial behavior; Strategic theory of judicial behavior

Political questions doctrine
司法的政治问题原则 80

Politics: meanings of "political" in reference to judicial behavior
政治:在讨论司法行为时"政治"之含义 9-10, 73, 93-94
又请看, Ideology

Pound, Roscoe
罗斯科·庞德 43, 81n

Pragmatism
实用主义 40
approach of, to civil liberties 实用主义方式对待公民自由 250-251 / constrained 有约束的实用主义 253-254 / historicist aspect of 实用主义的历史面 247-248 / lack of moral earnestness 缺乏道德实在 250-252 / legal 法律实用主义 13-14, 40-41, 48-49, 175, 192-194, 197-198, 202-203, 230-265, 342, 361 / philosophical 哲学实用主义 231-233, 255 / role of, in precedent 先例中的实用主义 345-346 / rule pragmatism 规则实用主义 81n / shortsighted 短视实用主义 195, 239。又请看, Legalism, as pragmatic strategy

Precedent
先例 39-40, 43-45, 48-51, 54-56, 144-145, 175-178, 182, 184, 220, 275-276
boiling the frog versus frank overruling 缓进推翻与坦然推翻先例之争 277 / in civil law systems 在民法法系中 144-145 / doctrine of precedent distinguished from reasoning by analogy 先例原则与类推之区别 182n / endangered by originalism 原旨主义给先例带来的危险 343-345 / in English courts 在英格兰法院中 154-155 / foreign decisions as 外国判决作为先例 348-353 / holding versus dictum 裁决与断言之争 81, 192-193 / relation of, to neutral principles 与中立原则的关系 247 / in Supreme Court 先例在联邦最高法院 49-59, 151, 154-155, 275-277 / uneasy status in legalist analysis 先例在法条主义分析中的尴尬地位 283, 345-346 / unpublished decisions as 未发表的判决作为先例 349 Preconceptions 成见 11, 67-69, 76, 98, 120 / as products of intuition 作为直觉结果的成见 107

Principal agent problems
主仆关系问题
请看, Agency costs

Proportionality, as constitutional norm
均衡作为宪法规范 331, 355-356

Psychology: cognitive illusions
心理学：认知幻觉 69-70, 256n, 285
moral 道德心理学 97-98。又请看, Authoritarian personality; Judicial psychology

Pufendorf, Samuel
萨缪尔·普芬道夫 199

R

Radin, Max
麦克斯·拉丁 184-185, 235

Reasoning by analogy
类推 180-191

Rehnquist, William
威廉·冉奎斯特 301, 303-304, 317, 320-321, 346

Retirement: judicial
法官退休 36, 164-166
timing of judicial 法官退休时间 23-24, 60。又请看, Judges, senior status in federal system

Richardson v. Marsh
理查德森诉马希案 8

Roberts, John
约翰·罗伯茨 78-79, 81, 161, 163-165, 169, 207, 225, 278, 301

Rodell, Fred
弗雷德·罗德尔 112-113

Roe v. Wade
若伊诉韦德案 243, 276, 282, 325, 372

Roosevelt, Franklin
富兰克林·罗斯福 156

Roper v. Simmons
罗珀尔诉西蒙斯案 272-275, 279, 296-298, 310-312, 339

Rorty, Richard
理查德·罗蒂 233, 250

Rose, U. M.
露西 262n

Rousseau, Jean-Jacques

卢梭 326, 336

Rule of law
法治 1, 9, 41, 59, 89-90, 307, 354-355

Rules
规则 184-185, 245, 341
versus standards 规则与标准之争 80-81, 175-179, 181-182, 195, 197, 270, 283-284

Rumsfeld v. FAIR
拉姆斯菲尔德诉 FAIR 案 222-229, 327-328

S

Sacks, Albert
奥伯特·萨克斯 196

Sartre, Jean-Paul, concept of bad faith
萨特的不诚实概念 104-105

Savigny, Friedrich Carl von
萨维尼 197

Scalia, Antonin
安东宁·斯格利亚 8, 48, 49n, 103, 175, 193, 214, 262-263, 274, 277n, 282-285, 317, 325, 327-328, 338, 345-346, 349-350

Schaefer, Walter
沃尔特·夏菲 258

Schauer, Frederick
弗里德里克·夏尔 42n, 83-84, 118, 260

Scherer, Nancy
南希·斯科尔 20

Senate, U. S.: confirmation of federal judges by
美国参议院对联邦法官的确认 20-21, 90-91, 156, 278

Sentencing
量刑 71-72, 90, 178-179, 273, 284, 290-292

Shepsle, Kenneth
肯尼斯·谢普斯勒 194n

Sherman Act
谢尔曼法案 5, 48-49, 54, 179, 375-376

Shleifer, Andrei
安德雷·希雷法 379

Simon, Dan
丹·西蒙 118

Simpson, Brian
布莱恩·辛普森 83-84

Skepticism
怀疑主义 75

Sociological theory of judicial behavior
司法行为的社会学理论 31-35

Solomon Amendment
所罗门修正案
请看, Rumsfeld v. Fair

Souter, David
戴维·苏特 275, 346

Spriggs, James
詹姆斯·斯普里格斯 49

Stanford v. Kentucky
斯坦福诉肯塔基州案 275, 339

Stare decisis
遵循先例
请看, Precedent

Statutory interpretation
制定法解释 48-49, 72, 113, 191-203, 214-216
absurdity doctrine 荒谬原则 199-200, 214-216 / Aharon Barak's theory of 阿隆·巴拉克的制定法解释理论 365 / autistic theory of 制定法解释的自我专注理论 194-195 / canons of construction 解释规则 193 / French 法国的制定法解释 199-200 / Justice Breyer's theory of 大法官布雷尔的制定法解释理论 337-340 / strict construction 从严解释 191-203, 336. 又请看, Legislation; Originalism; Sherman Act; Textualism

Stenberg v. Carhart
斯登伯格诉卡哈特案 278

Stevens, John Paul
约翰·保罗·斯蒂文斯 166, 281, 290n, 299n, 340

Stone, Harlan Fiske
哈兰·菲斯克·斯东 258

Stone, Julius
居留斯·斯东 81n, 183n

Story, Joseph
约瑟夫·斯托里 261

Stras, David
戴维·斯特劳斯 286n

Strategic theory of judicial behavior
司法行为的战略理论 29-31

Supreme Court
最高法院（联邦）14, 49-56, 83, 91, 150-152, 154-155, 178, 196, 212, 269-346, 374-376

caseload 工作量 269-271, 294, 299-300 / certiorari "pool" 调卷上诉库 299 / congressional limitations on powers of 国会对最高法院权力的限定 156-157, 272-273, 306-307, 365-366 / Justices of 最高法院大法官 22, 50, 55, 96n, 151, 165, 254 / law clerks 24n, 285-286, 294, 299, 319-320 / percentage of constitutional cases 宪法性案件的比例 271 / pragmatism in 最高法院的实用主义 312-314 / promotion to 晋升到联邦最高法院 134, 145-146 / public opinion as influence on 公共舆论对联邦最高法院的影响 150-151, 274 / reversals by 联邦最高法院对案件的撤销 149 / term limits 任职限制 159-160 / tournament proposal for selecting Justices 关于以比赛选择大法官的建议 151-152。又请看, Precedent, in Supreme Court

Swift v. Tyson
斯威夫特诉泰森案 276

T

Tamanaha, Brian
布莱恩·塔马纳哈 230, 261-262

Tate, Albert
奥伯特·泰特 258

Textualism
文本主义 103, 105, 192, 283, 287, 292, 337, 338, 342-346
又请看, Originalism.

Thayer, James Bradley
詹姆斯·布莱德利·泰耶尔 288, 292

Thomas, Clarence
克莱伦斯·托马斯 280, 282, 306, 317

Thompson, Seymour
西茂·汤普森 262n

Tolerable windows
可容忍窗口 241-242, 332

Traynor, Roger
罗杰·特拉诺 258

U

U.S. Court of Appeals for the Ninth Circuit
美国第九巡回区上诉法院 149

United States v. Booker
合众国诉布克案 273, 284, 290-292

V

Van Orden v. Perry
冯·奥登诉佩里案 320-323

Vermeule, Adrian
安德里安·维缪勒 199n, 214-216

W

Wald, Patricia
帕特里夏·沃德 2n, 258-259

Waldron, Jeremy
杰雷米·瓦德隆 93-94, 104

Warren Court
沃伦法院 325, 327

Wechsler, Herbert
赫伯特·韦切斯勒 279n, 307

Weinreb, Lloyd
里奥德·温利伯 180-191

Whitman v. American Trucking Associations
惠特曼诉美国卡车联合会案 51-52

Wiecek, William
威廉·维色克 261, 373n

Williams, Bernard
伯纳德·威廉 175, 236n

World Wide Web
万维网 42

Y

Yi v. Sterling Collision Centers, Inc.
易诉斯特林中心案 243-245, 248

Z

Zelman v. Simmons-Harris
泽尔曼诉西蒙斯-哈里斯案 312-313, 320, 339-340

重印说明

由于本书初版时间仓促,初版书中出现少量排印错误,借此重印修正之际,译者又对译稿进行了加工、润色。

2009 年 3 月
编　者

北京市版权局著作权合同登记号　图字:01－2008－4142
图书在版编目(CIP)数据

法官如何思考/(美)波斯纳(Posner, R. A.)著;苏力译.—北京:北京大学出版社,2009.1
ISBN 978－7－301－14753－5

Ⅰ.法…　Ⅱ.①波…②苏…　Ⅲ.法官-工作-研究-美国　Ⅳ.D971.262

中国版本图书馆 CIP 数据核字(2008)第 193745 号

HOW JUDGES THINK by Richard A. Posner
Copyright © 2008
by the President and Fellows of Harvard College
All rights reserved
Published by arrangement with Harvard University Press
Simplified Chinese translation copyright © 2008
by peking University Press
ALL RIGHTS RESERVED

书　　　　名	:法官如何思考
著作责任者	:〔美〕理查德·波斯纳　著
	苏　力　译
责 任 编 辑	:杨剑虹
标 准 书 号	:ISBN 978－7－301－14753－5/D·2222
出 版 发 行	:北京大学出版社
地　　　　址	:北京市海淀区成府路 205 号　100871
网　　　　址	:http://www.pup.cn　电子邮箱: law@ pup.pku.edu.cn
电　　　　话	:邮购部 62752015　发行部 62750672　编辑部 62117788
	出版部 62754962
印 　刷　 者	:三河市北燕印装有限公司
经 　销　 者	:新华书店
	650 毫米×980 毫米　16 开本　24 印张　377 千字
	2009 年 1 月第 1 版　2020 年 2 月第12次印刷
定　　　　价	:59.00 元

未经许可,不得以任何方式复制或抄袭本书之部分或全部内容。
版权所有,侵权必究
举报电话:010－62752024　电子邮箱:fd@ pup.pku.edu.cn